民用航空器选型指南

The Guidance of Civil Aircraft Choosing

2014

《民用航空器选型指南》编委会 编

中国民航出版社

前言

改革开放以来，随着我国经济社会全面发展，中国民航实现了持续快速健康的发展。无论是制造业，还是运输业都取得了可喜的成绩，能力、规模和质量都上了一个新的台阶，尤其是运输业发展迅速，已经跃居为世界第二大运输体。

伴随着民航事业的发展，以及通用航空的日益普及，各界投资民航业热情空前高涨，民营资本大量涌入，通用航空公司如雨后春笋般兴起，个人购买航空器用于私人飞行或飞行娱乐的群体也日益壮大。新成立航空公司、现有航空公司扩充机队或者个人购买私人飞机都面临着飞机选型的问题。选择什么型号的飞机是一件相对复杂的事情，中国民用航空局（CAAC）对于航空器有着严格的管理体系，航空器首先要获得CAAC的型号设计批准才可以在国内注册登记。现实情况中部分公司与个人在购机选型中比较盲目，这给后续飞机引进、注册登记及运营等工作带来很多困难。为避免购机意向群体的盲目选择，我们以获得CAAC型号设计（生产）批准的民用航空器为基础编撰成书，旨在提供一部用于指导航空器型号选择的工具书，同时满足广大航空器爱好者对航空器知识的需求。本书也提供了国外航空器申请获得CAAC VTC（型号认可证）的流程，以供参考。

根据CAAC对航空器的型号批准情况，我们还会定期修订此书，力争提供一本实用性与时效性兼具的工具书。本书在编纂过程中得到了相关制造厂商、航空企业、管理机构等多方人士的大力支持，在此一并表示感谢。由于时间仓促，加之编者水平有限，书中难免有错误或不当之处，恳请读者批评指正。

为您提供有价值的航空器资讯

中国民用航空器选型指南

目录 CONTENTS

国产航空器

国外航空器

《民用航空器选型指南》编委会

主编：殷时军
副主编：杨桢梅　张森
编委会成员：（按姓氏笔画排序）
王喆辉　叶夏竹　朱雪峰　陈　晔
沈　馨　张　芳　张笑晨

《民用航空器选型指南》编写组

组长：杨桢梅
副组长：谭克坚　王喆辉
编写组成员：
张笑晨　张　芳　韩　立　张　静
史海峰　张昭君

THE HANDBOOK OF CIVIL AIRCRAFT MODEL SELECTION

国外航空器

公务机

小飞机

国外航空器

小飞机

初级类、轻型运动类（LSA）

直升机

为您提供有价值的航空器资讯

中国民用航空器选型指南

国外航空器

直升机

气球和飞艇

附录

相关证件申请流程

说明

1. 本书中所列航空器蓝色部分数据取自中国民用航空局相关航空器数据单，红色部分数据由该款航空器生产厂家或国内代理商提供。
2. 本书中的英文缩写含义如下：

TC——型号合格证

TCDS——型号合格证数据单

VTC——型号认可证

VTCDS——型号认可证数据单

STC——补充型号合格证

STCDS——补充型号合格证数据单

TDA——型号设计批准书

TDADS——型号设计批准书数据单

国产航空器

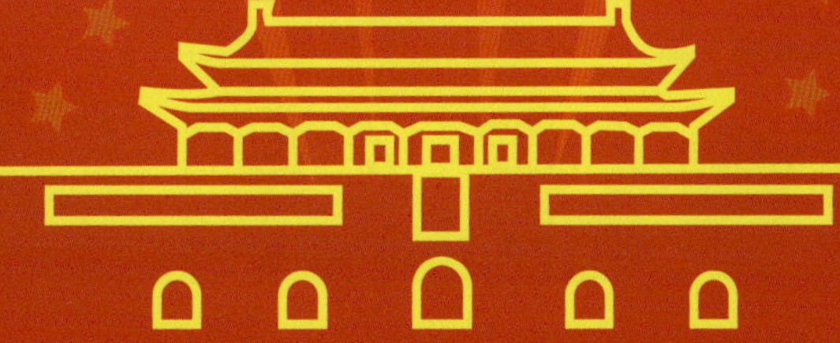

Y7/Y7-100/Y7H-500

主要用途：航线运输、医疗救护。

截止到2013年12月31日，该类飞机在我国注册数量共2架。

技术参数

	型别	Y7	Y7-100	Y7H-500
概况	商用名	-	-	-
	制造商	西安飞机工业（集团）有限责任公司		
	发动机型号	WJ5A-I WJ-5E	WJ5A-I WJ-5E AN-24BT	WJ5A-I WJ-5E
	发动机数量	2	2	2
	螺旋桨型号	保定螺旋桨制造厂 J16-G10A	保定螺旋桨制造厂 使用 WJ5A-I发动机：J16-G10A 使用AN-24BT发动机： AB72T / AB72-02T J16-G10B / J16-G10A-02	保定螺旋桨制造厂 J16-G10A
	螺旋桨桨叶数量	4	4	4
	燃油	RP-1,RP-2,RP-3	RP-1,RP-2,RP-3	RP-1,RP-2,RP-3
	最大乘客人数	52	52	-
	最小机组人数	5	3	3
内部尺寸	舱内长度（m）	9.91 m	-	-
	舱内宽度（m）	2.76 m	-	-
	舱内高度（m）	1.90 m	-	-
	行李舱容积（m^3）	第I货舱：6.8 m^3 第II货舱：1.7 m^3 第III货舱：2.8 m^3	第I货舱：6.8 m^3 第II货舱：1.7 m^3 第III货舱：2.8 m^3	60 m^3
外部尺寸	机身长度（m）	23.708 m	-	-
	翼展（m）	29.20 m	-	-
	机身高度（m）	8.553 m	-	-
性能	空重（kg）	14500 kg ±1%	14500 kg ±1%	15450 kg ±1%
	最大停机坪重量（lbs/kg/T）	-	-	-
	最大起飞重量（lbs/kg/T）	21800 kg	21800 kg	24000 kg
	最大着陆重量（lbs/kg/T）	21800 kg	21800 kg	23500 kg
	最大零燃油重量（lbs/kg/T）	19655 kg	-	-
	最大滑行重量（lbs/kg/T）	21950 kg	21950 kg	24150 kg
	最大燃油量（lbs/kg/L/gal）	4790 kg	4790 kg	5500 kg
	最大使用高度（ft/m）	7600 m	7600 m	7600 m
	最大起降高度（ft/m）	-	-	-
	起飞场长（m）	640 m（干水泥跑道）	640 m（干水泥跑道）	-
	经济巡航速度（km/h）	423 km/h	423 km/h	-
	最大航程（km）	910 km（最大商载，52座） 1983 km（最大标准燃油） 2403 km（标准燃油和副油箱）	2420 km	-
数据来源	TC009A-TCDS-[1995-07-14] TC0015AR13-TCDS-[2013-08-30] STC003-STCDS-[1994-06-14] 制造厂提供数据			

Y7是中国西安飞机工业（集团）有限责任公司（现：中航飞机股份有限公司西安飞机分公司）研制生产的双发涡轮螺旋桨支线运输机。其客机型已取得中国民用航空局颁发的型号合格证，用于运载旅客、行李和零散货物。拆除旅客座椅后，客舱可装载货物，也可改装成救护、领航教练和侦察等专用飞机。1966年4月，国家下达研制Y7飞机的任务。1968年3月完成全部设计并投入试制。第一架原型机于1970年12月25日首次试飞。1982年7月30日，国家产品定型委员会正式批准Y7飞机设计定型，同意进行批量生产。设计定型前，共研制生产了8架飞机，用于静力、疲劳试验、飞行试验和使用试验。1984年，交付首架飞机。1986年5月1日正式编入航班投入客运。

Y7 ▶

西安飞机工业（集团）有限责任公司

Y7-200A/MA60/MA600/MA600F

技术参数

		Y7-200A	MA60	MA600	MA600F
概况	型别	Y7-200A	MA60	MA600	MA600F
	商用名	-	MA60（新舟60）	MA600（新舟600）	MA600F（新舟600F）
	制造商	西安飞机工业（集团）有限责任公司			
	发动机型号	PW127J	PW127J	PW127J	PW127J
	发动机数量	2	2	2	2
	螺旋桨型号	Hamilton 247F-3	Hamilton 247F-3	Hamilton 247F-3	Hamilton 247F-3
	螺旋桨桨叶数量	4	4	4	4
	燃油	RP-1,RP-2,RP-3, Jet A,Jet A-1,Jet A-2, Kerosene Type Fuel, AVTUR/FSII.	RP-1,RP-2,RP-3, Jet A,Jet A-1,Jet A-2, Kerosene Type Fuel, AVTUR/FSII.	RP-1,RP-2,RP-3, Jet A,Jet A-1,Jet A-2, Kerosene Type Fuel, AVTUR/FSII.	RP-1,RP-2,RP-3, Jet A,Jet A-1,Jet A-2, Kerosene Type Fuel, AVTUR/FSII.
	最大乘客人数	56	56	56	-
	最小机组人数	2	2	2	2
内部尺寸	舱内长度（m）	10.79 m	10.79 m	10.79 m	10.79 m
	舱内宽度（m）	2.686 m	2.686 m	2.686 m	2.686 m
	舱内高度（m）	1.907 m	1.907 m	1.896 m	1.896 m
	行李舱容积（m^3）	前行李舱：5.0 m^3（允许载重 650 kg） 后行李舱：2.87 m^3（允许载重 550 kg）	前行李舱：5.0 m^3（允许载重 650 kg） 后行李舱：2.87 m^3（允许载重 550 kg）	前货柜：2.24 m^3（允许载重 420 kg） 后货舱：4.5 m^3（允许载重 420 kg）	主货舱：74 m^3（允许载重 6100 kg） 后货舱：4.5 m^3（允许载重 420 kg）
外部尺寸	机身长度（m）	24.708 m	24.708 m	24.708 m	24.708 m
	翼展（m）	29.2 m	29.2 m	29.2 m	29.2 m
	机身高度（m）	8.853 m	8.853 m	8.853 m	8.853 m
性能	空重（kg）	13900 kg	13900 kg	14000 kg	13430 kg
	最大停机坪重量（lbs/kg/T）	-	-	-	-
	最大起飞重量（lbs/kg/T）	21800 kg	21800 kg	21800 kg	21800 kg
	最大着陆重量（lbs/kg/T）	21600 kg	21600 kg	21600 kg	21600 kg
	最大零燃油重量（lbs/kg/T）	-	-	-	-
	最大滑行重量（lbs/kg/T）	21900 kg	21900 kg	21900 kg	21900 kg
	最大燃油量（lbs/kg/L/gal）	4030 kg	4030 kg	4030 kg	4030 kg
	最大使用高度（ft/m）	6120 m（特殊情况可到 7620 m）	6120 m（特殊情况可到 7620 m）	6120 m（特殊情况可到 7620 m）	6120 m（特殊情况可到 7620 m）
	最大起降高度（ft/m）	-	-	-	-
	起飞场长（m）	-	-	-	-
	经济巡航速度（km/h）	-	430 km/h	430 km/h	430 km/h
	最大航程（km）	-	1600 km	1430 km	1430 km
数据来源		TC0015AR13-TCDS-[2013-08-30]			制造厂提供数据

新舟60飞机是西安飞机工业（集团）有限责任公司（现：中航飞机股份有限公司西安飞机分公司）在Y7短/中程运输机的基础上研制、生产的50至60座级双涡轮螺旋桨发动机支线飞机，是中国唯一的批量进入国内、国外航线运营的国产民用飞机型号。新舟60是中国首次按照与国际标准接轨的中国民航适航条例CCAR-25进行设计、生产和试飞验证的民用航空器。新舟60大量采用集成国外技术成熟的部件，在机载设备、机舱内装饰等方面进行了全新改进。新舟60在安全性、舒适性、维护性等方面达到或接近世界同类飞机的水平。新舟60于1988年立项，1995年开始适航试飞，2000年首飞并取得中国民用航空局颁发的型号合格证。

新舟600是“新舟”系列涡桨支线客机的新成员，是由新舟60（MA60）飞机根据市场及用户的需求升级换代改进而来。改进后的新舟600型飞机从维护性、操控性、使用经济性、乘座舒适性等方面达到了世界同类飞机先进水平。新舟600型飞机于2005年开始研制，2008年首飞成功。

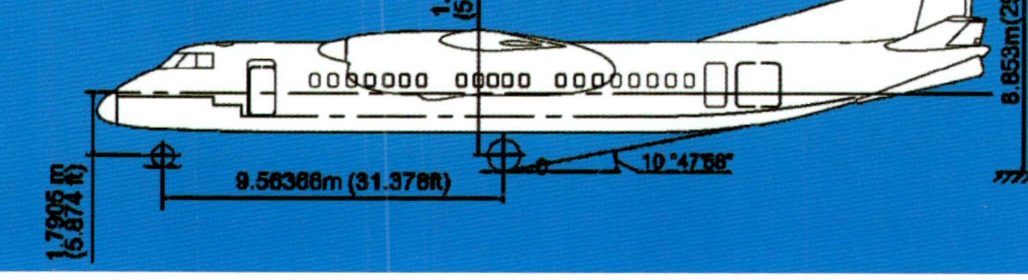

陕西飞机工业（集团）有限公司

Y8F/Y8F-100/Y8F-200/Y8F-400

主要用途：空投、空降、运输、救生及海上作业等。

截止到2013年12月31日，该类飞机在我国注册数量共0架。

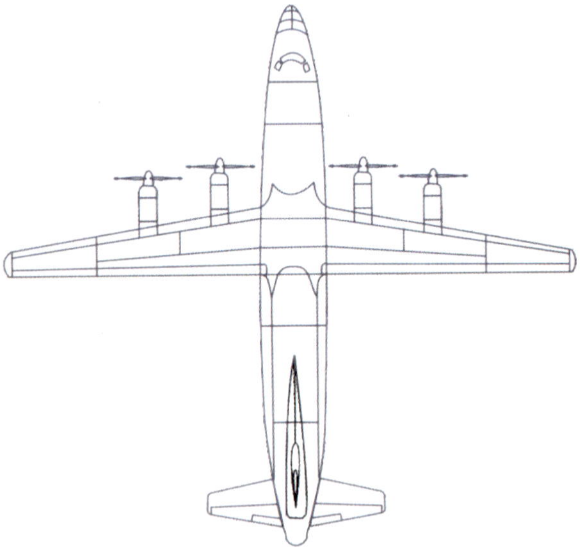

运-8（Y8）运输机是由中国陕西飞机制造公司研制的中型四 涡轮螺旋桨中程多用途运输机。机体为全金属半硬壳结构， 用平直梯形悬臂式上单翼，低阻层流翼型，运送货物时一次 运载2辆卡车或散装货物20吨。该机可用于空投、空降、运输、救生及海上作业等多种用途。原型为苏联安东诺夫设计局设 的安-12飞机（北约代号“幼狐”，1956年首次试飞，1958年 入批量生产并交付使用，1973年停产）。

运-8（Y8）已取得中国民用航空局颁发的型号合格证， 1987年出口斯里兰卡以来，运-8飞机相继出口到缅甸、津巴 韦、苏丹等国家，2011年5月同委内瑞拉签订了首批8架的出 合同。

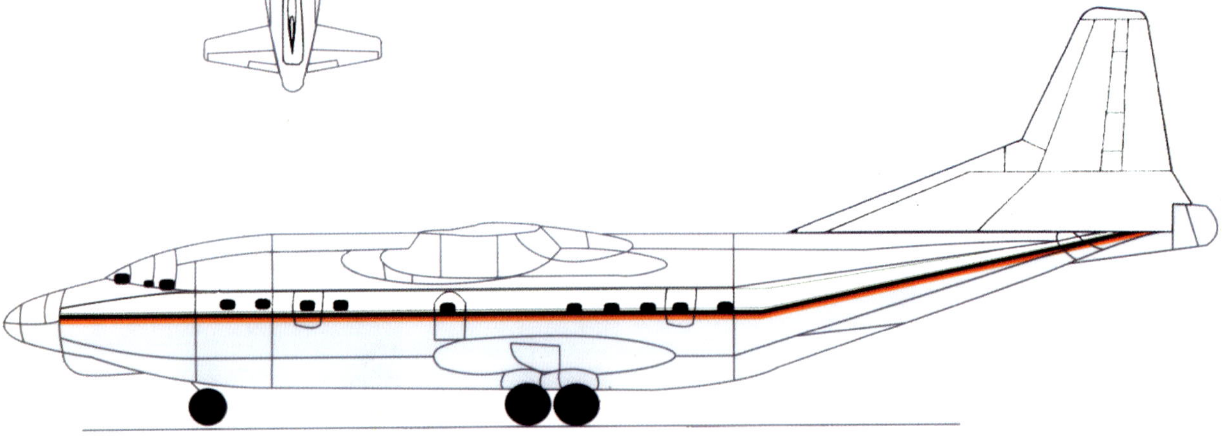

技术参数

	型别	Y8F	Y8F-100	Y8F-200	Y8F-400
概况	商用名	-	-	-	-
	制造商	陕西飞机工业（集团）有限公司			
	发动机型号	南方动力机械公司 WJ-6	南方动力机械公司 WJ-6	南方动力机械公司 WJ-6	南方动力机械公司 WJ-6
	发动机数量	4	4	4	4
	螺旋桨型号	保定螺旋桨制造厂 J17-G13	保定螺旋桨制造厂 J17-G13	保定螺旋桨制造厂 J17-G13	保定螺旋桨制造厂 J17-G13
	螺旋桨桨叶数量	4	4	4	4
	燃油	RP-1：GB438 RP-2：GB1788 RP-3：GB6537-94 JP-1：MIL-F-5616 JP-4：MIL-J-5624D JP-5：MIL-E-7142	RP-1：GB438 RP-2：GB1788 RP-3：GB6537-94 JP-1：MIL-F-5616 JP-4：MIL-J-5624D JP-5：MIL-E-7142	RP-1：GB438 RP-2：GB1788 RP-3：GB6537-94 JP-1：MIL-F-5616 JP-4：MIL-J-5624D JP-5：MIL-E-7142	RP-1：GB438 RP-2：GB1788 RP-3：GB6537-94 JP-1：MIL-F-5616 JP-4：MIL-J-5624D JP-5：MIL-E-7142
	最大乘客人数	-	-	-	-
	最小机组人数	5 （正、副驾驶员，空中机械师，领航员和通信员）	5 （正、副驾驶员，空中机械师，领航员和通信员）	5 （正、副驾驶员，空中机械师，领航员和通信员）	3（正、副驾驶员和空中机械师）
内部尺寸	舱内长度（m）	15.7 m	15.7 m	-	-
	舱内宽度（m）	3.5 m	3.5 m	-	-
	舱内高度（m）	2.6 m	2.6 m	-	-
	行李舱容积（m^3）	123.30 m^3	123.30 m^3	137.60 m^3	137.60 m^3
外部尺寸	机身长度（m）	-	-	-	-
	翼展（m）	-	-	-	-
	机身高度（m）	-	-	-	-
性能	空重（kg）	-	-	-	-
	最大停机坪重量（lbs/kg/T）	61500 kg	61500 kg	61500 kg	61500 kg
	最大起飞重量（lbs/kg/T）	61000 kg	61000 kg	61000 kg	61000 kg
	最大着陆重量（lbs/kg/T）	58000 kg	58000 kg	58000 kg	58000 kg
	最大零燃油重量（lbs/kg/T）	56200 kg	55682 kg	50251 kg	40798 kg
	最大滑行重量（lbs/kg/T）	-	-	-	-
	最大燃油量（lbs/kg/L/gal）	2250 kg	22909 kg	2230 kg	14566 kg
	最大使用高度（ft/m）	10400 m	10400 m	10050 m	10050 m
	最大起降高度（ft/m）	-	-	-	-
	起飞场长（m）	1270 m	1270 m	-	-
	经济巡航速度（km/h）	-	-	-	-
	最大航程（km）	5620 km	5620 km	3440 km	3440 km
数据来源					TC003AR3-TCDS-[2002-08-26]
					制造厂提供数据

南京轻型飞机股份有限公司

AC500 空中小轿车 AIR CAR

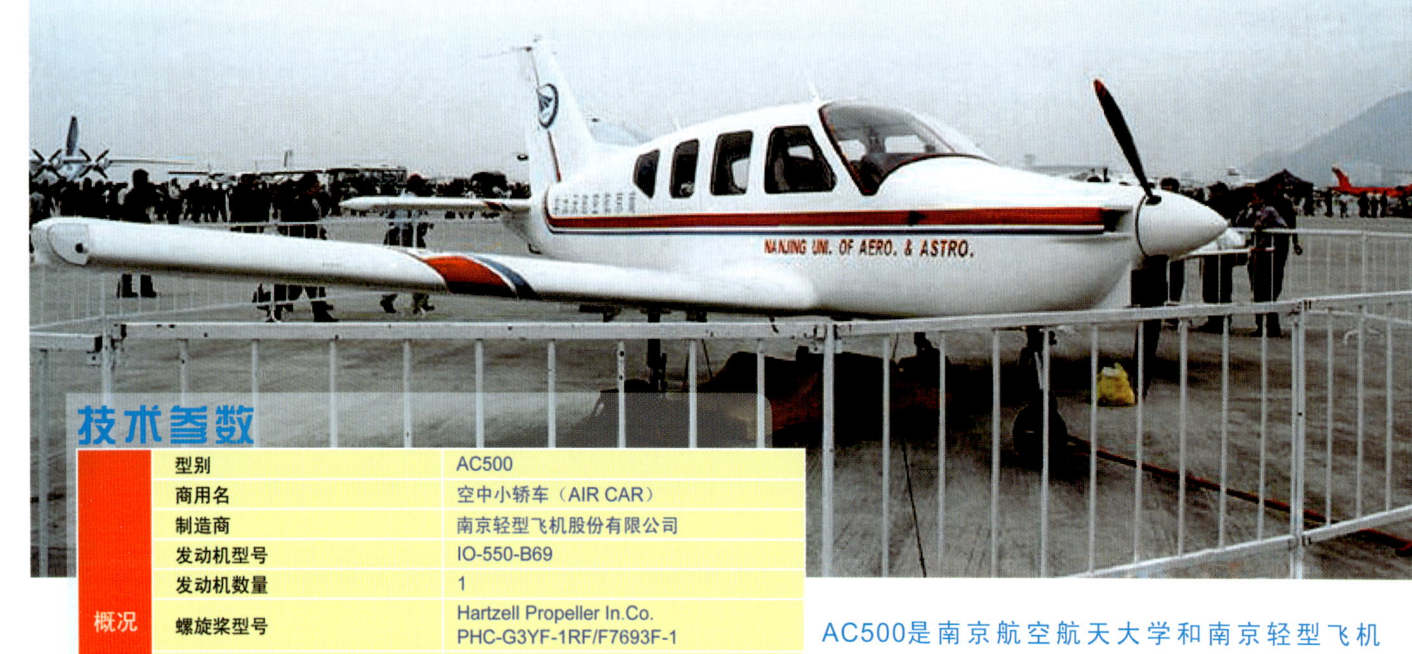

技术参数

概况	型别	AC500
	商用名	空中小轿车（AIR CAR）
	制造商	南京轻型飞机股份有限公司
	发动机型号	IO-550-B69
	发动机数量	1
	螺旋桨型号	Hartzell Propeller In.Co. PHC-G3YF-1RF/F7693F-1
	螺旋桨桨叶数量	3
	燃油	最低航空汽油等级 RH95/130、B95/130CIS、100or100LL
	最大乘客人数	5（包含驾驶员）
	最小机组人数	1
尺寸	机身长度（m）	8.14 m
	翼展（m）	10.20 m
	机身高度（m）	3.00 m
	行李舱容积（m^3）	-
性能	空重（lbs/kg）	-
	最大停机坪重量（lbs/kg）	1650 kg
	最大起飞重量（lbs/kg）	1650 kg
	最大着陆重量（lbs/kg）	1650 kg
	最大零燃油重量（lbs/kg）	-
	最大滑行重量（lbs/kg）	-
	最大燃油量（lbs/kg/L/gal）	325 L
	最大使用高度（ft/m）	3000 m
	最大起降高度（ft/m）	-
	起飞场长（m）	350 m
	经济巡航速度（km/h）	-
	最大航程（km）	800 km
数据来源		TC0021A-TCDS-[2007-01-19] 制造厂提供数据

AC500是南京航空航天大学和南京轻型飞机股份有限公司自1996年起合作开发的一种5座轻型飞机，2004年12月首飞成功，2007年取得中国民用航空局颁发的型号合格证。它吸收了国外同类飞机的设计优点，填补了国内研制4～6座小型飞机的空白。

主要用途：私人飞行、公务飞行、飞行训练、农林作业、航拍航测、观光旅游等方面。

截止到2013年12月31日，该类飞机在我国注册数量共0架。

农林5A　N5A

农林5A是中国第一架全过程严格按照中国民用航空条例CCAR-23部研制的农林专用飞机，该型飞机于1987年11月开始研制，1989年研制成功，于1991年通过型号合格审定委员会的最终审查，1992年8月获得中国民用航空局正式颁发的型号合格证，1995年取得中国民用航空局颁发的生产许可证。

农林5A型飞机可以超低空3～5米作业，配有飞行液态、固态物料喷洒系统，可用于植物防病、灭虫、施肥、播种、森林防火等一系列航空作业。

技术参数

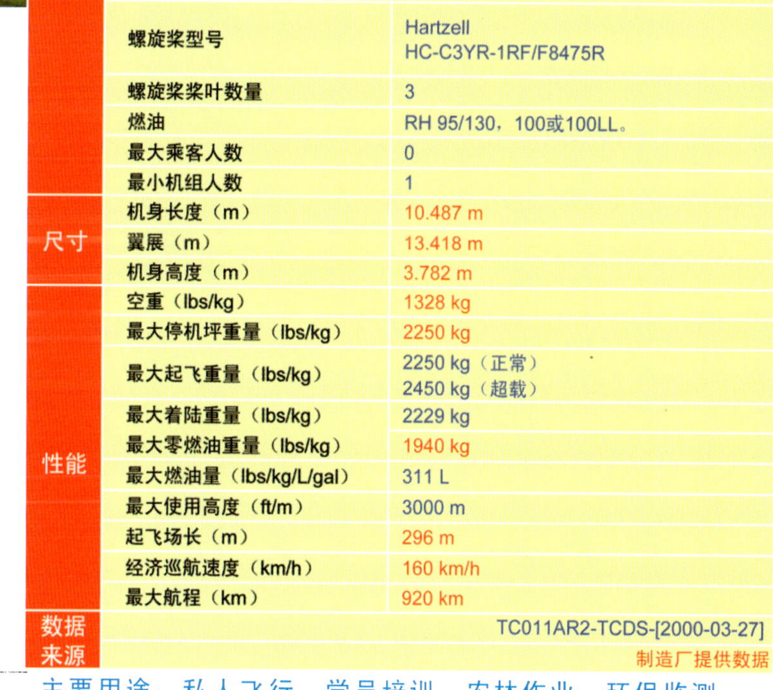

概况	型别	N5A
	商用名	农林5A（Ag-forestry 5A aircraft）
	制造商	中航工业江西洪都航空工业集团有限责任公司（原：江西洪都航空工业股份有限公司）
	发动机型号	Lycoming IO-720-D1B
	发动机数量	1
	螺旋桨型号	Hartzell HC-C3YR-1RF/F8475R
	螺旋桨桨叶数量	3
	燃油	RH 95/130，100或100LL。
	最大乘客人数	0
	最小机组人数	1
尺寸	机身长度（m）	10.487 m
	翼展（m）	13.418 m
	机身高度（m）	3.782 m
性能	空重（lbs/kg）	1328 kg
	最大停机坪重量（lbs/kg）	2250 kg
	最大起飞重量（lbs/kg）	2250 kg（正常） 2450 kg（超载）
	最大着陆重量（lbs/kg）	2229 kg
	最大零燃油重量（lbs/kg）	1940 kg
	最大燃油量（lbs/kg/L/gal）	311 L
	最大使用高度（ft/m）	3000 m
	起飞场长（m）	296 m
	经济巡航速度（km/h）	160 km/h
	最大航程（km）	920 km
数据来源		TC011AR2-TCDS-[2000-03-27] 制造厂提供数据

13.418m

10.487m

主要用途：私人飞行、学员培训、农林作业、环保监测、电力巡线、海上飞行等。

截止到2013年12月31日，该类飞机在我国注册数量共15架。

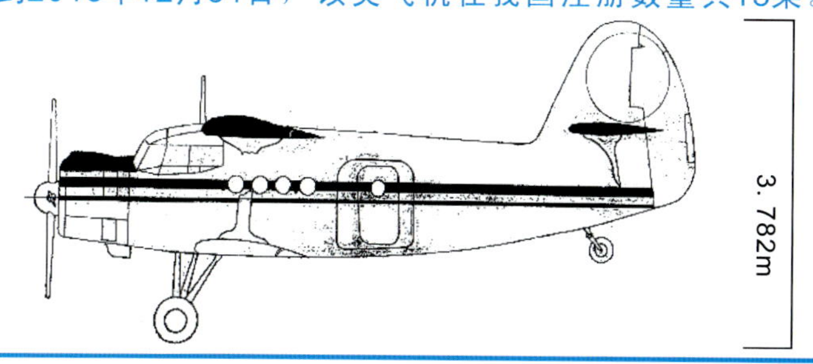

中航工业石家庄飞机工业有限责任公司

小鹰500 LE500

主要用途：私人飞行、学员培训、农林作业、环保监测、电力巡线、海上飞行等。

截止到2013年12月31日，该类飞机在我国注册数量共29架

技术参数

概况	型别	LE500
	商用名	小鹰500
	制造商	中航工业石家庄飞机工业有限责任公司
	发动机型号	Lycoming IO-540-V4A5
	发动机数量	1
	螺旋桨型号	Hartzell HC-C2YK-1BF/F8477-4
	螺旋桨桨叶数量	2
	燃油	RH 95/100/130 航空汽油
	最大乘客人数	4
	最小机组人数	1
尺寸	机身长度（m）	7.442 m
	翼展（m）	9.879 m
	机身高度（m）	3.044 m
性能	空重（lbs/kg）	928 kg（2045 lb）
	最大停机坪重量（lbs/kg）	1400 kg（3086 lb）
	最大起飞重量（lbs/kg）	1400 kg（3086 lb）
	最大着陆重量（lbs/kg）	1400 kg（3086 lb）
	最大零燃油重量（lbs/kg）	928 kg（2045 lb）
	最大滑行重量（lbs/kg）	1400 kg（3086 lb）
	最大燃油量（lbs/kg/L/gal）	336 L
	最大使用高度（ft/m）	4200 m（13779 ft）
	起飞场长（m）	-
	经济巡航速度（km/h）	219 km/h
	最大航程（km）	1790 km
数据来源		TC0020A-TCDS-[2005-10-27] 制造厂提供数据

小鹰500飞机是由中国航空工业第一飞机设计研究院设计，中国民航飞行学院参与研制的型多用途飞机。该机是按CCAR-23-R2进行设计、生产、试验试飞和适航取证的4~5座轻型多用途飞机，具有完全自主知识产权。

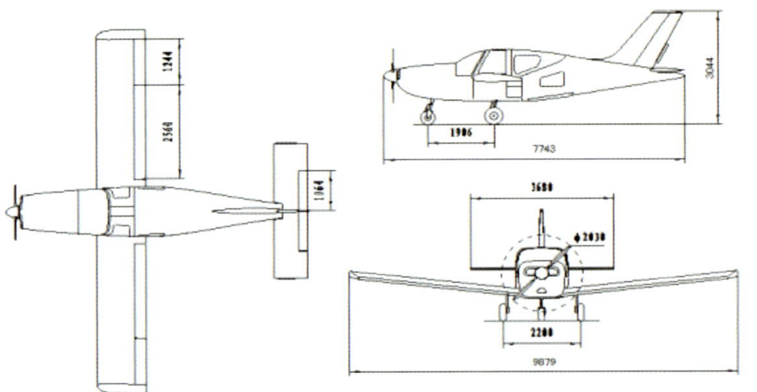

中航工业石家庄飞机工业有限责任公司

运 5B(D)　Y5B(D)

主要用途：娱乐飞行、飞行训练、航拍航测、作业飞行等等。

截止到2013年12月31日，该类飞机在我国注册数量共72架。

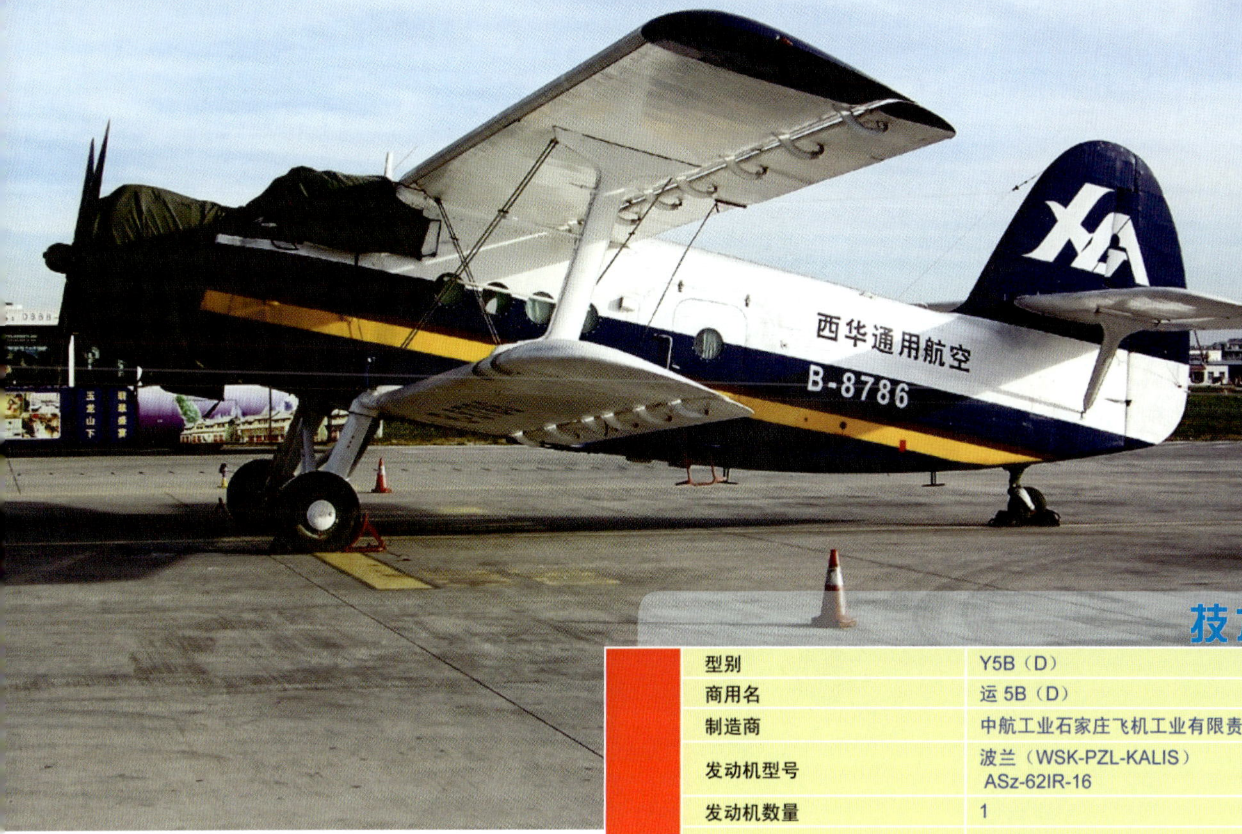

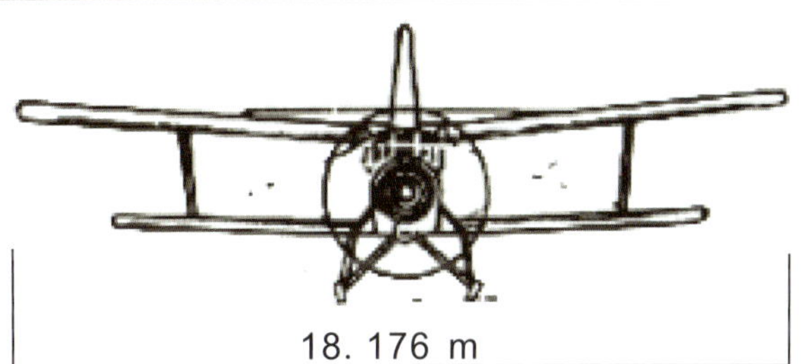

运5B型系列飞机装波兰产1000马力ASz-62IR-16活塞发动机、国产J12B-G15螺旋桨，拥有运5B农林型、运5B客机型、运5B多用途型、运5B跳伞型、运5B公务型等五个型别。Y5B（D）飞机是多用途型，以Y5B（K）飞机为基础加装农业设备，并且已获得中国民航正式颁发的补充型号合格证。可广泛应用于农林作业、旅游、航拍、航测、跳伞、空投、救护、物探、飞行员培训及客货运输等。

技术参数

概况	型别	Y5B（D）
	商用名	运 5B（D）
	制造商	中航工业石家庄飞机工业有限责任公司
	发动机型号	波兰（WSK-PZL-KALIS） ASz-62IR-16
	发动机数量	1
	螺旋桨型号	波兰（PZL-WARSZAWA-OKECIE公司） AW-2 保定螺旋桨厂 J12B-G15
	螺旋桨桨叶数量	4
	燃油	RH 95/130（SY1001-65）航空汽油
	最大乘客人数	客型为14 座（包括正、副驾驶座位） 农型为2 座（包括正、副驾驶座位）
	最小机组人数	2
尺寸	机身长度（m）	12.688 m
	翼展（m）	18.176 m
	机身高度（m）	5.35 m（水平）/4.13m（停机）
性能	空重（lbs/kg）	3386 kg（7464 lbs）
	最大停机坪重量（lbs/kg）	5250 kg（11574 lbs）
	最大起飞重量（lbs/kg）	5250 kg（无农业设备） 5000 kg（装522 厂农业设备） 5000 kg（装民航徐州设备修造厂农业设备） 5000 kg（装徐州福利达民用航空地面设备制造有限公司农业设备）
	最大着陆重量（lbs/kg）	5250 kg（无农业设备） 5000 kg（装522 厂农业设备） 5000 kg（装民航徐州设备修造厂农业设备） 5000 kg（装徐州福利达民用航空地面设备制造有限公司农业设备）
	最大零燃油重量（lbs/kg）	3386 kg（7464 lbs）
	最大燃油量（lbs/kg/L/gal）	1240 L
	最大使用高度（ft/m）	4500 m
	最大起降高度（ft/m）	-
	起飞场长（m）	150 m
	经济巡航速度（km/h）	160 km/h
	最大航程（km）	1560 km
数据来源		STC006R3-STCDS-[2011-09-22] 制造厂提供数据

中航工业哈尔滨飞机工业集团有限责任公司　运-12 系列

Y-12I/12II/12E/12IV

运-12运输机是中航工业哈尔滨飞机工业集团有限责任公司（哈尔滨飞机制造公司）在运-11基础上进行深入改进的发展型号。该机于1980年初开始研制，经过两年时间、1100多飞行小时试飞定型。1985年，运-12飞机取得了中国民航颁发的型号合格证，翌年又取得生产许可证。运-12属轻型多用途飞机，可用作客货运输、空投空降、农林作业、地质勘探，还可改装成电子情报、海洋监测、空中游览和行政专机等。

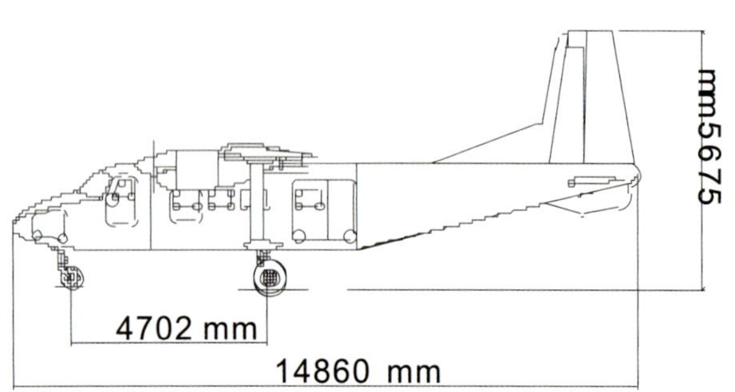

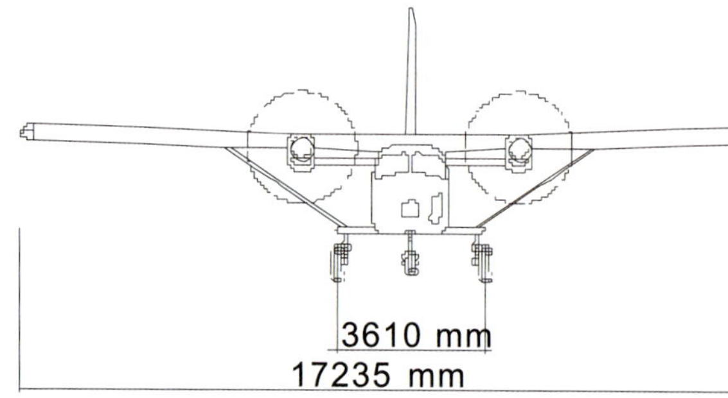

Y-12I/II

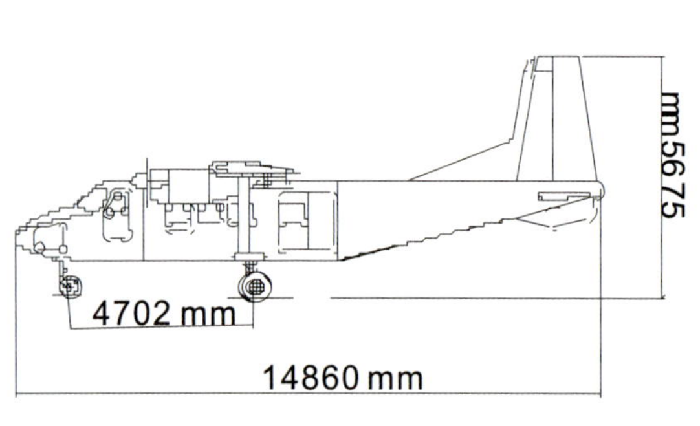

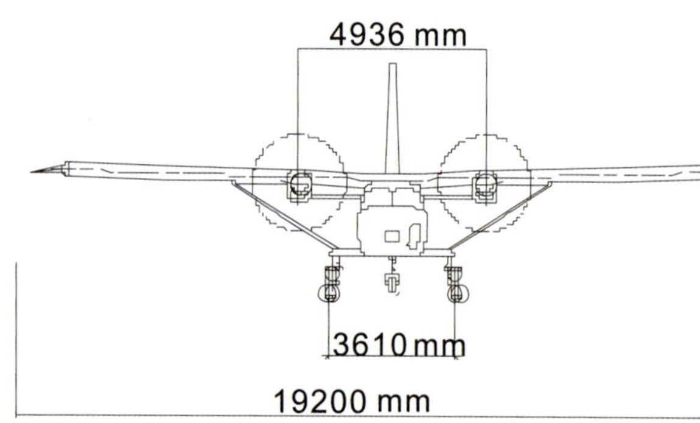

Y-12E/IV

主要用途：客货运输、空投空降、农林作业、地质勘探。
截止到2013年12月31日，该类飞机在我国注册数量共62架。

技术参数

	型别	Y12I	Y12 II	Y12E	Y12IV
概况	商用名	-	-	-	-
	制造商	中航工业哈尔滨飞机工业集团有限责任公司			
	发动机型号	PT6A-11	PT6A-27	PT6A-135A	PT6A-27
	发动机数量	2	2	2	2
	螺旋桨型号	HC-113TN-3B/T10173B-8	T10173NB-3/HC-B3TN-3B	HC-D4N-3N/D9511FK	T10173NB-3/HC-B3TN-3B
	螺旋桨桨叶数量	3	3	4	3
	燃油	JetA，JetA-1，JP5等 RP-1，RP-2，RP-3等	JetA，JetA-1，JP5等 RP-1，RP-2，RP-3等	JetA，JetA-1，JP5等 RP-1，RP-2，RP-3等	RP-1，RP-2，RP-3等
	最大乘客人数	17	17	19	19
	最小机组人数	2	2	2	2
内部尺寸	舱内长度（m）	4.82 m	4.82 m	4.82 m	4.82 m
	舱内宽度（m）	1.46 m	1.46 m	1.46 m	1.46 m
	舱内高度（m）	1.70 m	1.70 m	1.70 m	1.70 m
	行李箱容积（L）	77 L+189 L	77 L+189 L	77 L+189 L	77L+189 L
外部尺寸	机身长度（m）	14.86 m	14.86 m	14.86 m	14.86 m
	翼展（m）	17.235 m	17.235 m	19.2 m	19.2 m
	机身高度（m）	5.575 m	5.755 m	5.675 m	5.675 m
性能	空重	2840 kg	2840 kg	3350 kg	3350 kg
	最大停机坪重量（lbs/kg）	5030 kg	5530 kg	5700 kg	5700 kg
	最大起飞重量（lbs/kg）	5000 kg	5500 kg	5670 kg	5670 kg
	最大着陆重量（lbs/kg）	5000 kg	5300 kg	5400 kg	5400 kg
	最大零燃油重量（lbs/kg）	3000 kg	4900 kg	5188 kg	5188 kg
	最大滑行重量（lbs/kg）	5030 kg	5530 kg	5700 kg	5700 kg
	最大燃油量（lbs/kg/L/gal）	1230 kg	1230 kg	1230 kg	1230 kg
	最大使用高度（ft/m）	7000 m	7000 m	7000 m	7000 m
	最大起降高度（ft/m）	单发升限1750 m	3000 m	3000 m	3000 m
	起飞场长（m）	-	340 m	370 m	360 m
	经济巡航速度（km/h）	240~250 km/h	260 km/h	270 km/h	260 km/h
	最大航程（km）	1280 km	1340 km（满油）、514 km（满客）	1340 km（满油）、650 km（满客）	1310 km（满油）、530 km（满客）
数据来源					TC006AR3-TCDS-[2001-12-31] 制造厂提供数据

A2C

A2C飞机是中航工业总公司特种飞行器研究所研制的多用途水陆两用超轻型水上飞机。该机已获得中国民航正式颁发的设计批准书。其采用双座、推进式单发、上单翼、单垂尾、双浮筒的常规总体布局，结构设计采用破损-安全准则，具有优良的抗坠毁性能，同时气动力设计又使其具有很好的无动力滑翔性能。A2C飞机装有一台奥地利ROTAX912四冲程航空发动机，具有性能稳定、马力大、载重量大等特点。

技术参数

概况	型别	A2C
	商用名	-
	制造商	中国航空工业总公司特种飞行器研究所（中国航空工业总公司605研究所）
	发动机型号	ROTAX 912 A2
	发动机数量	1
	螺旋桨型号	POWERFIN F3-70
	螺旋桨桨叶数量	3
	燃油	无铅车用汽油RON90及以上等级
	最大乘客人数	2
	最小机组人数	1
尺寸	机身长度（m）	6.6410 m（总长） 2.7125 m（机身）
	翼展（m）	11.2798 m
	机身高度（m）	3.1977 m
性能	空重（lbs/kg）	490 kg
	最大停机坪重量（lbs/kg）	-
	最大起飞重量（lbs/kg）	520 kg
	最大着陆重量（lbs/kg）	520 kg
	最大零燃油重量（lbs/kg）	490 kg
	最大燃油量（lbs/kg/L/gal）	41 L
	最大使用高度（ft/m）	1500 m
	起飞场长（m）	-
	经济巡航速度（km/h）	106 km/h
	最大航程（km）	330 km
数据来源		TDA012-[2003-07-09] 主机厂提供数据

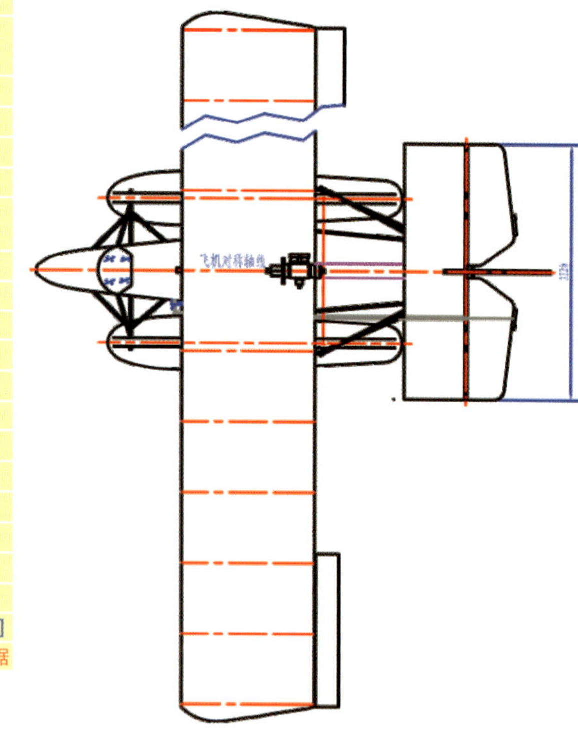

主要用途：飞行表演、游览观光、空中摄影、农林作业、公务飞行、飞行培训、环境监测、工业勘探、通讯及人员救护等。

截止到2013年12月31日，该类飞机在我国注册数量共13架。

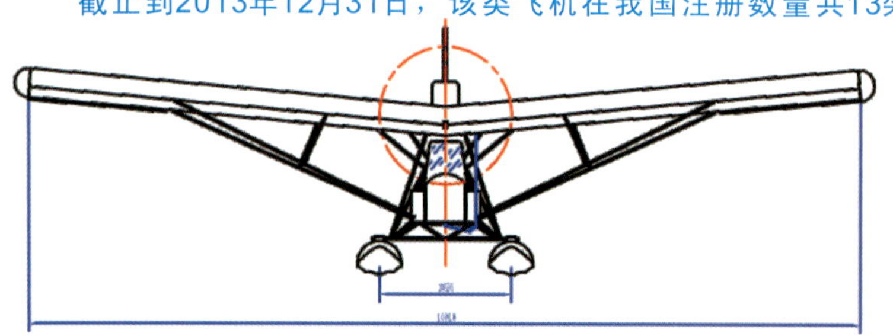

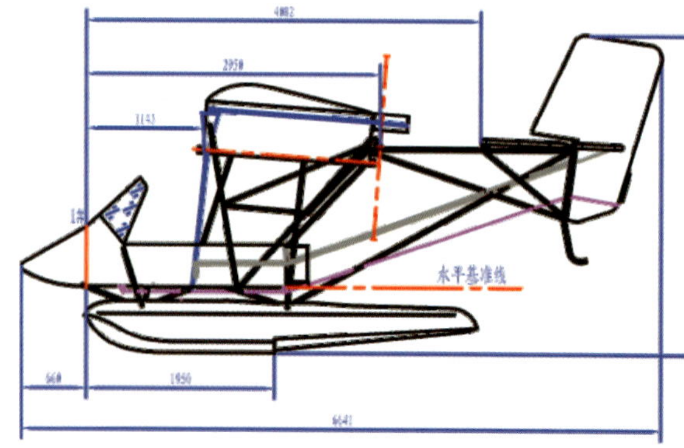

蓝鹰 AD-200

主要用途：飞行表演、游览观光、空中摄影、农林作业、飞行培训、环境监测、工业勘探等。

截止到2013年12月31日，该类飞机在我国注册数量共0架。

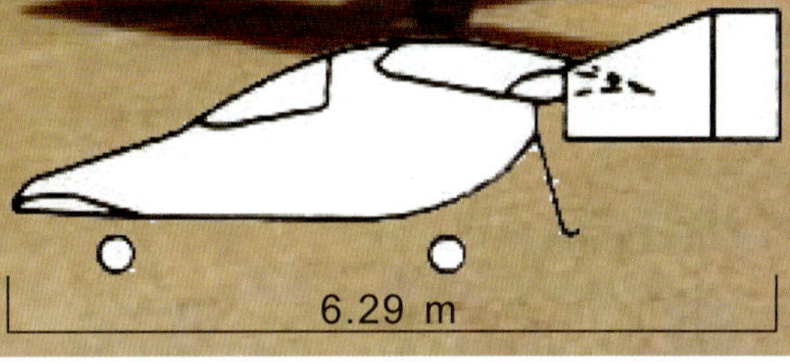

6.29 m

技术参数

	项目	参数
概况	型别	AD-200
	商用名	蓝鹰 AD-200
	制造商	南京航空航天大学
	发动机型号	ROTAX 447 2V
	发动机数量	1
	螺旋桨型号	-
	螺旋桨桨叶数量	2
	燃油	90号或75号航空汽油
	最大乘客人数	1
	最小机组人数	1
尺寸	机身长度（m）	6.29 m
	翼展（m）	9.41 m
	机身高度（m）	2.01 m
性能	空重（lbs/kg）	220 kg
	最大停机坪重量（lbs/kg）	-
	最大起飞重量（lbs/kg）	-
	最大着陆重量（lbs/kg）	-
	最大零燃油重量（lbs/kg）	34 kg
	最大燃油量（lbs/kg/L/gal）	-
	最大使用高度（ft/m）	3500 m
	起飞场长（m）	100 m
	经济巡航速度（km/h）	95 km/h
	最大航程（km）	350 km
数据来源	TDA004-TDADS-[1995-12-16]	制造厂提供数据

AD-200双座超轻型飞机是中国南京航空航天大学在其自行设计研制的AD-100单座超轻型飞机基础上，针对国际市场同时考虑国内需要而开发出来的新一代超轻型飞机。AD-200型飞机，前后舱串座，双操纵系统，并装备有高度表、速度表、升降速度表、磁罗盘、转速表、温度表、油量表、电流表，还可选装机载通讯电台、卫星导航仪（GPS）和地平仪等，适宜作教练机和检验机，并且已获得中国民航正式颁发的设计批准书。

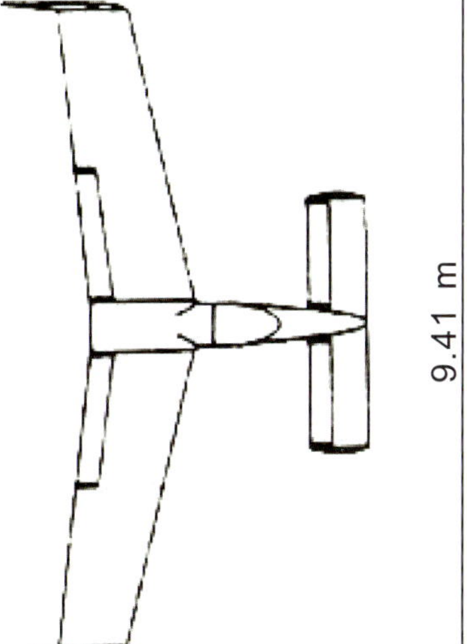

湖南山河科技股份有限公司

Aurora SA60L 阿诺拉

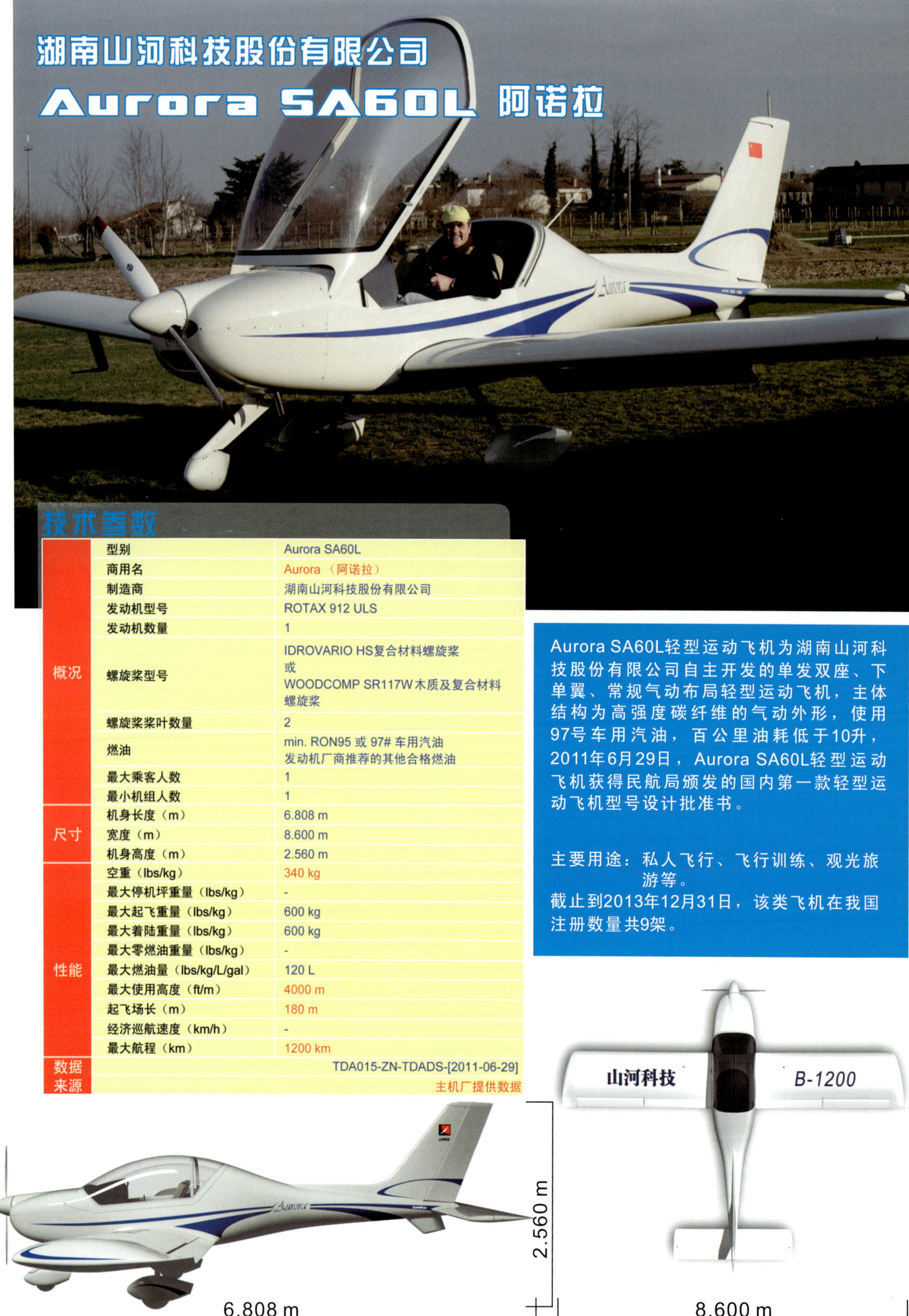

技术参数

概况	型别	Aurora SA60L
	商用名	Aurora （阿诺拉）
	制造商	湖南山河科技股份有限公司
	发动机型号	ROTAX 912 ULS
	发动机数量	1
	螺旋桨型号	IDROVARIO HS复合材料螺旋桨 或 WOODCOMP SR117W木质及复合材料螺旋桨
	螺旋桨桨叶数量	2
	燃油	min. RON95 或 97# 车用汽油 发动机厂商推荐的其他合格燃油
	最大乘客人数	1
	最小机组人数	1
尺寸	机身长度（m）	6.808 m
	宽度（m）	8.600 m
	机身高度（m）	2.560 m
性能	空重（lbs/kg）	340 kg
	最大停机坪重量（lbs/kg）	-
	最大起飞重量（lbs/kg）	600 kg
	最大着陆重量（lbs/kg）	600 kg
	最大零燃油重量（lbs/kg）	-
	最大燃油量（lbs/kg/L/gal）	120 L
	最大使用高度（ft/m）	4000 m
	起飞场长（m）	180 m
	经济巡航速度（km/h）	-
	最大航程（km）	1200 km
数据来源		TDA015-ZN-TDADS-[2011-06-29] 主机厂提供数据

Aurora SA60L轻型运动飞机为湖南山河科技股份有限公司自主开发的单发双座、下单翼、常规气动布局轻型运动飞机，主体结构为高强度碳纤维的气动外形，使用97号车用汽油，百公里油耗低于10升，2011年6月29日，Aurora SA60L轻型运动飞机获得民航局颁发的国内第一款轻型运动飞机型号设计批准书。

主要用途：私人飞行、飞行训练、观光旅游等。

截止到2013年12月31日，该类飞机在我国注册数量共9架。

北京航空航天大学
蜜蜂3C M3C

主要用途：农林灭虫、森林防护、空中摄影、航空运动等。

截止到2013年12月31日，该类飞机在我国注册数量共5架。

技术参数

概况	型别	M3C
	商用名	蜜蜂3C（M3C）
	制造商	北京航空航天大学
	发动机型号	ROTAX 582
	发动机数量	1
	螺旋桨型号	P60GAR3R
	螺旋桨桨叶数量	2
	燃油	90#汽车用油
	最大乘客人数	1
	最小机组人数	1
尺寸	机身长度（m）	6.1 m
	翼展（m）	8.6 m
	机身高度（m）	2.3 m
性能	空重（lbs/kg）	150 kg
	最大停机坪重量（lbs/kg）	310 kg
	最大起飞重量（lbs/kg）	310 kg
	最大着陆重量（lbs/kg）	310 kg
	最大零燃油重量（lbs/kg）	290 kg
	最大滑行重量（lbs/kg）	310 kg
	最大燃油量（lbs/kg/L/gal）	20 kg
	最大使用高度（ft/m）	4000 m
	最大起降高度（ft/m）	3400 m
	起飞场长（m）	55 m
	经济巡航速度（km/h）	90 km/h~120 km/h
	最大航程（km）	145 km
数据来源	TDA006-TDADS-[1997-04-02] 制造厂提供数据	

M3C（蜜蜂3C）型飞机是北京航空航天大学研制的超轻型双座多用途飞机，已获得中国民航正式颁发的设计批准书。其具有上单翼、半封闭座舱、正常式尾翼、前三点固定式起落架和三轴操纵系统。

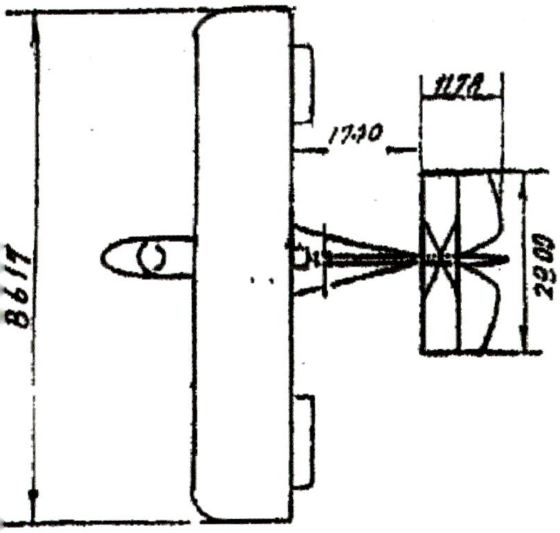

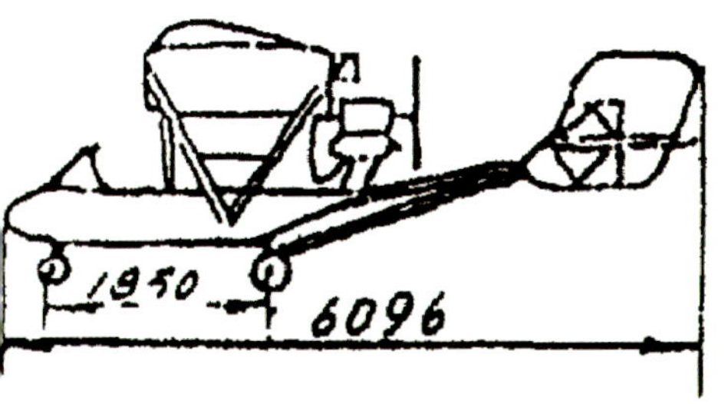

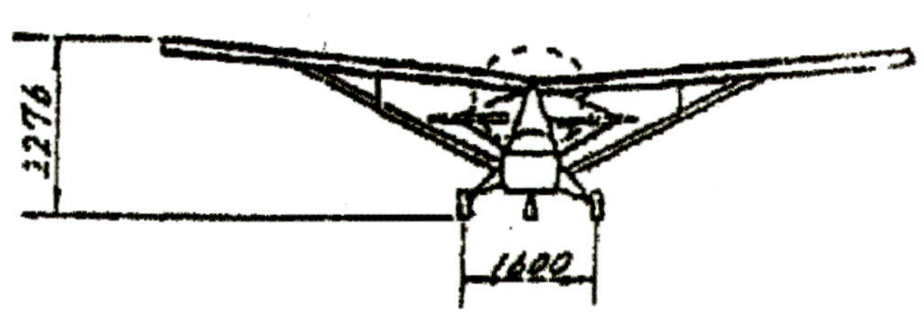

北京航空航天大学

蜜蜂4　M4

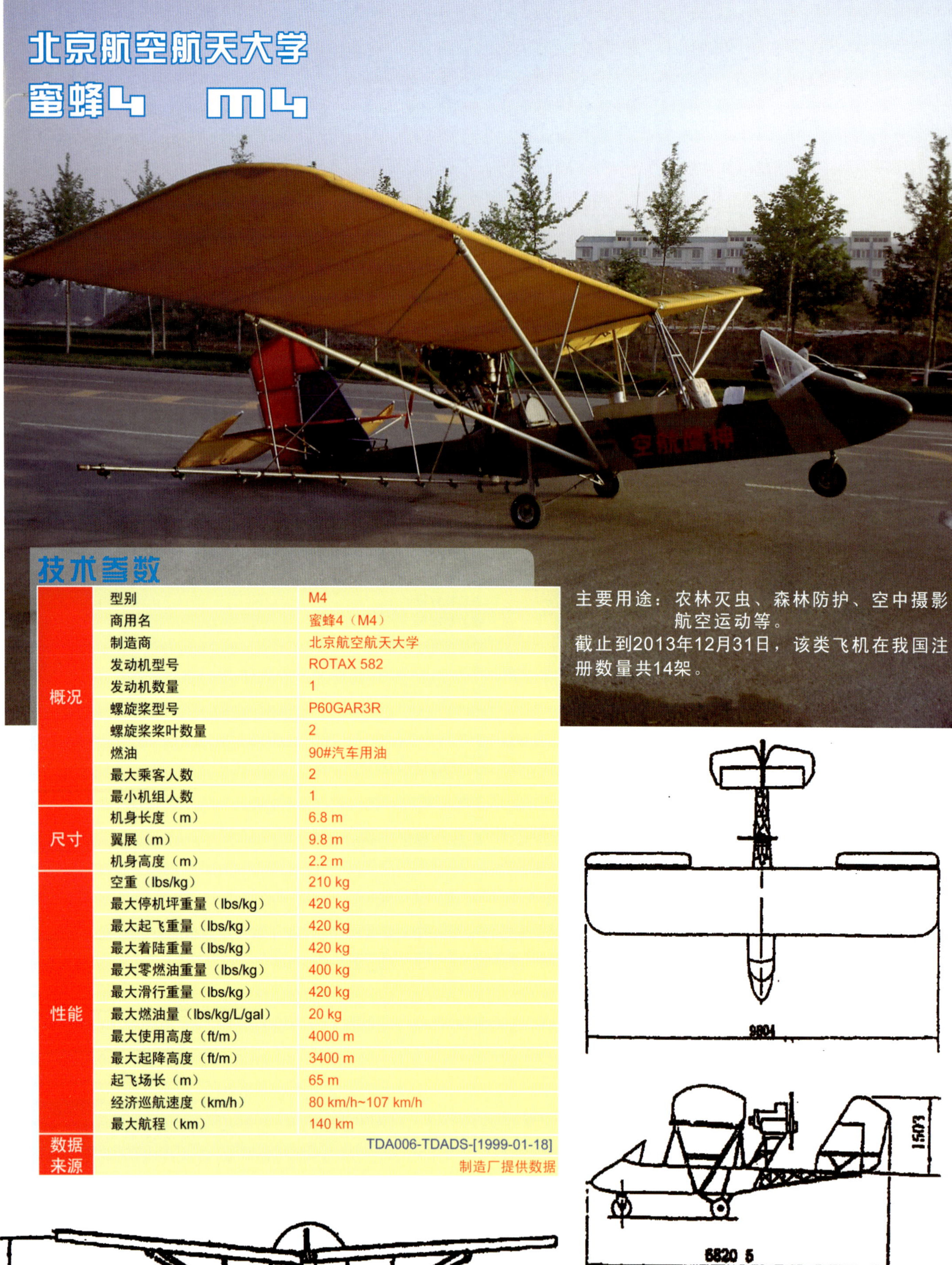

技术参数

概况	型别	M4
	商用名	蜜蜂4（M4）
	制造商	北京航空航天大学
	发动机型号	ROTAX 582
	发动机数量	1
	螺旋桨型号	P60GAR3R
	螺旋桨桨叶数量	2
	燃油	90#汽车用油
	最大乘客人数	2
	最小机组人数	1
尺寸	机身长度（m）	6.8 m
	翼展（m）	9.8 m
	机身高度（m）	2.2 m
性能	空重（lbs/kg）	210 kg
	最大停机坪重量（lbs/kg）	420 kg
	最大起飞重量（lbs/kg）	420 kg
	最大着陆重量（lbs/kg）	420 kg
	最大零燃油重量（lbs/kg）	400 kg
	最大滑行重量（lbs/kg）	420 kg
	最大燃油量（lbs/kg/L/gal）	20 kg
	最大使用高度（ft/m）	4000 m
	最大起降高度（ft/m）	3400 m
	起飞场长（m）	65 m
	经济巡航速度（km/h）	80 km/h~107 km/h
	最大航程（km）	140 km
数据来源		TDA006-TDADS-[1999-01-18] 制造厂提供数据

主要用途：农林灭虫、森林防护、空中摄影、航空运动等。

截止到2013年12月31日，该类飞机在我国注册数量共14架。

M4（蜜蜂4）型飞机为北京航空航天大学研制的超轻型双座多用途飞机，获得中国民航正式颁发的设计批准书。该机是在M3C飞机基础上改进设计的，增加了载重量和农林灭虫中每次起飞的喷洒面积。

北京航空航天大学
蜜蜂11 M11

M11（蜜蜂11）型飞机是北京航空航天大学研制的双座多用途超轻飞机。1991年研制成功，1996年获得中国民航正式颁发的设计批准书。该机具有上单翼机、正常式尾翼、封闭式座舱、三轴操纵系统、前三点固定式起落架，还可以根据需要改装成小型三座飞机。

技术参数

概况	型别	M11
	商用名	蜜蜂11（M11）
	制造商	北京航空航天大学
	发动机型号	ROTAX 582
	发动机数量	1
	螺旋桨型号	P60GAR3R
	螺旋桨桨叶数量	2
	燃油	90#汽车用油
	最大乘客人数	1
	最小机组人数	1
尺寸	机身长度（m）	6.1 m
	翼展（m）	8.7 m
	机身高度（m）	2.0 m
性能	空重（lbs/kg）	210 kg
	最大停机坪重量（lbs/kg）	420 kg
	最大起飞重量（lbs/kg）	420 kg
	最大着陆重量（lbs/kg）	420 kg
	最大零燃油重量（lbs/kg）	4000 kg
	最大滑行重量（lbs/kg）	420 kg
	最大燃油量（lbs/kg/L/gal）	20 kg
	最大使用高度（ft/m）	4000 m
	最大起降高度（ft/m）	3200 m
	起飞场长（m）	112 m
	经济巡航速度（km/h）	130 km/h~150 km/h
	最大航程（km）	235 km
数据来源	TDA006-TDADS-[1996-11-25] 制造厂提供数据	

主要用途：农林灭虫、森林防护、航拍航测、航空运动、侦察巡逻、飞行训练等。

截止到2013年12月31日，该类飞机在我国注册数量共2架。

W5-100/W5A-200

技术参数

概况	型别	W5-100	W5A-200
	商用名	-	-
	制造商	中航工业石家庄飞机工业有限责任公司	
	发动机型号	ROTAX-503	ROTAX-503
	发动机数量	1	1
	螺旋桨型号	-	-
	螺旋桨桨叶数量	-	-
	燃油	91号汽油	91号汽油
	最大乘客人数	-	1
	最小机组人数	1	1
尺寸	机身长度（m）	5.3 m	5.3 m
	翼展（m）	10.55 m	10.55 m
	机身高度（m）	3.2 m	3.2 m
性能	空重（lbs/kg）	160 kg	168 kg
	最大停机坪重量（lbs/kg）	-	-
	最大起飞重量（lbs/kg）	260 kg	340 kg
	最大着陆重量（lbs/kg）	-	-
	最大零燃油重量（lbs/kg）	-	-
	最大燃油量（lbs/kg/L/gal）	9 kg	9 kg
	最大使用高度（ft/m）	2700 m	1500 m
	起飞场长（m）	60 m	120 m
	经济巡航速度（km/h）	-	-
	最大航程（km）	80 km	75 km
数据来源			TDA011-TDADS-[2000-10-18]
			制造厂提供数据

主要用途：空中观光、私人飞行、航拍航测、农林作业等。

截止到2013年12月31日，该类飞机在我国注册数量共0架。

W5-100飞机是中航工业石家庄飞机工业有限责任公司自行设计生产的一种超轻型水上飞机，为单座水上型，其已经获得中国民航正式颁发的设计批准书。该机具有结构简单，操纵方便、灵活等特点，适用于航空体育，空中游览娱乐。

W5A-200飞机是中航工业石家庄飞机工业有限责任公司在W5-100基础之上研制的双座水上超轻型飞机，也已经获得中国民航正式颁发的设计批准书。起飞着陆滑跑距离短，可在较小的水面自如起降，适用于航空体育、空中游览娱乐、航空摄影及通用航空其他领域。W5A-200稍加改装可用作轻型飞机的教练机。

C42 详细介绍见163页

公司简介 Introduction

德国轻型飞机有限公司
广州中德远达轻型飞机有限公司

德国轻型飞机有限公司和广州中德远达轻型飞机有限公司，是德国最先进的四家固定翼飞机制造商和一家旋翼机制造商在大中华区的总代理，是Junkers救生系统的中国总代理。

主要机型为：
固定翼飞机：C42、C52、Remos(雷姆斯)、Breezer(铂锐者)、Skylark(云雀)
旋翼飞机：MTOsport(猛士豹)、Calidus(卡度士)、Cavalon(卡威龙)
其中：C42、MTOsport(猛士豹)、Calidus(卡度士)已经取得中国民航的TDA和PC认证，可以办理中国适航手续。

中德远达轻型飞机和德国飞机公司一起，正逐步将德国一流的飞机及其制造技术引入中国。

Remos（雷姆斯）

C52

Cavalon（卡威龙）

MTOsport（猛士豹）详细介绍见160页

Calidus（卡度士）详细介绍见159页

Breezer（铂锐者）

德国轻型飞机有限公司
Berlin,Germany
Web:www.german-light-aircraft.com

广州中德远达轻型飞机有限公司
网址:www.sino-light-aircraft.com
邮箱：sino_aircraft@ sino-light-aircraft.com

网站二维码　微信二维码

AC 313　直8F-100

主要用途：人员运输、近海支援、海上救护、空中摄影、海上巡逻、鱼群观测、护林防火等。

截止到2013年12月31日，该类飞机在我国注册数量共0架。

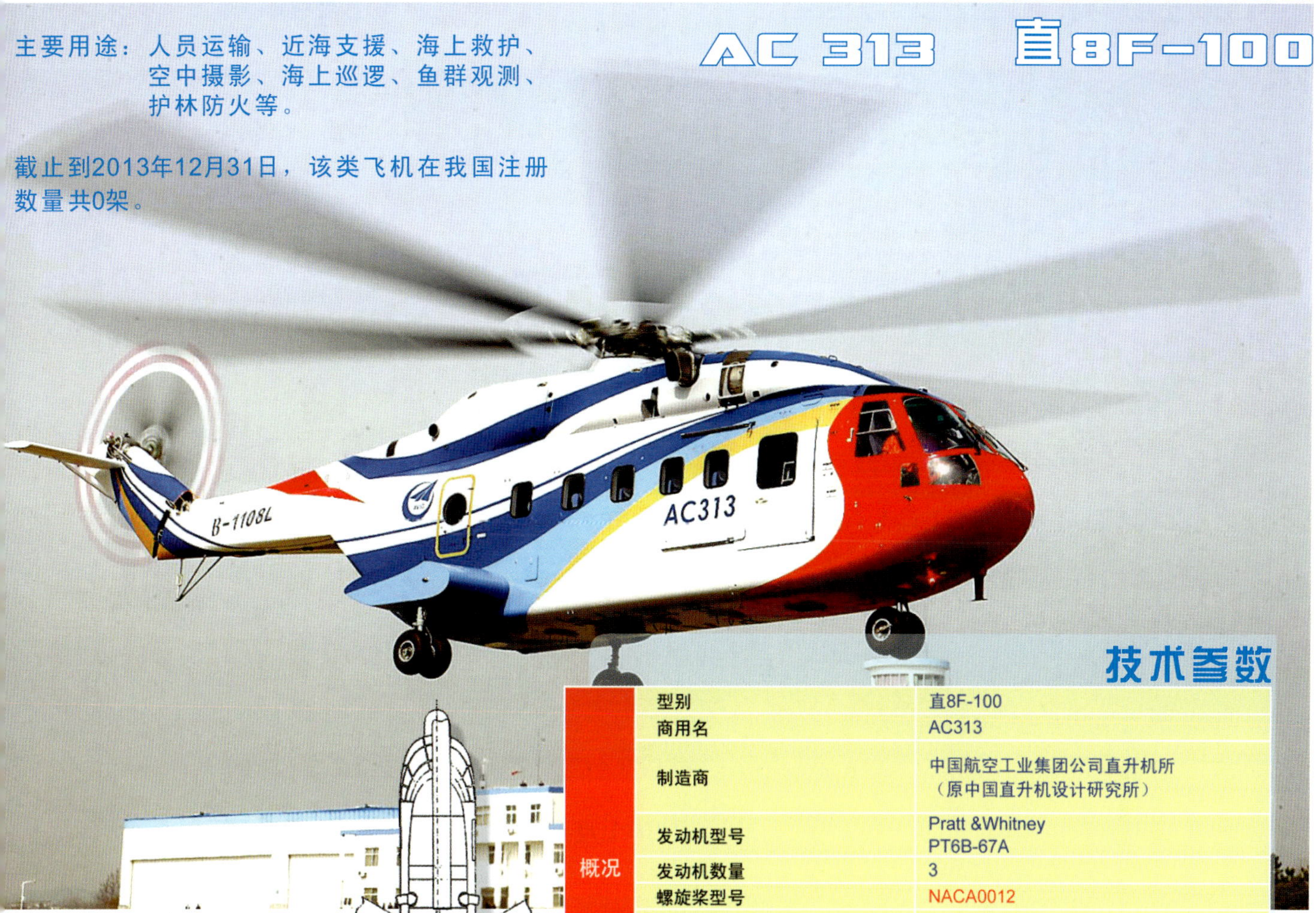

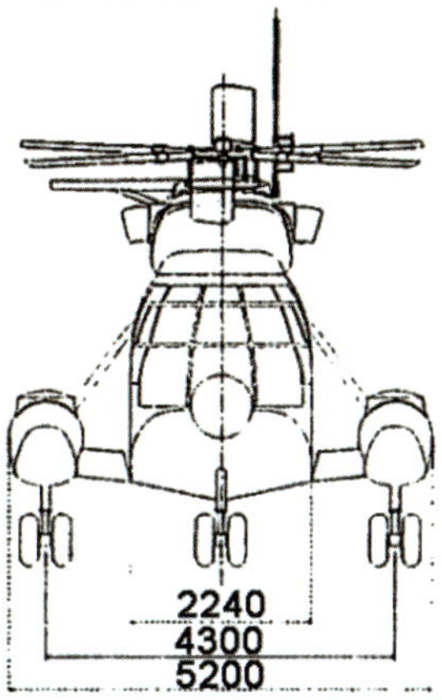

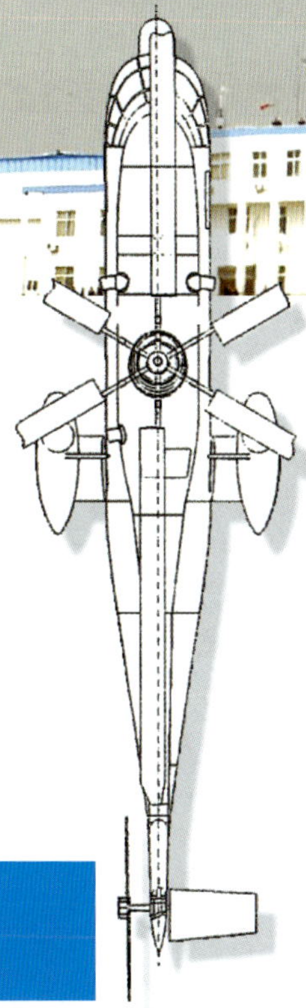

技术参数

概况	型别	直8F-100
	商用名	AC313
	制造商	中国航空工业集团公司直升机所（原中国直升机设计研究所）
	发动机型号	Pratt &Whitney PT6B-67A
	发动机数量	3
	螺旋桨型号	NACA0012
	螺旋桨桨叶数量	6（旋翼）5（尾桨）
	燃油	3号喷气燃料
	最大乘客人数	18
	最小机组人数	2
尺寸	全长（m）	23.035 m
	主旋翼直径（m）	18.90 m
	机身长度（m）	19.985 m
	机身宽度（m）	5.20 m（带浮筒短翼）2.24 m（不带外部载荷）
	机身高度（m）	6.66 m
性能	空重（lbs/kg）	7300 kg
	最大起飞重量（lbs/kg）	13000 kg
	最大货物吊挂重量（lbs/kg）	800 kg
	最大燃油量（lbs/kg/L/gal）	3800 kg
	实用商载（lbs/kg）	1530 kg
	最大使用高度（ft/m）	6000 m
	最大起降高度（ft/m）	不小于 5200 m 密度高度
	有地效悬停（ft/m）	1900 m
	无地效悬停（ft/m）	-
	爬升率（m/s）	5.84 m/s
	最大巡航速度（km/h）	260 km/h
	最大航程(km)	大于 1000 km
	噪声（db）	-
数据来源	TC0022A-TCDS-[2012-01-05] 制造厂提供数据	

AC313型机（直8F-100）是由中国航工业集团公司直升机所和中航工业昌河飞机工业（集团）有限责任公司共同研制的、我国第一个完全按照适航条例规定的要求和程序进行研制的大型运输直升机，已获得中国民航颁发的型号合格证，同时其也是我国自行研制生产的唯一一种大型直升机，填补了我国大型民用直升机生产的空白。

AC313型机是典型的单旋翼带尾桨直升机，并列双驾驶构型，配装三台涡轴发动机，前三点不可收放式起落装置，适合在海洋气候条件和其他各种复杂恶劣环境下使用，可实现野外一般场地起降，执行人员、物资的运输及搜索救援、抢险救灾等任务。该机于2010年3月18日首飞。

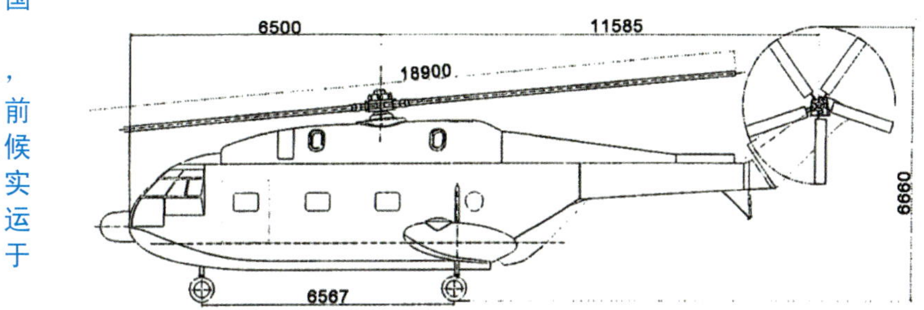

H410/H410A/H425

H410A 直升机

主要用途：客货运输、摄影摄像、搜索救援、海洋监测、医疗救护、交通管理、城市消防、旅游观光、公务飞行以及其他通用航空领域。

截止到2013年12月31日，该类飞机在我国注册数量共4架。

技术参数

	型别	Z9A（H410）	H410A	H425
概况	商用名	H410	H410A	H425
	制造商	中航工业哈尔滨飞机工业集团有限责任公司（原：哈飞航空工业股份有限公司）	中航工业哈尔滨飞机工业集团有限责任公司（原：哈飞航空工业股份有限公司）	中航工业哈尔滨飞机工业集团有限责任公司（原：哈飞航空工业股份有限公司）
	发动机型号	中国南方动力公司 WZ-8A	法国斯奈克玛 ARRIEL 2C	法国斯奈克玛 ARRIEL 2C
	发动机数量	2	2	2
	螺旋桨型号	-	-	-
	螺旋桨桨叶数量	-	-	-
	燃油	RP-3航空煤油	RP-3航空煤油	RP-3航空煤油
	最大乘客人数	13	13	13
	最小机组人数	1（目视飞行） 2（仪表飞行）	1（目视飞行） 2（仪表飞行）	1（目视飞行） 2（仪表飞行）
内部尺寸	舱内长度（m）	2.3 m	2.3 m	2.3 m
	舱内宽度（m）	1.92 m（最大）	1.92 m（最大）	1.92 m（最大）
	舱内高度（m）	1.4 m（最高）	1.4 m（最高）	1.4 m（最高）
	行李箱容积（L）	-	-	-
外部尺寸	机身长度（m）	13.648 m（包括旋翼） 11.634 m（不包括旋翼）	13.648 m（包括旋翼） 11.634 m（不包括旋翼）	13.72 m（包括旋翼） 11.634 m（不包括旋翼）
	机身宽度（m）	3.21 m（平尾） 2.03 m（不包括平尾）	3.21 m（平尾） 2.03 m（不包括平尾）	3.21 m（平尾） 2.03 m（不包括平尾）
	机身高度（m）	3.97 m（至垂尾）	3.97 m（至垂尾）	3.97 m（至垂尾）
性能	空重（lbs/kg）	2050 kg 2670 kg（安装绞车/光电平台）	2050 kg	2200 kg
	最大停机坪重量（lbs/kg）	4100 kg	4100 kg	4250 kg
	最大起飞重量（lbs/kg）	4100 kg	4100 kg	4250 kg
	最大着陆重量（lbs/kg）	4100 kg	4100 kg	4250 kg
	最大零燃油重量（lbs/kg）	2050 kg	2050 kg	2050 kg
	最大滑行重量（lbs/kg）	4100 kg	4100 kg	4250 kg
	最大燃油量（lbs/kg/L/gal）	1158 L	1158 L	1130 L
	最大使用高度（ft/m）	4572 m	4572 m	6000 m
	最大起降高度（ft/m）	-	-	-
	经济巡航速度（km/h）	235 km/h	235 km/h	235 km/h
	最大航程（km）	860 km	860km	800km
数据来源				TC0018A-TCDS-[2006-12-27] 制造厂提供数据

Z9轻型多用途直升机是由哈飞航空工业股份有限公司（现:中航工业哈尔滨飞机工业集团有限责任公司）引进法国海豚直升机的许可生产的。

Z9A（H410）是Z9的最早延伸型号，该型号直升机使用WZ-8A发动机，单台最大功率为734千瓦。旋翼系统由4片复合材料桨叶、星型柔性旋翼桨毂，尾桨由1个桨毂和13片模锻的轻合金桨叶组成。起落架为可收放的前3点轮式起落架。该机型于2002年6月获得中国民航局颁发的型号合格证，同年，哈飞航空工业股份有限公司（现:中航工业哈尔滨飞机工业集团有限责任公司）正式将Z9A民用型直升机命名为H410。

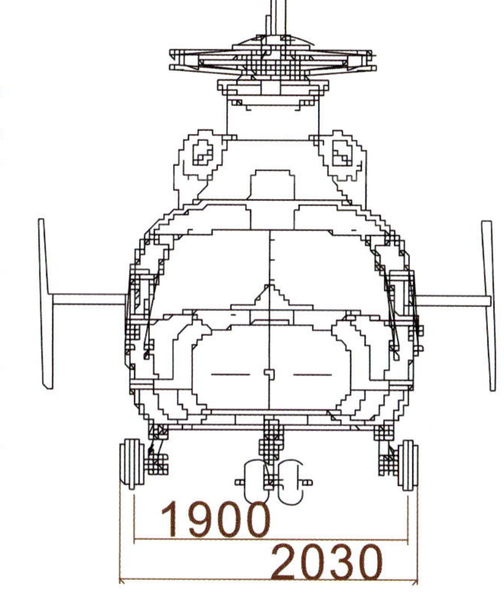

H410A直升机是由哈飞航空工业股份有限公司（现:中航工业哈尔滨飞机工业集团有限责任公司）2000年开始改型研制的。2002年6月获得中国民航局颁发的型号合格证。该机型主要将Z9A（H410）型机上的涡轴8A（WZ-8A）发动机换装为法国透博梅卡公司生产的“阿赫耶2C”（ARPIEL 2C）发动机，并相应更改发动机操作系统和发动机工作参数的指示仪表，以提高Z9A型机的性能。H410A直升机以运输型为基本型，主要执行人员和物资的运输任务。可根据用户的不同要求，改装成特殊用途的直升机。

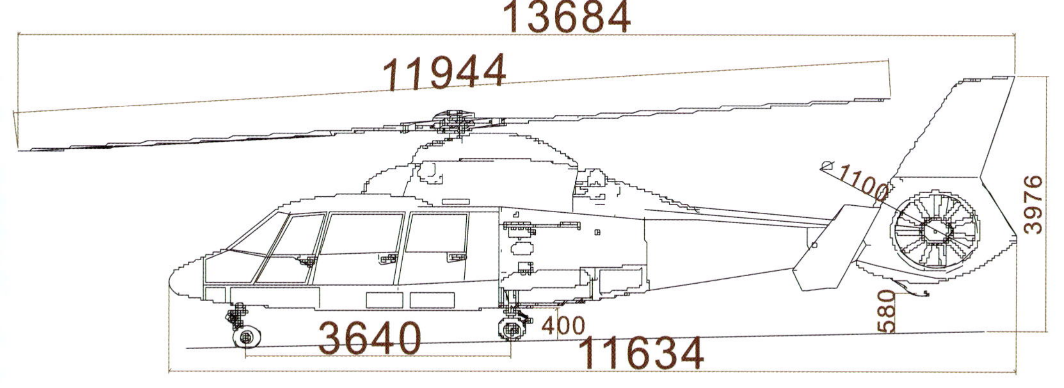

H425是哈飞航空工业股份有限公司（现:中航工业哈尔滨飞机工业集团有限责任公司）在Z9系列直升机的基础上最新研制的单旋翼带涵道尾桨的双发中型多用途直升机，2006年12月获得了中国民航局颁发的型号合格证。

中国航空工业集团公司直升机所 Z11 系列
AC301/AC301A/AC311

主要用途：公安巡逻、医疗救护、旅游观光、飞行训练、护林防火等。

截止到2013年12月31日，该类飞机在我国注册数量共5架。

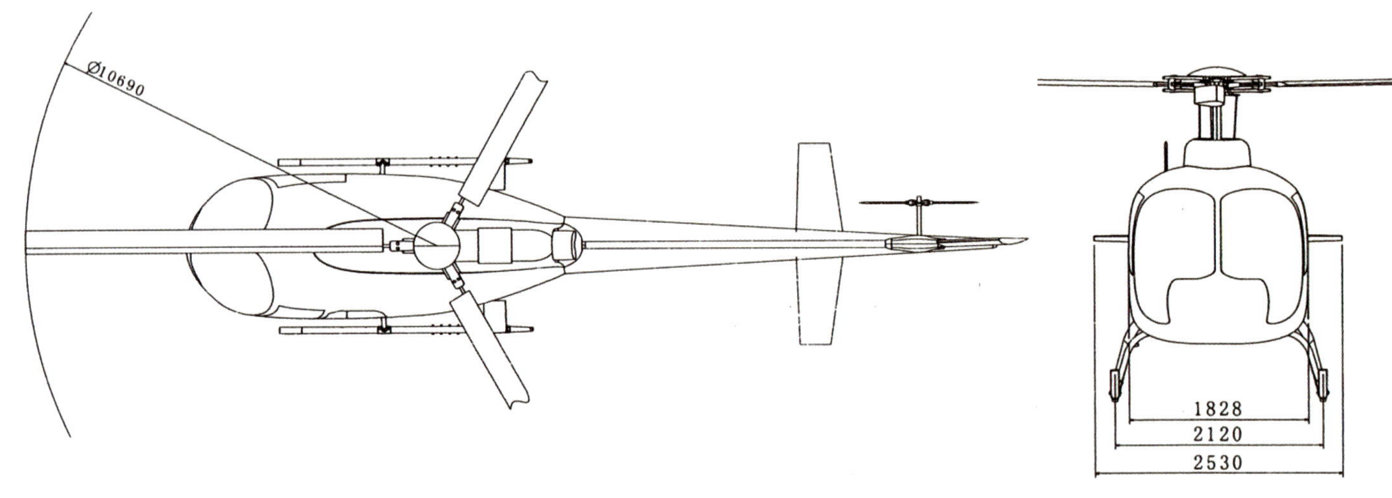

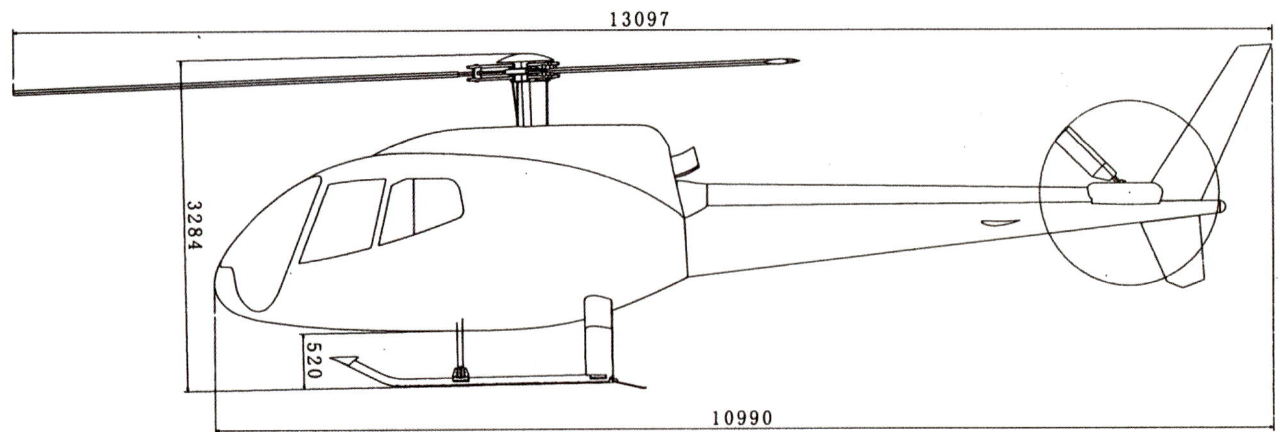

技术参数

	型别	Z11	Z11MB1	Z11M-100
概况	商用名	AC301	AC301A	AC311
	制造商	中国航空工业集团公司直升机所（原中国直升机设计研究所）	中国航空工业集团公司直升机所（原中国直升机设计研究所）	中国航空工业集团公司直升机所（原中国直升机设计研究所）
	发动机型号	WZ-8D	TURBOMECA Inc. ARRIEL 2B1A	Honeywell LTS101-700D-2
	发动机数量	1	1	1
	螺旋桨型号	-	-	-
	螺旋桨桨叶数量	3（主旋翼） 2（尾桨）	3（主旋翼） 2（尾桨）	3（主旋翼） 2（尾桨）
	燃油	3号喷气燃油	3号喷气燃油	3号喷气燃油
	最大乘客人数	6（包含飞行员）	6（包含飞行员）	6（包含飞行员）
	最小机组人数	1	1	1
外部尺寸	全长（m）	13.012 m	13.097 m	13.083 m
	主旋翼直径（m）	10.690 m	10.690 m	10.690 m
	机身长度（m）	11.24 m	10.990 m	10.686 m
	机身宽度（m）	1.8 m	1.828 m	1.828 m
	机身高度（m）	3.14 m（至主桨毂顶点）	3.284 m（至主桨毂顶点）	3.418 m（至垂尾顶点） 3.337 m（至主桨毂顶点）
性能	空重（lbs/kg）	-	-	-
	最大起飞重量（lbs/kg）	2200 kg	2200 kg	2200 kg
	最大货物吊挂重量（lbs/kg）	-	-	-
	最大燃油量（lbs/kg/L/GAL）	535 L	535 L	535 L
	实用商载（lbs/kg/L/GAL）	300kg	300kg	-
	最大使用高度（ft/m）	5000 m	5500 m	6000 m / 19685 ft
	最大起降高度（ft/m）	-	-	4700 m / 151400 ft
	有地效悬停（ft/m）	-	-	2950 m / 9670 ft
	无地效悬停（ft/m）	-	-	2250 m / 7380 ft
	爬升率（m/s）	7.9 m/s	8.4 m/s	8.0 m/s
	最大巡航速度（km/h）	有动力飞行： 267.9 km/h（零压力高度时） 无动力飞行： 216.4 km/h（零压力高度时）	有动力飞行： 267.9 km/h（零压力高度时） 无动力飞行： 216.4 km/h（零压力高度时）	236 km/h
	最大航程（km）	550 km	590 km	590 km
	噪声（db）	-	-	-
数据来源				TC0017AR3-TCDS-[2012-05-08] 制造厂提供数据

Z11（AC301）直升机属轻型多用途直升机，是我国直升机行业第一个具有自主知识产权的机种。1989年由中国直升机设计研究所（现：中国航空工业集团公司直升机所）、昌河飞机工业集团公司（现：中航工业昌河飞机工业(集团)有限责任公司）等单位共同开始研制。1994年12月22日首飞成功，2000年12月通过设计定型。在2001年4月取得中国民航局颁发的型号合格证，2002年12月取得中国民航局颁发的生产许可证。

AC311直升机是在Z11MB1直升机基础上的最新改进型，装有一台低油耗Honeywell公司LTS101-700D-2发动机或国产WZ-8D发动机，配置集成化综合航空电子系统，配置可供多种选择的精致内饰和座椅。可在我国西部高原地区使用。该机采用数字化设计和制造技术，机身设计为水滴型，采用复合材料旋翼，配置高度集成化的综合航电系统。AC311直升机于2011年11月在天津首飞成功。2012年7月获得中国民航局颁发的型号合格证。

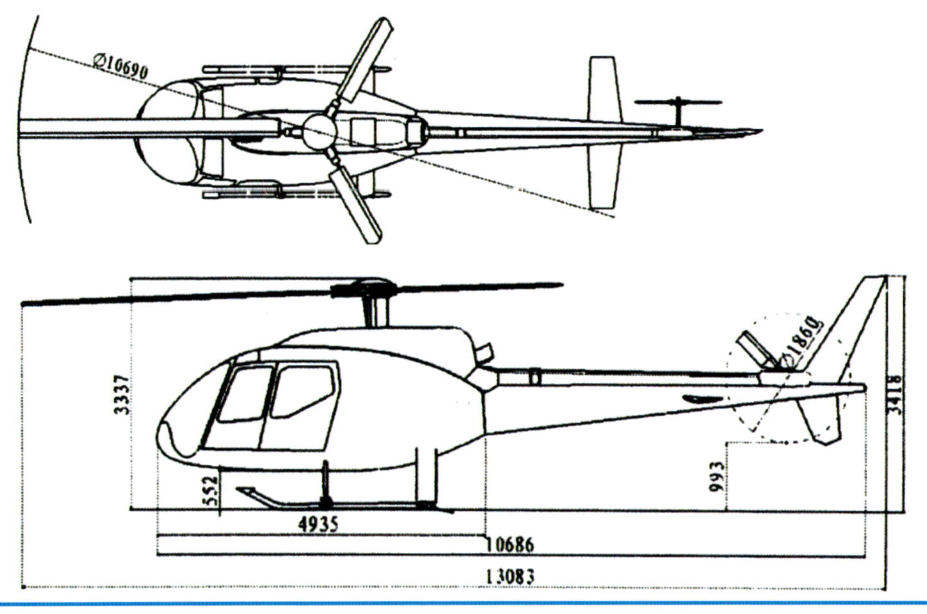

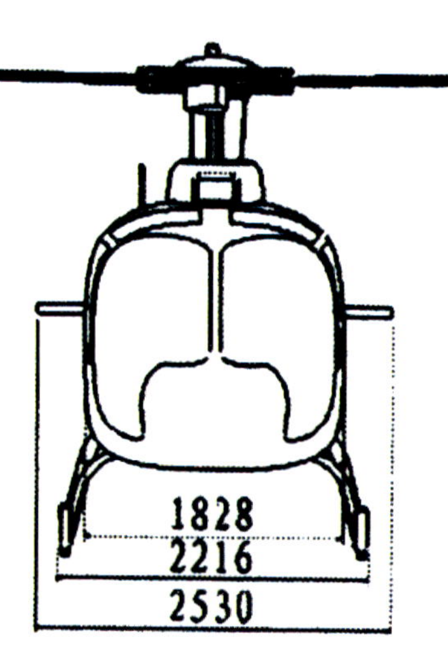

上海达天飞艇制造有限公司

CA-80

主要用途：航空摄影、航空旅游、航拍航测等。

截止到2013年12月31日，该类飞机在我国注册数量共2架。

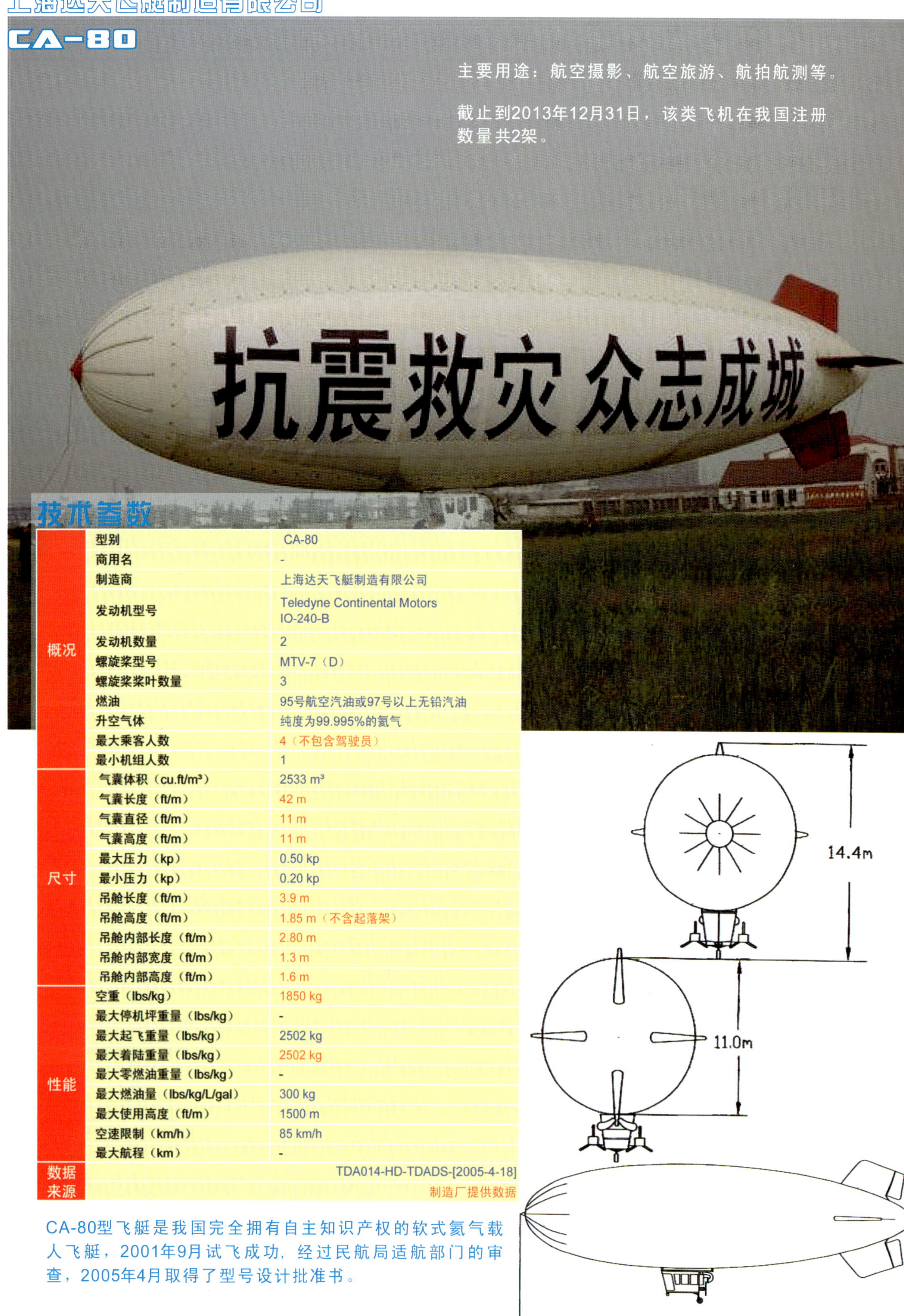

技术参数

概况	型别	CA-80
	商用名	-
	制造商	上海达天飞艇制造有限公司
	发动机型号	Teledyne Continental Motors IO-240-B
	发动机数量	2
	螺旋桨型号	MTV-7（D）
	螺旋桨桨叶数量	3
	燃油	95号航空汽油或97号以上无铅汽油
	升空气体	纯度为99.995%的氦气
	最大乘客人数	4（不包含驾驶员）
	最小机组人数	1
尺寸	气囊体积（cu.ft/m³）	2533 m³
	气囊长度（ft/m）	42 m
	气囊直径（ft/m）	11 m
	气囊高度（ft/m）	11 m
	最大压力（kp）	0.50 kp
	最小压力（kp）	0.20 kp
	吊舱长度（ft/m）	3.9 m
	吊舱高度（ft/m）	1.85 m（不含起落架）
	吊舱内部长度（ft/m）	2.80 m
	吊舱内部宽度（ft/m）	1.3 m
	吊舱内部高度（ft/m）	1.6 m
性能	空重（lbs/kg）	1850 kg
	最大停机坪重量（lbs/kg）	-
	最大起飞重量（lbs/kg）	2502 kg
	最大着陆重量（lbs/kg）	2502 kg
	最大零燃油重量（lbs/kg）	-
	最大燃油量（lbs/kg/L/gal）	300 kg
	最大使用高度（ft/m）	1500 m
	空速限制（km/h）	85 km/h
	最大航程（km）	-
数据来源		TDA014-HD-TDADS-[2005-4-18]
		制造厂提供数据

CA-80型飞艇是我国完全拥有自主知识产权的软式氦气载人飞艇，2001年9月试飞成功，经过民航局适航部门的审查，2005年4月取得了型号设计批准书。

主要用途：航空摄影、航空旅游、航拍航测等。
截止到2013年12月31日，该类飞机在我国注册数量共0架

HG2

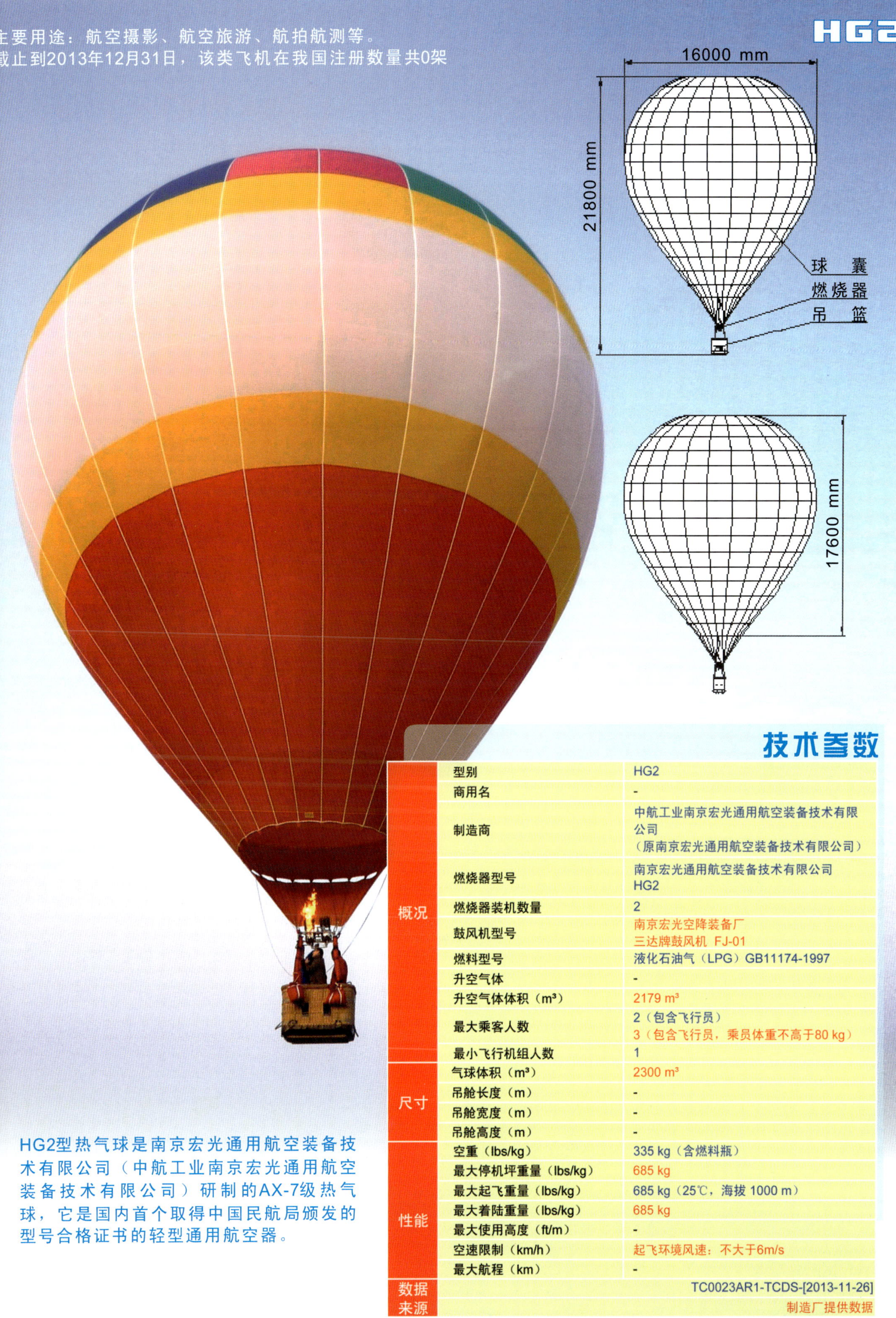

HG2型热气球是南京宏光通用航空装备技术有限公司（中航工业南京宏光通用航空装备技术有限公司）研制的AX-7级热气球，它是国内首个取得中国民航局颁发的型号合格证书的轻型通用航空器。

技术参数

概况	型别	HG2
	商用名	-
	制造商	中航工业南京宏光通用航空装备技术有限公司（原南京宏光通用航空装备技术有限公司）
	燃烧器型号	南京宏光通用航空装备技术有限公司 HG2
	燃烧器装机数量	2
	鼓风机型号	南京宏光空降装备厂 三达牌鼓风机 FJ-01
	燃料型号	液化石油气（LPG）GB11174-1997
	升空气体	-
	升空气体体积（m³）	2179 m³
	最大乘客人数	2（包含飞行员） 3（包含飞行员，乘员体重不高于80 kg）
	最小飞行机组人数	1
尺寸	气球体积（m³）	2300 m³
	吊舱长度（m）	-
	吊舱宽度（m）	-
	吊舱高度（m）	-
性能	空重（lbs/kg）	335 kg（含燃料瓶）
	最大停机坪重量（lbs/kg）	685 kg
	最大起飞重量（lbs/kg）	685 kg（25℃，海拔 1000 m）
	最大着陆重量（lbs/kg）	685 kg
	最大使用高度（ft/m）	-
	空速限制（km/h）	起飞环境风速：不大于6m/s
	最大航程（km）	-
数据来源		TC0023AR1-TCDS-[2013-11-26] 制造厂提供数据

中国航材集团通用航空服务有限公司

China General Aviation Service Co., Ltd.

- 中国航材集团通用航空服务有限公司是中国航空器材集团公司中承担通用航空业务的平台公司。
- 通服公司致力于依托集团公司三十多年的航材保障经验和遍及国内外的服务网络，搭建服务于全行业的通用航空综合服务平台，为您提供通用航空专业解决方案。
- 公司的核心业务包括：
  - 固定翼及旋翼飞机的销售；
  - 飞机租赁及金融服务；
  - 航材代理、寄售、修理；
  - 专业航空项目的咨询和支持。
- 通服公司总部注册在天津东疆港保税区，在北京、天津、上海、广州、西安、成都、沈阳、乌鲁木齐设有航材中心，在西雅图、图卢兹、莫斯科设有联络处。通服公司还是中国航协通航分会副会长单位、航材及航油保障委员会主任单位。

中国航材集团通用航空服务有限公司

天津地址：天津市河东区十一经路47号　邮编：300171　电话：022-24140007

北京地址：北京市顺义区空港工业区A区天纬四街3号　邮编：101312　电话：010-89455129

HJ2000

主要用途：航空摄影、航空旅游、航拍航测、空中巡逻、空中广告等。

截止到2013年12月31日，该类飞机在我国注册数量共2架。

HJ2000是由北京华教联合飞艇制造有限公司自行设计研制的载人氦气飞艇。2004年10月，获得中国民航局颁发的第一张载人飞艇型号设计批准书，是我第一艘具有正规资质的载人飞艇。

技术参数

概况	型别	HJ2000
	商用名	-
	制造商	北京华教联合飞艇制造有限公司
	发动机型号	LIMBACH-1700 EC2
	发动机数量	2
	螺旋桨型号	Hoffmann H011*/H011A
	螺旋桨桨叶数量	3
	燃油	-
	升空气体	氦气
	最大乘客人数	2
	最小机组人数	1
尺寸	气囊体积（cu.ft/m³）	1960 m³ 副气囊 2x200 m³
	气囊长度（ft/m）	38.5 m
	气囊直径（ft/m）	9.74 m
	气囊高度（ft/m）	9.74 m
	最大压力（kp）	-
	最小压力（kp）	-
	吊舱长度（ft/m）	-
	吊舱高度（ft/m）	-
	吊舱内部长度（ft/m）	-
	吊舱内部宽度（ft/m）	-
	吊舱内部高度（ft/m）	-
性能	空重（lbs/kg）	1446 kg
	最大停机坪重量（lbs/kg）	-
	最大起飞重量（lbs/kg）	1830 kg
	最大着陆重量（lbs/kg）	-
	最大零燃油重量（lbs/kg）	-
	最大燃油量（lbs/kg/L/gal）	97+5% kg
	最大使用高度（ft/m）	2200 m
	空速限制（km/h）	73 km/h
	最大航程（h）	13 h
数据来源		TDA013-HB TDADS-[2004-10-10] 制造厂提供数据

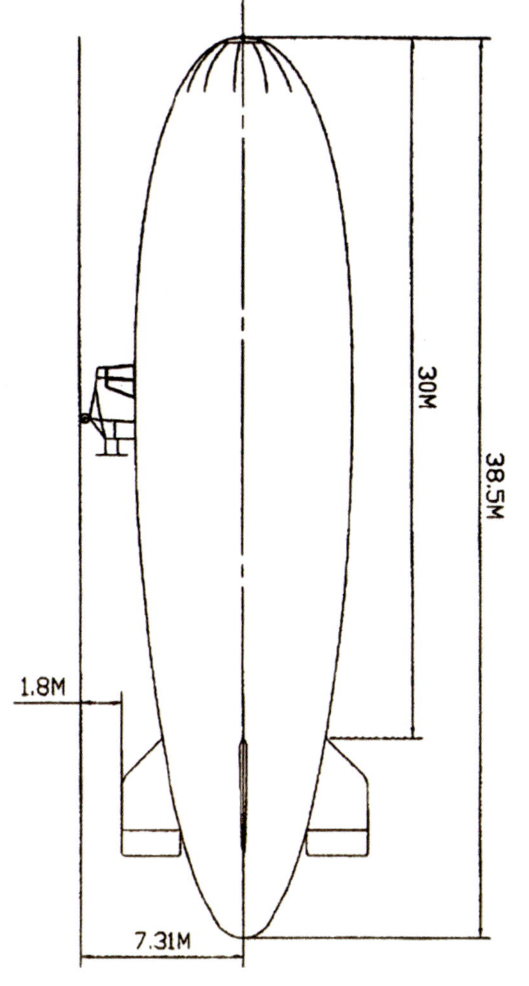

12.18M

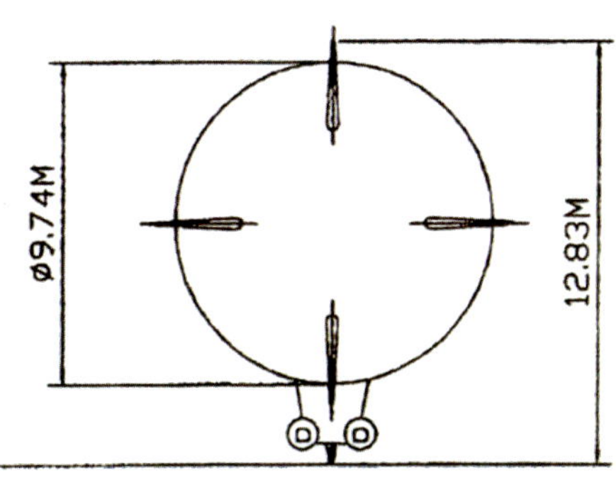

襄樊宏伟航空器有限责任公司

RQ7-3

技术参数

概况	型别	RQ7-3
	商用名	-
	制造商	襄樊宏伟航空器有限责任公司
	燃烧器型号	RSQ
	鼓风机型号	5.5ps本田汽油机.进口榉木桨叶
	燃料型号	RQP-20型液化石油气
	升空气体	-
	升空气体体积（m³）	2200 m³
	最大乘客人数	4（包含飞行员）
	最小乘客人数	1
尺寸	气球体积（m³）	-
	吊舱长度（m）	1.2 m
	吊舱宽度（m）	1.1 m
	吊舱高度（m）	1 m
性能	空重（lbs/kg）	170 kg
	最大停机坪重量（lbs/kg）	-
	最大起飞重量（lbs/kg）	620 kg
	最大着陆重量（lbs/kg）	-
	最大使用高度（ft/m）	3000 m
	空速限制（km/h）	-
	最大航程（km）	-
数据来源		TDA010-ZN-TDADS-[2009-1-08]
		制造厂提供数据

主要用途：航空摄影、航空旅游、航拍航测等

截止到2013年12月31日，该类航空器在我国注册数量共20架。

RQ7-3型热气球是国内首例取得中国民航局颁发的型号设计批准书和生产许可证的热气球类产品。

国外航空器

ORDEM E PROGRESSO

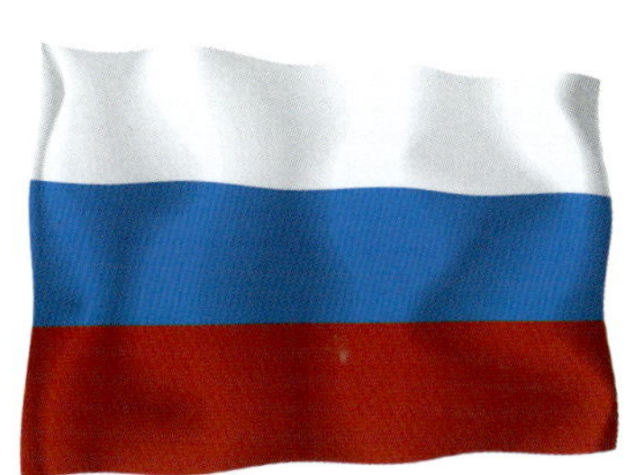

空中客车公司　A318系列

AIRBUS A318-100

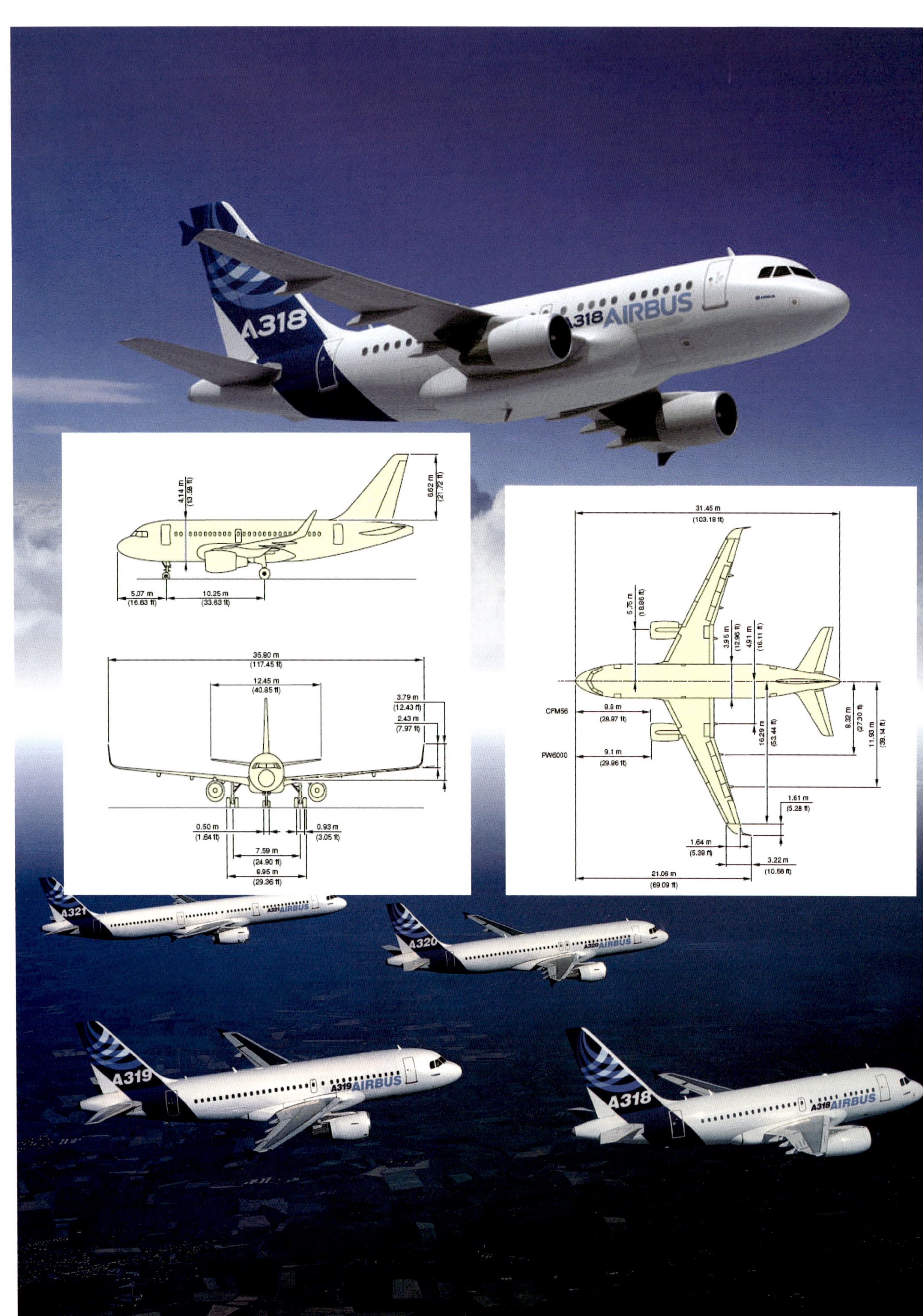

技术参数

		A318-111	A318-112	A318-121	A318-122
概况	型别	A318-111	A318-112	A318-121	A318-122
	商用名	A318-111	A318-112	A318-121	A318-122
	制造商	Airbus（空中客车公司）	Airbus（空中客车公司）	Airbus（空中客车公司）	Airbus（空中客车公司）
	发动机型号	CFM56-5B8/P	CFM56-5B9/P	PW 6122A	PW 6124A
	发动机数量	2	2	2	2
	燃油	中国：3号喷气燃油（GB6537-94）；法国：DCSEA 134、DCSEA 144/A（F-44）（XF-43）；美国：ASTM D 1655（JET A,JET A-1,JET B）、MIL-T-83133（JP 8）、MIL-T 5624（JP 4,JP 5）			
	最大乘客人数	136	136	136	136
	最小机组人数	2	2	2	2
内部尺寸	舱内长度（m）	21.38 m	21.38 m	21.38 m	21.38 m
	舱内宽度（m）	3.68 m	3.68 m	3.68 m	3.68 m
	舱内高度（m）	2.13 m	2.13 m	2.13 m	2.13 m
	货舱容积（m3）	21.21 m^3	21.21 m^3	21.21 m^3	21.21 m^3
外部尺寸	机身长度（m）	31.45 m	31.45 m	31.45 m	31.45 m
	翼展（m）	34.10 m	34.10 m	34.10 m	34.10 m
	机身宽度（m）	3.95 m	3.95 m	3.95 m	3.95 m
	机身高度（m）	12.79 m	12.79 m	12.79 m	12.79 m
性能	空重（lbs/kg）	39500 kg（87000 lbs）	39500 kg（87000 lbs）	39500 kg（87000 lbs）	39500 kg（87000 lbs）
	最大停机坪重量（lbs/kg）	56400 kg - 68400 kg	56400 kg - 684000 kg	56400 kg - 684000 kg	56400 kg - 684000 kg
	最大起飞重量（lbs/kg）	56000 kg - 68000 kg	56000 kg - 68000 kg	56000 kg - 68000 kg	56000 kg - 68000 kg
	最大着陆重量（lbs/kg）	56000 kg - 57500 kg	56000 kg - 57500 kg	56000 kg - 57500 kg	56000 kg - 57500 kg
	最大零燃油重量（lbs/kg）	53000 kg - 54500 kg	53000 kg - 54500 kg	53000 kg - 54500 kg	53000 kg - 54500 kg
	最大滑行重量（lbs/kg）	56400 kg - 68400 kg	56400 kg - 68400 kg	56400 kg - 68400 kg	56400 kg - 68400 kg
	最大燃油量（lbs/kg/L/gal）	23941.1 L（19152.7 kg）	23941.1 L（19152.7 kg）	23941.1 L（19152.7 kg）	23941.1 L（19152.7 kg）
	最大使用高度（ft/m）	39800 ft	39800 ft	39800 ft	39800 ft
	最大起降高度（ft/m）	-	-	-	-
	起飞场长（m）	1828 m	1828 m	1828 m	1828 m
	经济巡航速度（M）	0.78M	0.78M	0.78M	0.78M
	最大航程（km/nm）	6000 km（3250 nm）	6000 km（3250 nm）	6000 km（3250 nm）	6000 km（3250 nm）
数据来源		VTC0099AR3-VTCDS-[2009-06-19] 制造厂提供数据			

无翼梢小翼

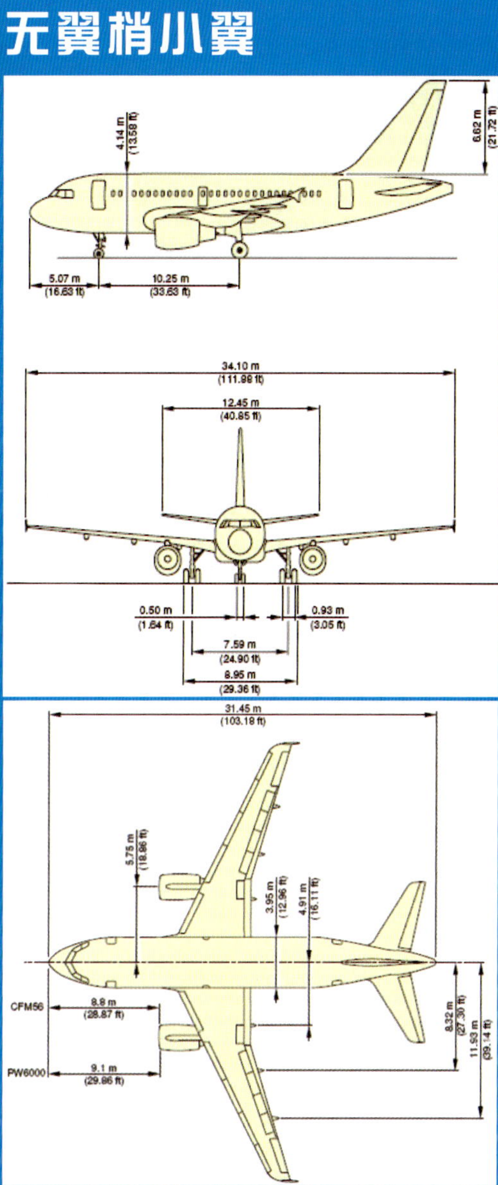

A318是空中客车A320家族里面最小的成员，是一款百座级中短程单通道客机，也叫“迷你空中巴士”，是由空中客车A319直接衍生出来的，是A319缩短型。这一类型分别比A320标准型短了6米，轻了14吨。A318继续保持与A320系列的通用性，凡是接受过A320系列飞机训练的飞行员可以不用取得额外认证就可以飞A318飞机。

A318主要用于定期航线，也用于中型城市之间的短程、低密度航线。

主要用途：航线运输。

截止到2013年12月31日，该类飞机在我国注册数量共4架。

AIRBUS A319-100

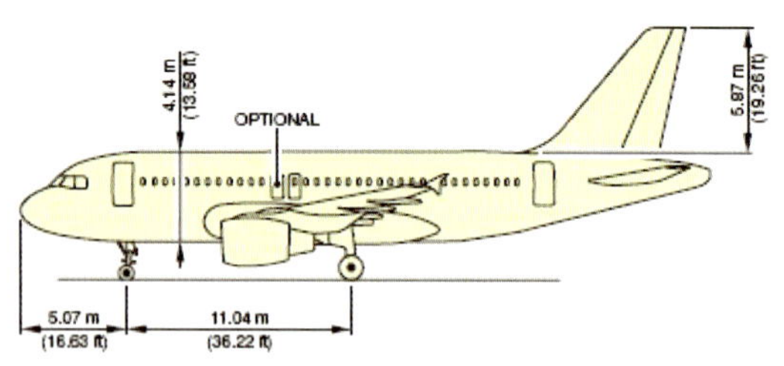

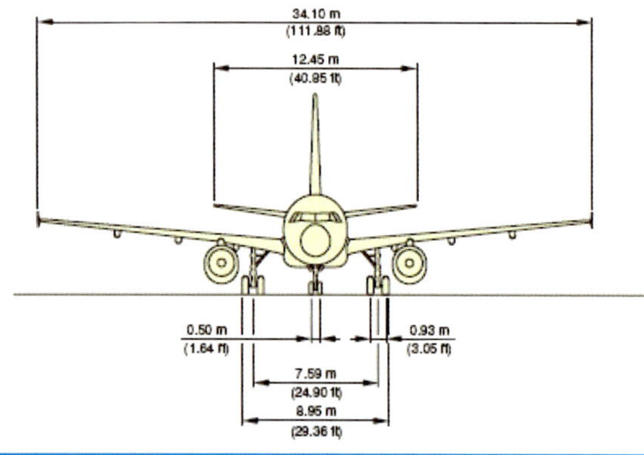

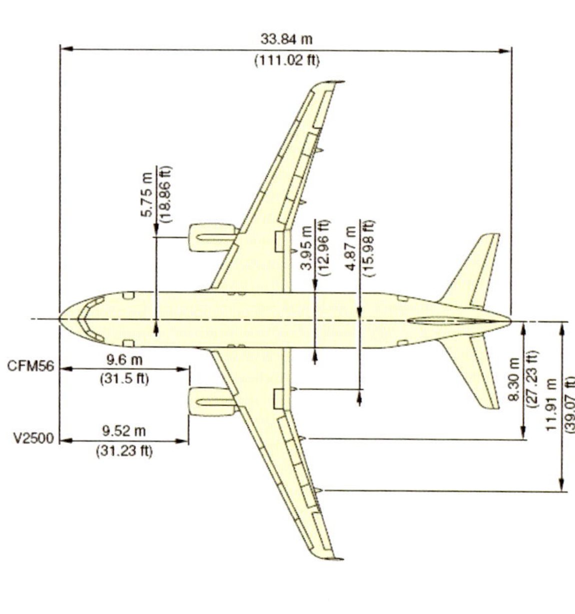

A319双发喷气客机是空中客车公司A320家族中的一款中短程单通道客机，使A320系列飞机在较短航线上拥有更好的舒适度和更新的技术。A319是空中客车A320的缩短型，与A320相比，机身截面尺寸与A320相同，机身3.73米，机翼上应急出口减少一个，机身后部散货舱取消。该机有不少部位都使用了复合材料，如前起落架门、碳刹车盘、整流罩、客舱地板等，使得每个部件的重量比使用金属材料减轻了20%~25%，整架飞机的重减轻了800千克。

A319具有很好的通用性，与A320、A321有相同的维护程序和相差无几的驾驶操作。所以在飞行员和机组人员培训方面，只需培训一种机型，基本上便可以驾驶A320全系列机型，此外只需接受极少的地面差异训练，由可以大大降低A319的培训费用，包括模拟器费用。

主要用途：航线运输。

截止到2013年12月31日，该类飞机在我国注册数量共166架。

技术参数

概况	型别	A319-111	A319-112	A319-113	A319-114
	商用名	A319-111	A319-112	A319-113	A319-114
	制造商	Airbus（空中客车公司）	Airbus（空中客车公司）	Airbus（空中客车公司）	Airbus（空中客车公司）
	发动机型号	CFM56-5B5	CFM56-5B6 或 CFM56-5B6/2	CFM56-5A4 或 CFM56-5A4/F	CFM56-5A5 或 CFM56-5A5/F
	发动机数量	2	2	2	2
	燃油	中国：3号喷气燃油（GB6537-94）；美国：ASTM D 1655（JET A,JET A-1,JET B）、MIL-T-83133（JP 8）、MIL-T 5624（JP 4,JP 5）； 英国：DEF STAN 91/91（AVTUR）（JET A1）、DEF STAN 91/87（AVTUR）（JET A1）（AIA）、DEF STAN 91/88（AVTAG）； 法国：DCSEA 134、DCSEA 144/A（F-44）（XF-43）			
	最大乘客人数	145 通过实施改装包32208可以安装第二对翼上应急出口（III型）。在该情况下，最大乘客人数为160 通过实施改装包37807可以去除左侧和右侧后登机门功能。在该情况下，最大乘客人数为80			
	最小机组人数	2	2	2	2
内部尺寸	舱内长度（m）	23.78 m	23.78 m	23.78 m	23.78 m
	舱内宽度（m）	3.68 m	3.68 m	3.68 m	3.68 m
	舱内高度（m）	2.13 m	2.13 m	2.13 m	2.13 m
	货舱容积（m³）	27.64 m^3	27.64 m^3	27.64 m^3	27.64 m^3
外部尺寸	机身长度（m）	33.84 m	33.84 m	33.84 m	33.84 m
	翼展（m）	34.10 m	34.10 m	34.10 m	34.10 m
	机身宽度（m）	3.95 m	3.95 m	3.95 m	3.95 m
	机身高度（m）	11.76 m	11.76 m	11.76 m	11.76 m
性能	空重（lbs/kg）	40800 kg（90000 lbs）	40800 kg（90000 lbs）	40800 kg（90000 lbs）	40800 kg（90000 lbs）
	最大停机坪重量（lbs/kg）	62400 kg - 76900 kg	62400 kg - 76900 kg	62400 kg - 76900 kg	62400 kg - 76900 kg
	最大起飞重量（lbs/kg）	62000 kg - 76500 kg	62000 kg - 76500 kg	62000 kg - 76500 kg	62000 kg - 76500 kg
	最大着陆重量（lbs/kg）	61000 kg - 62500 kg	61000 kg - 62500 kg	61000 kg - 62500 kg	61000 kg - 62500 kg
	最大零燃油重量（lbs/kg）	57000 kg - 58500 kg	57000 kg - 58500 kg	57000 kg - 58500 kg	57000 kg - 58500 kg
	最大滑行重量（lbs/kg）	62400 kg - 76900kg	62400 kg - 76900kg	62400 kg - 76900kg	62400 kg - 76900kg
	最大燃油量（lbs/kg/L）	23941.1L（3油箱）/ 27079.1L / 30217.1L（4或5油箱）/ 32425.1L / 34633.1L（6或7油箱）/ 37691.1L / 40829.1L（8或9油箱）			
	最大使用高度（ft/m）	39100 ft 39800 ft（改装包Mod 30748）	39100 ft 39800 ft（改装包Mod 30748） 41100 ft（改装包Mod 28162）	39100 ft 39800 ft（改装包Mod 30748）	39100 ft 39800 ft（改装包Mod 30748）
	最大起降高度（ft/m）	-	-	-	-
	起飞场长（m）	2164 m	2164 m	2164 m	2164 m
	经济巡航速度（km/h）	850 km/h	850 km/h	850 km/h	850 km/h
	最大航程（km/nm）	6850 km（3700 nm）	6850 km（3700 nm）	6850 km（3700 nm）	6850 km（3700 nm）
数据来源		VTC0099AR3-VTCDS-[2009-06-19] 制造厂提供数据			

概况	型别	A319-115	A319-131	A319-132	A319-133
	商用名	A319-115	A319-131	A319-132	A319-133
	制造商	Airbus（空中客车公司）	Airbus（空中客车公司）	Airbus（空中客车公司）	Airbus（空中客车公司）
	发动机型号	CFM56-5B7	V2522-A5	V2524-A5	V2527M-A5
	发动机数量	2	2	2	2
	燃油	中国：3号喷气燃油（GB6537-94）；美国：ASTM D 1655（JET A,JET A-1,JET B）、MIL-T-83133（JP 8）、MIL-T 5624（JP 4,JP 5）； 英国：DEF STAN 91/91（AVTUR）（JET A1）、DEF STAN 91/87（AVTUR）（JET A1）（AIA）、DEF STAN 91/88（AVTAG）； 法国：DCSEA 134、DCSEA 144/A（F-44）（XF-43）			
	最大乘客人数	145 通过实施改装包32208可以安装第二对翼上应急出口（III型）。在该情况下，最大乘客人数为160 通过实施改装包37807可以去除左侧和右侧后登机门功能。在该情况下，最大乘客人数为80			
	最小机组人数	2	2	2	2
内部尺寸	舱内长度（m）	23.78 m	23.78 m	23.78 m	23.78 m
	舱内宽度（m）	3.68 m	3.68 m	3.68 m	3.68 m
	舱内高度（m）	2.13 m	2.13 m	2.13 m	2.13 m
	货舱容积（m³）	27.64 m^3	27.64 m^3	27.64 m^3	27.64 m^3
外部尺寸	机身长度（m）	33.84 m	33.84 m	33.84 m	33.84 m
	翼展（m）	34.10 m	34.10 m	34.10 m	34.10 m
	机身宽度（m）	3.95 m	3.95 m	3.95 m	3.95 m
	机身高度（m）	11.76 m	11.76 m	11.76 m	11.76 m
性能	空重（lbs/kg）	40800 kg（90000 lbs）	40800 kg（90000 lbs）	40800 kg（90000 lbs）	40800 kg（90000 lbs）
	最大停机坪重量（lbs/kg）	62400 kg - 76900 kg	62400 kg - 76900 kg	62400 kg - 76900 kg	62400 kg - 76900 kg
	最大起飞重量（lbs/kg）	62000 kg - 76500 kg	62000 kg - 76500 kg	62000 kg - 76500 kg	62000 kg - 76500 kg
	最大着陆重量（lbs/kg）	61000 kg - 62500 kg	61000 kg - 62500 kg	61000 kg - 62500 kg	61000 kg - 62500 kg
	最大零燃油重量（lbs/kg）	57000 kg - 58500 kg	57000 kg - 58500 kg	57000 kg - 58500 kg	57000 kg - 58500 kg
	最大滑行重量（lbs/kg）	62400 kg - 76900kg	62400 kg - 76900kg	62400 kg - 76900kg	62400 kg - 76900kg
	最大燃油量（lbs/kg/L）	23941.1L（3油箱）/ 27079.1L/30217.1L（4或5油箱）/ 32425.1L/34633.1L（6或7油箱）/ 37691.1L/40829.1L（8或9油箱）			
	最大使用高度（ft/m）	39100 ft 39800 ft（改装包Mod 30748） 41100 ft（改装包Mod 28162）	39100 ft 39800 ft（改装包Mod 30748）	39100 ft 39800 ft（改装包Mod 30748） 41100 ft（改装包Mod 28162）	39100 ft 39800 ft（改装包Mod 30748） 41100 ft（改装包Mod 28162）
	最大起降高度（ft/m）	-	-	-	-
	起飞场长（m）	2164 m	2164 m	2164 m	2164 m
	经济巡航速度（km/h）	850 km/h	850 km/h	850 km/h	850 km/h
	最大航程（km/nm）	6850 km（3700 nm）	6850 km（3700 nm）	6850 km（3700 nm）	6850 km（3700 nm）
数据来源		VTC0099AR3-VTCDS-[2009-06-19] 制造厂提供数据			

空中客车公司　A320系列

AIRBUS A320-100/200

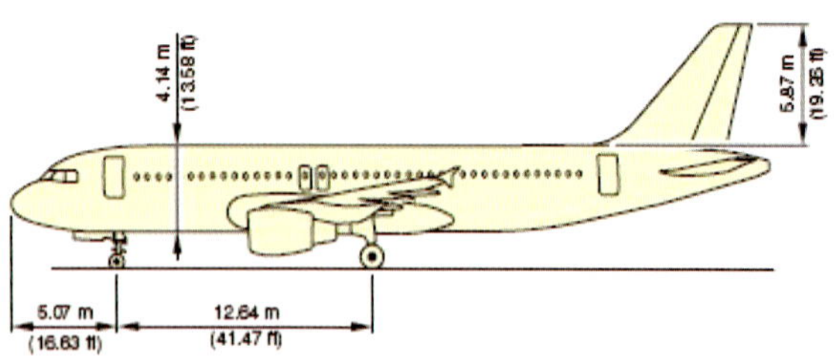

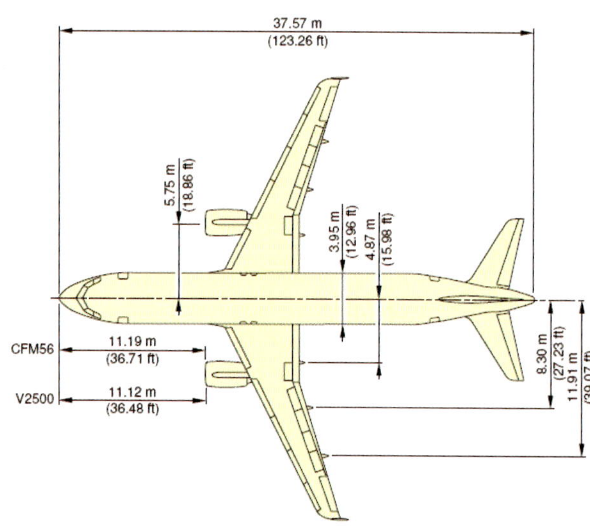

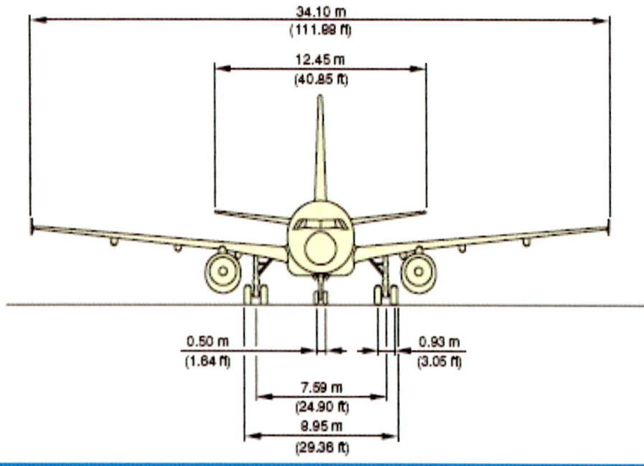

A320系列飞机是空中客车公司研制生产的单通道双发中短程150座级客机，是第一款使用数字电传操纵飞行控制系统的商用飞机。A320系列拥有单通道飞机市场中最宽敞的机身。通过加宽座椅，提供了最大程度的舒适性。空中客车A320项目1982年3月正式启动，1987年2月22日首飞，1988年2月获中国民航局颁发的型号认可证。

主要用途：航线运输。
截止到2013年12月31日，该类飞机在我国注册数量共501架。

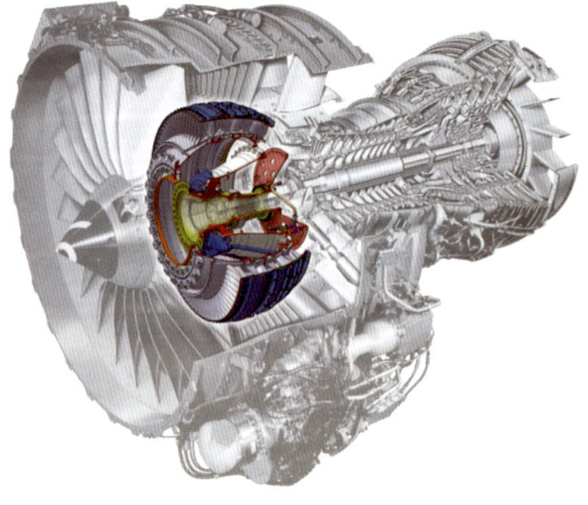

技术参数

	型别	A320-111	A320-211	A320-212	A320-214
概况	商用名	A320-111	A320-211	A320-212	A320-214
	制造商	Airbus（空中客车公司）	Airbus（空中客车公司）	Airbus（空中客车公司）	Airbus（空中客车公司）
	发动机型号	CFM56-5A1 或 CFM56-5A1/F	CFM56-5A1 或 CFM56-5A1/F	CFM56-5A3	CFM56-5B4 或 CFM56-5B4/2
	发动机数量	2	2	2	2
	燃油	中国：3号喷气燃油（GB6537-94）;美国：ASTM D 1655（JET A,JETA1,JET B）,MIL-T-83133（JP 8）,MIL-T 5624（JP4,JP5）; 英国：DEF STAN 91/91（AVTUR）（JET A1）,DEF STAN 91/87（AVTUR）（JET A1）（AIA）;DEF STAN 91/88（AVTUG）; 法国：DCSEA 134，DCSEA 144/A（F-44）（XF-43）			
	最大乘客人数	180 实施改装包35177可以使第二个III型应急出口失效。在该情况下，最大乘客人数为145			
	最小机组人数	2	2	2	2
内部尺寸	舱内长度（m）	27.51 m	27.51 m	27.51 m	27.51 m
	舱内宽度（m）	3.68 m	3.68 m	3.68 m	3.68 m
	舱内高度（m）	2.13 m	2.13 m	2.13 m	2.13 m
	行李舱容积（m³）	37.41 m³	37.41 m³	37.41 m³	37.41 m³
外部尺寸	机身长度（m）	37.57 m	37.57 m	37.57 m	37.57 m
	翼展（m）	34.10 m	34.10 m	34.10 m	34.10 m
	机身宽度（m）	3.95 m	3.95 m	3.95 m	3.95 m
	机身高度（m）	11.76 m	11.76 m	11.76 m	11.76 m
性能	空重（lbs/kg）	42600 kg（94000 lbs）	42600 kg（94000 lbs）	42600 kg（94000 lbs）	42600 kg（94000 lbs）
	最大停机坪重量（lbs/kg）	68400 kg / 66400 kg	67400 kg - 77400 kg	67400 kg - 77400 kg	67400 kg - 77400 kg
	最大起飞重量（lbs/kg）	68000 kg / 66000 kg	67000 kg - 77000 kg	67000 kg - 77000 kg	67000 kg - 77000 kg
	最大着陆重量（lbs/kg）	63000 kg	64500 kg / 66000 kg	64500 kg / 66000 kg	64500 kg / 66000 kg
	最大零燃油重量（lbs/kg）	59000 kg / 59800 kg	60500 kg - 62500 kg	60500 kg - 62500 kg	60500 kg - 62500 kg
	最大滑行重量（lbs/kg）	68400 kg / 66400 kg	67400 kg - 77400 kg	67400 kg - 77400 kg	67400 kg - 77400 kg
	最大燃油量（lbs/kg/L/gal）	15645.3 L/15900.3 L（2油箱）/ 23749.1 L/24175.1 L（3油箱）	23941.1 L（19152.7 kg）（3油箱） / 26858.1 L（21486.3 kg）（4油箱） / 26858.1 L（21486.3 kg）/29775.1（23819.9 kg）（4或5油箱）		
	最大使用高度（ft/m）	39100 ft / 39800 ft（Mod 30748）	39100 ft / 39800 ft（Mod 30748）	39100 ft / 39800 ft（Mod 30748）	39100 ft / 39800 ft（Mod 30748）
	最大起降高度（ft/m）	-	-	-	-
	起飞场长（m）	2090 m	2090 m	2090 m	2090 m
	经济巡航速度（M）	0.78 M	0.78 M	0.78 M	0.78 M
	最大航程（km/nm）	6150 km（3300 nm）	6150 km（3300 nm）	6150 km（3300 nm）	6150 km（3300 nm）
数据来源					VTC0099AR3-VTCDS-[2009-06-19] 制造厂提供数据

	型别	A320-215	A320-216	A320-231	A320-232	A320-233
概况	商用名	A320-215	A320-216	A320-231	A320-232	A320-233
	制造商	Airbus（空中客车公司）	Airbus（空中客车公司）	Airbus（空中客车公司）	Airbus（空中客车公司）	Airbus（空中客车公司）
	发动机型号	CFM56-5B5/P	CFM56-5B6/P	V2500-A1	V2527-A5	V2527E-A5
	发动机数量	2	2	2	2	2
	燃油	中国：3号喷气燃油（GB6537-94）;美国：ASTM D 1655（JET A,JETA1,JET B）,MIL-T-83133（JP 8）,MIL-T 5624（JP4,JP5）;法国：DCSEA 134，DCSEA 144/A（F-44）（XF-43）; 英国：DEF STAN 91/91（AVTUR）（JET A1）,DEF STAN 91/87（AVTUR）（JET A1）（AIA）;DEF STAN 91/88（AVTUG）				
	最大乘客人数	180 实施改装包35177可以使第二个III型应急出口失效。在该情况下，最大乘客人数为145				
	最小机组人数	2	2	2	2	2
内部尺寸	舱内长度（m）	27.51 m	27.51 m	27.51 m	27.51 m	27.51 m
	舱内宽度（m）	3.68 m	3.68 m	3.68 m	3.68 m	3.68 m
	舱内高度（m）	2.13 m	2.13 m	2.13 m	2.13 m	2.13 m
	行李舱容积（m³）	37.41 m³	37.41 m³	37.41 m³	37.41 m³	37.41 m³
外部尺寸	机身长度（m）	37.57 m	37.57 m	37.57 m	37.57 m	37.57 m
	翼展（m）	34.10 m	34.10 m	34.10 m	34.10 m	34.10 m
	机身宽度（m）	3.95 m	3.95 m	3.95 m	3.95 m	3.95 m
	机身高度（m）	11.76 m	11.76 m	11.76 m	11.76 m	11.76 m
性能	空重（lbs/kg）	42600 kg（94000 lbs）	42600 kg（94000 lbs）	42600 kg（94000 lbs）	42600 kg（94000 lbs）	42600 kg（94000 lbs）
	最大停机坪重量（lbs/kg）	67400 kg - 75900 kg	67400 kg - 75900 kg	67400 kg - 77400 kg	67400 kg - 78400 kg	67400 kg - 78400 kg
	最大起飞重量（lbs/kg）	67000 kg - 75500 kg	67000 kg - 75500 kg	67000 kg - 77000 kg	67000 kg - 78000 kg	67000 kg - 78000 kg
	最大着陆重量（lbs/kg）	64500 kg / 66000 kg	64500 kg / 66000 kg	64500 kg / 66000 kg	64500 kg / 66000 kg	64500 kg / 66000 kg
	最大零燃油重量（lbs/kg）	60500 kg - 62500 kg	60500 kg - 62500 kg	60500 kg - 62500 kg	60500 kg - 62500 kg	60500 kg - 62500 kg
	最大滑行重量（lbs/kg）	67400 kg - 75900 kg	67400 kg - 75900 kg	67400 kg - 77400 kg	67400 kg - 78400 kg	67400 kg - 78400 kg
	最大燃油量（lbs/kg/L/gal）	23941.1 L（19152.7 kg）（3油箱） / 26858.1 L（21486.3 kg）（4油箱） / 26858.1 L（21486.3 kg）/29775.1（23819.9 kg）（4或5油箱）				
	最大使用高度（ft/m）	39100 ft / 39800 ft（Mod 30748）	39100 ft / 39800 ft（Mod 30748）	39100 ft / 39800 ft（Mod 30748）	39100 ft / 39800 ft（Mod 30748）	39100 ft / 39800 ft（Mod 30748）
	最大起降高度（ft/m）	-	-	-	-	-
	起飞场长（m）	2090 m	2090 m	2090 m	2090 m	2090 m
	经济巡航速度（M）	0.78 M	0.78 M	0.78 M	0.78 M	0.78 M
	最大航程（km/nm）	6150 km（3300 nm）	6150 km（3300 nm）	6150 km（3300 nm）	6150 km（3300 nm）	6150 km（3300 nm）
数据来源						VTC0099AR3-VTCDS-[2009-06-19] 制造厂提供数据

空中客车公司 A321系列

AIRBUS A321-100/200

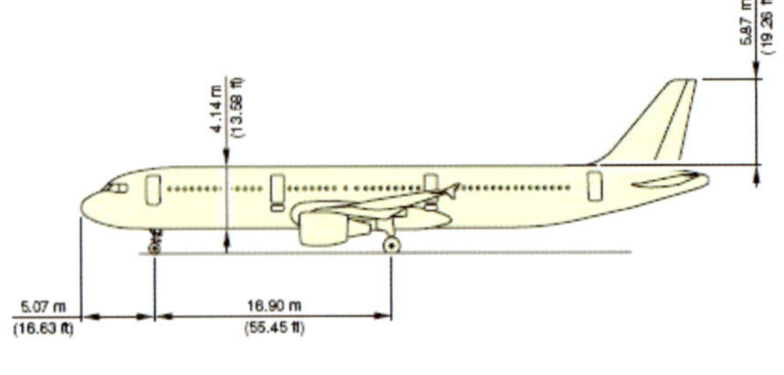

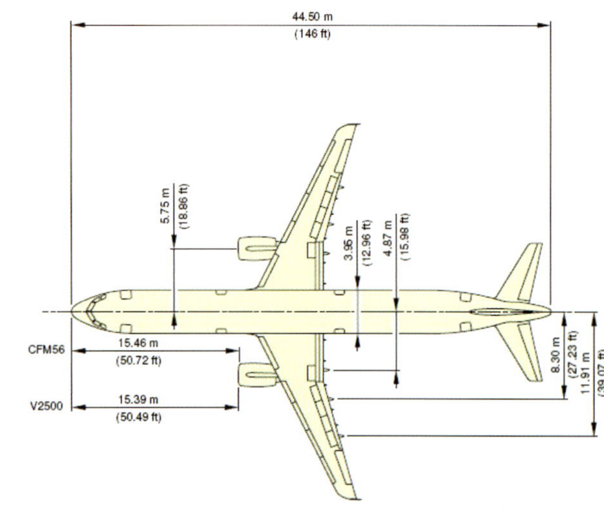

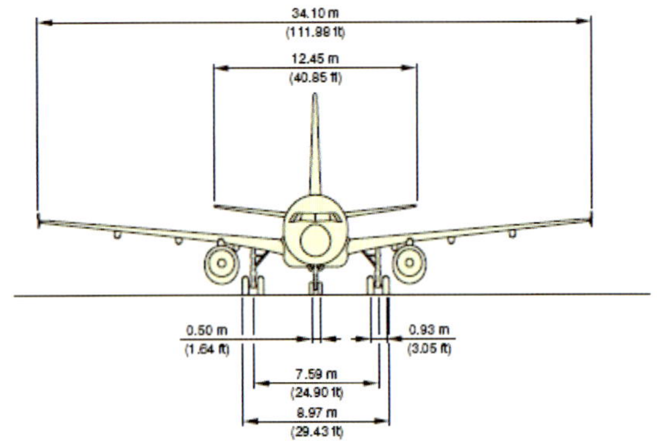

主要用途：航线运输。

截止到2013年12月31日，该类飞机在我国注册数量共157架。

技术参数

	型别	A321-111	A321-112	A321-131	A321-211
概况	商用名	A321-111	A321-112	A321-131	A321-211
	制造商	Airbus（空中客车公司）	Airbus（空中客车公司）	Airbus（空中客车公司）	Airbus（空中客车公司）
	发动机型号	CFM56-5B1 或 CFM56-5B1/2	CFM56-5B2	V2530-A5	CFM56-5B3/P 或 CFM56-5B3/2P
	发动机数量	2	2	2	2
	燃油	中国：3号喷气燃油（GB6537-94）;美国：ASTM D 1655（JET A,JETA1,JET B）,MIL-T-83133（JP 8）,MIL-T 5624（JP4,JP5）;英国：DEF STAN 1/91（AVTUR）（JET A1）,DEF STAN 91/87（AVTUR）（JET A1）（AIA）;DEF STAN 91/88（AVTUG）;法国：DCSEA 134，DCSEA 144/A（F-44）（XF-43）			
	最大乘客人数	220	220	220	220
	最小机组人数	2	2	2	2
内部尺寸	舱内长度（m）	34.44 m	34.44 m	34.44 m	34.44 m
	舱内宽度（m）	3.68 m	3.68 m	3.68 m	3.68 m
	舱内高度（m）	2.13 m	2.13 m	2.13 m	2.13 m
	行李舱容积（m³）	51.73 m^3	51.73 m^3	51.73 m^3	51.73 m^3
外部尺寸	机身长度（m）	44.51 m	44.51 m	44.51 m	44.51 m
	翼展（m）	34.10 m	34.10 m	34.10 m	34.10 m
	机身宽度（m）	3.95 m	3.95 m	3.95 m	3.95 m
	机身高度（m）	11.76 m	11.76 m	11.76 m	11.76 m
性能	空重（kg/lbs）	48500 kg（107000 lbs）	48500 kg（107000 lbs）	48500 kg（107000 lbs）	48500 kg（107000 lbs）
	最大停机坪重量（lbs/kg）	78400 kg - 89400 kg	78400 kg - 89400 kg	78400 kg - 89400 kg	85400 kg - 93900 kg
	最大起飞重量（lbs/kg）	78000 kg - 89000 kg	78000 kg - 89000 kg	78000 kg - 89000 kg	85000 kg - 93500 kg
	最大着陆重量（lbs/kg）	73500 kg - 75500 kg	73500 kg - 75500 kg	73500 kg - 75500 kg	75500 kg / 77800 kg
	最大零燃油重量（lbs/kg）	69500 kg - 71500 kg	69500 kg - 71500 kg	69500 kg - 71500 kg	71500 kg / 73800 kg
	最大滑行重量（lbs/kg）	78400 kg - 89400 kg	78400 kg - 89400 kg	78400 kg - 89400 kg	85400 kg - 93900 kg
	最大燃油量（lbs/kg/L/gal）	23745.8 L（18996.6 kg）（3油箱）/ 26662.8 L（21330.2 kg）或26754.8 L（21403.2 kg）/ 29763.8 L（23809.8 kg）5.1 L（4或5油箱）			
	最大使用高度（ft/m）	39100 ft / 39800 ft（Mod 30748）	39100 ft / 39800 ft（Mod 30748）	39100 ft / 39800 ft（Mod 30748）	39100 ft / 39800 ft（Mod 30748）
	最大起降高度（ft/m）	-	-	-	-
	起飞场长（m）	2560 m	2560 m	2560 m	2560 m
	经济巡航速度（M）	0.78M	0.78M	0.78M	0.78M
	最大航程（km/nm）	5950 km（3200 nm）	5950 km（3200 nm）	5950 km（3200 nm）	5950 km（3200 nm）
数据来源		VTC0099AR3-VTCDS-[2009-06-19] 制造厂提供数据			

	型别	A321-212	A321-213	A321-231	A321-232
概况	商用名	A321-212	A321-213	A321-231	A321-232
	制造商	Airbus（空中客车公司）	Airbus（空中客车公司）	Airbus（空中客车公司）	Airbus（空中客车公司）
	发动机型号	CFM56-5B1 或 CFM56-5B1/2	CFM56-5B2	V2533-A5	V2530-A5
	发动机数量	2	2	2	2
	燃油	中国：3号喷气燃油（GB6537-94）;美国：ASTM D 1655（JET A,JETA1,JET B）,MIL-T-83133（JP 8）,MIL-T 5624（JP4,JP5）;英国：DEF STAN 1/91（AVTUR）（JET A1）,DEF STAN 91/87（AVTUR）（JET A1）（AIA）;DEF STAN 91/88（AVTUG）;法国：DCSEA 134，DCSEA 144/A（F-44）（XF-43）			
	最大乘客人数	220	220	220	220
	最小机组人数	2	2	2	2
内部尺寸	舱内长度（m）	34.44 m	34.44 m	34.44 m	34.44 m
	舱内宽度（m）	3.68 m	3.68 m	3.68 m	3.68 m
	舱内高度（m）	2.13 m	2.13 m	2.13 m	2.13 m
	行李舱容积（m³）	51.73 m^3	51.73 m^3	51.73 m^3	51.73 m^3
外部尺寸	机身长度（m）	44.51 m	44.51 m	44.51 m	44.51 m
	翼展（m）	34.10 m	34.10 m	34.10 m	34.10 m
	机身宽度（m）	3.95 m	3.95 m	3.95 m	3.95 m
	机身高度（m）	11.76 m	11.76 m	11.76 m	11.76 m
性能	空重（kg/lb）	48500 kg（107000 lbs）	48500 kg（107000 lbs）	48500 kg（107000 lbs）	48500 kg（107000 lbs）
	最大停机坪重量（lbs/kg）	78400 kg - 93900 kg	78400 kg - 93900 kg	85400 kg - 93900 kg	78400 kg - 93900 kg
	最大起飞重量（lbs/kg）	78000 kg - 93500 kg	78000 kg - 93500 kg	85000 kg - 93500 kg	78000 kg - 93500 kg
	最大着陆重量（lbs/kg）	73500 kg - 77800 kg	73500 kg - 77800 kg	75500 kg / 77800 kg	73500 kg - 77800 kg
	最大零燃油重量（lbs/kg）	69500 kg - 73800 kg	69500 kg - 73800 kg	71500 kg / 73800 kg	69500 kg - 73800 kg
	最大滑行重量（lbs/kg）	78400 kg - 93900 kg	78400 kg - 93900 kg	85400 kg - 93900 kg	78400 kg - 93900 kg
	最大燃油量（lbs/kg/L/gal）	23745.8 L（18996.6 kg）（3油箱）/ 26662.8 L（21330.2 kg）或26754.8 L（21403.2 kg）/ 29763.8 L（23809.8 kg）5.1 L（4或5油箱）			
	最大使用高度（ft/m）	39100 ft / 39800 ft（Mod 30748）	39100 ft / 39800 ft（Mod 30748）	39100 ft / 39800 ft（Mod 30748）	39100 ft / 39800 ft（Mod 30748）
	最大起降高度（ft/m）	-	-	-	-
	起飞场长（m）	2560 m	2560 m	2560 m	2560 m
	经济巡航速度（M）	0.78M	0.78M	0.78M	0.78M
	最大航程（km/nm）	5950 km（3200 nm）	5950 km（3200 nm）	5950 km（3200 nm）	5950 km（3200 nm）
数据来源		VTC0099AR3-VTCDS-[2009-06-19] 制造厂提供数据			

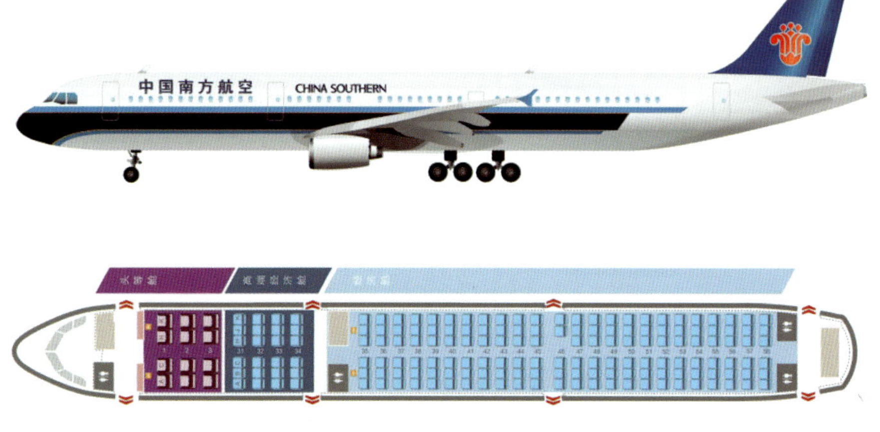

明珠头等舱　头等舱　高端公务舱　公务舱　经济舱　出口　紧急出口　乘务员座椅

机组休息室　洗手间　厨房　衣帽间　吧台　婴儿摇篮挂点位置　楼梯　楼梯

A321是空中客车公司研制的双发中短程客机，空中客车A320的加长型，是A320系列飞机中最大的成员。与A320相比，A321的机身加长了6.94米，机翼前加长4.27米，机翼后加长2.67米，增加24%的座位和40%的空间，机翼面积略微扩大，在机翼前后各增加两个应急出口，起落架被加固，安装了改进的低速操纵系统。A321-100于1989年11月开始研制，1993年3月首飞，1994年1月27日首批飞机开始交付使用。A321-200于1995年4月开始研制，1996年12月12日正式使用。

AIRBUS A330-200

A330-200是空中客车公司的一款双通道宽体客机，是A330的远程、短机身型，从机身较长的空中客车A330-300型衍生而来。A330-200型较A330-300型机身短5.3米，垂直尾翼比A330-300型高，加强了机翼结构。A330-200主要是用作取代同厂的A300-600R，发起日期为1995年11月，1997年8月首飞，1998年4月开始交付。

主要用途：航线运输。

截止到2013年12月31日，该类飞机在我国注册数量共75架。

欧洲空中客车A330-200宽体客机

TOPGUNCHEN AIRLINER ART PRINTS http://www.topgunchen.cn

技术参数

	型别	A330-201	A330-202	A330-203	A330-223	A330-243	A330-223F	A330-243F
概况	商用名	A330-201	A330-202	A330-203	A330-223	A330-243	A330-223F	A330-243F
	制造商	Airbus（空中客车公司）	Airbus（空中客车公司）	Airbus（空中客车公司）	Airbus（空中客车公司）	Airbus（空中客车公司）	Airbus（空中客车公司）	Airbus（空中客车公司）
	发动机型号	GE CF6-80E1A2	GE CF6-80E1A4 或 CF6-80E1A4/B	GE CF6-80E1A3	PW 4168A	RR Trent 772B-60	PW 4170	RR Trent 772B-60
	发动机数量	2	2	2	2	2	2	2
	燃油	JETA,JETA-1,JP5,JP8, 3号喷气燃油,TS-1				JETA,JETA-1,JETB,JP4,JP5, JP8, 3号喷气燃油,TS-1	JETA,JETA-1,JP5, JP8, TS-1,3号喷气燃油（GB6537-2006）	JETA,JETA-1,JETB,JP4,JP5, JP8, 3号喷气燃油,TS-1
	最大乘客人数	375（基本型） 406（选装型）	375（基本型） 406（选装型）	375（基本型） 406（选装型）	375（基本型） 406（选装型）	375（基本型） 406（选装型）	16（押运舱12人）	16（押运舱12人）
	最小机组人数	2	2	2	2	2	2	2
内部尺寸	舱内长度（m）	45.00 m	45.00 m	45.00 m	45.00 m	45.00 m	45.00 m	45.00 m
	舱内宽度（m）	5.28 m	5.28 m	5.28 m	5.28 m	5.28 m	5.28 m	5.28 m
	舱内高度（m）	-	-	-	-	-	-	-
	行李舱容积（m³）	136 m^3	136 m^3	136 m^3	136 m^3	136 m^3	475 m^3	475 m^3
外部尺寸	机身长度（m）	58.82 m	58.82 m	58.82 m	58.82 m	58.82 m	58.82 m	58.82 m
	翼展（m）	60.30 m	60.30 m	60.30 m	60.30 m	60.30 m	60.30 m	60.30 m
	机身宽度（m）	5.64 m	5.64 m	5.64 m	5.64 m	5.64 m	5.64 m	5.64 m
	机身高度（m）	17.39 m	17.39 m	17.39 m	17.39 m	17.39 m	17.39 m	17.39 m
性能	空重（kg/lbs）	119600 kg（264000 lbs）	119600 kg（264000 lbs）	119600 kg（264000 lbs）	119600 kg（264000 lbs）	119600 kg（264000 lbs）	109000 kg（240000 lbs）	109000 kg（240000 lbs）
	最大停机坪重量（lbs/T）	202.9 T - 233.9 T	210.9 T - 233.9 T	192.9 T - 233.9 T	230.9 T / 233.9 T	192.9 T - 233.9 T	227.9 T / 233.9 T	227.9 T / 233.9 T
	最大起飞重量（lbs/T）	202 T - 233 T	210 T - 233 T	192 T - 233 T	230 T / 233 T	192 T - 233 T	227 T / 233 T	227 T / 233 T
	最大着陆重量（lbs/T）	180 T / 182 T	180 T / 182 T	180 T / 182 T	180 T / 182 T	180 T / 182 T	182 T / 187 T	182 T / 187 T
	最大零燃油重量（lbs/T）	168 T / 170 T	168 T / 170 T	168 T / 170 T	168 T / 170 T	168 T / 170 T	173 T / 178 T	173 T / 178 T
	最大滑行重量（lbs/T）	202.9 T - 233.9 T	210.9 T - 233.9 T	192.9 T - 233.9 T	230.9 T / 233.9 T	192.9 T - 233.9 T	227.9 T / 233.9 T	227.9 T / 233.9 T
	最大燃油量（lbs/kg/L/gal）	139527 L（111621 kg）	139527 L（111621 kg）	139527 L（111621 kg）	139527 L（111621 kg）	139527 L（111621 kg）	97884 L（78308 kg）/ 139527 L（111622 kg）	
	最大使用高度（ft/m）	13000 m（42651 ft）	13000 m（42651 ft）	13000 m（42651 ft）	13000 m（42651 ft）	13000 m（42651 ft）	13000 m（42651 ft）	13000 m（42651 ft）
	最大起降高度（ft/m）	-	-	-	-	-	-	-
	起飞场长（m）	2200 m	2200 m	2200 m	2200 m	2200 m	-	-
	经济巡航速度（M）	0.82M	0.82M	0.82M	0.82M	0.82M	0.82M	0.82M
	最大航程（km/nm）	13400 km（7250 nm）	13400 km（7250 nm）	13400 km（7250 nm）	13400 km（7250 nm）	13400 km（7250 nm）	7400 km（4000 nm）	7400 km（4000 nm）
数据来源	VTC0067AR4-VTCDS-[2011-10-31] 制造厂提供数据							

A330-200F

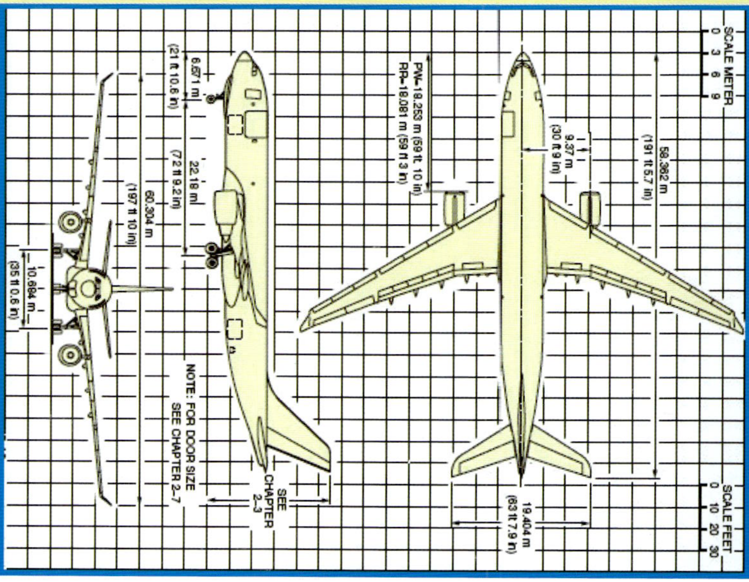

SCALE METER 0 3 6 9
SCALE FEET 0 10 20 30
58.362 m (191 ft 5.7 in)
9.37 m (30 ft 9 in)
19.404 m (63 ft 7.9 in)
PW-18.253 m (59 ft 10 in)
RR-18.081 m (59 ft 3 in)
SEE CHAPTER 2-3
6.671 m (21 ft 10.6 in)
22.18 m (72 ft 9.2 in)
NOTE: FOR DOOR SIZE SEE CHAPTER 2-7
60.304 m (197 ft 10 in)
10.684 m (35 ft 0.6 in)

A330-200

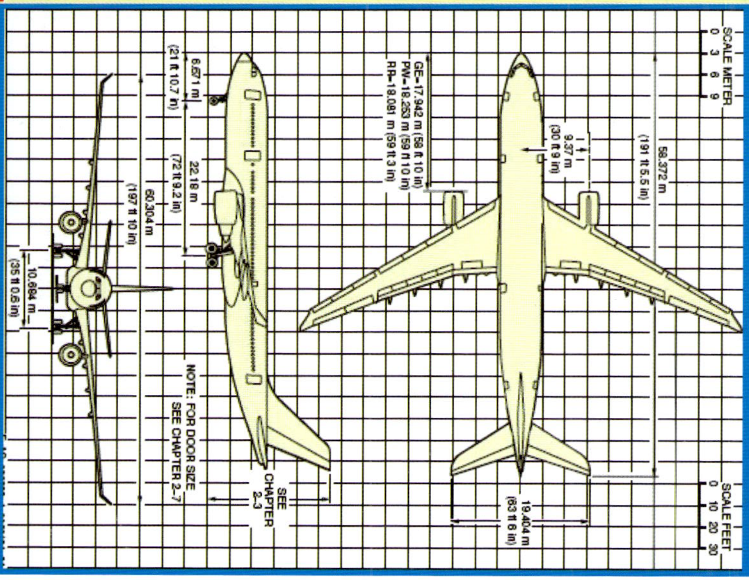

SCALE METER 0 3 6 9
SCALE FEET 0 10 20 30
58.372 m (191 ft 5.5 in)
9.37 m (30 ft 9 in)
19.404 m (63 ft 8 in)
GE-17.942 m (58 ft 10 in)
PW-18.253 m (59 ft 10 in)
RR-18.081 m (59 ft 3 in)
SEE CHAPTER 2-3
6.671 m (21 ft 10.7 in)
22.18 m (72 ft 9.2 in)
NOTE: FOR DOOR SIZE SEE CHAPTER 2-7
60.304 m (197 ft 10 in)
10.684 m (35 ft 0.6 in)

空中客车公司 A330系列
AIRBUS A330-300

主要用途：航线运输；
截止到2013年12月31日，该类飞机在我国注册数量共46架。

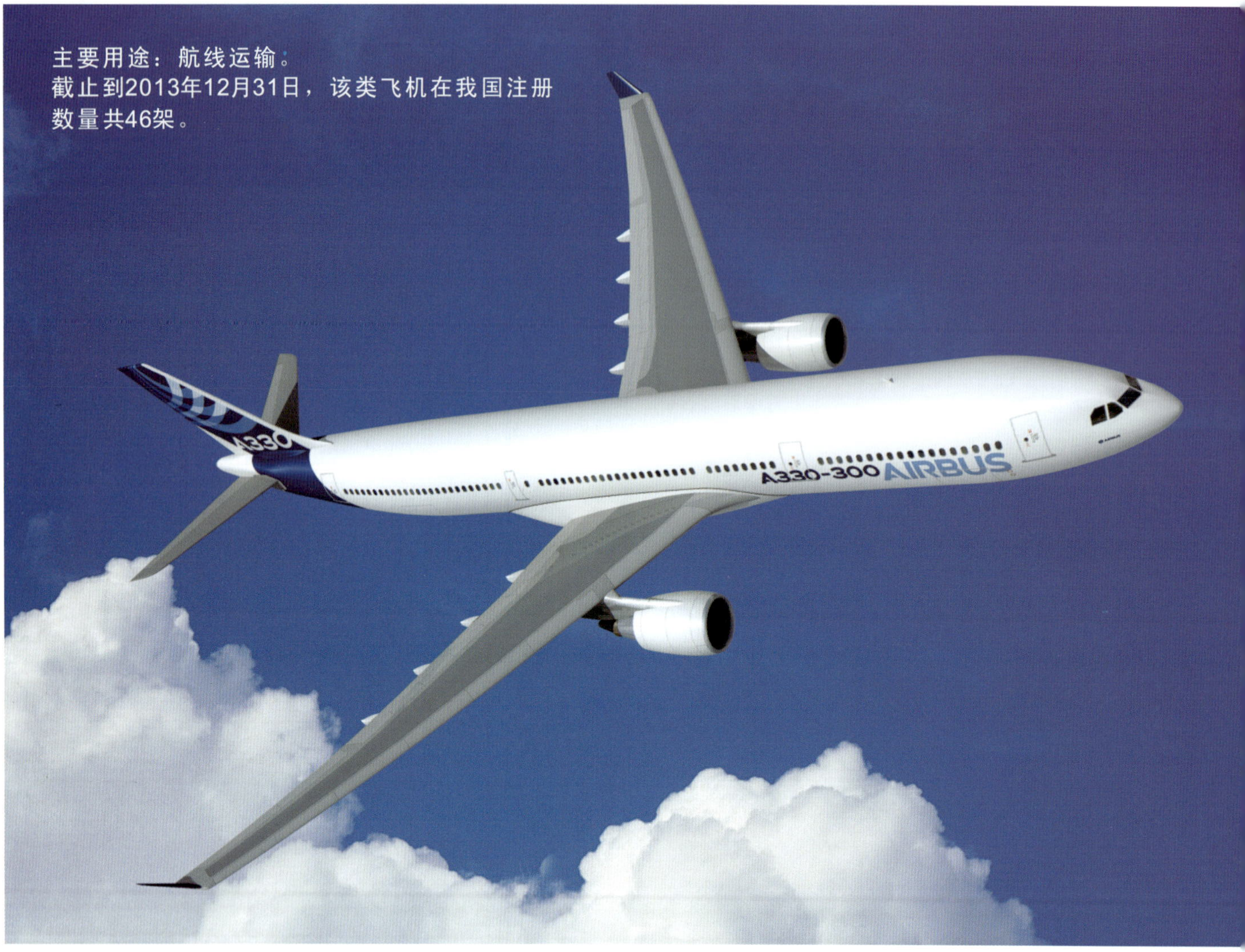

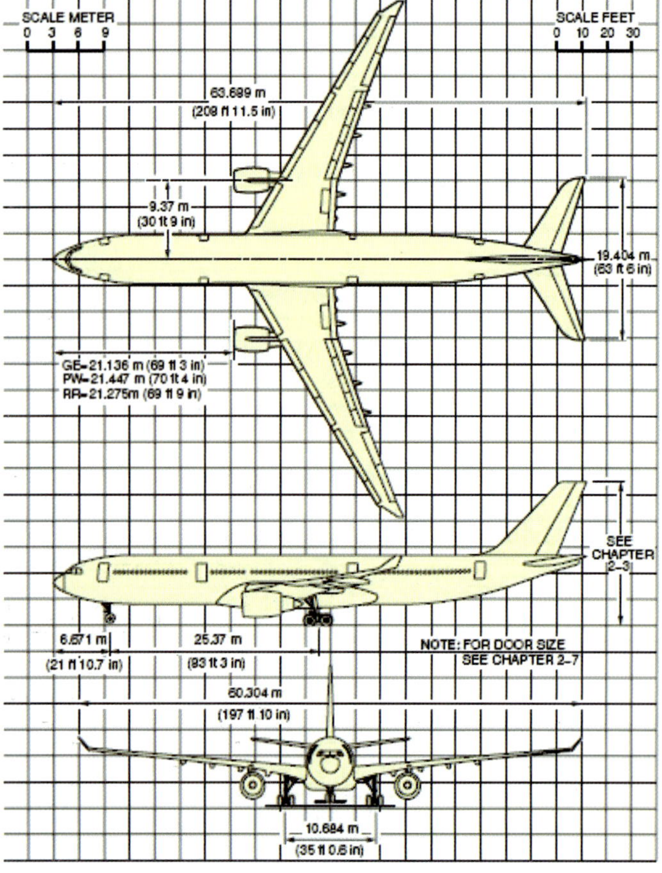

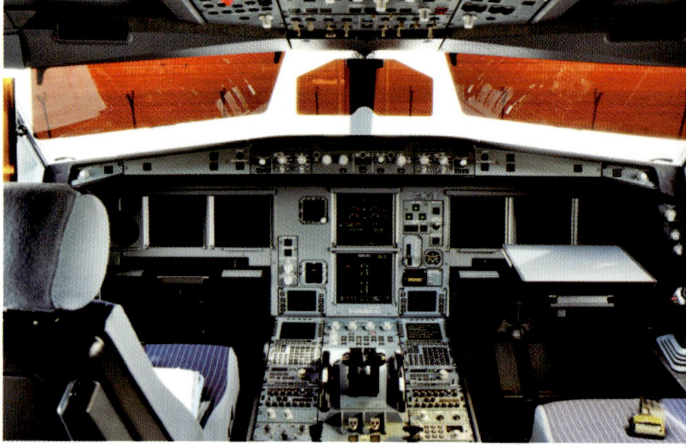

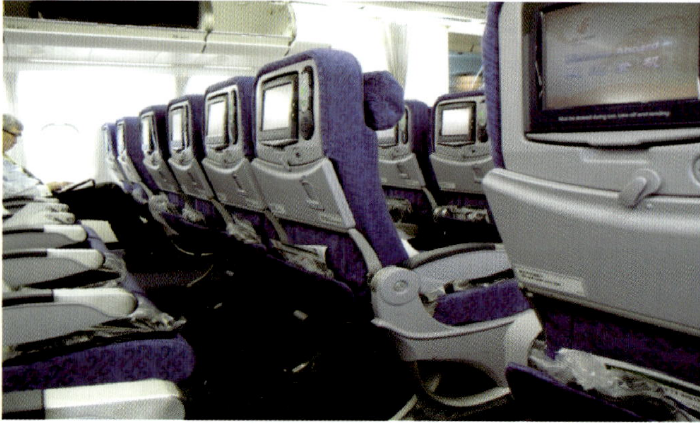

技术参数

	型别	A330-301	A330-302	A330-303	A330-321
概况	商用名	A330-301	A330-302	A330-303	A330-321
	制造商	Airbus（空中客车公司）	Airbus（空中客车公司）	Airbus（空中客车公司）	Airbus（空中客车公司）
	发动机型号	GE CF6-80E1A2	GE CF6-80E1A4 或 CF6-80E1A4/B	GE CF6-80E1A3	PW 4164
	发动机数量	2	2	2	2
	燃油	JETA,JETA-1,JP5,JP8, 3号喷气燃油,TS-1	JETA,JETA-1,JP5,JP8, 3号喷气燃油,TS-1	JETA,JETA-1,JP5,JP8, 3号喷气燃油,TS-1	JETA,JETA-1,JP5,JP8, 3号喷气燃油,TS-1
	最大乘客人数	375（基本型）/ 440（选装型）	375（基本型）/ 440（选装型）	375（基本型）/ 440（选装型）	375（基本型）/ 440（选装型）
	最小机组人数	2	2	2	2
内部尺寸	舱内长度（m）	50.35 m	50.35 m	50.35 m	50.35 m
	舱内宽度（m）	5.28 m	5.28 m	5.28 m	5.28 m
	舱内高度（m）	-	-	-	-
	行李舱容积（m³）	162.8 m^3	162.8 m^3	162.8 m^3	162.8 m^3
外部尺寸	机身长度（m）	63.69 m	63.69 m	63.69 m	63.69 m
	翼展（m）	60.30 m	60.30 m	60.30 m	60.30 m
	机身宽度（m）	5.64 m	5.64 m	5.64 m	5.64 m
	机身高度（m）	16.83 m	16.83 m	16.83 m	16.83 m
性能	空重（kg/lbs）	124500 kg（274000 lbs）	124500 kg（274000 lbs）	124500 kg（274000 lbs）	124500 kg（274000 lbs）
	最大停机坪重量（lbs/T）	184.9 T - 217.9 T	205.9 T - 233.9 T	205.9 T - 233.9 T	212.9 T - 218.9 T
	最大起飞重量（lbs/T）	184 T - 217 T	205 T - 233 T	230 T - 233 T	212 T - 218 T
	最大着陆重量（lbs/T）	174 T - 187 T	185 T - 187 T	185 T - 187 T	174 T - 182 T
	最大零燃油重量（lbs/T）	164 T - 175 T	173 T - 175 T	173 T - 175 T	164 T - 172 T
	最大滑行重量（lbs/T）	184.9 T - 217.9 T	205.9 T - 233.9 T	205.9 T - 233.9 T	212.9 T - 218.9 T
	最大燃油量（lbs/kg/L/gal）	98239 L（78592 kg）	97884 L（78308 kg）	97884 L（78308 kg）	98239 L（78592 kg）
	最大使用高度（ft/m）	13000 m（42651 ft）	13000 m（42651 ft）	13000 m（42651 ft）	13000 m（42651 ft）
	最大起降高度（ft/m）	–	–	–	–
	起飞场长（m）	2500 m	2500 m	2500 m	2500 m
	经济巡航速度（M）	0.82M	0.82M	0.82M	0.82M
	最大航程（km/nm）	10800 km（5850 nm）	11300 km	10800 km（5850 nm）	10800 km（5850 nm）
数据来源					VTC0067AR4-VTCDS-[2011-10-31] 制造厂提供数据

	型别	A330-322	A330-323	A330-341	A330-342	A330-343
概况	商用名	A330-322	A330-323	A330-341	A330-342	A330-343
	制造商	Airbus（空中客车公司）	Airbus（空中客车公司）	Airbus（空中客车公司）	Airbus（空中客车公司）	Airbus（空中客车公司）
	发动机型号	PW 4168	PW 4168A	RR Trent768-60	RR Trent772-60	RR Trent72B-60 RR Trent72C-60
	发动机数量	2	2	2	2	2
	燃油	JETA,JETA-1,JP5,JP8, 3号喷气燃油,TS-1	JETA,JETA-1,JP5,JP8, 3号喷气燃油,TS-1	JETA,JETA-1,JP5,JP8, 3号喷气燃油,TS-1	JETA,JETA-1,JP5,JP8, 3号喷气燃油,TS-1	JETA,JETA-1,JP5,JP8, 3号喷气燃油,TS-1
	最大乘客人数	375（基本型）/ 440（选装型）	375（基本型）/ 440（选装型）	375（基本型）/ 440（选装型）	375（基本型）/ 440（选装型）	375（基本型）/ 440（选装型）
	最小机组人数	2	2	2	2	2
内部尺寸	舱内长度（m）	50.35 m	50.35 m	50.35 m	50.35 m	50.35 m
	舱内宽度（m）	5.28 m	5.28 m	5.28 m	5.28 m	5.28 m
	舱内高度（m）	-	-	-	-	-
	行李舱容积（m³）	162.8 m^3	162.8 m^3	162.8 m^3	162.8 m^3	162.8 m^3
外部尺寸	机身长度（m）	63.69 m	63.69 m	63.69 m	63.69 m	63.69 m
	翼展（m）	60.30 m	60.30 m	60.30 m	60.30 m	60.30 m
	机身宽度（m）	5.64 m	5.64 m	5.64 m	5.64 m	5.64 m
	机身高度（m）	16.83 m	16.83 m	16.83 m	16.83 m	16.83 m
性能	空重（kg/lbs）	124500 kg（274000 lbs）	124500 kg（274000 lbs）	124500 kg（274000 lbs）	124500 kg（274000 lbs）	124500 kg（274000 lbs）
	最大停机坪重量（lbs/T）	212.9 T - 218.9 T	217.9 T - 233.9 T	205.9 T - 218.9 T	205.9 T - 233.9 T	205.9 T - 233.9 T
	最大起飞重量（lbs/T）	212 T - 218 T	217 T - 233 T	205 T - 218 T	205 T - 233 T	205 T - 233 T
	最大着陆重量（lbs/T）	174 T - 182 T	179 T - 187 T	174 T - 182 T	174 T - 187 T	185 T - 187 T
	最大零燃油重量（lbs/T）	164 T - 172 T	169 T - 175 T	164 T - 172 T	164 T - 175 T	173 T - 175 T
	最大滑行重量（lbs/T）	212.9 T - 218.9 T	217.9 T - 233.9 T	205.9 T - 218.9 T	205.9 T - 233.9 T	217.9 T - 233.9 T
	最大燃油量（lbs/kg/L/gal）	98239 L（78592 kg）	97884 L（78308 kg）	98239 L（78592 kg）	98239 L（78592 kg）/ 97884 L（78308 kg） （WV22 & WV52）	97884 L（78308 kg）
	最大使用高度（ft/m）	13000 m（42651 ft）	13000 m（42651 ft）	13000 m（42651 ft）	13000 m（42651 ft）	13000 m（42651 ft）
	最大起降高度（ft/m）	–	–	–	–	–
	起飞场长（m）	2500 m	2500 m	2500 m	2500 m	2500 m
	经济巡航速度（M）	0.82M	0.82M	0.82M	0.82M	0.82M
	最大航程（km/nm）	10800 km（5850 nm）	10800 km（5850 nm）	10800 km（5850 nm）	10800 km（5850 nm）	10800 km（5850 nm）
数据来源						VTC0067AR4-VTCDS-[2011-10-31] 制造厂提供数据

A330-300与A330-200同样也是为了取代A300而设计的机种，机身设计是A300-600的加长版本，但使用了新款机翼、稳定装置及新版本的电传操纵系统软件。

一架三级式客舱设计的A330-300最高可载295人，而二级或全经济客舱则分别可载335及440人，其续航距离为10,500千米（5,650海里）。除此之外，货机版本的容量接近波音747，一些航空公司会在夜间时段以A330-300客机运营载货航班。

A330-300于1993年起开始服役，使用与A330-200相同的发动机，分别为通用电气的CF6-80E、普惠的PW4000或罗罗的Trent 700，并切合ETOPS的180分钟标准。

A330-300的同类产品，是波音的777-200和767-400ER。

空中客车公司 A380系列
AIRBUS A380-800

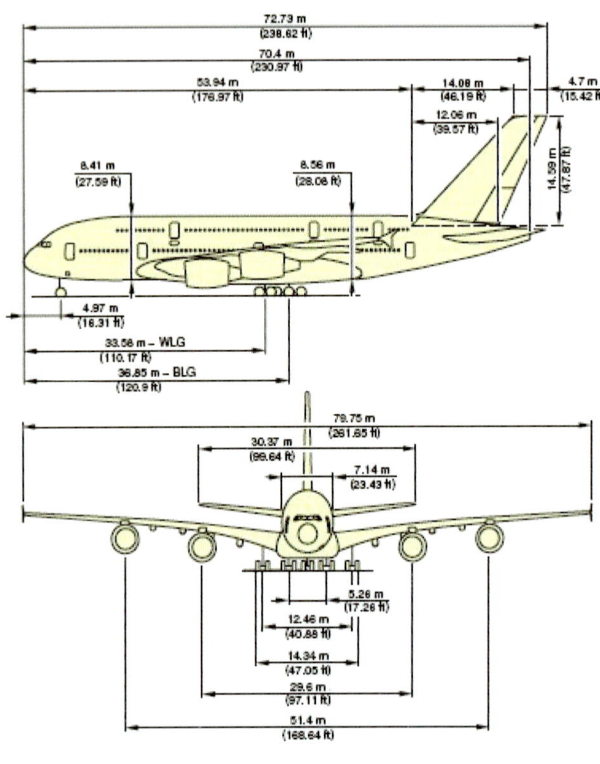

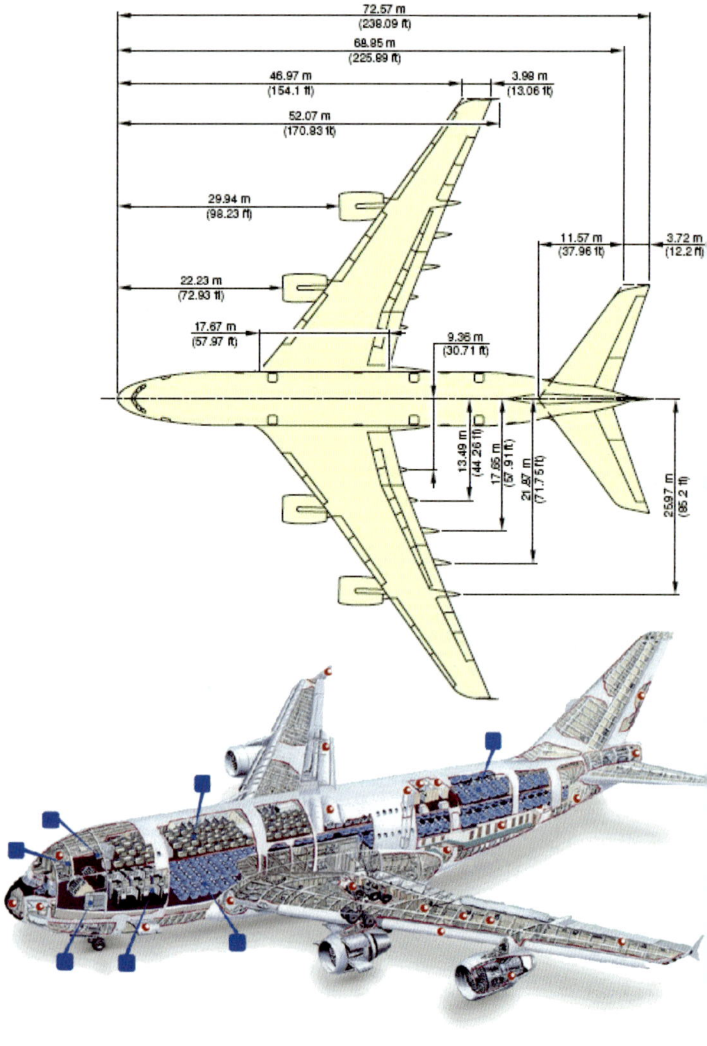

主要用途：航线运输。

截止到2013年12月31日，该类飞机在我国注册数量共5架。

技术参数

概况	型别	A380-841	A380-842
	商用名	A380-841	A380-842
	制造商	Airbus（空中客车公司）	Airbus（空中客车公司）
	发动机型号	RB211 Trent 970-84 或 RB211 Trent 970B-84	RB211 Trent 972-84 或 RB211 Trent 972B-84
	发动机数量	4	4
	燃油	中国：3号喷气燃油（GB6537-2006）； 法国：DCSEA 134/B（JET A1）、DCSEA 144/B（JP 5）； 美国：ASTM D-1655-07（a）（JET A,JET A-1）、MIL-DTL-83133E（JP 8）、 MIL-DTL-5624U（JP5）	
	最大乘客人数	853（上层客舱：315，主客舱：538）	853（上层客舱：315，主客舱：538）
	最小机组人数	2	2
内部尺寸	舱内长度（m）	49.90 m（主层）/ 44.93 m（上层）	49.90 m（主层）/ 44.93 m（上层）
	舱内宽度（m）	6.54 m（主层）/ 5.80 m（上层）	6.54 m（主层）/ 5.80 m（上层）
	舱内高度（m）	-	-
	行李舱容积（m³）	184 m^3	184 m^3
外部尺寸	机身长度（m）	72.73 m	72.73 m
	翼展（m）	79.75 m	79.75 m
	机身宽度（m）	7.14 m	7.14 m
	机身高度（m）	24.09 m	24.09 m
性能	空重（kg/lbs）	276000 kg	276000 kg
	最大停机坪重量（lbs/T）	512 T - 571 T	512 T - 571 T
	最大起飞重量（lbs/T）	510 T - 569 T	510 T - 569 T
	最大着陆重量（lbs/T）	386 T - 395 T	386 T - 395 T
	最大零燃油重量（lbs/T）	361 T - 373 T	361 T - 373 T
	最大滑行重量（lbs/T）	512 T - 571 T	512 T - 571 T
	最大燃油量（lbs/kg/L/gal）	325425 L（260340 kg）	325425 L（260340 kg）
	最大使用高度（ft/m）	43000 ft	43000 ft
	最大起降高度（ft/m）	–	–
	起飞场长（m）	2750 m	2750 m
	经济巡航速度（M）	0.85M	0.85M
	最大航程（km/nm）	15400 km（8300 nm）	15400 km（8300 nm）
数据来源	VTC0231A-VTCDS-[2009-12-15] 制造厂提供数据		

A380是空中客车公司所研发的巨型客机，为双层四发客机，采最高密度座位安排时可承载853名乘客，在典型三舱等配置（头等舱－商务舱－经济舱）下也可承载555名乘客。拥有双层、双通道的A380是目前全球载客量最高的客机。该型号的原型机于2004年中首次亮相并于2005年4月27日试飞成功。2007年10月15日交付A380客机给新加坡航空公司。

A380亦是历来首架拥有四条乘客通道的客机，典型座位布置为上层“2+4+2”形式，下层为“3+4+3”形式。

A380飞机拥有比竞争机型更宽的座椅，更大的空间，更广的可视范围，地板面积比竞争机型多50%，座位数多40%。在某种程度上可以说A380飞机提供了一种全新的飞行方式。

波音公司 B737系列
BOEING B737-600/700/800/900

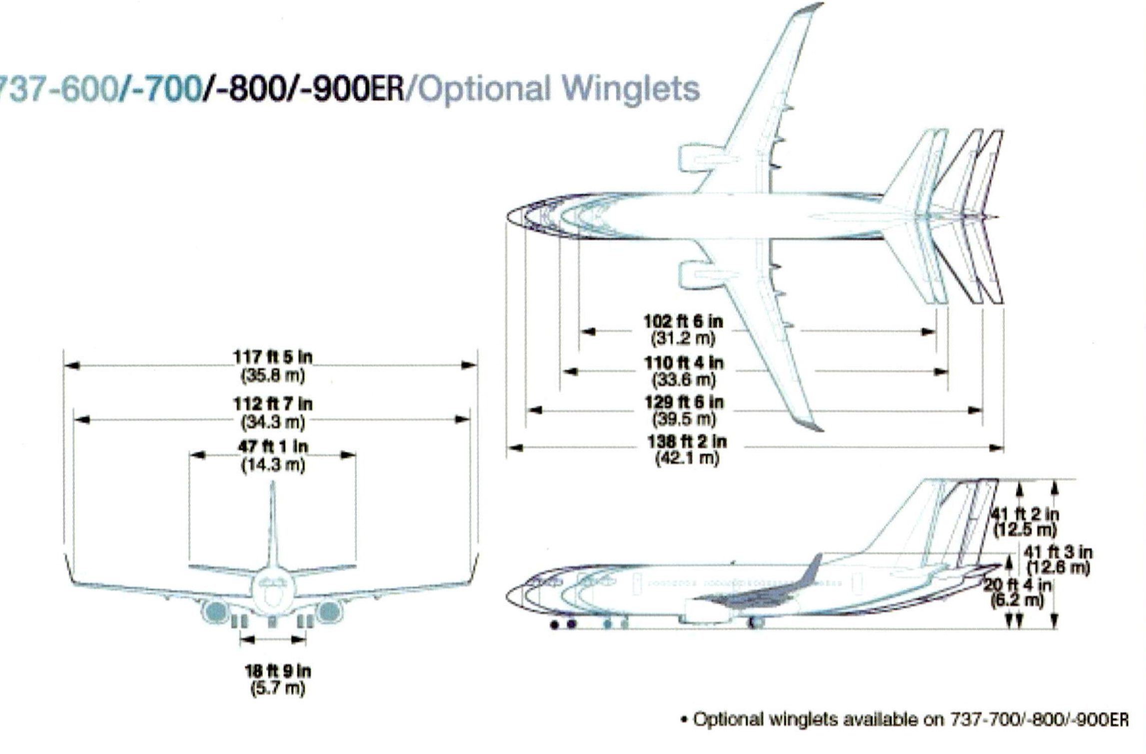

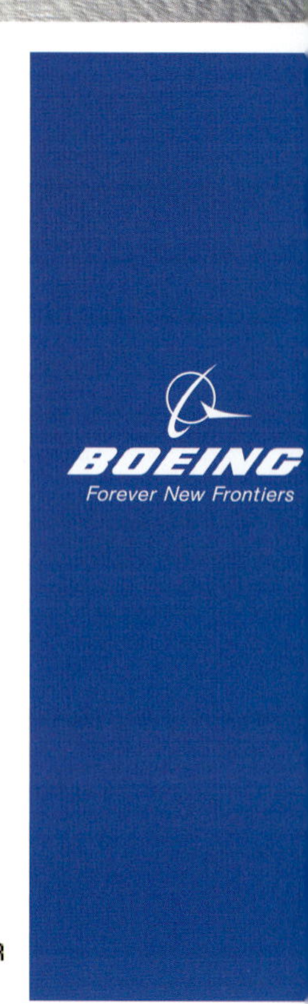

技术参数

	型别	B737-600 系列	B737-700 系列	B737-800 系列	B737-900 系列
概况	商用名	B737-600 系列	B737-700 系列	B737-800 系列	B737-900 系列
	制造商	THE BOEING COMPANY（波音公司）	THE BOEING COMPANY（波音公司）	THE BOEING COMPANY（波音公司）	THE BOEING COMPANY（波音公司）
	发动机型号	CFM56-7B CFM56-7B/2 CFM56-7B3	CFM56-7B CFM56-7B/2 CFM56-7B3	CFM56-7B CFM56-7B/2 CFM56-7B3	CFM56-7B CFM56-7B/3
	发动机数量	2	2	2	2
	燃油	JET A、JET A-1(ASTM-D1655),JP-5(MIL-T-5624),JP-8(MIL-T-83133)			
	最大乘客人数	149	149	189	189
	最小机组人数	2	2	2	2
内部尺寸	舱内长度（m）	-	-	-	-
	舱内宽度（m）	3.53 m	3.53 m	3.53 m	3.53 m
	舱内高度（m）	2.20 m	2.20 m	2.20 m	2.20 m
	行李舱容积（m^3）	20.4 m^3	27.3 m^3	44 m^3	52.5 m^3
外部尺寸	机身长度（m）	31.2 m	33.6 m	39.5 m	42.1 m
	翼展（m）	34.3 m	34.3 m	34.3 m	34.3 m
	机身宽度（m）	3.76 m	3.76 m	3.76 m	3.76 m
	机身高度（m）	12.6 m	12.5 m	12.5 m	12.5 m
性能	空重（lbs/kg）	80031 lbs (36378 kg)	84100 lbs (38147 kg)	91108 lbs (41413 kg)	98495 lbs (44676 kg)
	最大停机坪重量（lbs//T）	146000 lbs	155000 lbs / 171500 lbs (增重型）	174700 lbs	174700 lbs
	最大起飞重量（lbs//T）	145500 lbs	154500 lbs / 171000 lbs (增重型）	174200 lbs	174200 lbs
	最大着陆重量（lbs//T）	120500 lbs	129200 lbs / 134000 lbs (增重型）	146300 lbs	146300 lbs
	最大零燃油重量（lbs//T）	114000 lbs	121700 lbs / 126000 lbs (增重型）	138300 lbs	140300 lbs
	最大滑行重量（lbs//T）	146000 lbs	155000 lbs / 171500 lbs (增重型）	174700 lbs	174700 lbs
	最大燃油量（lbs/kg/L/gal）	26020 L(6875 gal)	26020 L(6875 gal)	26020 L(6875 gal)	26660 L(7837 gal)
	最大使用高度（ft/m）	41000 ft	41000 ft	41000 ft	41000 ft
	最大起降高度（ft/m）	-	-	-	-
	起飞场长（m）	1750 m	1600 m	2400 m	3000 m
	经济巡航速度（M）	0.785 M	0.785 M	0.785 M	0.78 M
	最大航程（km/nm）	5970 km （3225 nm）	6370 km （3440 nm）	5765 km （3115 nm）	6000 km （3250 nm）
数据来源					VTC0167AR1-VTCDS-[2009-02-06] 制造厂提供数据

波音737系列飞机是美国波音公司生产的一种中短程双发喷气式客机。根据项目启动时间和技术先进程度分为传统型737和新一代737。传统型737包括737-100/-200/-300/-400/-500，新一代737包括737-600/-700/-800/-900。目前传统型737已相继停产。新一代737飞机项目于1993年开始启动，1998年正式投入使用。

B737-700，为基础型号，中等机型，直接取代737-300。1993年11月开始启动，1997年12月投入运营。

B737-800，为737-700的机身加长型号，直接取代737-400。1994年9月开始启动，1998年春天交付。

B737-600，为737-700的缩短型号。1995年开始启动，1998年交付。

B737-900，为新一代737机身最长的型号。1997年11月开始启动，2001年初开始交付。

主要用途：航线运输。

截止到2013年12月31日，该类飞机在我国注册数量共761架。

波音公司

B767系列

BOEING B767-200ER/300/300ER/300F

波音767飞机是美国波音公司生产的双发、半宽体、中远程运输机。波音767的客舱采用双通道布局，大小介于单通道的波音757和更大的双通道的波音777之间，主要面向200~300座级市场。

B767-200ER是B767-200型的加大航程型，在波音767-200型的基础上增加了载油量和最大起飞重量，1984年3月首飞，1984年投入运营。

B767-300是B767-200型的加长型，1983年9月开始研制生产。这种机型比波音767-200加长了6.43米，载客能力增加了20%，货舱容积也增加了31%，加强了机身中段和起落架。1986年1月30日首飞，1986年9月开始交付使用。

B767-300ER是B767-300型的加大航程型，在200型基础上增加了中央翼油箱，提高了最大起飞重量，增加了航程。1988年开始投入使用。B767-300ER成为767家族产量最多的型号。

B767-300F是B767-300型的货机型，1993年启动研制生产，1995年6月首飞，同年10月交付美国联合包裹公司投入运营。

技术参数

	型别	B767-200ER	B767-300	B767-300ER	B767-300F
概况	商用名	B767-200ER	B767-300	B767-300ER	B767-300F
	制造商	THE BOEING COMPANY（波音公司）	THE BOEING COMPANY（波音公司）	THE BOEING COMPANY（波音公司）	THE BOEING COMPANY（波音公司）
	发动机型号	P&W PW4000-94 或 GE CF6-80C2	P&W JT9D-7R4D,JT9D-7R4E,JT9D-7R4E4, PW4056,PW4060,PW4060C;或GE CF6-80A2-B2,-B4,或-B6,或CF6-80C2-B2F,B4F, B6F或-B7F,或Rolls Royce RB211-524H-36, 或RB211-524H-T-36	PW4090 或 GE90-90B	GE CF6-80C2B6F 或 B7F
	发动机数量	2	2	2	2
	燃油	JET A、JET A1 或 JETB (ASTM-D1655),JP-4 或 JP-5(MIL-T-5624),JP-8(MIL-T-83133)			
	最大乘客人数	255	350	350	N/A
	最小机组人数	2	2	2	2
内部尺寸	舱内长度（m）	-	-	-	-
	舱内宽度（m）	4.72 m	4.72 m	4.72 m	4.72 m
	舱内高度（m）	-	-	-	-
	行李舱容积（m^3）	90.1 m^3	118.4 m^3	118.4 m^3	454 m^3
外部尺寸	机身长度（m）	48.5 m	54.9 m	54.9 m	54.9 m
	翼展（m）	47.6 m	47.6 m	47.6 m	47.6 m
	机身宽度（m）	5.03 m	5.03 m	5.03 m	5.03 m
	机身高度（m）	15.8 m	15.8 m	15.8 m	15.8 m
性能	空重（lbs/kg）	181610 lbs (82380 kg)	109750 lbs (86070 kg)	198440 lbs (90010 kg)	190000 lbs (86180 kg)
	最大停机坪重量（lbs//T）	-	-	-	-
	最大起飞重量（lbs//T）	395000 lbs（179170 kg）	350000 lbs（158760 kg）	412000 lbs（186880 kg）	408000 lbs（185060 kg）
	最大着陆重量（lbs//T）	136080 kg	136080 kg	145150 kg	147870 kg
	最大零燃油重量（lbs//T）	117930 kg	126100 kg	133810 kg	140160 kg
	最大滑行重量（lbs//T）	-	-	-	-
	最大燃油量（lbs/kg/L/gal）	90770 L (23980 gal)	63000 L(16700 gal)	90770 L (23980 gal)	90770 L(23980 gal)
	最大使用高度（ft/m）	-	-	-	-
	最大起降高度（ft/m）	-	-	-	-
	起飞场长（m）	8300 ft (2530 m)	7900 ft (2410 m)	8300 ft (2530 m)	8600 ft (2621 m)
	经济巡航速度（M）	0.80M	0.80M	0.80M	0.80M
	最大航程（km/nm）	12195 km（6385 nm）	7900 km（4260 nm）	11070 km（5990 nm）	6025 km（3225 nm）
数据来源					A1NMR32-TCDS-[2012-07-26] 制造厂提供数据

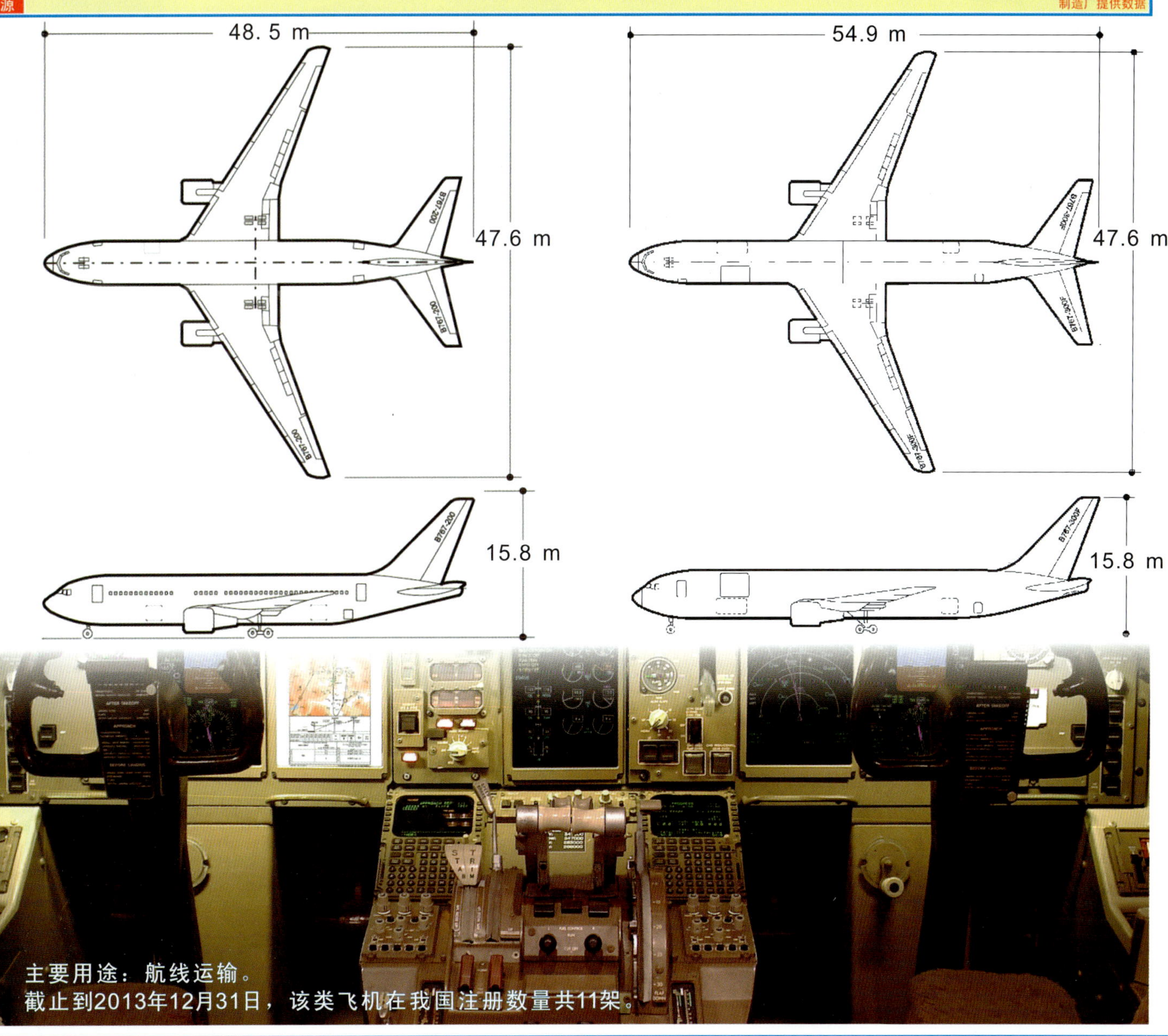

主要用途：航线运输。
截止到2013年12月31日，该类飞机在我国注册数量共11架。

波音公司 B777系列
BOEING B777-200/F/300ER

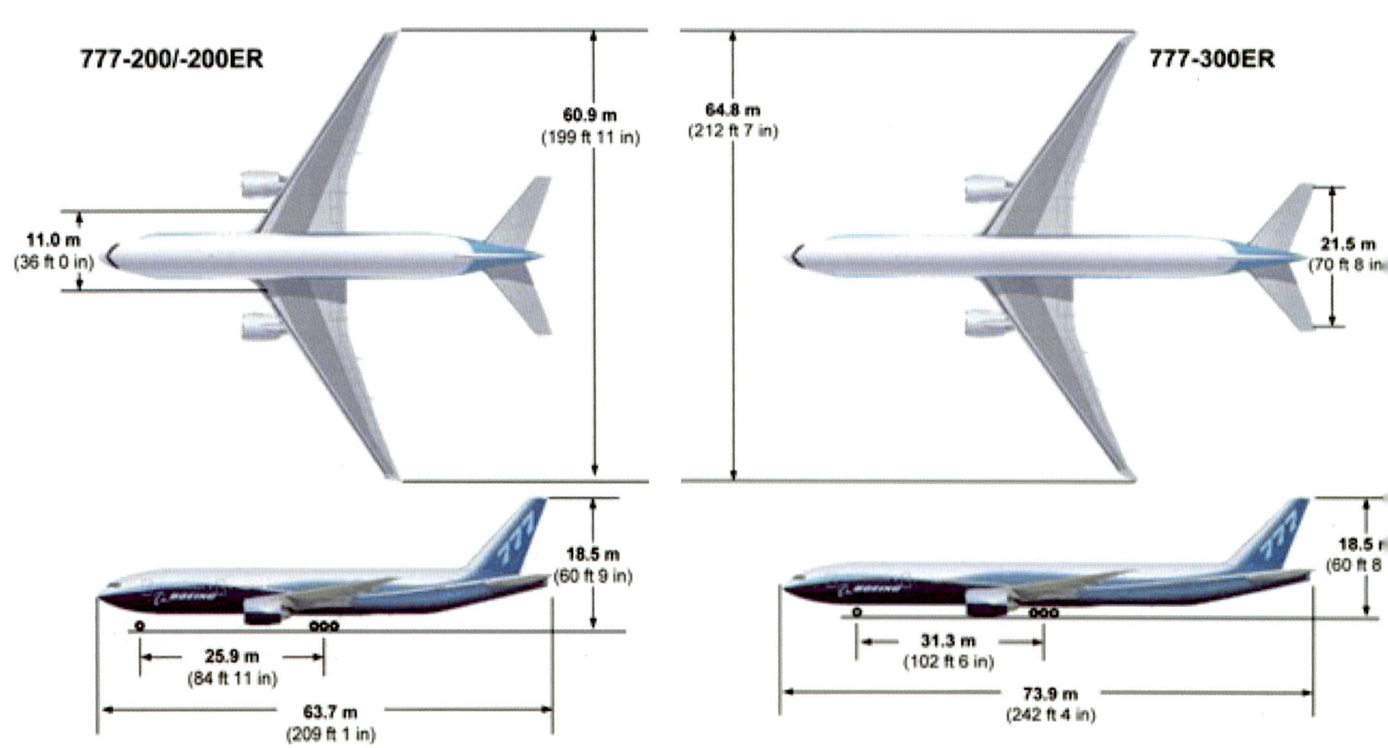

技术参数

	型别	B777-200	B777F	B777-300ER
概况	商用名	B777-200	B777F	B777-300ER
	制造商	THE BOEING COMPANY（波音公司）	THE BOEING COMPANY（波音公司）	THE BOEING COMPANY（波音公司）
	发动机型号	PW4090 或 GE90-90B	GE90-110B1	GE90-115B
	发动机数量	2	2	2
	燃油	JET A、JET A-1（ASTM-D1655），JP-5（MIL-T-5624），JP-8（MIL-T-83133）		
	最大乘客人数	440	11	550
	最小机组人数	2	2	2
内部尺寸	舱内长度（m）	-	-	-
	舱内宽度（m）	-	-	-
	舱内高度（m）	-	-	-
	行李舱容积（m^3）	162 m^3	653 m^3	216 m^3
外部尺寸	机身长度（m）	63.7 m	63.7 m	73.9 m
	翼展（m）	60.9 m	64.8 m	64.8 m
	机身宽度（m）	6.20 m	6.20 m	6.20 m
	机身高度（m）	18.5 m	18.6 m	18.5 m
性能	空重（lbs/kg）	297300 lbs (134800 kg)	318300 lbs (144400 kg)	370000 lbs (167800 kg)
	最大停机坪重量（lbs/T）	-	-	-
	最大起飞重量（lbs/T）	545000 lbs （247200 kg）	766800 lbs （347810 kg）	775000 lbs （351500 kg）
	最大着陆重量（lbs/T）	445000 lbs （201840 kg）	575000 lbs	554000 lbs （251290 kg）
	最大零燃油重量（lbs/T）	420000 lbs （190508 kg）	547000 lbs	524000 lbs
	最大滑行重量（lbs/T）	547000 lbs （248115 kg）	768000 lbs	777000 lbs
	最大燃油量（lbs/kg/L/gal）	117348 L（31000 gal）	181280 L（47890 gal）	181280 L（47890 gal）
	最大使用高度（ft/m）	43100 ft	43100 ft	43100 ft
	最大起降高度（ft/m）	-	-	-
	起飞场长（m）	-	-	-
	经济巡航速度（M）	0.84 M	0.84 M	-
	最大航程（km/nm）	9700 km（5240 nm）	9070 km（4900 nm）	-
数据来源	VTC0053AR3-VTCDS-[2013-08-10] 制造厂提供数据			

B777是美国波音公司研制的双发中远程宽体客机。波音777在大小和航程上介于B767-300和B747-400之间。B777于1990年10月正式启动研制计划，1995年5月交付使用。波音在777上采用了全数字式电传飞行控制系统（Fly-by-wire）、软件控制的飞行电子控制器、液晶显示飞行仪表板、大量使用复合材料、光纤飞行电子网络等多项新技术。

B777-200：波音777的基本型。

B777F：基于B777-200LR改装的运输机。

B777-300ER：超长航程型，可选装备用油箱。

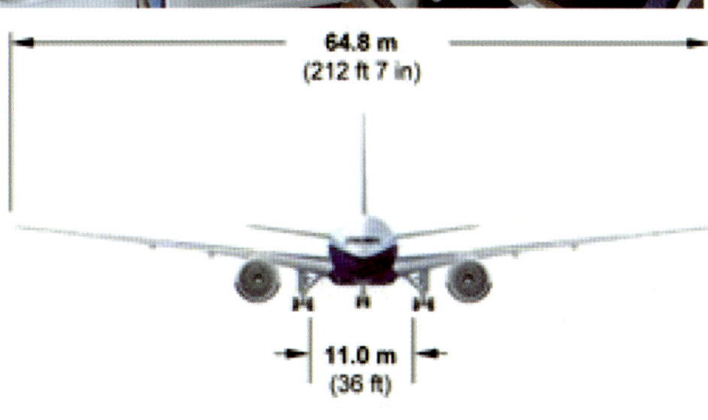

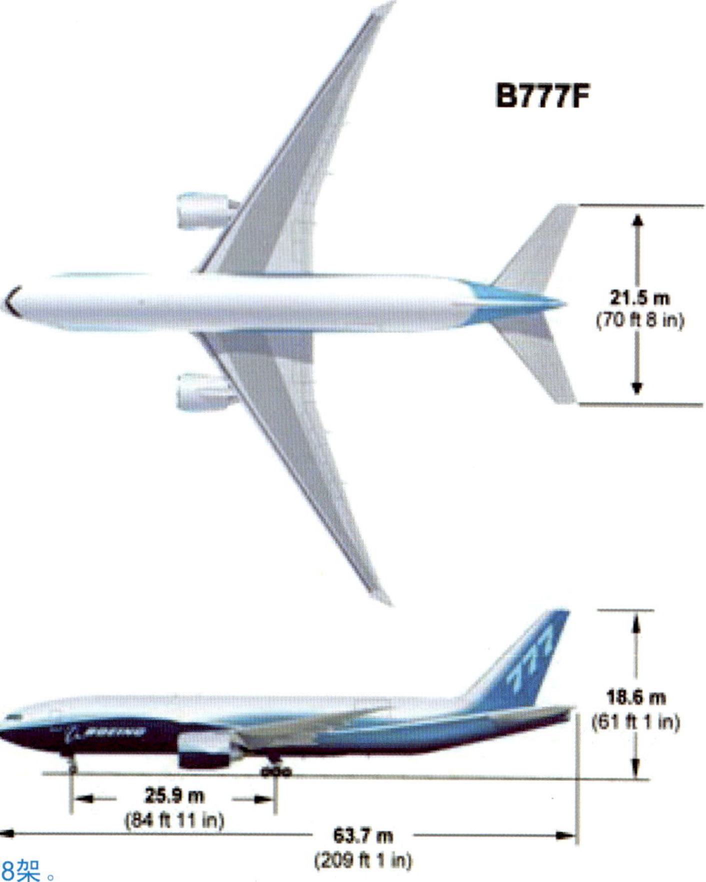

主要用途：航线运输。

截止到2013年12月31日，该类飞机在我国注册数量共48架。

BOEING B787-8

波音787亦称梦幻客机（英语：Dreamliner），是波音公司最新型号的广体中型客机，由波音民用飞机集团负责开发，于2011年投入服务。787可载210至330人，视乎座位编排而定。燃料消耗方面，787比以往的产品省油，效益更高。此外在用料方面，787是首款主要使用复合材料建造的主流客机。

技术参数

	项目	参数
概况	型别	B787-8
	商用名	B787-8
	制造商	THE BOEING COMPANY（波音公司）
	发动机型号	GEnx-1B64,GEnx-1B67,GEnx-1B70, GEnx-1B64/P1,GEnx-1B67/P1, GEnx-1B70/P1,GEnx-1B70/75/P1
	发动机数量	2
	燃油	ASTM D-1655 gardes JET A和JET A-1, ML-T-5624 garde JP-5, ML-T-83133 garde JP-8, GOST 10227-86 grade TS-1, GB6537-2006 3号喷气燃料 （见适用的FAA批准的飞行手册）
	最大乘客人数	381（4对出口，（A,A,A,A）出口布局） 355（4对出口，（C,A,A,A）出口布局） 330（4对出口，（A,A,C,A）出口布局） 300（4对出口，（C,A,C,A）出口布局）
	最小机组人数	2
内部尺寸	舱内长度（m）	-
	舱内宽度（m）	5.49 m
	舱内高度（m）	-
	行李舱容积（m^3）	124.6 m³（4400 ft³）
外部尺寸	机身长度（m）	56.72 m
	翼展（m）	60.17 m
	机身宽度（m）	5.75 m
	机身高度（m）	16.28 m
性能	空重（lbs/kg）	109769 kg
	最大停机坪重量（lbs/T）	-
	最大起飞重量（lbs/T）	502500 lbs
	最大着陆重量（lbs/T）	380000 lbs
	最大零燃油重量（lbs/T）	355000 lbs
	最大滑行重量（lbs/T）	503500 lbs
	最大燃油量（lbs/kg/L/gal）	33340 gal（126918 L）
	最大使用高度（ft/m）	43100 ft
	最大起降高度（ft/m）	-
	起飞场长（m）	3200 m
	经济巡航速度（M/ km/h）	0.85 M（903 km/h）
	最大航程（km/nm）	15700 km
数据来源		VTC0247A-VTCDS-[2013-05-23] 制造厂提供数据

主要用途：航线运输。

截止到2013年12月31日，该类飞机在我国注册数量共14架。

Sikorsky
A United Technologies Company

直升机可以救起危难者，把他送到安全的地方。”

——伊戈尔·西科斯基

出于对飞行事业的热爱，移民到美国的伊戈尔·西科斯基先生于1925年建立了西科斯基制造公司，后来更名为西科斯基飞机公司。1939年9月14日，西科斯基先生试飞了他所设计并制造的人类第一架实用型直升机，开创了直升飞行的时代。

直到今天，作为世界上最大的直升机制造公司之一，西科斯基公司在民用直升机、军用直升机和固定翼飞机的设计、制造和服务等方面都居世界领先地位。公司总部位于美国康涅狄格州斯特拉福德市，在康州和其它州的多个城市都有重要厂区设施，2013年公司营业额为63亿美元，在全球拥有约16,600名员工。

自1984年起，中国开始从西科斯基公司引进民用直升机，截至2013年底，中国拥有和已订购的S-76直升机总数达40架，在国内次中型民用直升机（3-7吨）市场的份额高居首位，广泛用于海上石油作业、搜索救援、公务专机等多个领域。S-76直升机以其卓越的性能、质量和周到方便的售后服务在用户中享有极高的声誉。西科斯基公司另一款具有21世纪先进技术水平的直升机是S-92直升机，自2005年进入中国市场以来，S-92受到了运营商和最终用户的广泛欢迎和好评。

西科斯基公司始终给与中国民用客户优质的售后支援和服务，提供全面的培训、航材、维护和修理服务，从未间断。同其它国外直升机厂家比较，西科斯基对中国客户的支援和服务始终是第一流的，博得了用户良好的口碑。2008年，西科斯基公司在上海成立备件中心，此举极大方便了国内的直升机用户。

如您对西科斯基公司的产品或服务有任何兴趣或需求，欢迎您与我们取得联系：

西科斯基飞机公司北京办公室（直升机销售）
联系人：李天林
地址：北京市朝阳区东三环中路1号环球金融中心东塔14层1416室
邮编：100020
电话：010-59291600

上海西科斯基飞机公司（售后支援）
地址：上海市浦东新区高翔环路28号
邮编：200137
电话：021-58485729/30

庞巴迪 CL-600-2C10
Bombardier CRJ-700/701

主要用途：航线运输。

截止到2013年12月31日，该类飞机在我国注册数量共2架。

CRJ系列是由庞巴迪宇航集团提供的民用支线喷气飞机，包括50座的CRJ-100/-200、70座的CRJ-700、90座的CRJ-900。

CRJ-700型：

70座级支线喷气飞机，在CRJ-200的基础上，推出的新型飞机,最初型号定为CRJ-X，于1997年1月21日正式启动该研制计划，在CRJ-200基础上配备前缘缝翼和新的机身结构，安装推力更大的通用电气CF34-8系列发动机。CRJ-700系列按起飞总重、航程不同也为用户提供了基本型、延程型（ER）、远程型（LR）供选择。

CRJ-701/-702：

CRJ-700系列主要产品，于1999年5月29日首飞。在2000年1月26日已开始交付给首家用户法国布里特航空公司（BRIT AIR）。

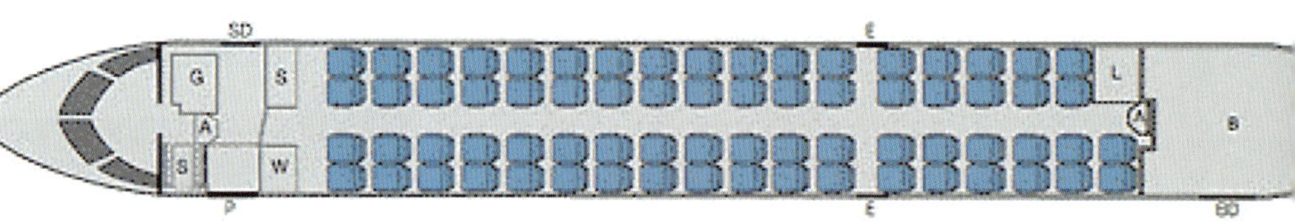

70 seats at 31 inch pitch
812.70 ft^3 (23.01 m^3 total baggage)
5 cart galley

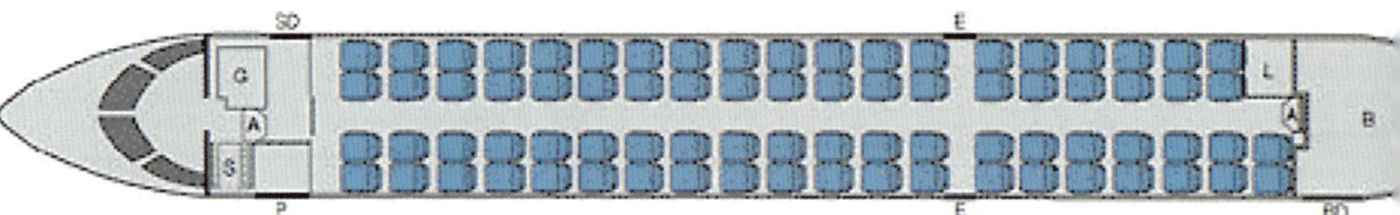

78 seats (66 at 31 inch pitch / 12 seats at 30 inch pitch)
673.14 ft^3 (19.06 m^3 total baggage)
5 cart galley

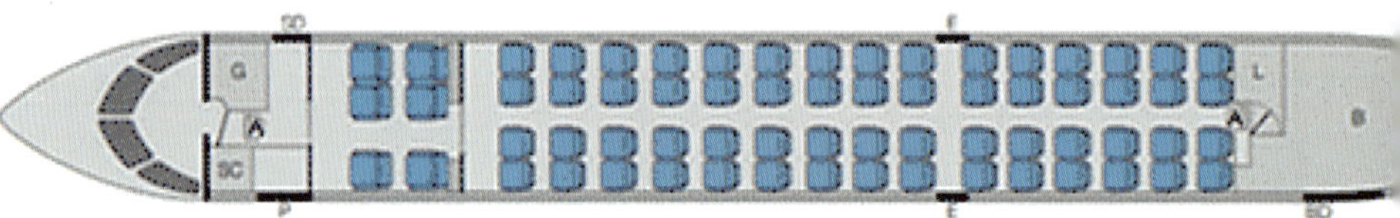

6 business class seats at 37 inch pitch
28 seats at 34 inch pitch
32 seats at 31 inch pitch
689.9 ft^3 (19.52 m^3 total baggage)
4 cart galley

技术参数

概况	型别	CL-600-2C10（Regional Jet Series 700）	CL-600-2C10（Regional Jet Series 701）
	商用名	Bombaridier CRJ-700	Bombaridier CRJ-701
	制造商	Bombaridier Inc.（庞巴迪公司）	
	发动机型号	General Electric CF34-8C1 或 CF34-3B	General Electric CF34-8C1 或 CF34-3B
	发动机数量	2	2
	燃油	中国3号喷气燃油（GB6537-94）	中国3号喷气燃油（GB6537-94）
	最大乘客人数	不超过68名乘客加5名机组	不超过70名乘客加5名机组
	最小机组人数	2	2
内部尺寸	舱内长度（m）	20.85 m	20.85 m
	舱内宽度（m）	2.56 m	2.56 m
	舱内高度（m）	1.89 m	1.89 m
	行李舱容积（m^3）	15.5 m^3	15.5 m^3
外部尺寸	机身长度（m）	32.51 m	32.51 m
	翼展（m）	23.2 m	23.2 m
	机身高度（m）	7.57 m	7.57 m
性能	空重（lbs/kg）	基本型：43499 lbs（19731 kg）	基本型：43499 lbs（19731 kg）
	最大停机坪重量（lbs/kg）	-	-
	最大起飞重量（lbs/kg）	基本型：72750 lbs（32999 kg） 选装型：75000 lbs（34020 kg）	基本型：72750 lbs（32999 kg） 选装型：75000 lbs（34020 kg）
	最大着陆重量（lbs/kg）	67000 lbs	67000 lbs
	最大零燃油重量（lbs/kg）	62300 lbs（28259 kg）	62300 lbs（28259 kg）
	最大滑行重量（lbs/kg）	-	-
	最大燃油量（lbs/kg/L/gal）	11146 L	11146 L
	最大使用高度（ft/m）	41000 ft	41000 ft
	最大起降高度（ft/m）	8000 ft	8000 ft
	起飞场长（ft/m）	1564 m（5131 ft）	1564 m（5131 ft）
	经济巡航速度（M）	0.78 M	0.78 M
	最大航程（km）	3124 km	3124 km
数据来源		VTC0109AR3-VTCDS-[2012-06-29] 制造厂提供数据	

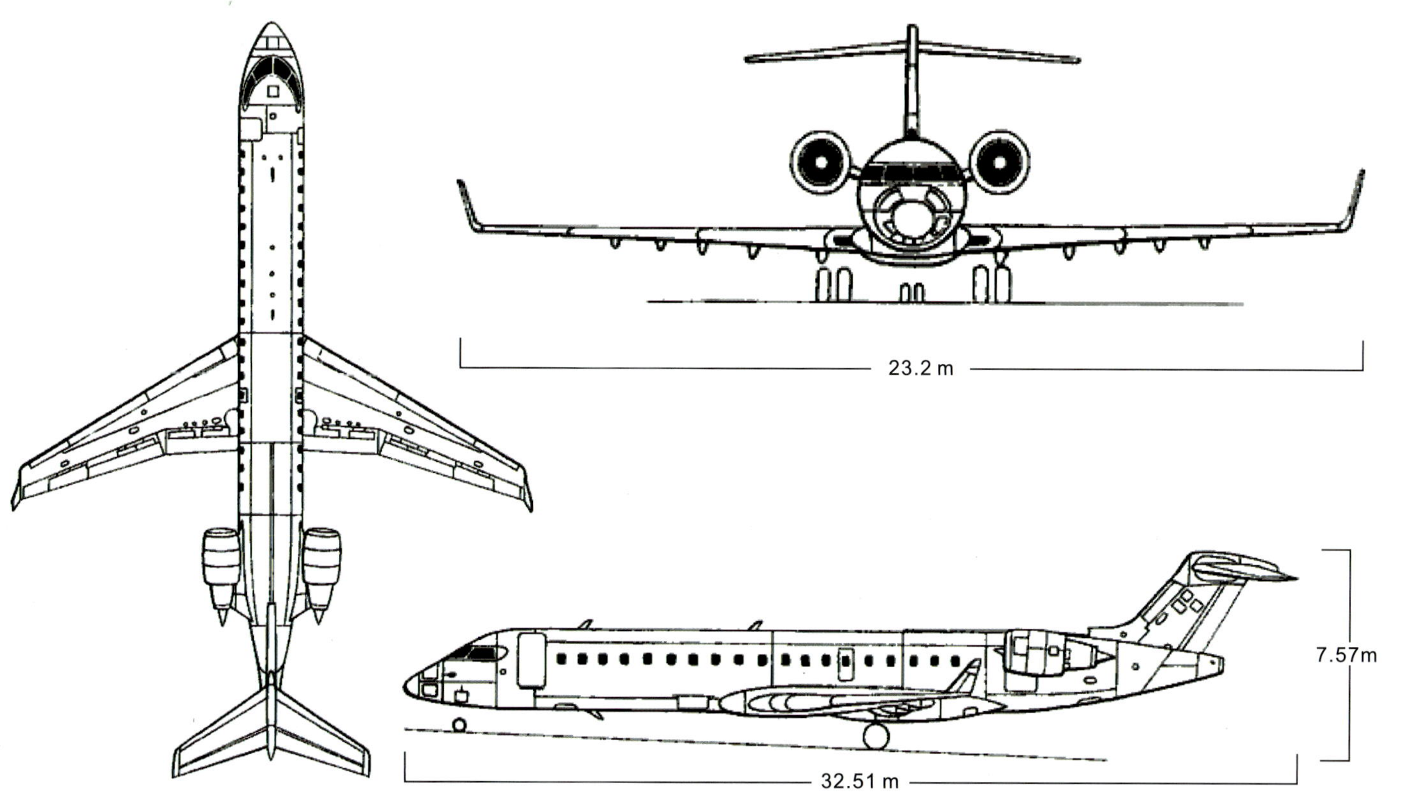

庞巴迪 CL-600-2D24

Bombardier CRJ-900

主要用途：航线运输。

截止到2013年12月31日，该类飞机在我国注册数量共8架。

技术参数

概况	型别	CL-600-2D24（Regional Jet Series 900）
	商用名	Bombaridier CRJ-900
	制造商	Bombaridier Inc.（庞巴迪公司）
	发动机型号	General Electric CF34-8C5 或 CF34-8C5A1
	发动机数量	2
	燃油	中国3号喷气燃油（GB6537-2006）
	最大乘客人数	95名乘客，含5名机组
	最小机组人数	2
内部尺寸	舱内长度（m）	-
	舱内宽度（m）	2.56 m
	舱内高度（m）	1.89 m
	行李舱容积（m^3）	16.8 m^3
外部尺寸	机身长度（m）	36.40 m
	翼展（m）	24.85 m
	机身高度（m）	7.51 m
性能	空重（lbs/kg）	47250 lbs（21433 kg）
	最大停机坪重量（lbs/kg）	-
	最大起飞重量（lbs/kg）	基本型：80500 lbs（36514 kg） 选装型：82500 lbs（37421 kg） 选装型：84500 lbs（38329 kg）
	最大着陆重量（lbs/kg）	-
	最大零燃油重量（lbs/kg）	70000 lbs（31751 kg）
	最大滑行重量（lbs/kg）	-
	最大燃油量（lbs/kg/L/gal）	19450 lbs（8822 kg）
	最大使用高度（ft/m）	41000 ft
	最大起降高度（ft/m）	8000 ft（未进行 670T82357 改装） 9600 ft（进行 670T82357 改装） 10000 ft（未进行670T82391改装）
	起飞场长（ft/m）	1778 m（5833 ft）
	经济巡航速度（M）	0.80 M
	最大航程（km）	2500 km
数据来源		VTC0109AR3-VTCDS-[2012-06-29] 制造厂提供数据

CRJ-900型：

90座级支线喷气飞机，为CRJ-700型的加长型，是CRJ系列中最大、最新的成员，2000年7月24日正式启动研制计划，于2001年2月21日首飞，2003年1月30日交付首位用户美国梅萨航空集团（Mesa Air Group）。与CRJ其他系列相同，CRJ-900系列也为用户提供了基本型、延程型（ER）、远程型（LR）供选择。

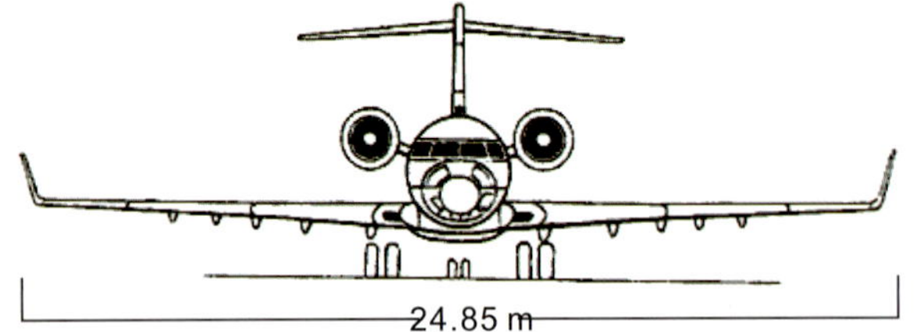

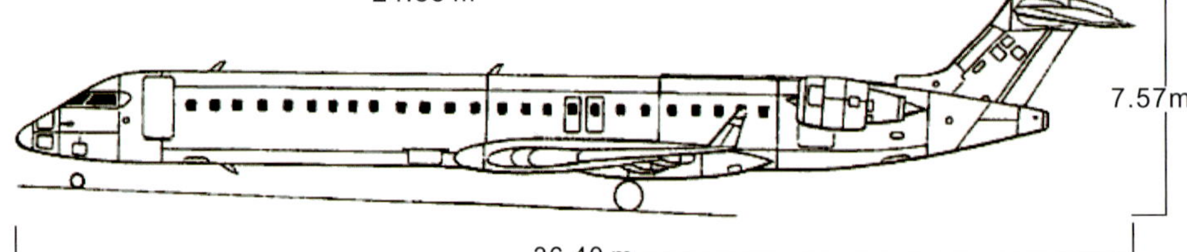

PA-34-220T Seneca
PA-34-220T 塞内卡 多用途飞机
最大巡航速度：200 ktas | 370 km/h
最大升限：25,000 ft | 7,620 m
最大起飞重量：4,750 lbs | 2,155 kg
航程：828 nm | 1,534 km
最大座位数：6座
发动机：Continental TSIO-360-RB
400 890 1290
www.piperchina.com
Piper

巴西航空 EMB-145 ER/LR/MP
EMBRAER EMB-145系列

EMB-145系列飞机是巴西航空工业公司在EMB-120基础上研制的涡扇式支线客机，其竞争机型为CRJ-200。ERJ-145（EMB-145LR）于1995年8月正式首航，1996年正式交付，2000年9月正式进入中国市场。2000年11月获得中国民用航空局颁发的型号认可证。

2002年12月，巴西航空工业公司与中国航空工业集团公司达成巴中在航空领域合作的框架协议。2003年1月13日，哈尔滨安博威飞机工业有限公司挂牌成立，进行ERJ-145（EMB-145LR）喷气飞机的整机生产。ERJ-145（EMB-145LR）喷气飞机是严格遵照巴西ANAC、美国FAA和欧洲EASA相关适航标准，并同样符合中国民用航空适航标准而制造的50座级喷气飞机。

EMB-145ER：基本型。

EMB-145LR：增程型，换装了功率更大的发动机，增加了燃油量。

EMB-145MP：与EMB-145LR具有相同的结构，燃油系统与EMB-145ER相同，起落架与EMB-145LR相同。

技术参数

	型别	EMB-145ER	EMB-145LR	EMB-145MP
概况	商用名	-	ERJ-145	-
	制造商	EMBRAER（巴西航空工业公司）		
	发动机型号	Rolls Royce AE3007A AE3007A1/1 AE3007A1/2 AE3007A1 AE3007A1P	Rolls Royce AE3007A1/1 AE3007A1/2 AE3007A1 AE3007A1P	Rolls Royce AE3007A1/1 AE3007A1/2 AE3007A1 AE3007A1P
	发动机数量	2	2	2
	燃油	巴西航空规范ANP CNP-08/QAV1; 美国ASTM规范D-1655 JET A 或 JET A1; 中国3号喷气燃油（GB6537-94 JET A3）		
	最大乘客人数	50	50	50
	最小机组人数	2	2	2
内部尺寸	舱内长度（m）	15.43 m	15.43 m	15.43 m
	舱内宽度（m）	2.1 m	2.1 m	2.1 m
	舱内高度（m）	1.7 m	1.7 m	1.7 m
	行李舱容积（m^3）	后行李舱 8.9 m^3 前行李舱 0.9 m^3 头顶行李柜 1.4 m^3 座椅下行李空间 2.0 m^3	后行李舱 8.9 m^3 前行李舱 0.9 m^3 头顶行李柜 1.4 m^3 座椅下行李空间 2.0 m^3	后行李舱 8.9 m^3 前行李舱 0.9 m^3 头顶行李柜 1.4 m^3 座椅下行李空间 2.0 m^3
外部尺寸	机身长度（m）	29.87 m	29.87 m	29.87 m
	翼展（m）	20.04m	20.04m	20.04m
	机身高度（m）	6.76 m	6.76 m	6.76 m
性能	空重（lbs/kg）	11947 kg	12114 kg	12038 kg
	最大停机坪重量（lbs/T）	20700 kg	22100 kg	21090 kg
	最大起飞重量（lbs/T）	20600 kg	22000 kg	20990 kg
	最大着陆重量（lbs/T）	18700 kg	19300 kg	19300 kg
	最大零燃油重量（lbs/T）	17100 kg	17900 kg	17900 kg
	最大滑行重量（lbs/T）	20700 kg	22100 kg	21090 kg
	最大燃油量（lbs/kg/L/gal）	5200 L（可用5146 L，不可用54 L）	6440 L（可用6396 L，不可用44 L）	6440 L（可用6396 L，不可用44 L）
	最大使用高度（ft/m）	11278 m（41000 ft）	11278 m（41000 ft）	11278 m（41000 ft）
	最大起降高度（ft/m）	2438 m（8000 ft）	2438 m（8000 ft） modified according to SB 145-21-042 and 145-32-0093 3048 m（10000 ft） Eos 145-143102,145-976190,145-149308, 145-153411 or SB 145-21-0044, 145-25-0299,145-53-0060,145-32-0109 and 145-31-0042 incorporated 4115 m（13500 ft）	2438 m（8000 ft）
	起飞场长（m）	1410 m（400 nm,full pax,isa,sl）	1380 m（400 nm,full pax,isa,sl）	1410 m（400 nm,full pax,isa,sl）
	经济巡航速度（M）	0.74 M	0.74 M	0.74 M
	最大航程（km/nm）	1200 nm	1550 nm	1200 nm
数据来源				VTC0113AR1-VTCDS-[2008-05-12] 制造厂提供数据

主要用途：支线客机。

截止到2013年12月31日，该类飞机在我国注册数量共42架。

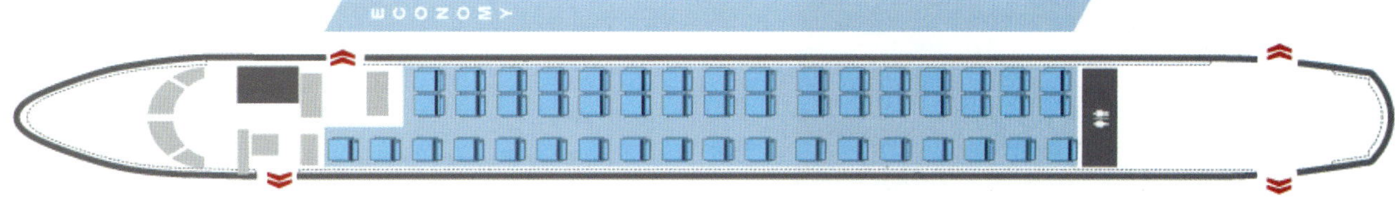

巴西航空 ERJ 190-100 IWG/LR/STD
EMBRAER E190 AR/LR/STD

E190系列是巴西航空工业公司研发的新一代双发涡扇喷气客机，可以设置98至114个座位。该系列机型设计最大特点是：所有电子操控采用模块化电脑整合系统，包括导航、维修、通讯等系统。ERJ190飞机于2000年1月开始研发，2005年8月获得巴西国家民航局颁发的型号合格证，2009年12月获得中国民用航空局颁发的型号认可证。

ERJ190-100STD：标准型。

ERJ190-100LR：增程型。

ERJ190-100IGW：增重型。

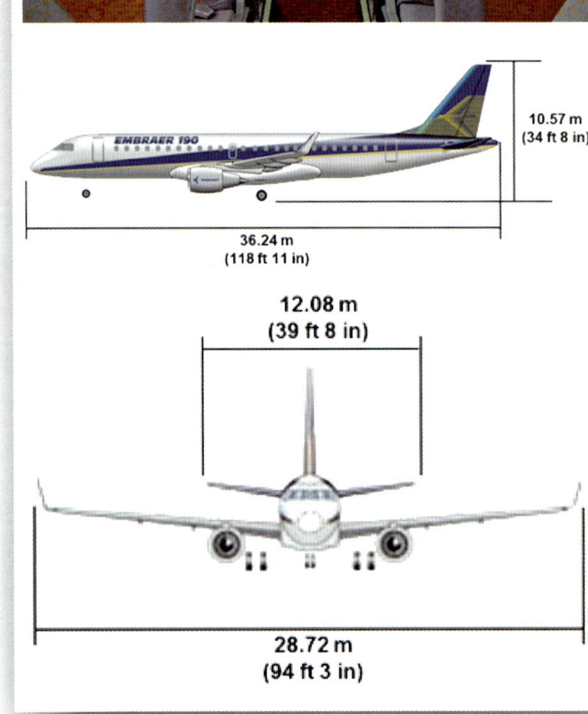

技术参数

	型别	ERJ 190-100 IGW	ERJ 190-100 LR	ERJ 190-100 STD
概况	商用名	E 190AR	E 190LR	E 190STD
	制造商	EMBRAER（巴西航空工业公司）		
	发动机型号	CF34-10E5 CF34-10E5A1 CF34-10E6 CF34-10E6A1 CF34-10E7	CF34-10E5 CF34-10E5A1 CF34-10E6 CF34-10E6A1 CF34-10E7	CF34-10E5 CF34-10E5A1 CF34-10E6 CF34-10E6A1 CF34-10E7
	发动机数量	2	2	2
	燃油	巴西航空规范ANP No.1/2003-QAV1; 美国ASTM规范D-1655 JET A 或 JET A1; 中国3号喷气燃油（GB6537-2006 JET A3）		
	最大乘客人数	108	108	108
	最小机组人数	2	2	2
内部尺寸	舱内长度（m）	25.76 m（84 ft 6 in）	25.76 m（84 ft 6 in）	25.76 m（84 ft 6 in）
	舱内宽度（m）	2.74 m（9 ft 0 in）	2.74 m（9 ft 0 in）	2.74 m（9 ft 0 in）
	舱内高度（m）	2.00 m（6 ft 7 in）	2.00 m（6 ft 7 in）	2.00 m（6 ft 7 in）
	行李舱容积（m^3）	客舱内座位下的行李最大体积0.04m^3; 过道两侧各有8个标准的，1个长的行李舱，右侧还有一个短的行李舱，行李舱可以放置61cm x 35.5cm x 25.4cm标准行李箱，总体积3.9 m^3 综合存储体积32.01 m^3	客舱内座位下的行李最大体积0.04m^3; 过道两侧各有8个标准的，1个长的行李舱，右侧还有一个短的行李舱，行李舱可以放置61cm x 35.5cm x 25.4cm标准行李箱，总体积3.9 m^3 综合存储体积32.01 m^3	客舱内座位下的行李最大体积0.04m^3; 过道两侧各有8个标准的，1个长的行李舱，右侧还有一个短的行李舱，行李舱可以放置61cm x 35.5cm x 25.4cm标准行李箱，总体积3.9 m^3 综合存储体积32.01 m^3
外部尺寸	机身长度（m）	36.24 m	36.24 m	36.24 m
	翼展（m）	28.72 m	28.72 m	28.72 m
	机身高度（m）	10.57 m	10.57 m	10.57 m
性能	空重（lbs/kg）	27820 kg	27720 kg	27720 kg
	最大停机坪重量（lbs/T）	51960 kg	50460 kg	47950 kg
	最大起飞重量（lbs/T）	51800 kg	50300 kg	47790 kg
	最大着陆重量（lbs/T）	44000 kg	43000 kg	43000 kg
	最大零燃油重量（lbs/T）	40900 kg	40800 kg	40800 kg
	最大滑行重量（lbs/T）	51960 kg	50460 kg	47950 kg
	最大燃油量（lbs/kg/L/gal）	16266 L	16266 L	16266 L
	最大使用高度（ft/m）	12497 m（41000 ft）	12497 m（41000 ft）	12497 m（41000 ft）
	最大起降高度（ft/m）	3048 m（10000 ft）	3048 m（10000 ft）	3048 m（10000 ft）
	起飞场长（m）	1267 m（SL,ISA,full pax）	1267 m（SL,ISA,full pax）	1267 m（SL,ISA,full pax）
	经济巡航速度（M）	0.76 M	0.76 M	0.76 M
	最大航程（km/nm）	2000 nm	2000 nm	2000 nm
数据来源	VTC0212AR4-VTCDS-[2012-08-09] 制造厂提供数据			

主要用途：支线客机。

截止到2013年12月31日，该类飞机在我国注册数量共75架。

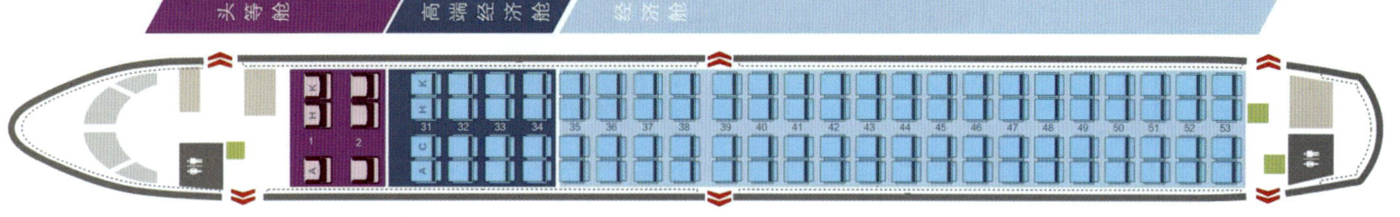

明珠头等舱 头等舱 高端公务舱 公务舱 经济舱 出口 紧急出口 乘务员座椅

机组休息室 洗手间 厨房 衣帽间 吧台 婴儿摇篮挂点位置 楼梯 楼梯

巴西航空 ERJ 190-200 IWG/LR/STD
EMBRAER E195 AR/LR/STD

■ 技术参数

概况	型别	ERJ 190-200 IGW	ERJ 190-200 LR	ERJ 190-200 STD
	商用名	E 195AR	E 195LR	E 195STD
	制造商	EMBRAER（巴西航空工业公司）		
	发动机型号	CF34-10E5 CF34-10E5A1 CF34-10E6 CF34-10E6A1 CF34-10E7	CF34-10E5 CF34-10E5A1 CF34-10E6 CF34-10E6A1 CF34-10E7	CF34-10E5 CF34-10E5A1 CF34-10E6 CF34-10E6A1 CF34-10E7
	发动机数量	2	2	2
	燃油	巴西航空规范ANP No.1/2003-QAV1；美国ASTM规范D-1655 JET A 或 JET A1；中国3号喷气燃油（GB6537-2006 JET A3）		
	最大乘客人数	128	118	118
	最小机组人数	2	2	2
内部尺寸	舱内长度（m）	25.76 m（84 ft 6 in）	25.76 m（84 ft 6 in）	25.76 m（84 ft 6 in）
	舱内宽度（m）	2.74 m（9 ft 0 in）	2.74 m（9 ft 0 in）	2.74 m（9 ft 0 in）
	舱内高度（m）	2.00 m（6 ft 7 in）	2.00 m（6 ft 7 in）	2.00 m（6 ft 7 in）
	行李舱容积（m^3）	36.21 m^3	36.21 m^3	36.21 m^3
外部尺寸	机身长度（m）	38.65 m	38.65 m	38.65 m
	翼展（m）	28.72 m	28.72 m	28.72 m
	机身高度（m）	10.55 m	10.55 m	10.55 m
性能	空重（lbs/kg）	28650 kg	28550 kg	28550 kg
	最大停机坪重量（lbs/T）	52450 kg	50590 kg	48950 kg
	最大起飞重量（lbs/T）	52290 kg	50790 kg	48790 kg
	最大着陆重量（lbs/T）	45800 kg	45000 kg	45000 kg
	最大零燃油重量（lbs/T）	42600 kg	42500 kg	42500 kg
	最大滑行重量（lbs/T）	52450 kg	50950 kg	48950 kg
	最大燃油量（lbs/kg/L/gal）	16266 L	16266 L	16266 L
	最大使用高度（ft/m）	12497 m（41000 ft）	12497 m（41000 ft）	12497 m（41000 ft）
	最大起降高度（ft/m）	3048 m（10000 ft）	3048 m（10000 ft）	3048 m（10000 ft）
	起飞场长（m）	1460 m（SL,ISA,full pax）	1460 m（SL,ISA,full pax）	1460 m（SL,ISA,full pax）
	经济巡航速度（M）	0.76 M	0.76 M	0.76 M
	最大航程（km/nm）	-	-	-
数据来源	VTC0212AR4-VTCDS-[2012-08-09] 制造厂提供数据			

E195系列是巴西航空工业公司研发的新一代双发涡扇喷气客机，是E190系列的加长版，是整个系列中机身最长的型号，为125客座级。E195于2004年12月7日完成首飞，2006年6月获得巴西国家民航局颁发的型号合格证，2009年12月获得中国民用航空局颁发的型号认可证。

ERJ190-200STD：标准型。

ERJ190-200LR：增程型。

ERJ190-200IGW：增重型。

主要用途：支线客机。

截止到2013年12月31日，该类飞机在我国注册数量共0架。

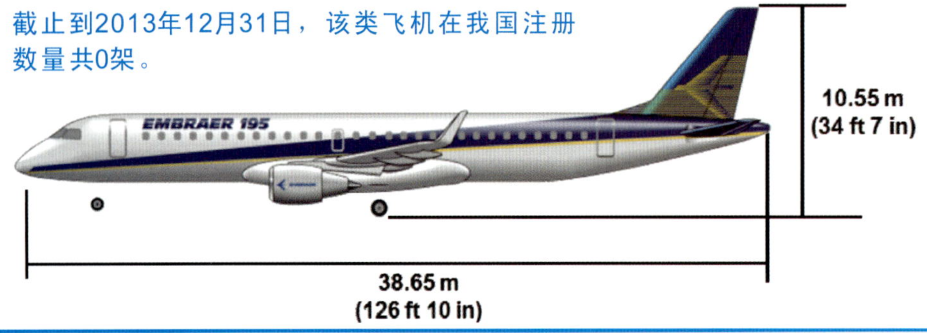

庞巴迪 BD-100-1A10

挑战者 300 Bombardier Challenger 300

主要用途：私人飞行、公务飞行。
截止到2013年12月31日，该类飞机在我国注册数量共7架。

技术参数

概况	型别	BD-100-1A10
	商用名	Bombardier Challenger 300 挑战者 300
	制造商	Bombardier Inc.（庞巴迪公司）
	发动机型号	Honeywell AS907-1-1A
	发动机数量	2
	燃油	中国3号喷气燃油
	最大乘客人数	19
	最小机组人数	2
内部尺寸	舱内长度（m）	8.72 m
	舱内宽度（m）	2.19 m
	舱内高度（m）	1.86 m
	行李舱容积（m³）	3.0 m^3
外部尺寸	机身长度（m）	20.92 m
	翼展（m）	19.46 m
	机身高度（m）	6.2 m
性能	空重（lbs/kg）	-
	最大停机坪重量（lbs/kg）	17690 kg（39000 lbs）
	最大起飞重量（lbs/kg）	17622 kg（38850 lbs）
	最大着陆重量（lbs/kg）	15309 kg（62400 lbs）
	最大零燃油重量（lbs/kg）	12247 kg（27000 lbs）
	最大滑行重量（lbs/kg）	17690 kg（39000 lbs）
	最大燃油量（lbs/kg/L/gal）	7934 L（2096 gal/ 14150 lbs/ 6418 kg）
	最大使用高度（ft/m）	45000 ft（13720 m）
	最大起降高度（ft/m）	-
	起飞场长（ft/m）	1466 m（4810 ft）
	经济巡航速度（M）	0.80 M
	最大航程（km）	5676 km
数据来源		VTC0231AR1-VTCDS-[2010-12-03] 制造厂提供数据

庞巴迪挑战者300（Bombardier Challenger 300）是一款超中型公务机。于1999年开始研制，2004年投入使用，2010年在中国取得型号认可证。

挑战者300飞机装备标准的酒吧和洗手间，能让乘客享受到冷热饮和拥有私密的空间；卫星电话、传真和空中互联网服务能让乘客时刻与公司和家人保持联系。

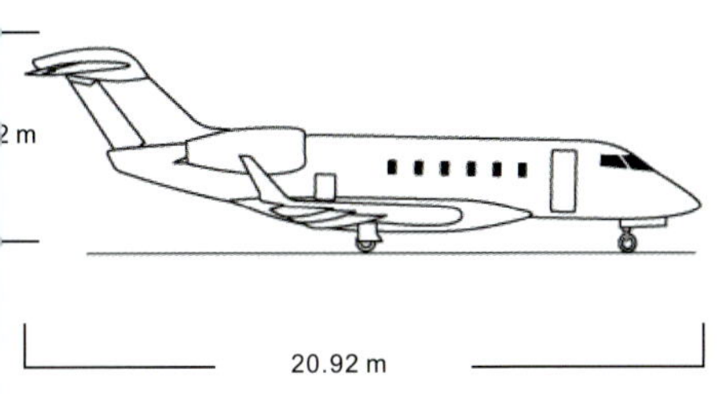

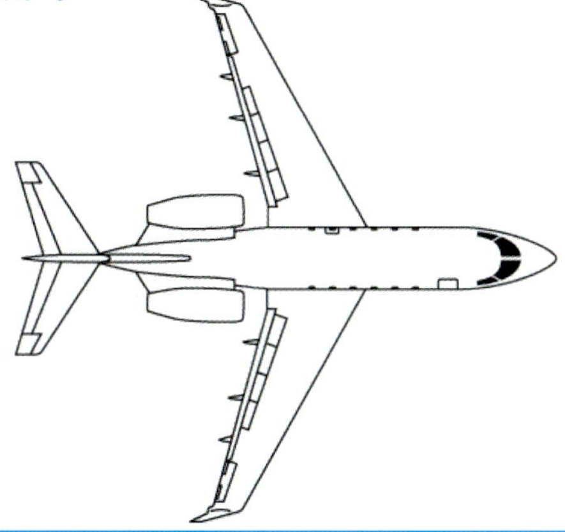

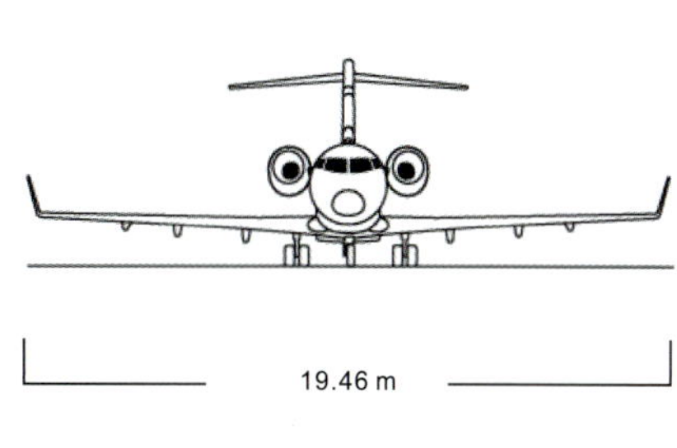

庞巴迪 CL-600-2B16

挑战者 605 Bombardier Challenger 605

挑战者605（Challenger 605）飞机于2007年1月正式投入使用，2010年取得中国民用航空局型号认可证。挑战者605是基于挑战者604改造的，经重新设计的客舱空间更显宽敞，重新调整位置的客舱舷窗也更加宽阔。

主要用途：私人飞行、公务飞行。

截止到2013年12月31日，该类飞机在我国注册数量共12架。

技术参数

概况	型别	CL-600-2B16（604 Variant）
	商用名	Bombardier Challenger 605 挑战者 605
	制造商	Bombardier Inc.（庞巴迪公司）
	发动机型号	General Electric CF34-3B
	发动机数量	2
	燃油	中国3号喷气燃油（GB6537-94）
	最大乘客人数	19
	最小机组人数	2
内部尺寸	舱内长度（m）	8.61 m
	舱内宽度（m）	2.49 m
	舱内高度（m）	1.85 m
	行李舱容积（m^3）	3.3 m^3
外部尺寸	机身长度（m）	20.85 m
	翼展（m）	19.61 m
	机身高度（m）	6.3 m
性能	空重（lbs/kg）	-
	最大停机坪重量（lbs/kg）	48300 lbs
	最大起飞重量（lbs/kg）	48200 lbs
	最大着陆重量（lbs/kg）	38000 lbs
	最大零燃油重量（lbs/kg）	32000 lbs
	最大滑行重量（lbs/kg）	48300 lbs
	最大燃油量（lbs/kg/L/gal）	20000 lbs
	最大使用高度（ft/m）	41000 ft
	最大起降高度（ft/m）	-
	起飞场长（ft/m）	1780 m（5840 ft）
	经济巡航速度（M）	0.80 M
	最大航程（km）	7408 km
数据来源		VTC0109AR3-VTCDS-[2012-06-29] 制造厂提供数据

挑战者605配备了全新的先进航空电子系统，机上安装有罗克韦尔·柯林斯公司的Pro Line 21航电套件及全新的客舱电子系统，可为飞行员提供态势感知能力，以及确保飞行员在低可见度或黑暗等困难操作条件下仍能观测到跑道指示灯和跑道环境的庞巴迪增强视景系统（BEVS）。

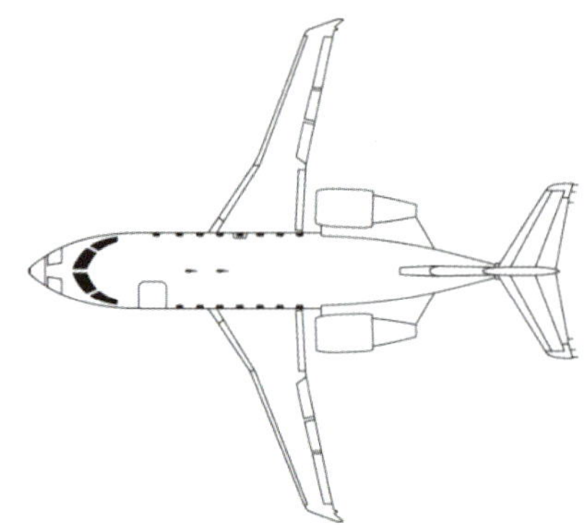

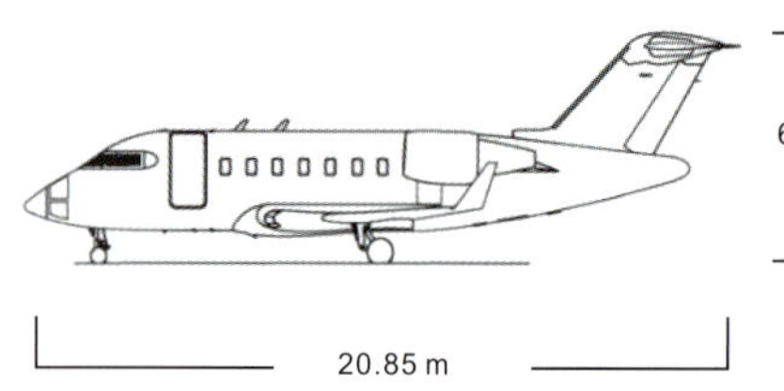

挑战者 850 Bombardier Challenger 850

挑战者850（Challenger 850）由庞巴迪公司的支线飞机CRJ改进而成，它继承了支线飞机宽敞的机舱和翼展，融合了大客舱公务机的舒适性和灵活性的特点，于2003年更名为庞巴迪挑战者850。

挑战者850在其支线飞机前身的基础上做了许多修改，提高了飞机的可靠性和飞行性能。通过重新设计的机体，挑战者850可以比其前身支线飞机多携带4000磅燃料，且增加了有效载荷、航程和起飞重量。挑战者850拥有久经1300万飞行小时考验的机身，迄今为止，已有超过1200架飞机交付使用。

主要用途：私人飞行、公务飞行。
截止到2013年12月31日，该类飞机在我国注册数量共9架。

技术参数

概况	型别	CL-600-2B19（Regional Jet Series 100）
	商用名	Bombardier Challenger 850 挑战者 850
	制造商	Bombardier Inc.（庞巴迪公司）
	发动机型号	General Electric CF34-3A1 或 CF34-3B1
	发动机数量	2
	燃油	中国3号喷气燃油（GB6537-94）
	最大乘客人数	50 48（安装了前衣橱） 22（绿构型且包含TC601R60255）
	最小机组人数	2
内部尺寸	舱内长度（m）	14.76 m
	舱内宽度（m）	2.49 m
	舱内高度（m）	1.85 m
	行李舱容积（m^3）	4.5 m^3
外部尺寸	机身长度（m）	24.38 m
	翼展（m）	21.29 m
	机身高度（m）	6.22 m
性能	空重（lbs/kg）	-
	最大停机坪重量（lbs/kg）	53250 lbs
	最大起飞重量（lbs/kg）	21523 kg（47450 lbs） 23133 kg（51000 lbs） 包含TC601R60193A: 23995 kg（52900 lbs） 包含TC601R60194A: 24040 kg（53000 lbs）
	最大着陆重量（lbs/kg）	47000 lbs
	最大零燃油重量（lbs/kg）	44000 lbs
	最大滑行重量（lbs/kg）	53250 lbs
	最大燃油量（lbs/kg/L/gal）	6585 kg（14518 lbs）
	最大使用高度（ft/m）	41000 ft
	最大起降高度（ft/m）	-
	起飞场长（ft/m）	1922 m（6305 ft）
	经济巡航速度（M）	0.74 M
	最大航程（km）	5206 km
数据来源		VTC0109AR3-VTCDS-[2012-06-29] 制造厂提供数据

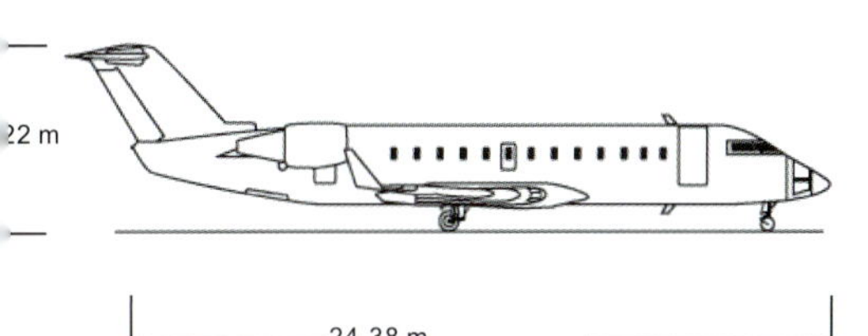

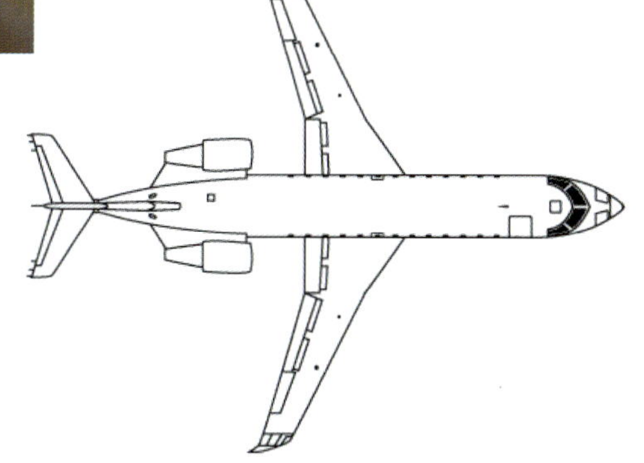

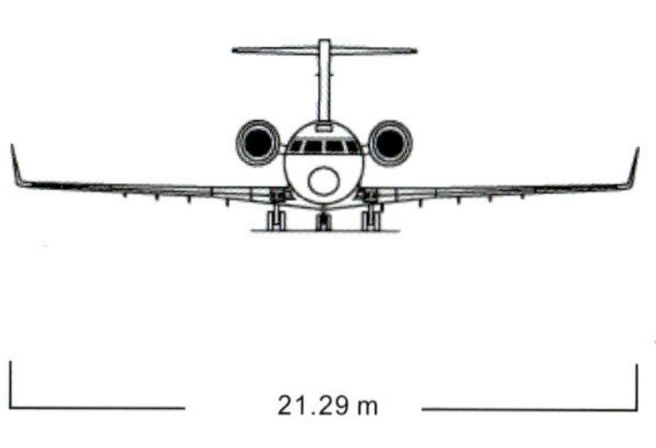

庞巴迪 BD-700-1A11

环球 5000 Bombardier Global 5000

技术参数

概况	型别	BD-700-1A11
	商用名	Bombardier Globsl 5000 环球 5000
	制造商	Bombardier Inc.（庞巴迪公司）
	发动机型号	Rolls Royce BR700-710A2-20
	发动机数量	2
	燃油	中国3号喷气燃油（GB6537-2006）
	最大乘客人数	19
	最小机组人数	2
内部尺寸	舱内长度（m）	13.92 m
	舱内宽度（m）	2.49 m
	舱内高度（m）	1.93 m
	行李舱容积（m³）	5.5 m^3
外部尺寸	机身长度（m）	29.5 m
	翼展（m）	28.6 m
	机身高度（m）	7.7 m
性能	空重（lbs/kg）	-
	最大停机坪重量（lbs/kg）	42071 kg（92750 lbs）
	最大起飞重量（lbs/kg）	41957 kg（92500 lbs）
	最大着陆重量（lbs/kg）	35652 kg（78600 lbs）
	最大零燃油重量（lbs/kg）	25401 kg（56000 lbs）
	最大滑行重量（lbs/kg）	42071 kg（92750 lbs）
	最大燃油量（lbs/kg/L/gal）	16413 kg（36187 lbs） 进行700-1A11-11-008改装： 17806 kg（39250 lbs）
	最大使用高度（ft/m）	51000 ft（15545 m）
	最大起降高度（ft/m）	13700 ft（4175 m）
	起飞场长（ft/m）	1689 m（6476 ft）
	经济巡航速度（M）	0.80 M
	最大航程（km）	9630 km
数据来源		VTC0247AR1-VTCDS-[2013-06-06] 制造厂提供数据

庞巴迪环球5000（Bombardier Globa 5000）是一款大型公务机，能以0.89马赫的超高速飞行，并能出入起降条件极困难的机场。改款航空器于2005年4月投入使用，2010年6月取得中国民用航空局型号认可证。

主要用途：私人飞行、公务飞行。

截止到2013年12月31日，该类飞机在我国注册数量共1架。

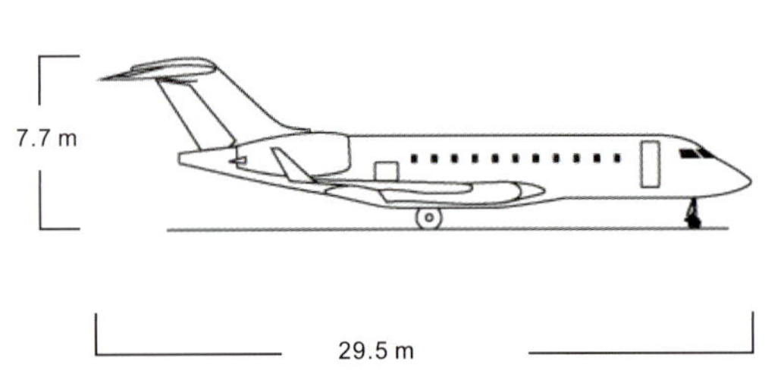

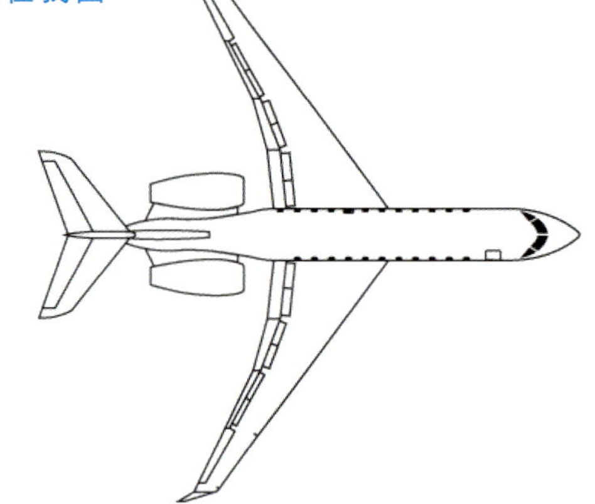

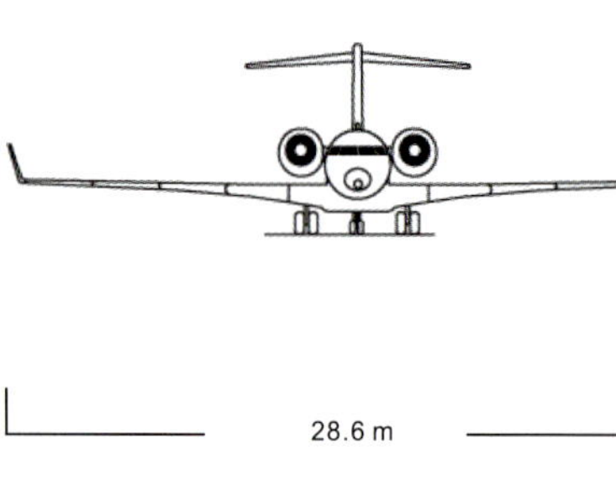

环球 6000 Bombardier Global 6000

主要用途：私人飞行、公务飞行。

截止到2013年12月31日，该类飞机在我国注册数量共9架。

技术参数

概况	型别	BD-700-1A10
	商用名	Bombardier Globsl 6000 环球 6000
	制造商	Bombardier Inc.（庞巴迪公司）
	发动机型号	Rolls Royce BR700-710A2-20
	发动机数量	2
	燃油	中国3号喷气燃油（GB6537-2006）
	最大乘客人数	19
	最小机组人数	2
内部尺寸	舱内长度（m）	14.73 m
	舱内宽度（m）	2.49 m
	舱内高度（m）	1.91 m
	行李舱容积（m³）	5.5 m^3
外部尺寸	机身长度（m）	30.3 m
	翼展（m）	28.6 m
	机身高度（m）	7.7 m
性能	空重（lbs/kg）	-
	最大停机坪重量（lbs/kg）	45246 kg（99750 lbs）
	最大起飞重量（lbs/kg）	45132 kg（99500 lbs）
	最大着陆重量（lbs/kg）	35652 kg（78600 lbs）
	最大零燃油重量（lbs/kg）	25401 kg（56000 lbs）
	最大滑行重量（lbs/kg）	45246 kg（99750 lbs）
	最大燃油量（lbs/kg/L/gal）	20433 kg（40500 lbs）
	最大使用高度（ft/m）	51000 ft（15545 m）
	最大起降高度（ft/m）	13700 ft（4175 m）
	起飞场长（ft/m）	1974 m（6476 ft）
	经济巡航速度（M）	0.80 M
	最大航程（km）	11390 km
数据来源		VTC0247AR1-VTCDS-[2013-06-06] 制造厂提供数据

庞巴迪环球6000能够以更高的巡航速度飞行。这款飞机以0.89马赫的速度完成洲际飞行任务。环球6000能够不打开襟翼起飞，即使在恶劣的条件下也能顺利启航。而且它还能够以更低的飞行速度起降，具有短场起降能力，因此可以在为数更多的机场运行。

庞巴迪环球6000（Bombardier Global 6000）是庞巴迪公司的一款大型超远程公务机，以前称为全球快车XRS。环球6000还可以根据需求设计，实现独立的两舱布局。

庞巴迪 Learjet 60XR

Bombardier Learjet 60XR

技术参数

概况	型别	Learjet 60XR
	商用名	Bombardier Learjet 60XR 庞巴迪里尔 60XR
	制造商	Bombardier Inc.（庞巴迪公司）
	发动机型号	Pratt & Whitney Canada PW 305A（P/N 31B4067-01） PW 305A（P/N 31B4067-02） PW 305A（P/N 31B4067-04）
	发动机数量	2
	燃油	商业煤油，JP-4、JP-5、JP-8、Jet A 和 Jet A-1型燃油，以及符合GB6537-94的中国RP-3和中国3号燃油
	最大乘客人数	8
	最小机组人数	2
内部尺寸	舱内长度（m）	5.38 m
	舱内宽度（m）	1.81 m
	舱内高度（m）	1.74 m
	行李舱容积（m^3）	-
外部尺寸	机身长度（m）	17.89 m
	翼展（m）	13.35 m
	机身高度（m）	4.44 m
性能	空重（lbs/kg）	-
	最大停机坪重量（lbs/kg）	23000 lbs
	最大起飞重量（lbs/kg）	22750 lbs Learjet Drawing No.6088001定义： 23100 lbs Learjet 公司 ECRs 3845 定义： 23500 lbs
	最大着陆重量（lbs/kg）	19500 lbs
	最大零燃油重量（lbs/kg）	16500 lbs
	最大滑行重量（lbs/kg）	23750 lbs
	最大燃油量（lbs/kg/L/gal）	7910 lbs
	最大使用高度（ft/m）	51000 ft（15545 m）
	最大起降高度（ft/m）	-
	起飞场长（ft/m）	5450 ft
	经济巡航速度（M）	0.74 M
	最大航程（km）	4454 km
数据来源		VTC0061AR1-VTCDS-[2009-12-24] 制造厂提供数据

庞巴迪里尔60XR（Bombardier Learjet 60XR）公务机是庞巴迪公司在里尔60基础上进行航电系统和内饰升级之后推出的新款中型公务机，2007年投入使用，2009年在中国取得型号认可证。

里尔60XR提供很多标准化选择，满足客户个性化需求。

主要用途：私人飞行、公务飞行。

截止到2013年12月31日，该类飞机在我国注册数量共2架。

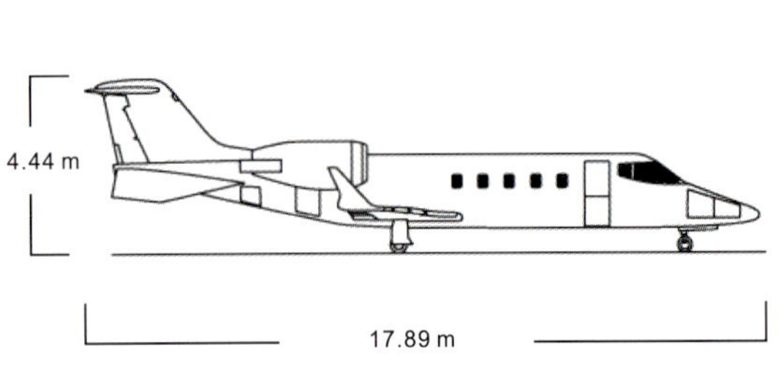

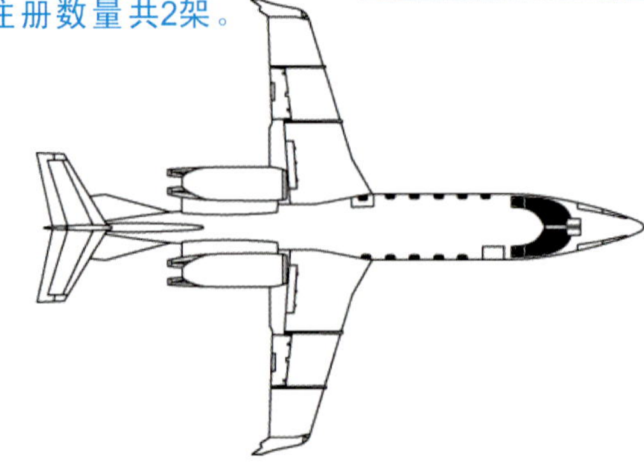

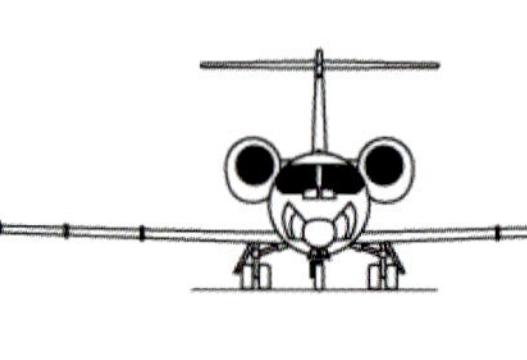

奖状野马 Cessna Citation Mustang

主要用途：私人飞行、公务飞行、医疗救护、飞行训练等。

截止到2013年12月31日，该类飞机在我国注册数量共1架。

Citation Mustang（奖状野马）是美国赛斯纳公司研制生产的超轻双发喷气公务机，也是世界首架最小巧的可以投入运营的商用喷气公务机，允许单驾驶，满足白天/夜间、仪表/目视、最小飞行高度层等一系列现代国际民航飞行规则要求，飞入结冰层仍能保证安全，拥有与大型喷气商用飞机相同的飞行气象条件，属于双发涡扇喷气公务机。该机型2002年开始研制，2006年取得FAA型号合格证，2009年获得中国民航局颁发的型号认可证。

技术参数

概况	型别	Cessna 510
	商用名	Citation Mustang（奖状野马）
	制造商	Cessna Aircraft Company（赛斯纳飞机公司）
	发动机型号	PW 615F-A
	发动机数量	2
	燃油	Jet A,Jet A-1,JP-8
	最大乘客人数	4
	最小机组人数	1 或 2
内部尺寸	舱内长度（m）	2.97 m
	舱内宽度（m）	1.40 m
	舱内高度（m）	1.37 m
	行李舱容积（m^3）	-
外部尺寸	机身长度（m）	12.37 m
	翼展（m）	13.16 m
	机身高度（m）	4.09 m
性能	空重（lbs/kg）	5585 lbs
	最大停机坪重量（lbs/kg）	8730 lbs
	最大起飞重量（lbs/kg）	8645 lbs
	最大着陆重量（lbs/kg）	8000 lbs
	最大零燃油重量（lbs/kg）	6750 lbs
	最大滑行重量（lbs/kg）	8730 lbs
	最大燃油量（lbs/kg/L/gal）	2568 lbs（可用）
	最大使用高度（ft/m）	41000 ft
	最大起降高度（ft/m）	4267 m
	起飞场长（m）	948 m
	经济巡航速度（km/h）	630 km/h
	最大航程（km）	2130 km
数据来源		VTC0222A-VTCDS-[2009-03-03] 制造厂提供数据

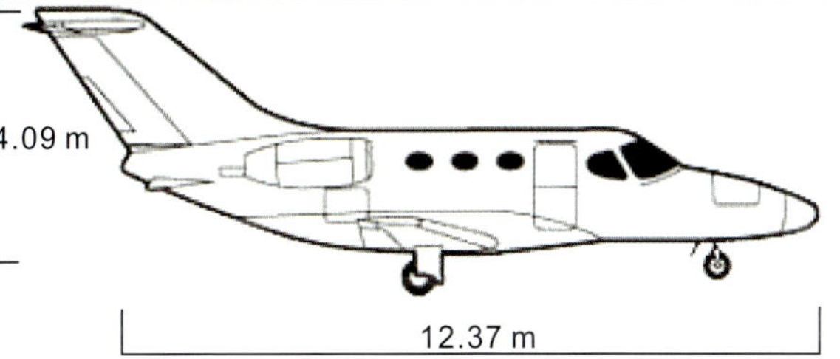

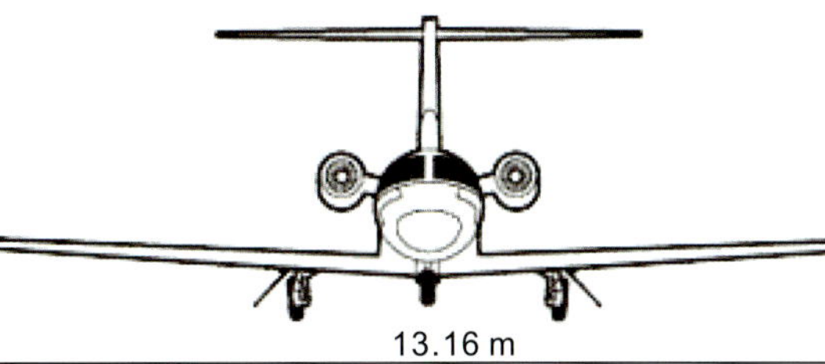

赛斯纳 Cessna 560 Encore+

奖状 Encore+ Cessna Citation Encore+

奖状Encore+是美国赛斯纳公司560 Encore的改进型，双发、尾吊、下单翼设计，于2006年12月通过FAA审定。“奖状”Encore+是“奖状”新系列中唯一保留20世纪80年代机身设计的飞机，历经“奖状”V、“奖状”Ultra、“奖状”Encore，到“奖状”Encore+的多次更新。该飞机实现了“奖状”系列轻型机仪表系统一致以及发动机都带FADEC控制的目标。如今FADEC控制已成为现代飞机的标志之一。

技术参数

概况	型别	Cessna 560 Encore+
	商用名	Citation Encore+（奖状 Encore+）
	制造商	Cessna Aircraft Company（赛斯纳飞机公司）
	发动机型号	PW535B
	发动机数量	2
	燃油	Jet A,Jet A-1,JP-5,JP-8,中国 #3 JET(GB 6537)
	最大乘客人数	8
	最小机组人数	2
内部尺寸	舱内长度（m）	5.3 m
	舱内宽度（m）	1.5 m
	舱内高度（m）	1.5 m
	行李舱容积（m^3）	-
外部尺寸	机身长度（m）	14.91 m
	翼展（m）	16.69 m
	机身高度（m）	4.62 m
性能	空重（lbs/kg）	-
	最大停机坪重量（lbs/kg）	17030 lbs
	最大起飞重量（lbs/kg）	16830 lbs
	最大着陆重量（lbs/kg）	15200 lbs
	最大零燃油重量（lbs/kg）	12850 lbs
	最大滑行重量（lbs/kg）	17030 lbs
	最大燃油量（lbs/kg/L/gal）	812.8 gal
	最大使用高度（ft/m）	45000 ft
	最大起降高度（ft/m）	-
	起飞场长（m）	1073 m
	经济巡航速度（km/h）	793 km/h
	最大航程（km）	1780 km
数据来源	VTC0116AR2-VTCDS-[2011-08-29]	制造厂提供数据

主要用途：私人飞行、公务飞行等。

截止到2013年12月31日，该类飞机在我国注册数量共3架。

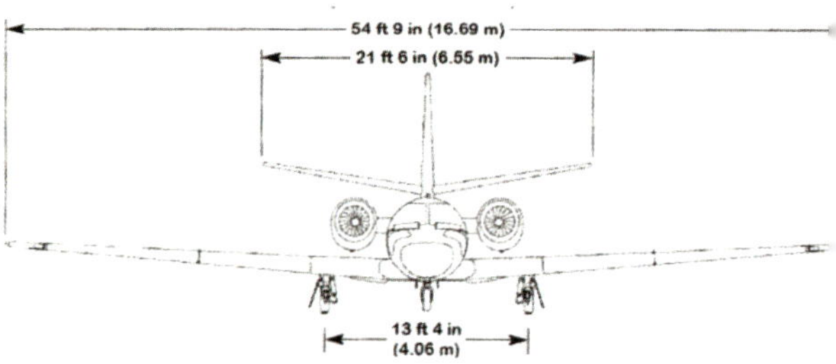

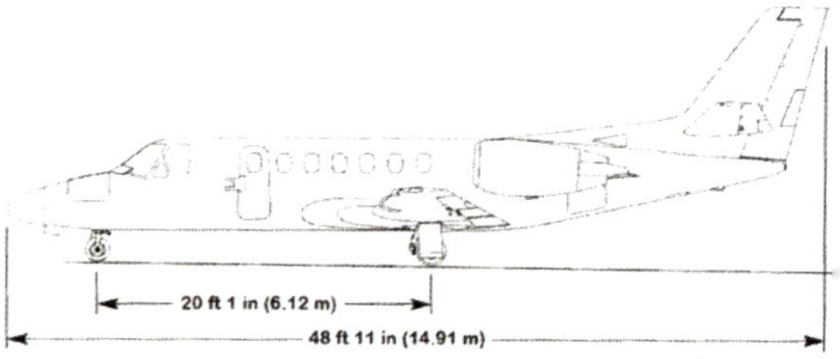

54 ft 9 in (16.69 m)
21 ft 6 in (6.55 m)
13 ft 4 in (4.06 m)
20 ft 1 in (6.12 m)
48 ft 11 in (14.91 m)

赛斯纳 Cessna 560XLS

奖状 XLS Cessna Citation XLS

奖状XLS是美国赛斯纳公司研制生产的一款入门级中型喷气公务机，是在奖状Excel（优胜号Model 560XL）基础上改进的。2003年开始研制，2004年获得FAA的型号合格证，2011年获得中国民航局颁发的型号认可证。

主要用途：私人飞行、公务飞行、飞行校验等。

截止到2013年12月31日，该类飞机在我国注册数量共5架。

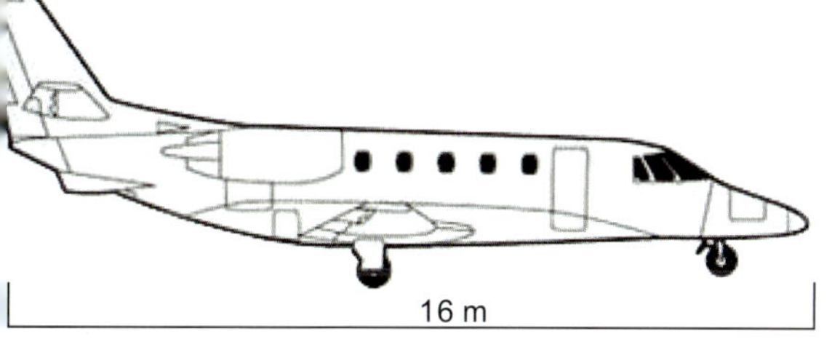

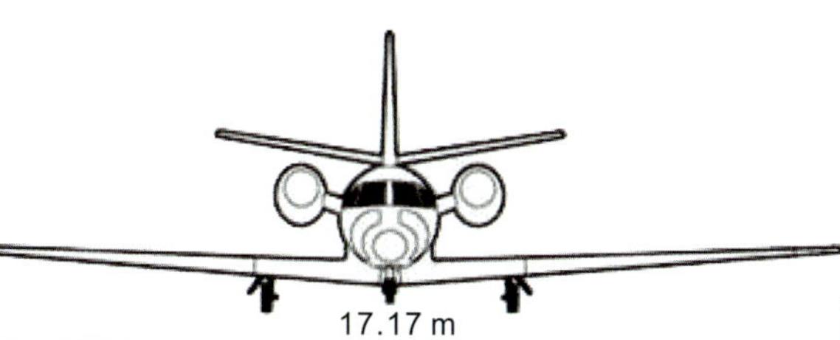

技术参数

概况	型别	Cessna 560 XLS
	商用名	Citation XLS （奖状 XLS）
	制造商	Cessna Aircraft Company（赛斯纳飞机公司）
	发动机型号	PW545B
	发动机数量	2
	燃油	Jet A,Jet A-1,Jet B,JP-3,JP-4,JP-5,JP-8
	最大乘客人数	12
	最小机组人数	2
内部尺寸	舱内长度（m）	5.64 m
	舱内宽度（m）	1.68 m
	舱内高度（m）	1.73 m
	行李舱容积（m^3）	–
外部尺寸	机身长度（m）	16 m
	翼展（m）	17.17 m
	机身高度（m）	5.23 m
性能	空重（lbs/kg）	–
	最大停机坪重量（lbs/kg）	20400 lbs
	最大起飞重量（lbs/kg）	20200 lbs
	最大着陆重量（lbs/kg）	18700 lbs
	最大零燃油重量（lbs/kg）	15100 lbs
	最大滑行重量（lbs/kg）	20400 lbs
	最大燃油量（lbs/kg/L/gal）	1011.6 gal
	最大使用高度（ft/m）	45000 ft
	最大起降高度（ft/m）	–
	起飞场长（m）	–
	经济巡航速度（km/h）	797 km/h
	最大航程（km）	3441 km
数据来源		VTC0116AR2-VTCDS-[2011-08-29] 制造厂提供数据

奖状 君主 Cessna Citation Sovereign

主要用途：私人飞行、公务飞行等。

截止到2013年12月31日，该类飞机在我国注册数量共4架。

奖状君主飞机机舱大小与奖状Encore+飞机相似，但比奖状Encore +有更大的分离行李舱。

技术参数

概况	型别	Cessna 680
	商用名	Citation Sovereign（奖状君主）
	制造商	Cessna Aircraft Company（赛斯纳飞机公司）
	发动机型号	PW 306C
	发动机数量	2
	燃油	Jet A,Jet A-1,Jet B,JP-4,JP-5,JP-8,中国JET-3（GB 6537-94）
	最大乘客人数	12
	最小机组人数	2
内部尺寸	舱内长度（m）	7.70 m
	舱内宽度（m）	1.68 m
	舱内高度（m）	1.73 m
	行李舱容积（m^3）	–
外部尺寸	机身长度（m）	19.35 m
	翼展（m）	19.30 m
	机身高度（m）	6.20 m
性能	空重（lbs/kg）	18130 lbs
	最大停机坪重量（lbs/kg）	30550 lbs
	最大起飞重量（lbs/kg）	30300 lbs
	最大着陆重量（lbs/kg）	27100 lbs
	最大零燃油重量（lbs/kg）	20800 lbs
	最大滑行重量（lbs/kg）	30550 lbs
	最大燃油量（lbs/kg/L/gal）	11223 lbs（1675.2 gal）（可用）
	最大使用高度（ft/m）	47000 ft
	最大起降高度（ft/m）	4267 m
	起飞场长（m）	1109 m
	经济巡航速度（km/h）	848 km/h
	最大航程（km）	5273 km
数据来源		VTC0238A-VTCDS-[2010-04-07] 制造厂提供数据

奖状君主是美国赛斯纳飞机公司在1998年NBAA年会上同时宣布生产的4种新“奖状”系列飞机中的一款。2004年6月2日获得FAA的型号合格证，2005年开始交付客户，2010年4月获得中国民航局颁发的型号认可证。

奖状 X Cessna Citation X

奖状X最大巡航速度0.92马赫。该机型在1990年10月发布，1993年首飞，1996年交付使用。

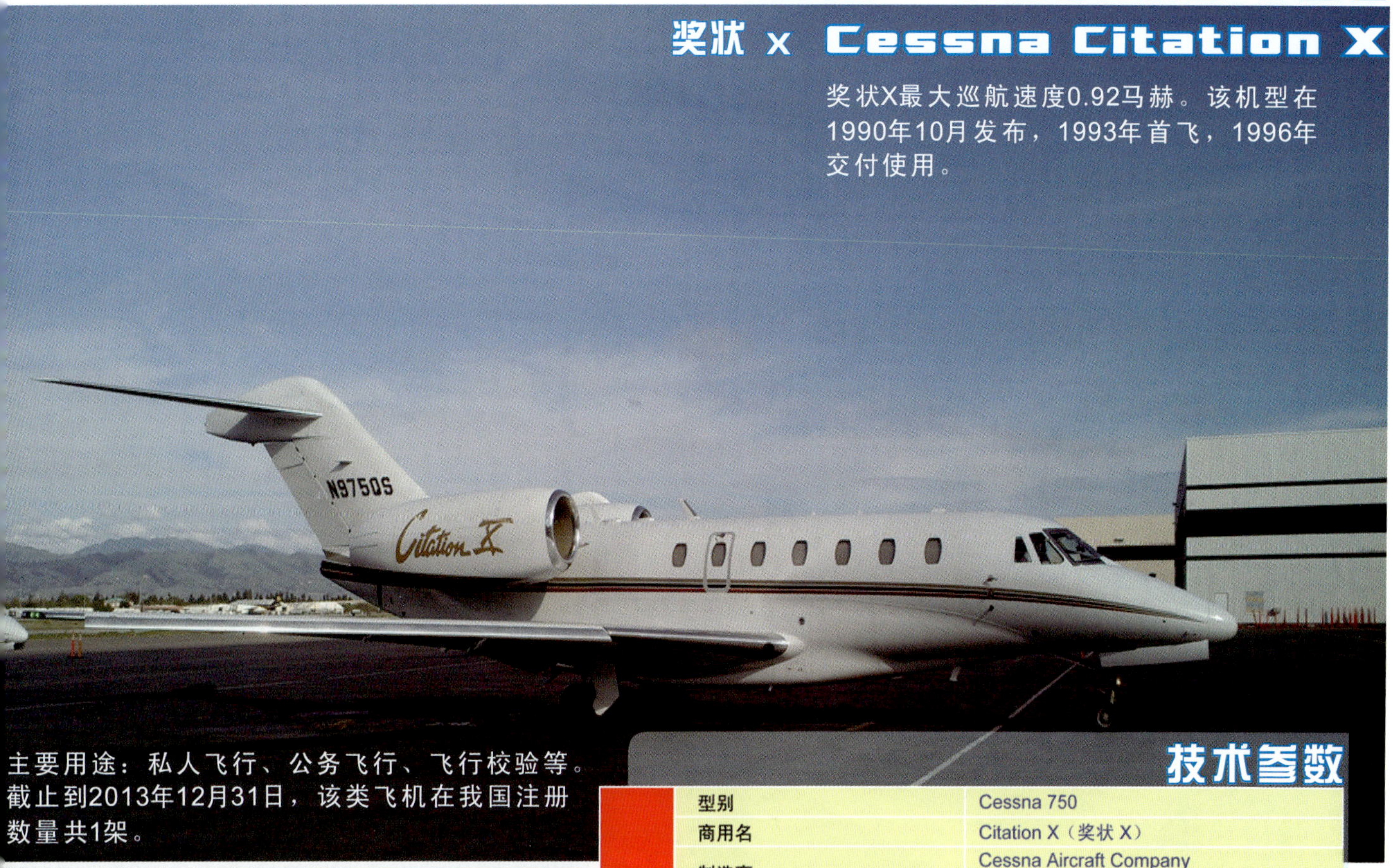

主要用途：私人飞行、公务飞行、飞行校验等。截止到2013年12月31日，该类飞机在我国注册数量共1架。

技术参数

概况	型别	Cessna 750
	商用名	Citation X（奖状 X）
	制造商	Cessna Aircraft Company（赛斯纳飞机公司）
	发动机型号	Allison Engine Company AE3007C
	发动机数量	2
	燃油	Jet A,Jet A-1,Jet B,JP-4,JP-5,JP-8,F34,F35,F40,F43,F44,EGME,DIEGME,中国JET-3（GB 6537-94）
	最大乘客人数	10
	最小机组人数	2
内部尺寸	舱内长度（m）	7.29 m
	舱内宽度（m）	1.68 m
	舱内高度（m）	1.73 m
	行李舱容积（m^3）	-
外部尺寸	机身长度（m）	22.04 m
	翼展（m）	19.48 m
	机身高度（m）	5.86 m
性能	空重（lbs/kg）	11330 kg（设计空重）
	最大停机坪重量（lbs/kg）	36000 lbs
	最大起飞重量（lbs/kg）	35700 lbs
	最大着陆重量（lbs/kg）	31800 lbs
	最大零燃油重量（lbs/kg）	24400 lbs
	最大滑行重量（lbs/kg）	36000 lbs
	最大燃油量（lbs/kg/L/gal）	1930 gal（可用）
	最大使用高度（ft/m）	51000 ft（15545 m）
	最大起降高度（ft/m）	2438 m
	起飞场长（m）	1567 m
	经济巡航速度（km/h）	870 km/h
	最大航程（km）	5686 km
数据来源		VTC118A-VTCDS-[2001-07-26] 制造厂提供数据

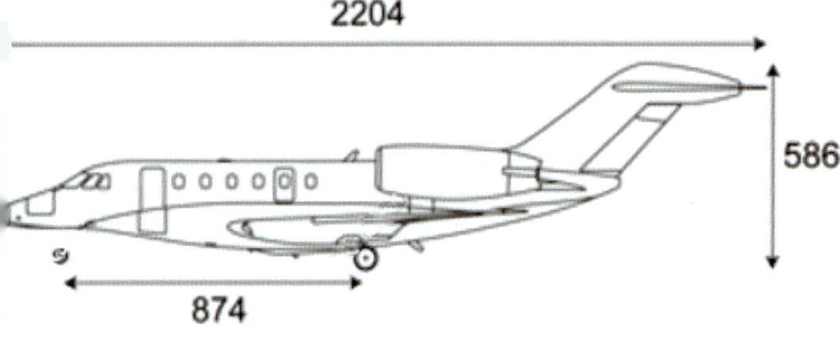

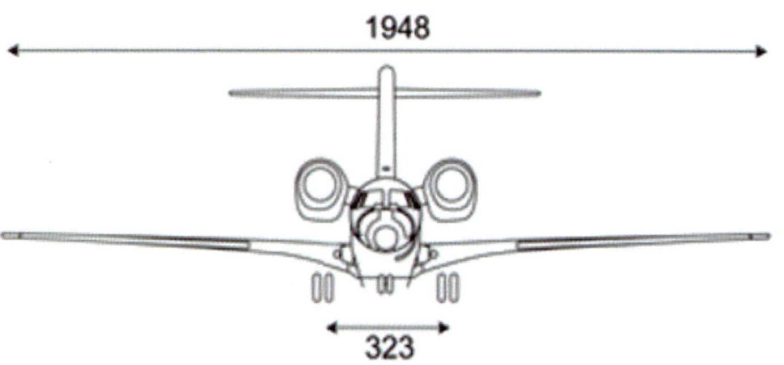

达索航空 猎鹰 900 DX/LX/EX
DASSAULT FALCON 900 DX/LX/EX

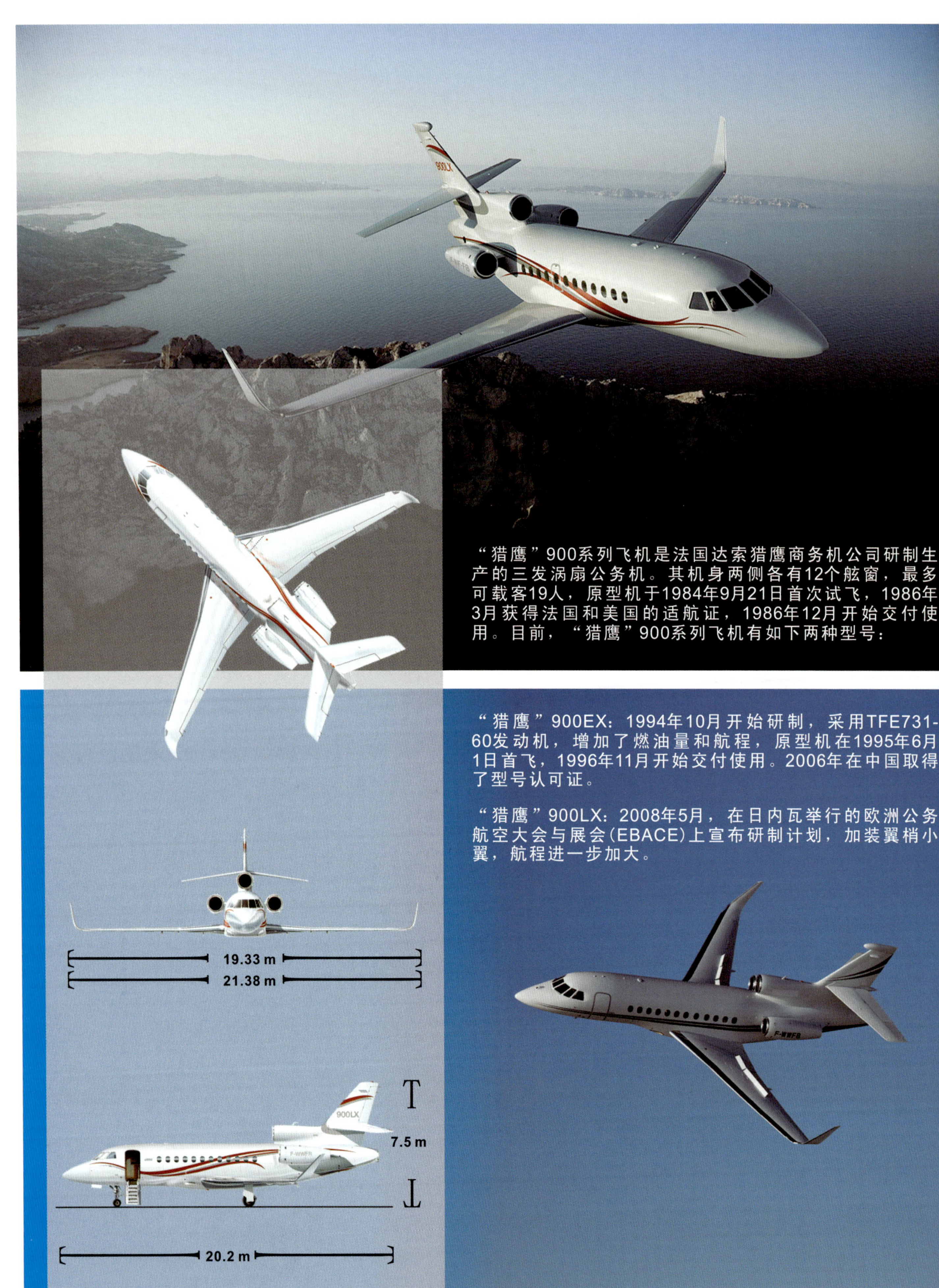

“猎鹰”900系列飞机是法国达索猎鹰商务机公司研制生产的三发涡扇公务机。其机身两侧各有12个舷窗，最多可载客19人，原型机于1984年9月21日首次试飞，1986年3月获得法国和美国的适航证，1986年12月开始交付使用。目前，“猎鹰”900系列飞机有如下两种型号：

“猎鹰”900EX：1994年10月开始研制，采用TFE731-60发动机，增加了燃油量和航程，原型机在1995年6月1日首飞，1996年11月开始交付使用。2006年在中国取得了型号认可证。

“猎鹰”900LX：2008年5月，在日内瓦举行的欧洲公务航空大会与展会(EBACE)上宣布研制计划，加装翼梢小翼，航程进一步加大。

■ 技术参数

概况	型别	FALCON 900DX	FALCON 900EX	FALCON 900LX
	商用名	FALCON 900DX (猎鹰 900DX)	FALCON 900EX (猎鹰 900EX)	FALCON 900LX (猎鹰 900LX)
	制造商	DASSAULT AVIATION（达索公司）		
	发动机型号	Honeywell TFE 731-60	Honeywell TFE 731-60	Honeywell TFE 731-60
	发动机数量	3	3	3
	燃油	符合"中国国标3号燃油-GB6537-94"的规范		
	最大乘客人数	19	19	19
	最小机组人数	2	2	2
内部尺寸	舱内长度（m）	10.11 m	10.11 m	10.11 m
	舱内宽度（m）	2.34 m	2.34 m	2.34 m
	舱内高度（m）	1.88 m	1.88 m	1.88 m
	行李舱容积（m^3）	3.6 m^3	3.6 m^3	3.6 m^3
外部尺寸	机身长度（m）	20.2 m	20.2 m	20.2 m
	翼展（m）	19.333 m	19.333 m	21.38 m
	机身高度（m）	7.5 m	7.5 m	7.5 m
性能	空重（lbs/kg）	-	-	-
	最大停机坪重量（lbs/kg）	21273 kg (46900 lbs)	22000 kg (48500 lbs) / 22317 kg (49200 lbs)	22315 kg (49200 lbs)
	最大起飞重量（lbs/kg）	21183 kg (46700 lbs)	21908 kg (48300 lbs) / 22226 kg (49000 lbs)	22225 kg (49000 lbs)
	最大着陆重量（lbs/kg）	19142 kg (42200 lbs)	19051 kg (42000 lbs) / 20185 kg (44500 lbs)	20185 kg (44500 lbs)
	最大零燃油重量（lbs/kg）	14000 kg (30864 lbs)	14000 kg (30864 lbs) / 14000 kg (30864 lbs)	14000 kg (30864 lbs)
	最大滑行重量（lbs/kg）	-	-	-
	最大燃油量（lbs/kg/L/gal）	8545 kg	11854 L (9519 kg / 20986 lbs)	9526 kg (21000 lbs)
	最大使用高度（ft/m）	51000 ft (15544 m)	51000 ft (15544 m)	51000 ft (15544 m)
	最大起降高度（ft/m）	-	-	-
	起飞场长（m）	-	1634 m	1540 m
	经济巡航速度（M）	0.75M	0.75M	0.75M
	最大航程（km）	7593 km	8334 km	8800 km
数据来源				VTC0069AR2-VTCDS-[2011-06-21] 制造厂提供数据

主要用途：公务飞行。

截止到2013年12月31日，该类飞机在我国注册数量共3架。

达索航空 猎鹰 2000 DX/LX/EX
DASSAULT FALCON 2000 DX/LX/EX

Falcon 2000（猎鹰 2000）系列是法国达索飞机公司研制生产的双发涡扇公务机，1989年6月在巴黎航展宣布Falcon X研制计划，用以替代Falcon 20/200，1990年10月正式启动研制工作，并正式命名为Falcon 2000，借鉴采用了Falcon 900的前机身和机翼结构，安装加雷特(联合信号)公司的CFE738发动机，航程有所加大，1993年4月3日首飞，1995年3月正式投入运营。

技术参数

	型别	FALCON 2000	FALCON 2000EX	FALCON 2000DX	FALCON 2000LX
概况	商用名	FALCON 2000（猎鹰2000）	FALCON 2000EX （猎鹰2000EX）	FALCON 2000DX（猎鹰2000DX）	FALCON 2000LX
	制造商	DASSAULT AVIATION（达索公司）			
	发动机型号	CFE 738-1-1B 涡轮风扇发动机	普惠 PW308C 涡轮发动机	普惠 PW308C 涡轮发动机	普惠 PW308C 涡轮发动机
	发动机数量	2	2	2	2
	燃油	符合“中国国标3号燃油-GB6537-94”的规范			
	最大乘客人数	19	19	19	19
	最小机组人数	2	2	2	2
内部尺寸	舱内长度（m）	7.98 m	7.98 m	7.98 m	7.98 m
	舱内宽度（m）	2.34 m	2.34 m	2.34 m	2.35 m
	舱内高度（m）	1.88 m	1.88 m	1.88 m	1.88 m
	行李舱容积（m^3）	3.8 m^3	3.7 m^3	3.7 m^3	3.7 m^3
外部尺寸	机身长度（m）	20.228 m（66 ft 44 in）	20.228 m（66 ft 44 in）	20.228 m（66 ft 44 in）	20.228 m（66 ft 44 in）
	翼展（m）	19.238 m（63 ft 5 in）	19.238 m（63 ft 5 in）	19.238 m（63 ft 5 in）	21.38 m（79 ft 2 in）
	机身高度（m）	7.058 m（23 ft 2 in）/ 7.115 m（M1061改装）	7.058 m（23 ft 2 in）/ 7.115 m（M1061改装）	7.058 m（23 ft 2 in）/ 7.115 m（M1061改装）	7.058 m（23 ft 2 in）/ 7.115 m（M1061改装）
性能	空重（lbs/kg）	-	-	-	-
	最大停机坪重量（lbs/kg）	16329 kg（36000 lbs）/ 16647 kg（36700 lbs）/ 16647 kg（36700 lbs）	16329 kg（36000 lbs）/ 16647 kg（36700 lbs）/ 16647 kg（36700 lbs）	18688 kg（41200 lbs）	-
	最大起飞重量（lbs/kg）	16238 kg（35800 lbs）/ 16556 kg（36500 lbs）/ 16556 kg（36500 lbs）	18461 kg（40700 lbs）/ 18734 kg（41300 lbs）/ 18734 kg（41300 lbs）	18597 kg（41000 lbs）	19142 kg（42200 lbs）
	最大着陆重量（lbs/kg）	14968 kg（33000 lbs）/ 14968 kg（33000 lbs）/ 15648 kg（34500 lbs）	17373 kg（38300 lbs）/ 17826 kg（39300 lbs）/ 17826 kg（39300 lbs）	17826 kg（39300 lbs）	17826 kg（39300 lbs）
	最大零燃油重量（lbs/kg）	13000 kg（28660 lbs）/ 13000 kg（28660 lbs）/ 13000 kg（28660 lbs)	13472 kg（29700 lbs）/ 13472 kg（29700 lbs）/ 13472 kg（29700 lbs）	13472 kg（29700 lbs）	13472 kg（29700 lbs）
	最大滑行重量（lbs/kg）	16329 kg（36000 lbs）/ 16647 kg（36700 lbs）/ 16647 kg（36700 lbs）	16329 kg（36000 lbs）/ 16647 kg（36700 lbs）/ 16647 kg（36700 lbs）	18688 kg（41200 lbs）	-
	最大燃油量（lbs/kg/L/gal）	6925 L / 6894 L（M3072（SB 358）改装）	9158 L / 9541 L（M1826改装）/ 9510 L（M1826 M3072（SB171）改装）	8391 L / 8359 L（ M3072（SB171）改装）	7557 kg（16660 lbs）
	最大使用高度（ft/m）	47000 ft	47000 ft	47000 ft	47000 ft
	最大起降高度（ft/m）	-	-	-	-
	起飞场长（m）	-	1702 m	-	1632 m
	经济巡航速度（M）	0.80 M	0.80 M	0.80 M	0.80 M
	最大航程（km）	5630 km	7000 km	6019 km	7410 km
数据来源	VTC0175AR1-VTCDS-[2011-04-07] 制造厂提供数据				

Falcon 2000：基本型。

Falcon 2000EX：改装普惠公司的PW308C发动机，2001年开始投入使用。

Falcon 2000DX：改装普惠公司的PW308C发动机和采用EASY驾驶系统，2007年底开始交付使用。

Falcon 2000LX：加装翼尖小翼，航程进一步加大，2009年开始投入使用。

主要用途：公务飞行。
截止到2013年12月31日，该类飞机在我国注册数量共1架。

达索航空 猎鹰7X
DASSAULT FALCON 7X

FALCON 7X（猎鹰 7X）是法国达索商务机公司猎鹰系列的旗舰机型，2001年提出研制计划，首次采用全电传操纵，使用全数字飞行控制系统，2005年5月5日首飞，2007年4月获得法国和美国的适航证书，2010年1月在中国取得了型号认可证。

猎鹰7X商务机优异的越洋飞行性能可以从北京不经停飞往巴黎、里斯本、墨尔本、奥克兰、芝加哥等地，并且可以在许多全球最难降落的机场着陆，比如拉萨贡嘎机场、伦敦城市机场等。

技术参数

概况	型别	FALCON 7X
	商用名	FALCON 7X （猎鹰 7X）
	制造商	DASSAULT AVIATION（达索公司）
	发动机型号	普惠 PW307A
	发动机数量	3
	燃油	符合“中国国标3号燃油 GB6537-2006”的规范
	最大乘客人数	19
	最小机组人数	2
内部尺寸	舱内长度（m）	11.91 m
	舱内宽度（m）	2.34 m
	舱内高度（m）	1.88 m
	行李舱容积（m³）	4 m^3
外部尺寸	机身长度（m）	23.38 m
	翼展（m）	26.21 m
	机身高度（m）	7.93 m
性能	空重（lbs/kg）	-
	最大停机坪重量（lbs/kg）	31842 kg（70200 lbs）
	最大起飞重量（lbs/kg）	31751 kg（70000 lbs）
	最大着陆重量（lbs/kg）	28304 kg（62400 lbs）
	最大零燃油重量（lbs/kg）	18597 kg（41000 lbs）
	最大滑行重量（lbs/kg）	-
	最大燃油量（lbs/kg/L/gal）	18042 L（14488 kg / 31940 lbs）
	最大使用高度（ft/m）	51000 ft（15544 m）
	最大起降高度（ft/m）	-
	起飞场长（m）	1678 m
	经济巡航速度（M）	0.80 M
	最大航程（km）	11019 km
数据来源		VTC0234AR1-VTCDS-[2013-12-12] 制造厂提供数据

主要用途：公务飞行。
截止到2013年12月31日，该类飞机在我国注册数量共14架。

猎鹰7X2011年之后交付的飞机可选装新型内饰。其客舱拥有28个舷窗，客舱比猎鹰之前的型号要大10%。该机使用了高低照明并配以贯穿式顶灯和地毯设计。

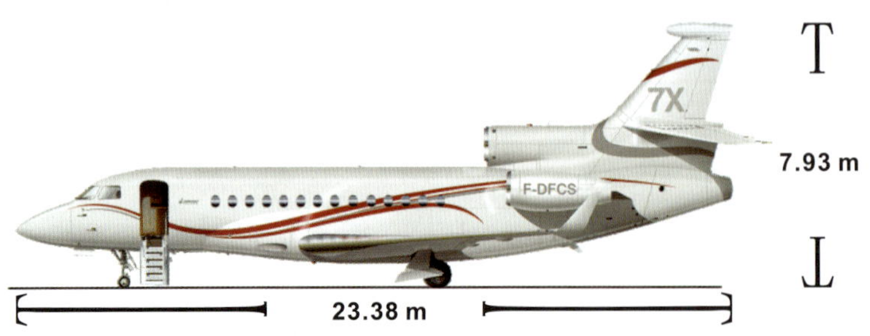

●河北远奥飞机制造有限公司成立于2012年，位于中国河北省承德市平泉县航空城，是河北省第一家民营通用飞机制造公司。主要产品有：西门诺尔（Seminole）PA-44-180、弓箭手（Archer）PA-28-181、海鸟SB7L-360A系列、蜻蜓（dragonfly）334、蜻蜓无人机、轻羽SP-2000、米-2M、伊尔系列、YK-58等轻型飞机，年组装能力150架以上。

●远奥飞机公司建有完善的飞机组装基地，总装厂房、特种设备厂房、试飞站厂房、喷漆厂房、综合动力站、办公楼、公寓、服务中心等设施一应俱全。公司技术力量雄厚，总工程师、总质量师为原中航工业集团重要技术骨干，来自美国、澳大利亚、俄罗斯等国家的外籍飞机工程师定期驻厂指导。并与中航工业石家庄飞机工业有限责任公司形成长期战略合作伙伴；与中国民航飞行学院建立了校企合作关系，共同开展航空人才的培训。

●远奥飞机公司是全球最大通用航空飞机制造商--美国Piper飞机公司“西门诺尔”、“弓箭手”和“幻影”三款机型的中国独家代理商。并且在国内合作组装“西门诺尔”PA-44和“弓箭手”PA-28飞机。

●远奥飞机公司还与多家国外知名飞机制造公司强强联手，合作组装、销售世界领先技术水平的机型。公司与美国蜻蜓直升机公司合作组装、销售蜻蜓334和蜻蜓无人机；公司与澳大利亚海鸟飞机公司合作组装、销售海鸟SB7L-360A系列飞机；公司与澳大利亚轻羽飞机制造有限公司合作组装、销售SP-2000飞机；公司与俄罗斯托夫-米利直升飞机公司合作组装、销售米-2M直升机；公司与俄罗斯国际航空《科》有限公司合作组装、销售伊尔系列飞机；公司与哈萨克斯坦雅克（YAKALACON）股份公司合作组装、销售YK-58飞机。

●远奥飞机公司通过与国内外知名企业的合作，已形成集组装、销售、维修、保养及飞行技术培训等为一体的专业化通用航空配套服务体系。

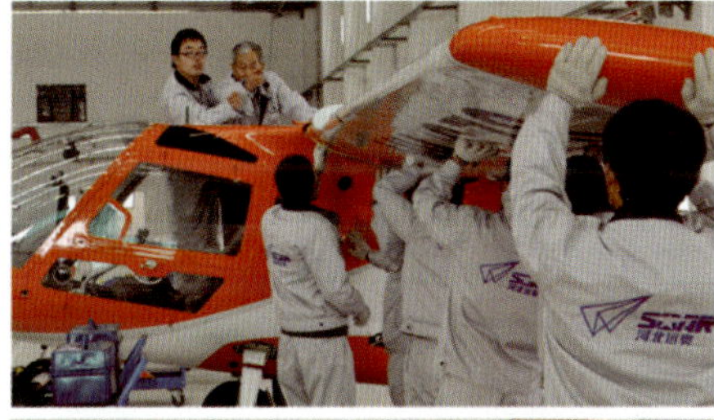

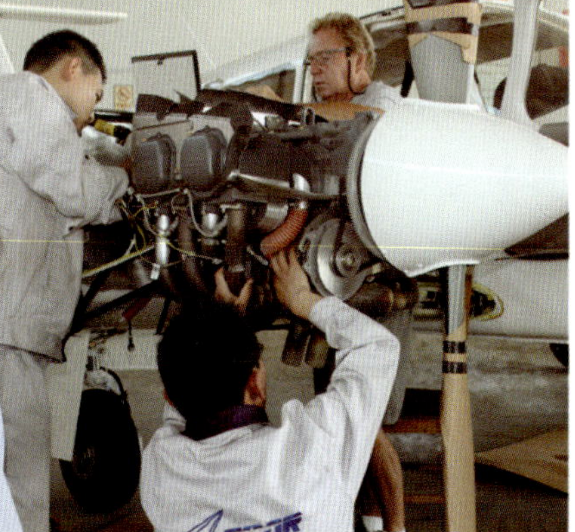

河北远奥飞机制造有限公司

咨询电话 / 0311-67501299　　公司网站 / http://www.soarhebei.com

EMB-135BJ/135TBD 600/650 EMBRAER LEGACY 600/650

莱格赛650采用两台高效的Rolls Royce AE 3007A2发动机，使飞机的最大巡航速度达到0.8马赫。莱格赛650在符合NBAA-IFR规定的备份燃油条件下，搭载4名乘客时航程可达7, 223公里，搭载8名乘客时航程可达7, 038公里，这表示飞机可不经停地从英国首都伦敦直飞美国纽约；从阿联酋迪拜直飞伦敦或新加坡；从美国迈阿密直飞巴西圣保罗；从新加坡直飞澳大利亚悉尼；或从印度孟买直飞中欧。

技术参数

概况	型别	EMB-135BJ	EMB-135TBD
	商用名	Legacy 600（莱格赛 600）	Legacy 650（莱格赛 650）
	制造商	EMBRAER（巴西航空工业公司）	
	发动机型号	Rolls Royce AE3007A1E	Rolls Royce AE3007A2
	发动机数量	2	2
	燃油	巴西航空规范CNP-08/QAV1; 美国ASTM规范D-1655 JET A 或 JET A1; 中国3号喷气燃油（GB6537-94 JET A3）	
	最大乘客人数	19	19
	最小机组人数	2	2
内部尺寸	舱内长度（m）	15.18 m	15.18 m
	舱内宽度（m）	2.1 m	2.1 m
	舱内高度（m）	1.82 m	1.82 m
	行李舱容积（m^3）	6.8 m^3	6.8 m^3
外部尺寸	机身长度（m）	26.33 m	26.33 m
	翼展（m）	21.17 m	21.17 m
	机身高度（m）	6.76 m	6.64 m
性能	空重（lbs/kg）	13645 kg	14160 kg
	最大停机坪重量（lbs/T）	22570 kg	24370 kg
	最大起飞重量（lbs/T）	22500 kg 22000 kg（实施SB 145LEG-25-0078改装） 22500 kg（实施SB 145LEG-25-0079改装）	24300 kg
	最大着陆重量（lbs/T）	18500 kg	20000 kg
	最大零燃油重量（lbs/T）	16000 kg	16400 kg
	最大滑行重量（lbs/T）	22570 kg	22570 kg
	最大燃油量（lbs/kg/L/gal）	10370 L（可用10264 L，不可用106 L）	9344 kg（20600 lbs）（最大可用）
	最大使用高度（ft/m）	S/N 145863 and on（or modified according to SB 145LEG-00-0007） 12479 m（41000 ft） S/N below 145863 11887 m（39000 ft）	S/N 145863 and on（or modified according to SB 145LEG-00-0007） 12479 m（41000 ft） S/N below 145863 11887 m（39000 ft）
	最大起降高度（ft/m）	equipped with nose landing gear tire 19.5X6.75-8 10PR 2895 m（9500 ft） not equipped with nose landing gear tire 19.5X6.75-8 10PR 2591 m（8500 ft）	equipped with nose landing gear tire 19.5X6.75-8 10PR 2895 m（9500 ft） not equipped with nose landing gear tire 19.5X6.75-8 10PR 2591 m（8500 ft）
	起飞场长（m）	1711 m	1750 m
	经济巡航速度（M）	0.74 M	0.74 M
	最大航程（km/nm）	3250 nm （假设条件：A1E发动机；ISA；无风；NBAA IFR备份燃油；8名乘客）	3900 nm （假设条件：A1E发动机；ISA；无风；NBAA IFR备份燃油；8名乘客）
数据来源			VTC0113AR1-VTCDS-[2008-05-12] 制造厂提供数据

内饰和设备

采用标准布局的莱格赛650大型喷气公务机可搭载13名乘客，内设皮革座椅、沙发椅、文件柜和用餐会议两用桌。该款飞机还配有厨房，可准备冷热餐；一间位于后舱的盥洗室；以及衣柜、储藏间和一套配备了DVD播放机和卫星通信设备的娱乐系统。莱格赛650还有高速数据传送（HSD）斯维福特宽带设备和高保真（Wi-Fi）技术供选装，方便乘客在飞行中轻松浏览因特网、收发邮件和传送文件，还可节省时间提高工作效率。莱格赛650还配有一个大型行李舱，容积为6. 8立方米。

主要用途：公务飞行。

截止到2013年12月31日，该类飞机在我国注册数量共5架。

先进的航电系统

莱格赛650采用了霍尼韦尔Primus Elite航空电子系统。驾驶舱使用了升级版莱格赛650公务机的图形用户界面，不仅可以减轻飞行员工作负荷，还有利于飞行员更明智、更快速地做出决定。可靠性高的液晶显示器（LCD）所增加的图形功能是阴极射线管（Cathode Ray Tubes）做不到的。该航电系统具备的新功能包括耦合垂直导航（VNAV）、精度达到0.3的所需导航性能（RNP）、与驾驶员数据链通信相连的未来空中导航系统（FANS）1/A控制器、图表和地图、气象卫星、支持定位信标垂直指引进近的广域增强系统（WAAS-LPV），以及SmartRunway和SmartLanding跑道感知与引导系统（RAAS）等。Primus Elite航空电子系统还为霍尼韦尔已经获奖的合成视景系统（SVS）提供了升级空间。

巴西航空 ERJ190-100 ECJ
世袭 1000 EMBRAER Lineage 1000

世袭1000是巴西航空工业公司在支线客机E190系列基础上研制的大型喷气公务机。与E190系列相比，世袭1000最大的改进是增加了一个油箱，使其航程增大了近一倍。在符合NBAA IFR规定的备份燃油条件下，飞机搭载8名乘客时，其航程可达8149公里；搭载4名乘客时，航程可达8334公里。

技术参数

概况	型别	ERJ 190-100 ECJ
	商用名	Lineage 1000（世袭 1000）
	制造商	EMBRAER（巴西航空工业公司）
	发动机型号	CF34-10E7B 或 CF34-10E6
	发动机数量	2
	燃油	巴西航空规范ANP No.1/2003-QAV1; 美国ASTM规范D-1655 JET A or JET A1; 中国3号喷气燃油（GB6537-2006）
	最大乘客人数	19
	最小机组人数	2
内部尺寸	舱内长度（m）	25.69 m
	舱内宽度（m）	2.74 m（9 ft 0 in）
	舱内高度（m）	2.00 m（6 ft 7 in）
	行李舱容积（m^3）	9.14 m^3
外部尺寸	机身长度（m）	36.25 m
	翼展（m）	28.72 m
	机身高度（m）	10.55 m
性能	空重（lbs/kg）	32134 kg
	最大停机坪重量（lbs//T）	54700 kg 51960 kg（服务通告LIN190-00-0007-00）
	最大起飞重量（lbs//T）	54500 kg 51800 kg（服务通告LIN190-00-0007-00）
	最大着陆重量（lbs//T）	45800 kg 44000 kg（服务通告LIN190-00-0007-00）
	最大零燃油重量（lbs//T）	36500 kg 35250 kg（服务通告LIN190-00-0007-00）
	最大滑行重量（lbs//T）	-
	最大燃油量（lbs/kg/L/gal）	27232 L（可用） 165.2 L（不可用）
	最大使用高度（ft/m）	12497 m（41000 ft）
	最大起降高度（ft/m）	3048 m（10000 ft）
	起飞场长（m）	1870 m（SL,ISA,full pax）
	经济巡航速度（M）	0.76 M
	最大航程（km/nm）	4400 nm（原始航程：4200 nm） （假设条件：ISA；MTOW； NBAA 备份燃油：8名乘客） 4500 nm（原始航程：4350 nm） （假设条件：ISA；MTOW； NBAA 备份燃油：4名乘客）
数据来源		VTC0212AR4-VTCDS-[2012-08-10]
		制造厂提供数据

主要用途：私人飞行、公务飞行。
截止到2013年12月31日，该类飞机在我国注册数量共1架。

世袭1000五舱独立的客舱布局，可以为19名乘客提供私密空间。飞机尾部设有增压式行李舱，乘客在飞行途中可进出，其总容积达9.14立方米。此外，世袭1000还可提供高速互联网、无线(Wi-Fi)网络、铱星卫星通讯设备、电子飞行包(EFB)等电子设施供选装。

世袭1000于2006年正式投产，2008年12月取得巴西ANAC和EASA的适航认证，2009年1月取得FAA适航认证，2009年12月取得中国民用航空局的型号认可证。

巴西航空 EMB-500

飞鸿 100 EMBRAER Phenom 100

技术参数

概况	型别	EMB-500
	商用名	Phenom 100（飞鸿 100）
	制造商	EMBRAER（巴西航空工业公司）
	发动机型号	Pratt & Whitney Canada PW617F-E
	发动机数量	2
	燃油	巴西航空规范 ANP N°1/2006,QAV-1; 美国ASTM规范 D-1655 JET A or JET A-1; MIL-DTL-83133,type JP-8 中国3号喷气燃油（GB6537-2006 JET A3）
	最大乘客人数	7（包含机组）
	最小机组人数	1
内部尺寸	舱内长度（m）	3.35 m
	舱内宽度（m）	1.55 m
	舱内高度（m）	1.50 m
	行李舱容积（m^3）	2.01 m^3
外部尺寸	机身长度（m）	12.82 m（42 ft 1 in）
	翼展（m）	12.3 m（40 ft 4 in）
	机身高度（m）	4.35 m（14 ft 3 in）
性能	空重（lbs/kg）	-
	最大停机坪重量（lbs/kg）	4770 kg（10516 lbs）
	最大起飞重量（lbs/kg）	4750 kg（10472 lbs）
	最大着陆重量（lbs/kg）	4430 kg（9766 lbs）
	最大零燃油重量（lbs/kg）	标准：3830 kg（8444 lbs） 改装：3980 kg（8775 lbs） 最大零燃油重量的增加是一个通过服务通告 SB 500-00-0005 或通过等效的由制造厂进行的更改可得到的选装项目
	最大滑行重量（lbs/kg）	4770 kg（10516 lbs）
	最大燃油量（lbs/kg/L/gal）	1272 kg（2806 lbs）（可用）
	最大使用高度（ft/m）	12497 m（41000 ft ）
	最大起降高度（ft/m）	-
	起飞场长（ft/m）	3400 ft（标准） 3116 ft（增强型）
	经济巡航速度（M）	-
	最大航程（km/nm）	2182 km（1178 nm）
数据来源		VTC0268A-VTCDS-[2012-08-10] 制造厂提供数据

主要用途：公务飞行。
截止到2013年12月31日，该类飞机在我国注册数量共0架。

飞鸿100（EMB-500）喷气公务机的动力装置是两台普惠加拿大公司的PW617F-E 型发动机，单发推力1695磅。在搭乘4名乘客并满足NBA IFR 规定的备份燃油条件下（在空中等待35分钟并飞往100海里距离的备降机场），航程为2182公里。此外，该款飞机可短距起飞或降落，并以0.7马赫或390节真空速的最高巡航速度飞行。2012年8月飞鸿100获得中国民航局颁发的型号认可证。

40英尺4英寸（12.3米）

42英尺1英寸（12.82米）

14英尺3英寸（4.35米）

飞鸿 300 EMBRAER Phenom 300

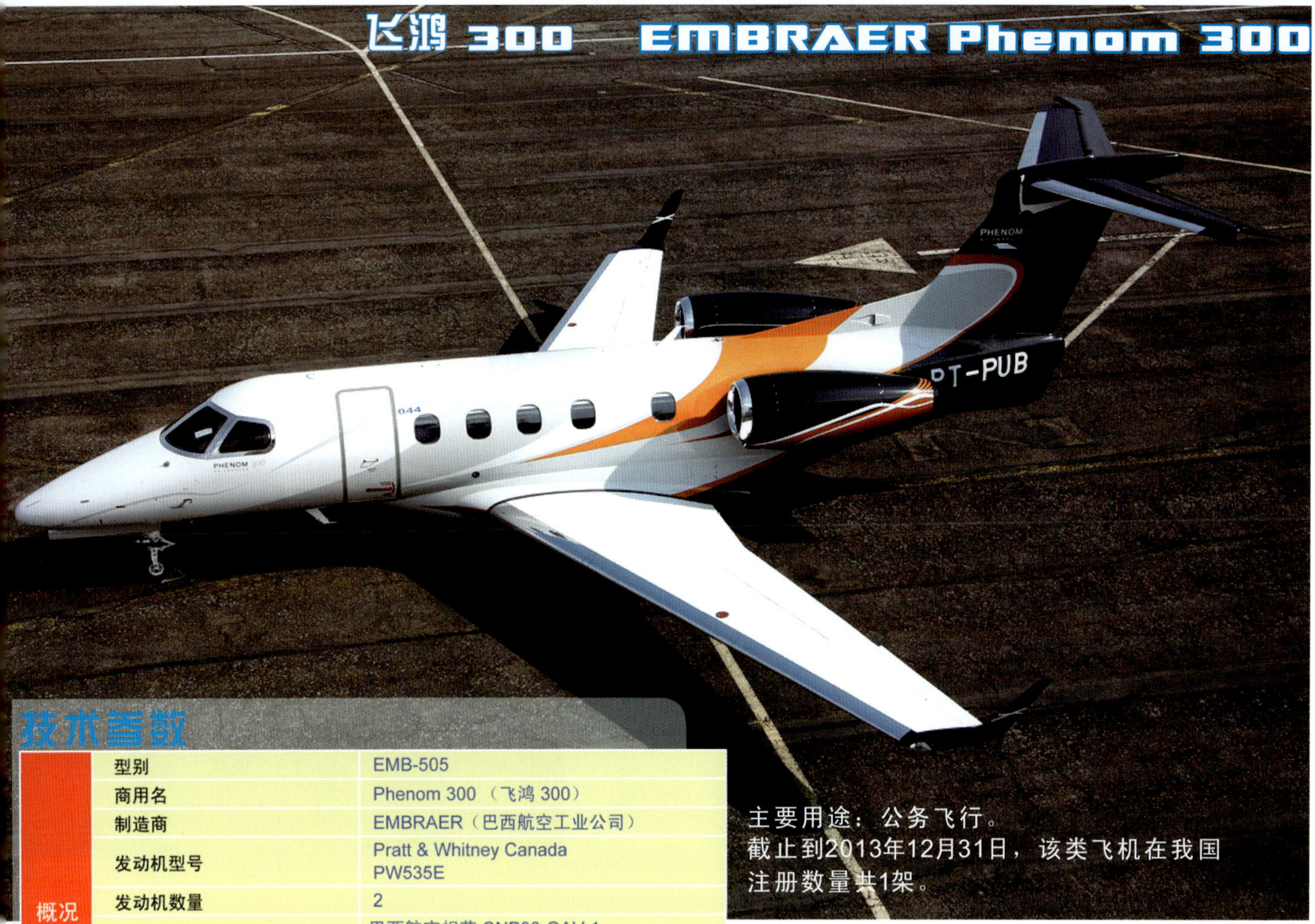

技术参数

概况	型别	EMB-505
	商用名	Phenom 300 （飞鸿 300）
	制造商	EMBRAER（巴西航空工业公司）
	发动机型号	Pratt & Whitney Canada PW535E
	发动机数量	2
	燃油	巴西航空规范 CNP08-QAV-1; 美国ASTM规范 D-1655 JET A or JET A-1; MIL-DTL-83133,type JP-8 中国3号喷气燃油（GB6537-2006 JET A3）
	最大乘客人数	11（包含机组）
	最小机组人数	1
内部尺寸	舱内长度（m）	5.24 m
	舱内宽度（m）	1.55 m
	舱内高度（m）	1.50 m
	行李舱容积（m^3）	2.41 m^3
外部尺寸	机身长度（m）	15.6 m（51 ft 4 in）
	翼展（m）	15.9 m（52 ft 2 in）
	机身高度（m）	5.10 m（16 ft 9 in）
性能	空重（lbs/kg）	-
	最大停机坪重量（lbs/kg）	8200 kg（18078 lbs）
	最大起飞重量（lbs/kg）	8150 kg（17968 lbs）
	最大着陆重量（lbs/kg）	7650 kg（16865 lbs）
	最大零燃油重量（lbs/kg）	6350 kg（13999 lbs）
	最大滑行重量（lbs/kg）	8200 kg（18078 lbs）
	最大燃油量（lbs/kg/L/gal）	2428.2 kg（5353.2 lbs）（可用）
	最大使用高度（ft/m）	13715 m（45000 ft）
	最大起降高度（ft/m）	-
	起飞场长（ft/m）	956 m（3138 ft）
	经济巡航速度（M）	-
	最大航程（km/nm）	3650 km（1971 nm）
数据来源		VTC0270A-VTCDS-[2012-11-05] 制造厂提供数据

主要用途：公务飞行。
截止到2013年12月31日，该类飞机在我国注册数量共1架。

飞鸿300（EMB-505）喷气飞机所采用的客舱布局最多可搭载9名乘客。行李舱容积达76立方英尺（2.15立方米）。飞鸿300的动力装置为两台普惠加拿大公司的PW535E型发动机，单发推力3200磅。在搭乘6名旅客，并满足NBAA IFR规定的35分钟备份燃油和100海里备降距离的条件下，其航程可达1800海里（3334公里或2071英里）。2012年11月飞鸿300获得中国民航局颁发

湾流 G150

Gulfstream G150

湾流G150（Gulfstream G150）是湾流宇航公司在G100基础上研制生产的新型中程公务机，是湾流家族中体型最娇小的一款机型。湾流G150于2005年5月3日首飞，2006年下半年正式交付客户投入商业运营。湾流G150的航电系统选用Rockwell Collins Pro Line 21。光标控制配置（Cursor Control Device），极大地加强了飞行员与飞机上电子配备的互动效率。驾驶舱内有四面12X10英寸LCD显示屏。

技术参数

概况	型别	Gulfstream G150
	商用名	Gulfstream G150（湾流 G150）
	制造商	Gulfstream Aerospace LP（湾流宇航）
	发动机型号	Honeywell TFE 731-40AR-200G
	发动机数量	2
	燃油	符合Honeywell规范的： EMS 53111（Jet A-1&JP-8）， EMS 53116（JP-5）， EMS 53113（Jet B&JP-4）
	最大乘客人数	9
	最小机组人数	2
内部尺寸	舱内长度（m）	5.38 m
	舱内宽度（m）	1.75 m
	舱内高度（m）	1.75 m
	行李舱容积（m^3）	0.7 m^3
外部尺寸	机身长度（m）	17.30 m
	翼展（m）	16.94 m
	机身高度（m）	5.82 m
性能	空重（lbs/kg）	-
	最大停机坪重量（lbs/kg）	26250 lbs
	最大起飞重量（lbs/kg）	26100 lbs
	最大着陆重量（lbs/kg）	21700 lbs
	最大零燃油重量（lbs/kg）	17500 lbs
	最大滑行重量（lbs/kg）	-
	最大燃油量（lbs/kg/L/gal）	10333 lbs （包含机身、左/右翼油箱、集油箱、CTS）
	最大使用高度（ft/m）	45000 ft
	最大起降高度（ft/m）	-
	起飞场长（ft/m）	1466 m （4810 ft）
	经济巡航速度（M）	0.75 M
	最大航程（km）	5556 km
数据来源	VTC0257A-VTCDS-[2011-06-21] 制造厂提供数据	

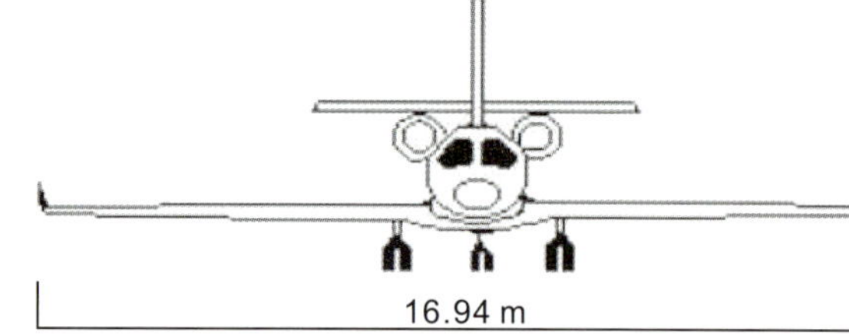

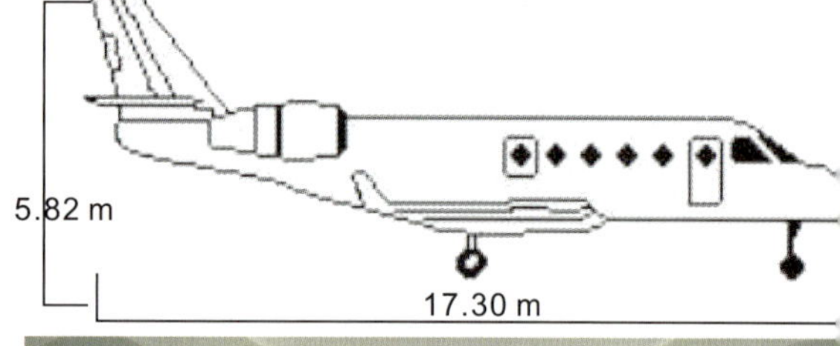

主要用途：私人飞行、公务飞行。

截止到2013年12月31日，该类飞机在我国注册数量共0架。

Gulfstream G280

弯流公司2008年10月正式对外公布G250的计划，它在G200基
础上进行较大改进设计，原型机于2009年12月首飞，2011年弯流公司为符合中国的习惯，将G250更名为G280，湾流G250（G280）是湾流系列的全新机型，传承了湾流飞机的悠久传统。2013年7月获得了中国民航局颁发的型号认可证。

主要用途：私人飞行、公务飞行。截止到2013年12月31日，该类飞机在我国注册数量共0架。

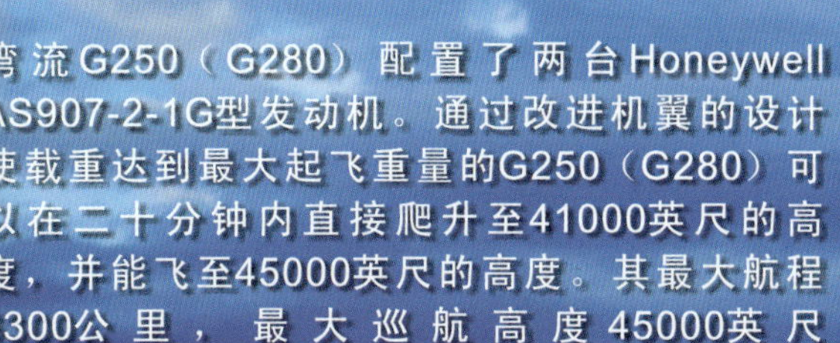

湾流G250（G280）配置了两台Honeywell AS907-2-1G型发动机。通过改进机翼的设计使载重达到最大起飞重量的G250（G280）可以在二十分钟内直接爬升至41000英尺的高度，并能飞至45000英尺的高度。其最大航程6300公里，最大巡航高度45000英尺（13716米）。

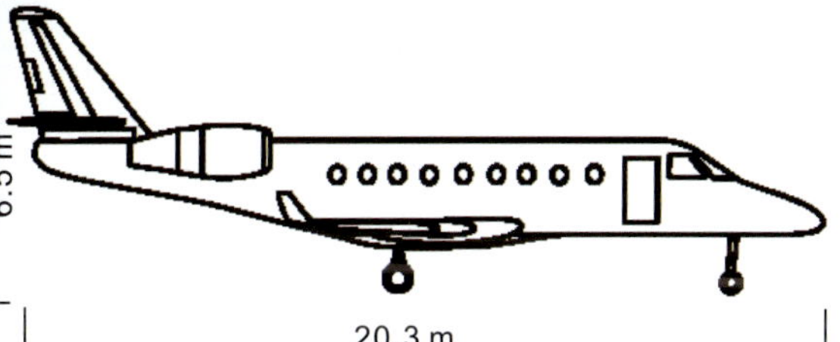

技术参数

概况	型别	Gulfstream G280
	商用名	Gulfstream G280（湾流 G280）
	制造商	Gulfstream Aerospace LP（湾流宇航）
	发动机型号	Honeywell AS907-2-1G
	发动机数量	2
	燃油	符合如下规范的燃油为可接受： EMS 53111（Jet A type）， EMS 53112（Jet A-1 and JP-8 type）， EMS 53116（JP-5 type）， GB6537-2006 3号喷气燃料 （见使用的CAAI批准的飞机飞行手册）
	最大乘客人数	11（最大核准载客人数）
	最小机组人数	2
内部尺寸	舱内长度（m）	7.87 m
	舱内宽度（m）	2.18 m
	舱内高度（m）	1.91 m
	行李舱容积（m^3）	4.4 m^3
外部尺寸	机身长度（m）	20.3 m
	翼展（m）	19.2 m
	机身高度（m）	6.5 m
性能	空重（lbs/kg）	-
	最大停机坪重量（lbs/kg）	39750 lbs
	最大起飞重量（lbs/kg）	39600 lbs
	最大着陆重量（lbs/kg）	32700 lbs
	最大零燃油重量（lbs/kg）	28200 lbs
	最大滑行重量（lbs/kg）	-
	最大燃油量（lbs/kg/L/gal）	14620 lbs（可用）
	最大使用高度（ft/m）	45000 ft
	最大起降高度（ft/m）	-
	起飞场长（m）	1512 m (4960 ft)
	经济巡航速度（M）	0.80 M
	最大航程（km）	6300 km
数据来源		VTC0276A-VTCDS-[2013-07-16] 制造厂提供数据

19.2 m

湾流 Gulfstream IV-X

Gulfstream G450

G450是在机型GIV的基础上设计制造，2004年获得美国FAA的型号认证，2005年开始向客户交付使用，2007年获得中国民航局颁发的型号认可证。

技术参数

概况	型别	Gulfstream IV-X
	商用名	Gulfstream G450（湾流 G450）
	制造商	Gulfstream Aerospace LP（湾流宇航）
	发动机型号	Rolls Royce Tay Mark 611-8C
	发动机数量	2
	燃油	中国：GB6537-94； 美国：ASTM D1655-84（JetA, Jet A-1） MIL-T-83133A Grade JP8, ASTM D1655（Jet B）， MIL-T-5624L,Grade JP4, MIL-T-5624（JP-5）
	最大乘客人数	19
	最小机组人数	2
内部尺寸	舱内长度（m）	11.3 m
	舱内宽度（m）	2.24 m
	舱内高度（m）	1.88 m
	行李舱容积（m^3）	4.8 m^3
外部尺寸	机身长度（m）	27.23 m
	翼展（m）	23.7 m
	机身高度（m）	7.67 m
性能	空重(lbs/kg)	–
	最大停机坪重量（lbs/kg）	75000 lbs
	最大起飞重量（lbs/kg）	74600 lbs
	最大着陆重量（lbs/kg）	66000 lbs
	最大零燃油重量（lbs/kg）	49000 lbs
	最大滑行重量（lbs/kg）	–
	最大燃油量（lbs/kg/L/gal）	29605 lbs
	最大使用高度（ft/m）	45000 ft
	最大起降高度（ft/m）	–
	起飞场长（m）	1707 m
	经济巡航速度(M)	0.80M
	最大航程(km)	8061 km
数据来源		VTC0142AR1-VTCDS-[2007-11-16] 制造厂提供数据

主要用途：私人飞行、公务飞行。

截止到2013年12月31日，该类飞机在我国注册数量共30架。

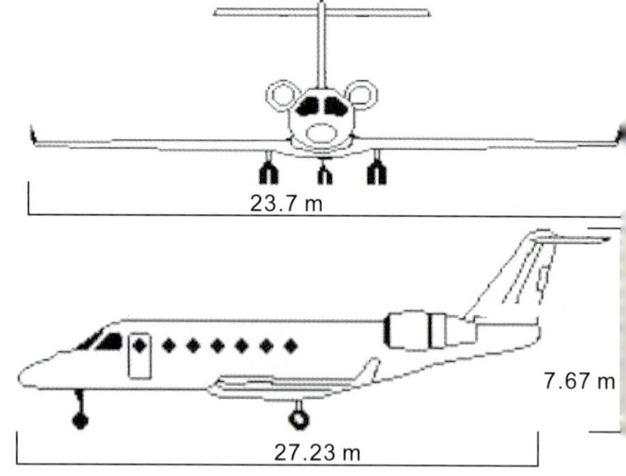

改进型Rolls Royce Tay Mark 611-8C发动机的使用，以及空气动力性能和材料的改进，使G450在飞行和性能方面具有更高的燃料效率。

G450的驾驶舱继承了湾流远程公务机的特性。

G450乘客座舱有3个可独立调节温度的区域，有100%的新鲜空气，12个椭圆型全视野机舱，最大座舱高度6000英尺。

湾流 Gulfstream V-SP

Gulfstream G550

G550是湾流宇航公司制造生产的超远程大型公务机，2003年8月获得美国FAA认证，2003年9月投入使用。2004年初，G550团队获得2003年度科利尔奖，2007年获得中国民航局颁发的型号认可证。

G550具有Plane View驾驶舱和增强型视景系统，飞行员能在夜间甚至天气恶劣的环境下清晰辨别跑道上的标识、指示牌及复杂地形。

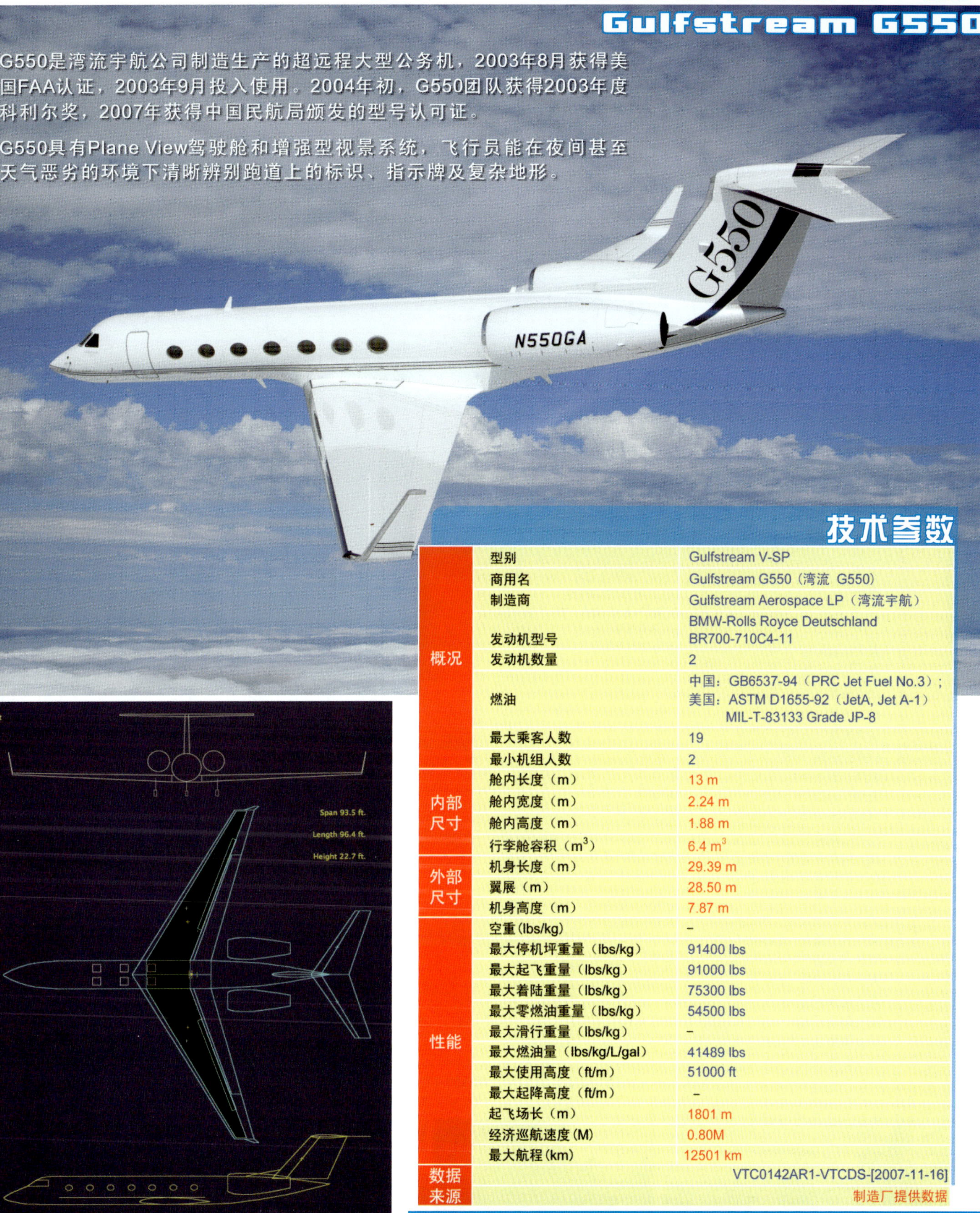

技术参数

概况	型别	Gulfstream V-SP
	商用名	Gulfstream G550（湾流 G550）
	制造商	Gulfstream Aerospace LP（湾流宇航）
	发动机型号	BMW-Rolls Royce Deutschland BR700-710C4-11
	发动机数量	2
	燃油	中国：GB6537-94（PRC Jet Fuel No.3）；美国：ASTM D1655-92（JetA, Jet A-1） MIL-T-83133 Grade JP-8
	最大乘客人数	19
	最小机组人数	2
内部尺寸	舱内长度（m）	13 m
	舱内宽度（m）	2.24 m
	舱内高度（m）	1.88 m
	行李舱容积（m^3）	6.4 m^3
外部尺寸	机身长度（m）	29.39 m
	翼展（m）	28.50 m
	机身高度（m）	7.87 m
性能	空重(lbs/kg)	-
	最大停机坪重量（lbs/kg）	91400 lbs
	最大起飞重量（lbs/kg）	91000 lbs
	最大着陆重量（lbs/kg）	75300 lbs
	最大零燃油重量（lbs/kg）	54500 lbs
	最大滑行重量（lbs/kg）	-
	最大燃油量（lbs/kg/L/gal）	41489 lbs
	最大使用高度（ft/m）	51000 ft
	最大起降高度（ft/m）	-
	起飞场长（m）	1801 m
	经济巡航速度(M)	0.80M
	最大航程(km)	12501 km
数据来源	VTC0142AR1-VTCDS-[2007-11-16] 制造厂提供数据	

G550机舱内分4个分区、3个温度区域，中段座舱隔板可将厨房及卫生间选装在机头或者机尾。它还拥有14个大型椭圆窗户，同时其机舱内的空气净化系统可为乘客提供100%的新鲜空气。

主要用途：私人飞行、公务飞行。

截止到2013年12月31日，该类飞机在我国注册数量共31架。

豪客比奇 豪客 900XP

Hawker Beechcraft Hawker 900XP

豪客900XP是豪客800系列公务机的最新成员。它是豪客800XP的最新改型，拥有新的发动机与豪客比奇设计的复合材料翼梢小翼，豪客900XP能够在未加修整的草地或沙石跑道上起飞和降落。

主要用途：私人飞行、公务飞行。

截止到2013年12月31日，该类飞机在我国注册数量共3架。

技术参数

概况	型别	Hawker 900XP
	商用名	Hawker 900XP（豪客 900XP）
	制造商	Hawker Beechcraft Corporation（豪客比奇公司）
	发动机型号	Honeywell TFE731-50R
	发动机数量	2
	燃油	ASTM.D.1655（Jet A 或 Jet A-1），CAN/CGSB 3.23/（Jet A 或 Jet A-1），MIL-T-83133 JP8级 GOST 10227-86（TS-1 或 RT.），GB 6537-94/No.3.
	最大乘客人数	15
	最小机组人数	2
内部尺寸	舱内长度（m）	6.5 m
	舱内宽度（m）	1.83 m
	舱内高度（m）	1.75 m
	行李舱容积（m^3）	1.4 m^3
外部尺寸	机身长度（m）	15.6 m
	翼展（m）	16.56 m
	机身高度（m）	5.51 m
性能	空重(lbs/kg)	–
	最大停机坪重量（lbs/kg）	28120 lbs
	最大起飞重量（lbs/kg）	28000 lbs
	最大着陆重量（lbs/kg）	23350 lbs
	最大零燃油重量（lbs/kg）	18450 lbs
	最大滑行重量（lbs/kg）	28120 lbs
	最大燃油量（lbs/kg/L/gal）	9998 lbs（可用燃油）
	最大使用高度（ft/m）	41000 ft
	最大起降高度（ft/m）	–
	起飞场长（m）	1513 m
	经济巡航速度(km/h)	745 km/h
	最大航程(km)	5186 km
数据来源		VTC0088AR2-VTCDS-[2008-05-23] 制造厂提供数据

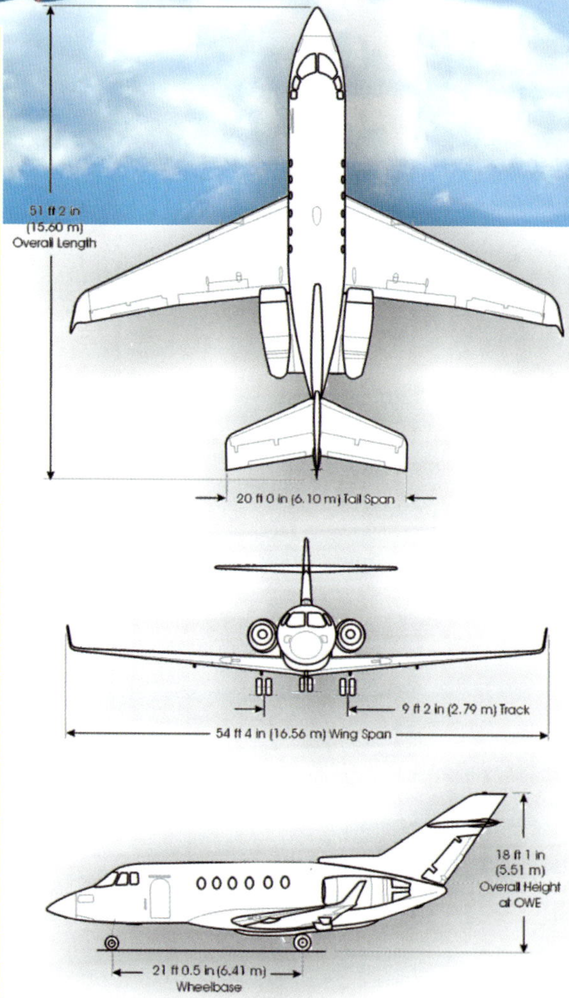

51 ft 2 in (15.60 m) Overall Length
20 ft 0 in (6.10 m) Tail Span
9 ft 2 in (2.79 m) Track
54 ft 4 in (16.56 m) Wing Span
18 ft 1 in (5.51 m) Overall Height at OWE
21 ft 0.5 in (6.41 m) Wheelbase

豪客比奇 豪客4000

Hawker Beechcraft Hawker4000

豪客4000于2008年6月取得FAA型号合格证，是世界上第一架取得美国FAA合格证的复合材料结构超中型公务机，是豪客比奇系列飞机的旗舰机型。

主要用途：私人飞行、公务飞行。

截止到2013年12月31日，该类飞机在我国注册数量共4架。

技术参数

概况	型别	Hawker 4000
	商用名	Hawker 4000（豪客 4000）
	制造商	Hawker Beechcraft Corporation（豪客比奇公司）
	发动机型号	P&WC PW 308A
	发动机数量	2
	燃油	商用煤油：Jet A，Jet A-1，JP-5，JP-8，RT，TS-1，中国3号喷气燃油（GB6537-94）
	最大乘客人数	10
	最小机组人数	2
内部尺寸	舱内长度（m）	7.62 m
	舱内宽度（m）	1.97 m
	舱内高度（m）	1.83 m
	行李舱容积（m^3）	3.1 m^3
外部尺寸	机身长度（m）	21.18 m
	翼展（m）	18.82 m
	机身高度（m）	6.02 m
性能	空重(lbs/kg)	-
	最大停机坪重量（lbs/kg）	39700 lbs
	最大起飞重量（lbs/kg）	39500 lbs
	最大着陆重量（lbs/kg）	33500 lbs
	最大零燃油重量（lbs/kg）	26000 lbs
	最大滑行重量（lbs/kg）	39700 lbs
	最大燃油量（lbs/kg/L/gal）	2189.4 gal（左右油箱各1094.7 gal）
	最大使用高度（ft/m）	45000 ft（13720 m）
	最大起降高度（ft/m）	-
	起飞场长（m）	1545 m（5068 ft）
	经济巡航速度(km/h)	828 km/h
	最大航程(km)	6100 km
数据来源		VTC0230AR3-VTCDS-[2012-06-06] 制造厂提供数据

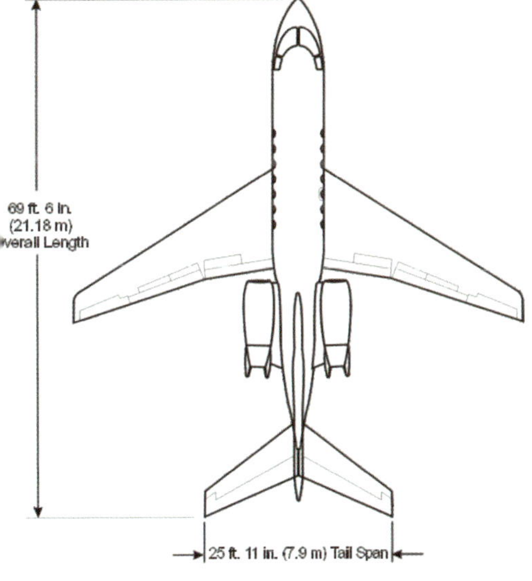

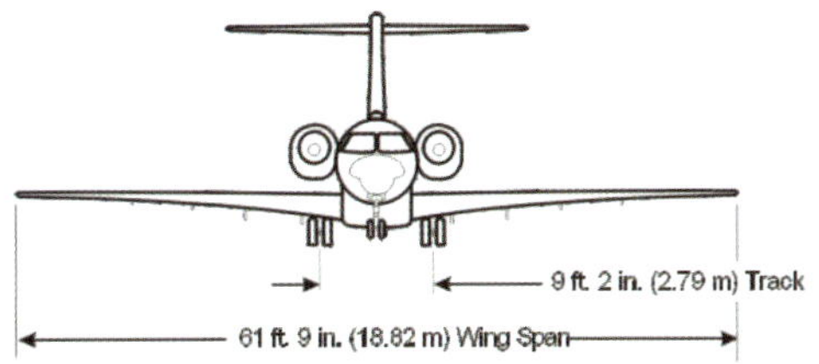

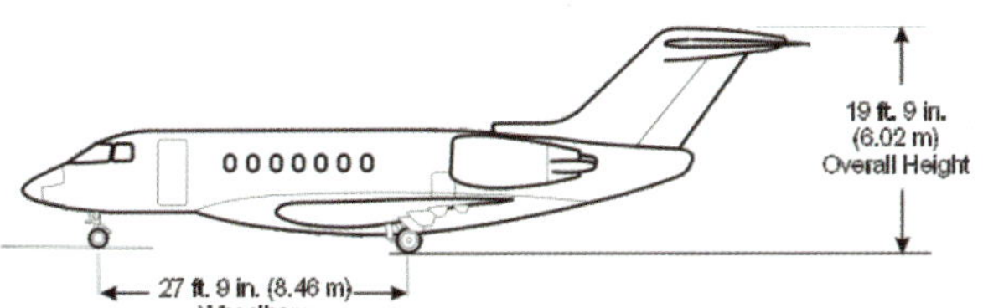

比奇 首相IA Model 390

Beechcraft Premier IA

首相IA是首相I的改进型，是采用全复合材料的轻型公务机。首相公务机在全球已交付了250多架，遍布美国38个州、全球23个国家，累计飞行超过22万小时。

技术参数

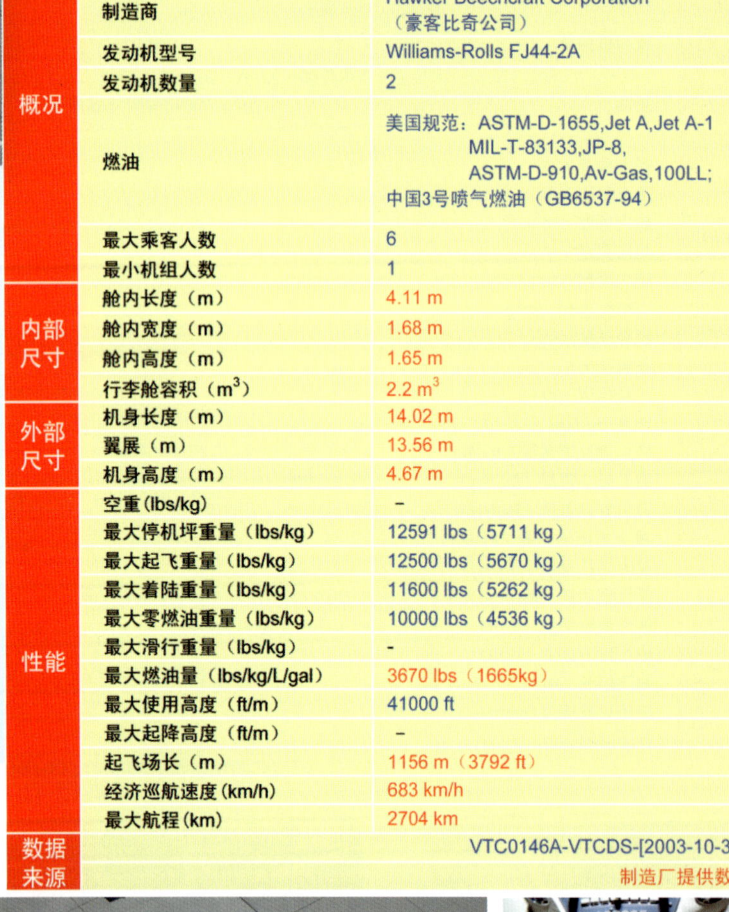

概况	型别	Model 390
	商用名	Premier ⅠA（首相ⅠA）
	制造商	Hawker Beechcraft Corporation（豪客比奇公司）
	发动机型号	Williams-Rolls FJ44-2A
	发动机数量	2
	燃油	美国规范：ASTM-D-1655,Jet A,Jet A-1 MIL-T-83133,JP-8, ASTM-D-910,Av-Gas,100LL; 中国3号喷气燃油（GB6537-94）
	最大乘客人数	6
	最小机组人数	1
内部尺寸	舱内长度（m）	4.11 m
	舱内宽度（m）	1.68 m
	舱内高度（m）	1.65 m
	行李舱容积（m^3）	2.2 m^3
外部尺寸	机身长度（m）	14.02 m
	翼展（m）	13.56 m
	机身高度（m）	4.67 m
性能	空重(lbs/kg)	-
	最大停机坪重量（lbs/kg）	12591 lbs（5711 kg）
	最大起飞重量（lbs/kg）	12500 lbs（5670 kg）
	最大着陆重量（lbs/kg）	11600 lbs（5262 kg）
	最大零燃油重量（lbs/kg）	10000 lbs（4536 kg）
	最大滑行重量（lbs/kg）	-
	最大燃油量（lbs/kg/L/gal）	3670 lbs（1665kg）
	最大使用高度（ft/m）	41000 ft
	最大起降高度（ft/m）	-
	起飞场长（m）	1156 m（3792 ft）
	经济巡航速度(km/h)	683 km/h
	最大航程(km)	2704 km
数据来源		VTC0146A-VTCDS-[2003-10-30] 制造厂提供数据

主要用途：私人飞行、公务飞行。

截止到2013年12月31日，该类飞机在我国注册数量共0架。

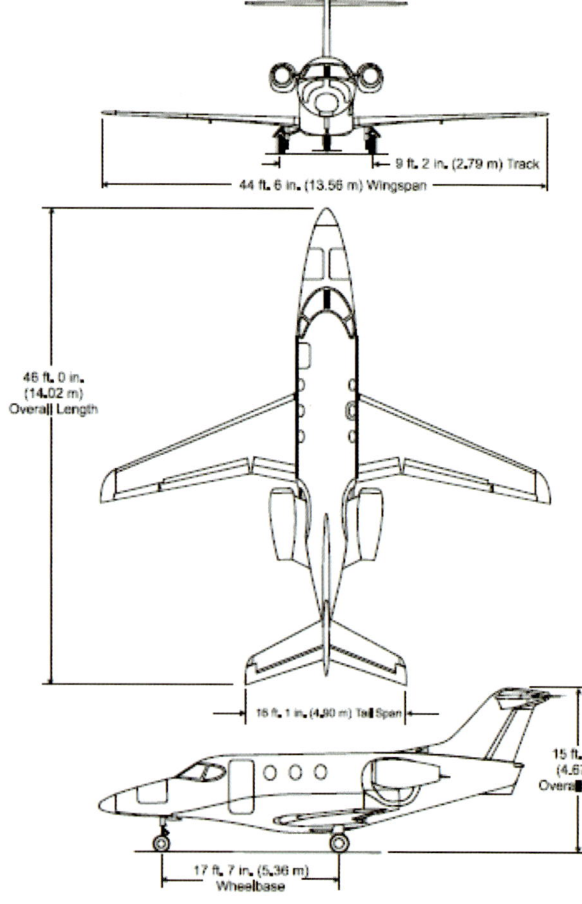

比奇　空中国王 C90GTi

Beechcraft　King Air C90GTi

主要用途：公务飞行、私人飞行、飞行训练。
截止到2013年12月31日，该类飞机在我国注册数量共10架。

自1964年以来，共有7000架“空中国王”交付到全球110个国家服役，总计飞行时数超过5000万小时。

C90GTi是豪客比奇公司入门级涡桨飞机，于2007年6月7日首飞。C90GTi采用全集成ProLine21航电系统。空中国王C90GTi的驾驶感觉如同大的双发活塞式飞机，适合于从活塞式飞机向多发涡桨机过渡的飞行员培训。

此外，这款飞机能适用于极简易的机场，在短距离及粗糙跑道上均可起降。它的内部采用方椭圆截面客舱，并设有后部盥洗室、内嵌式餐台、宽大的登机门、偏振遮阳板及48平方英尺的后部行李空间。它被政府、企业和个人用作公务机。

技术参数

概况	型别	C90GTi
	商用名	King Air C90GTi（空中国王C90GTi）
	制造商	Hawker Beechcraft Corporation（豪客比奇公司）
	发动机型号	P&W PT6A-135A
	发动机数量	2
	燃油	MIL-T-5624,JP-4,JP-5; MIL-T-83133,JP-8; Jet A,Jet A-1和Jet B符合 P&WC S.B.1244或 ASTM Spec D 1655; 中国3号喷气燃料（GB6537-2006）
	最大乘客人数	13
	最小机组人数	1
内部尺寸	舱内长度（m）	3.84 m
	舱内宽度（m）	1.37 m
	舱内高度（m）	1.45 m
	行李舱容积（m^3）	1.37 m^3
外部尺寸	机身长度（m）	10.82 m
	翼展（m）	15.32 m
	机身高度（m）	4.34 m
性能	空重(lbs/kg)	7000 lbs
	最大停机坪重量（lbs/kg）	10160 lbs
	最大起飞重量（lbs/kg）	10100 lbs
	最大着陆重量（lbs/kg）	9600 lbs
	最大零燃油重量（lbs/kg）	9212 lbs
	最大滑行重量（lbs/kg）	-
	最大燃油量（lbs/kg/L/gal）	2537 lbs
	最大使用高度（ft/m）	30000 ft
	最大起降高度（ft/m）	–
	起飞场长（m）	729 m
	经济巡航速度(km/h)	385 km/h
	最大航程(km)	1539 km
数据来源		VTC0162AR1-VTCDS-[2009-07-13] 制造厂提供数据

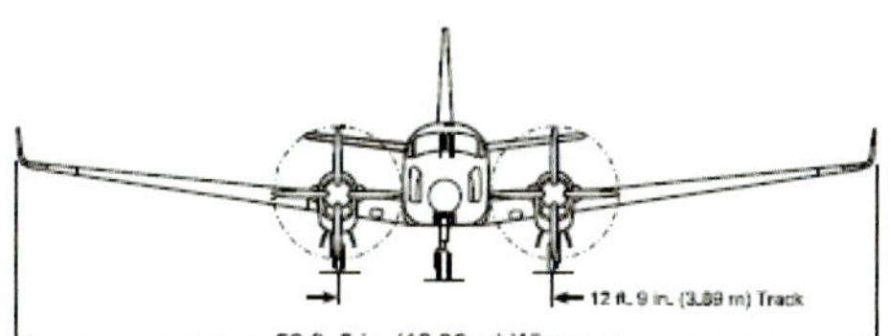

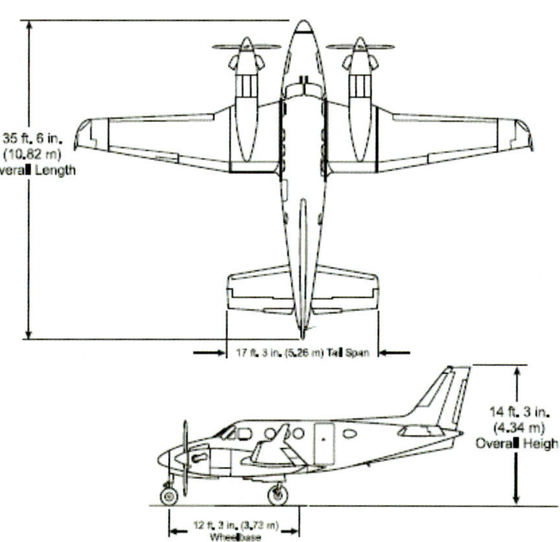

100% Cockpit Integration.

King Air C90GTi

豪客比奇 空中国王 B300/300C
Beechcraft King Air 350i/350iER

主要用途：公务飞行、飞行培训、私人飞行、航摄、
海监、物探、跑道校验及人工降雨等。

截止到2013年12月31日，该类飞机在我国注册数量共8架。

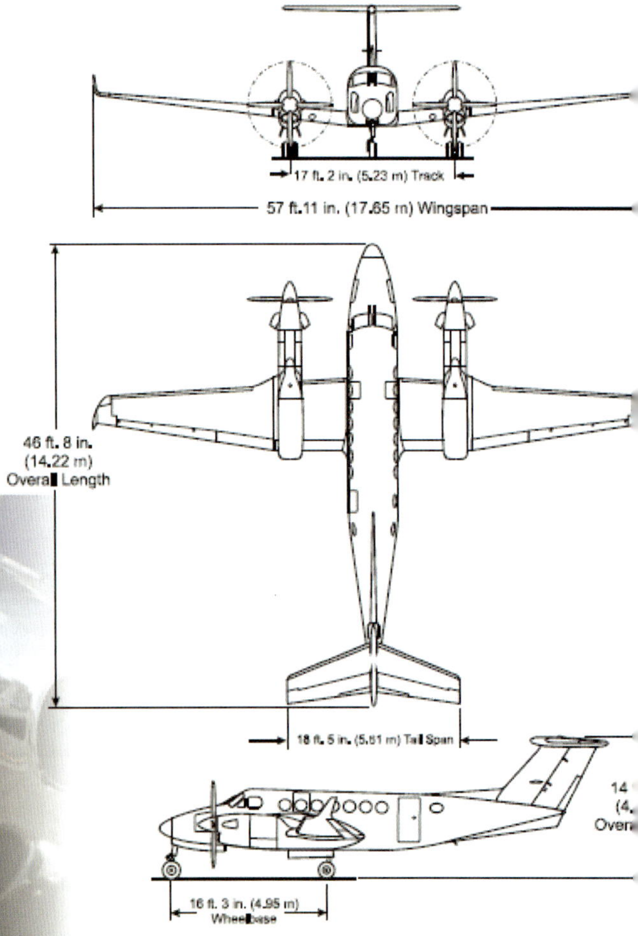

技术参数

		B300	B300C
概况	型别	B300	B300C
	商用名	King Air 350i（空中国王 350i）	King Air 350iER（空中国王 350iER）
	制造商	Hawker Beechcraft Corporation（豪客比奇公司）	Hawker Beechcraft Corporation（豪客比奇公司）
	发动机型号	P&W PT6A-60A	P&W PT6A-60A
	发动机数量	2	2
	燃油	JP-4,JP-5（MIL-T-5624）; JP-8（MIL-T-83133）; 符合 P&WC S.B.1244 或 ASTM Spec D1655 的 JET A,JET A-1 和 JET B; 中国3号喷气燃料（GB6537-2006）	
	最大乘客人数	17（包括两名机组）	17（包括两名机组）
	最小机组人数	1	1
内部尺寸	舱内长度（m）	5.94 m	5.94 m
	舱内宽度（m）	1.37 m	1.37 m
	舱内高度（m）	1.45 m	1.45 m
	行李舱容积（m^3）	2 m^3	2 m^3
外部尺寸	机身长度（m）	14.22 m	14.22 m
	翼展（m）	17.65 m	17.65 m
	机身高度（m）	4.37 m	4.37 m
性能	空重(lbs/kg)	-	-
	最大停机坪重量（lbs/kg）	15100 lbs	16600 lbs（7530 kg）
	最大起飞重量（lbs/kg）	15000 lbs	16500 lbs（7485 kg）
	最大着陆重量（lbs/kg）	15000 lbs	15675 lbs（7110 kg）
	最大零燃油重量（lbs/kg）	12500 lbs	13000 lbs（5897 kg）
	最大滑行重量（lbs/kg）	-	-
	最大燃油量（lbs/kg/L/gal）	1638 kg	2355 kg
	最大使用高度（ft/m）	35000 ft （10669 m）	35000 ft （10669 m）
	最大起降高度（ft/m）	-	-
	起飞场长（m）	1006 m	1363 m
	经济巡航速度(km/h)	435 km/h	441 km/h
	最大航程(km)	3343 km	4630 km
数据来源			VTC0265A-VTCDS-[2012-02-01] 制造厂提供数据

空中国王350i于2009年12月获得美国FAA和EASA的型号合格证，并于12月底首付客户，2012年2月获得中国民航局颁发的型号认可证。能够在满油、满座和满载行李时飞行。

空中国王350i的客舱管理系统和信息娱乐系统，包括DVD、CD、MP3、苹果iPod，索尼PlayStation 和Xbox360游戏平台、笔记本电脑、数码相机和摄像机、USB数据存储设备和未来的HDMI设备。

空中国王350iER是350i的增强版，可通过定制改装，满足客户各式各样需要。

豪客比奇 富豪 G-36
Beechcraft Bonanza36

比奇Bonanza36（富豪G36）是6座的活塞式单发飞机，是豪客比奇系列飞机入门机型。自1947年第一架富豪问世后，一直生产至今，已经生产了近17000架，是历史上型号产品生存期最长的飞机之一。

技术参数

概况	型别	G-36
	商用名	Bonanza36（富豪G36）
	制造商	Hawker Beechcraft Corporation（豪客比奇公司）
	发动机型号	Continental IO-550-B
	发动机数量	1
	燃油	中国3号喷气燃油（GB6537-94）
	最大乘客人数	5
	最小机组人数	1
内部尺寸	舱内长度（m）	3.84 m
	舱内宽度（m）	1.07 m
	舱内高度（m）	1.27 m
	行李舱容积（m^3）	0.3 m^3
外部尺寸	机身长度（m）	8.38 m
	翼展（m）	10.21 m
	机身高度（m）	2.62 m
性能	空重(lbs/kg)	2770 lbs
	最大停机坪重量（lbs/kg）	-
	最大起飞重量（lbs/kg）	3650 lbs
	最大着陆重量（lbs/kg）	-
	最大零燃油重量（lbs/kg）	-
	最大滑行重量（lbs/kg）	-
	最大燃油量（lbs/kg/L/gal）	444 lbs
	最大使用高度（ft/m）	18500 ft
	最大起降高度（ft/m）	-
	起飞场长（m）	583 m （1913 ft）
	经济巡航速度(km/h)	300km/h
	最大航程(km)	1682 km
数据来源		VTC0245AR1-VTCDS-[2010-06-21]
		制造厂提供数据

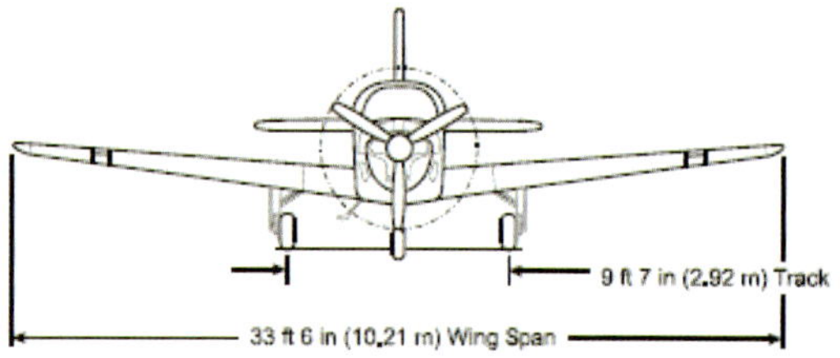

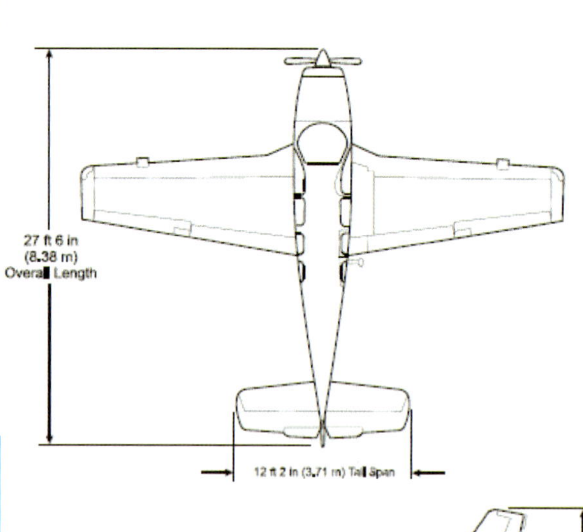

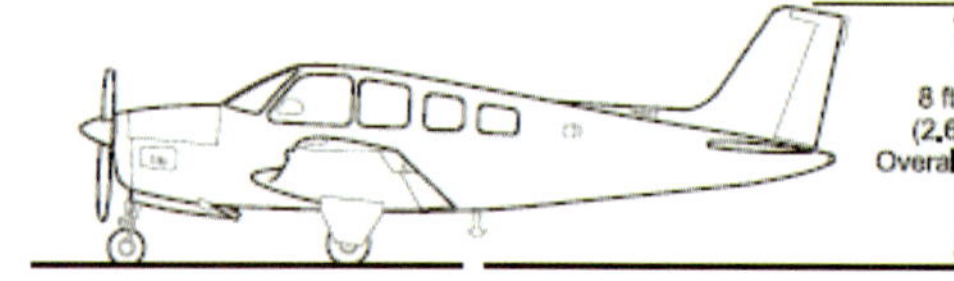

在耐用性方面，它的强度超出适航认证标准的15%。拥有特制的300马力特里达因大陆公司发动机与Garmin G1000“全玻璃”集成航电包。

主要用途：公务飞行、私人飞行、飞行训练。
截止到2013年12月31日，该类飞机在我国注册数量共0架。

豪客比奇 男爵 G58

Beechcraft Baron58

主要用途：公务飞行、私人飞行、飞行训练。
截止到2013年12月31日，该类飞机在我国注册数量共0架。

比奇男爵G58是一款6座活塞式双发飞机，连续生产达五十年之久，如今，比奇男爵飞机生产总计6000多架，累计飞行超过1200万小时。

比奇男爵G58飞机采用了两台300马力特里达因大陆公司发动机和G1000"全玻璃"集成航电包。

9 ft 7 in (2.92 m) Track
37 ft 10 in (11.53 m) Wing Span
29 ft 10 in (9.09 m) Overall Length
15 ft 11 in (4.85 m) Tail Span
9 ft 9 in (2.97 m) Overall Height
8 ft 11 in (2.72 m) Wheelbase

技术参数

概况	型别	Hawker Beechcraft G58
	商用名	Baron 58（男爵 G58）
	制造商	Hawker Beechcraft Corporation（豪客比奇公司）
	发动机型号	Continental IO-550-C
	发动机数量	2
	燃油	100/130最低等级航空燃油
	最大乘客人数	5
	最小机组人数	1
内部尺寸	舱内长度（m）	3.84 m
	舱内宽度（m）	1.07 m
	舱内高度（m）	1.27 m
	行李舱容积（m^3）	0.8 m^3
外部尺寸	机身长度（m）	9.09 m
	翼展（m）	11.53 m
	机身高度（m）	2.97 m
性能	空重(lbs/kg)	4025 lbs
	最大停机坪重量（lbs/kg）	-
	最大起飞重量（lbs/kg）	5500 lbs
	最大着陆重量（lbs/kg）	5400 lbs
	最大零燃油重量（lbs/kg）	5215 lbs
	最大滑行重量（lbs/kg）	-
	最大燃油量（lbs/kg/L/gal）	1164 lbs
	最大使用高度（ft/m）	20688 ft （6306 m）
	最大起降高度（ft/m）	-
	起飞场长（m）	701 m （2300 ft）
	经济巡航速度(km/h)	350 km/h
	最大航程(km)	2887 km
数据来源		VTC0246A-VTCDS-[2010-06-21] 制造厂提供数据

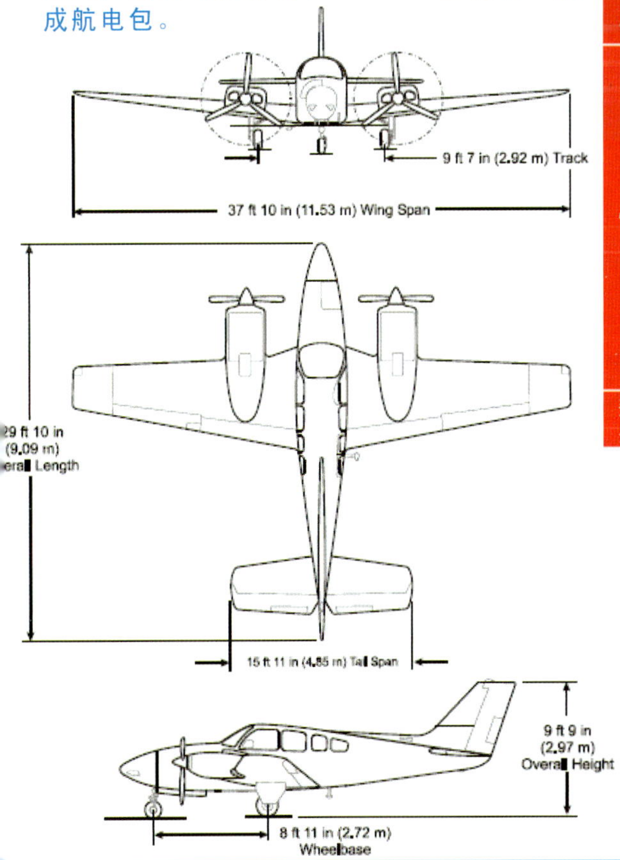

比亚乔 前进号 II P180
Piaggio AVANTI II

P180（前进号 II/空中法拉利）是由意大利比亚乔航空工业公司研制的双发涡桨飞机，机身外形采用了流线型设计，机翼采用比亚乔专利三升力面设计：机头至机尾，连续的曲线造型，能有效保持边界层流紧密附着于机翼，减少空气阻力34%。依据选项不同，可搭乘6至10名乘客。

P180配置Rockwell Collins公司出品的Pro1 Line21整合航电系统，将飞机导航及通讯整合。

P180的原型机于1979年开始预研，经过不断改进，于2005年取得EASA和FAA的适航认证，2011年10月获得中国民航局颁发的型号认可证。

技术参数

	型别	P180
概况	商用名	前进号 II（AVANTI II）/空中法拉利
	制造商	Piaggio Aero Industries SpA 比亚乔航空工业公司
	发动机型号	P&W PT6A-66 P&W PT6A-66B
	发动机数量	2
	螺旋桨型号	Hartzell 左：HC-E5N-3 或 HC-E5N-3A（桨毂）/HE8218（桨叶） 右：HC-E5N-3L 或 HC-E5N-3AL（桨毂）/LE8218（桨叶）
	螺旋桨桨叶数量	5
	燃油	JP4，JP8，JET A ,JET A-1，JET B和RP-3（3号喷气燃油）满足最新版的P&W服务通告No.14004. 除了JP-4和JP-8，必须按照最新版的P&W服务通告No.14004使用防冰添加剂。
	最大乘客人数	11（包含机组成员）
	最小机组人数	1
内部尺寸	舱内长度（m）	4.55 m（14 ft 11 in）
	舱内宽度（m）	1.85 m（6 ft 1 in）
	舱内高度（m）	1.75 m（5 ft 9 in）
	行李箱容积（m³）	1.25 m³
外部尺寸	机身长度（m）	14.408 m（47.27 ft）
	翼展（m）	主翼：14.033 m（46.04 ft） 前翼：3.356 m（11.01 ft）
	机身高度（m）	3.980 m（13.05 ft）
性能	空重（lbs/kg）	3538 kg（7800 lbs）
	最大停机坪重量（lbs/kg）	5262 kg（11600 lbs） 使用了可选改装n.80-0642或服务通告80-215的飞机：5511 kg（12150 lbs）
	最大起飞重量（lbs/kg）	5239 kg（11550 lbs） 使用了可选改装n.80-0642或服务通告80-215的飞机：5489 kg（12150 lbs）
	最大着陆重量（lbs/kg）	4965 kg （10945 lbs） 使用了可选改装n.80-0642或服务通告80-215的飞机：5216 kg（11500 lbs）
	最大零燃油重量（lbs/kg）	4445 kg（9800 lbs）
	最大滑行重量（lbs/kg）	5262 kg（11600 lbs） 使用了可选改装n.80-0642或服务通告80-215的飞机：5511 kg（12150 lbs）
	最大燃油量（lbs/kg/lt/GAL）	1597 lt（421.9 US GAL）
	最大使用高度（ft/m）	12500 m（41000 ft）
	最大起降高度（ft/m）	2000 ft
	起飞场长（m）	986 m（3225 ft）
	经济巡航速度（M）	-
	最大航程（km）	2900 km
数据来源		VTC0261A-VTCDS-[2011-10-09]
		制造厂提供数据

主要用途：公务飞行。

截止到2013年12月31日，该类飞机在我国注册数量共2架。

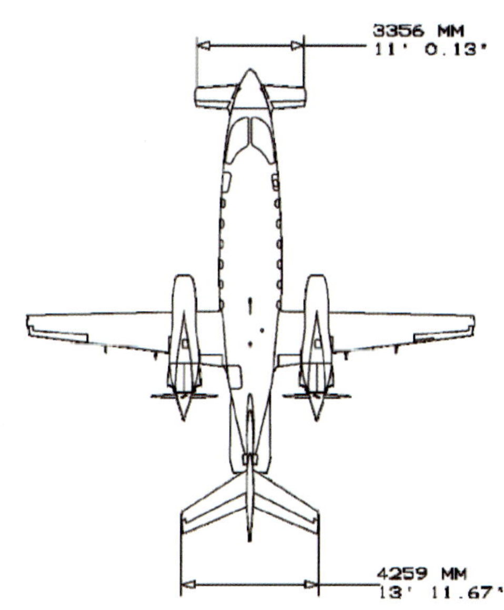

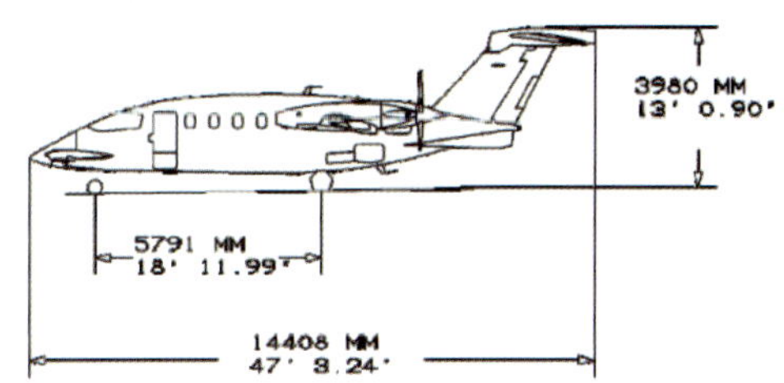

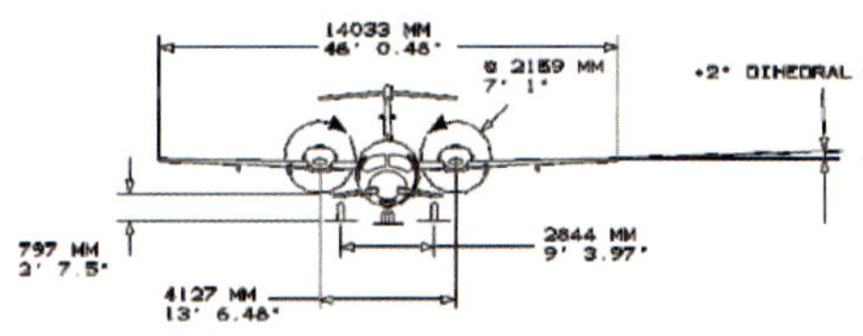

Aeromot-Industria AMT-300

技术参数

概况	型别	AMT-300
	商用名	AMT-300
	制造商	Aeromot-Industria Mecanico Metalurgica ltda
	发动机型号	Rotax 914 F3
	发动机数量	1
	螺旋桨型号	MT-Propeller MTV-21-A-C-F/CF 165-05
	螺旋桨数量	1
	燃油	航空煤油100LL RH-100/130（GB1787-88）
	最大乘客人数	1
	最小机组人数	1
尺寸	机身长度（m）	8.05 m
	翼展（m）	17.47 m（展开） 10.15 m（折叠）
	机身高度（m）	1.93 m
性能	空重（lbs/kg）	630 kg
	最大停机坪重量（lbs/kg）	-
	最大起飞重量（lbs/kg）	1874 lbs（850 kg）
	最大着陆重量（lbs/kg）	540 kg
	最大零燃油重量（lbs/kg）	-
	最大燃油量（lbs/kg/L/gal）	45 L
	最大使用高度（ft/m）	7315 m（24000 ft）
	起飞场长（m）	173 m
	经济巡航速度（km/h）	225 km/h
	最大航程（km）	1500 km
数据来源		VTC0227AR1-VTCDS-[2010-04-19] 制造厂提供数据

AMT-300是巴西Aeromot公司研发制造的涡轮增压动力滑翔机。机体采用玻璃纤维和碳纤维材料，并排双座，可折叠下单翼，伸缩起落架。

ACC《AVANTAGE》Limited Liability Company

主要用途：空中游览、飞行培训、医疗救护、工业巡查等。
截止到2013年12月31日，该类飞机在我国注册数量共0架。

技术参数

概况	型别	A-27M
	商用名	-
	制造商	ACC《AVANTAGE》Limited Liability Company 阿旺塔什飞机制造有限公司
	发动机型号	ROTAX-912S2
	发动机数量	1
	螺旋桨型号	KIEV/PROP 283/1800
	螺旋桨数量	1
	燃油	航空汽油AVGAS100LL或 97#及以上牌号汽油
	最大乘客人数	2（包括驾驶员）
	最小机组人数	1
尺寸	机身长度（m）	6.372 m
	翼展（m）	3.07 m
	机身高度（m）	10.12 m
性能	空重（lbs/kg）	463 kg
	最大停机坪重量（lbs/kg）	750 kg
	最大起飞重量（lbs/kg）	750 kg
	最大着陆重量（lbs/kg）	750 kg
	最大零燃油重量（lbs/kg）	670 kg
	最大燃油量（lbs/kg/L/gal）	78 kg（100 L）
	最大使用高度（ft/m）	3000 m
	最大起降高度（ft/m）	1000 m
	起飞场长（m）	130 m
	经济巡航速度（km/h）	180 km/h
	最大航程（m）	900 km
数据来源		VTC0237A-VTCDS-[2013-03-05]
		制造厂提供数据

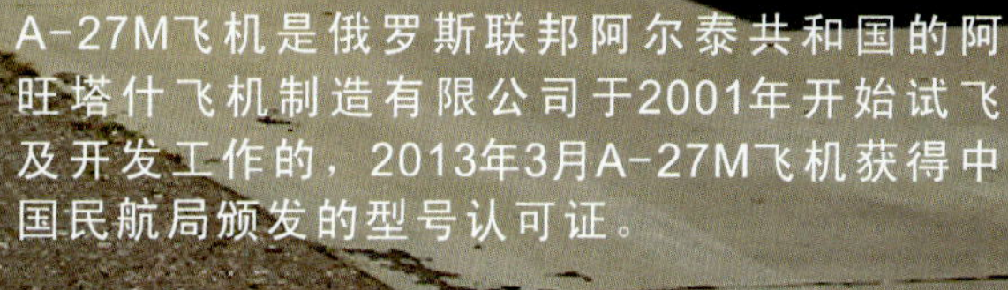

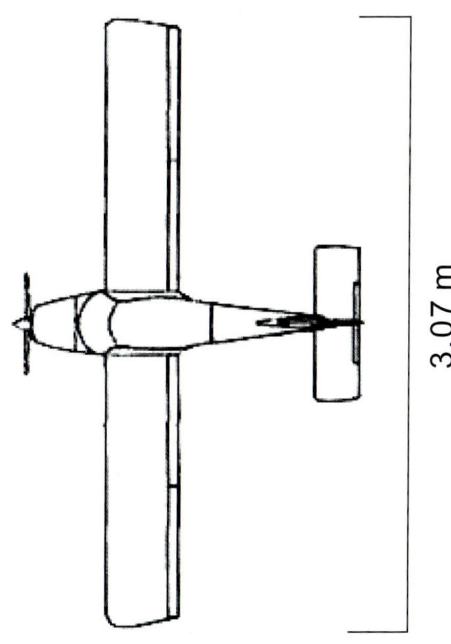

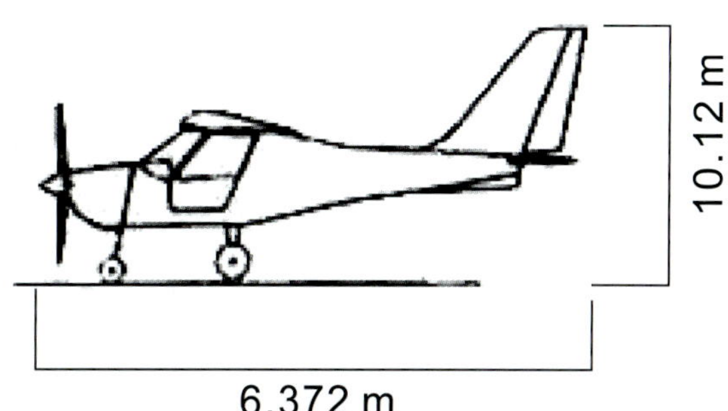

空中拖拉机 AT-402A/402B
Air Tractor AT-402A/402B

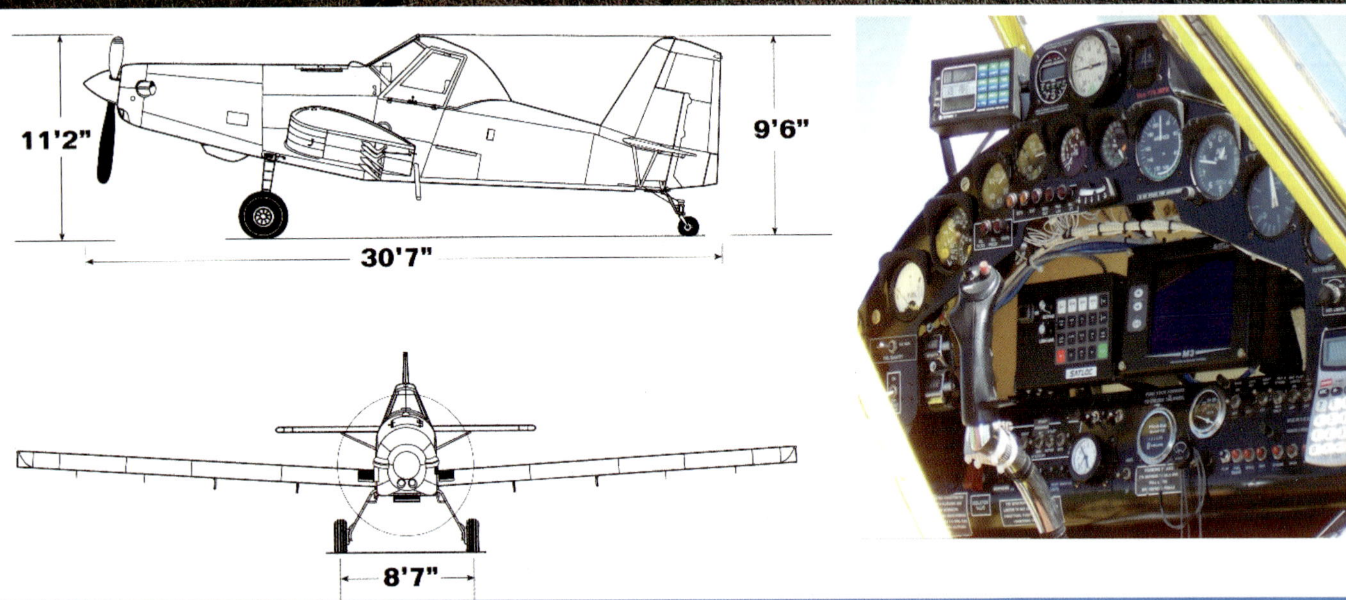

技术参数

概况	型别	AT-402A	AT-402B
	商用名	AT-402A	AT-402B
	制造商	Air Tractor, Inc. 空中拖拉机公司	Air Tractor, Inc. 空中拖拉机公司
	发动机型号	PT6A-11AG BS 943	PT6A-15AG 或 PT6A-34AG
	发动机数量	1	1
	螺旋桨型号	Hartzell HC-B3TN-3D/T10282+4 或 HC-B3TN-3D/T10282N+4 或 HC-B3TN-3D/T10282NS+4	
	螺旋桨数量	1	1
	燃油	3号喷气燃油（GB 6537-2006），以及P&W公司规范CPW64、PWA 522规定的燃油或汽车柴油	
	最大乘客人数	0	0
	最小机组人数	1	1
外部尺寸	机身长度（m）	30 ft 7 in	30 ft 7 in
	翼展（m）	51 ft 1 in （15.54 m）	51 ft 1 in （15.54 m）
	机身高度（m）	11 ft 2 in	11 ft 2 in
性能	空重（lbs/kg）	1860 kg （加喷洒设备）	1823 kg （加喷洒设备）
	最大停机坪重量（lbs/kg）	–	–
	最大起飞重量（lbs/kg）	3901 kg	4159 kg （9170 lbs）
	最大着陆重量（lbs/kg）	3175 kg （7000 lbs）	3175 kg （7000 lbs）
	最大零燃油重量（lbs/kg）	–	–
	最大滑行重量（lbs/kg）	–	–
	最大燃油量（lbs/kg/L/gal）	126 gal（234 gal / 216 gal / 170 gal - 选装）	
	最大使用高度（ft/m）	–	–
	最大起降高度（ft/m）	–	–
	起飞场长（m）	351 m	297 m
	经济巡航速度（km/h）	261 km/h	261 km/h
	最大航程（km）	1062 km	1062 km
数据来源			VTC0195AR1-VTCDS-[2010-11-05]
			制造厂提供数据

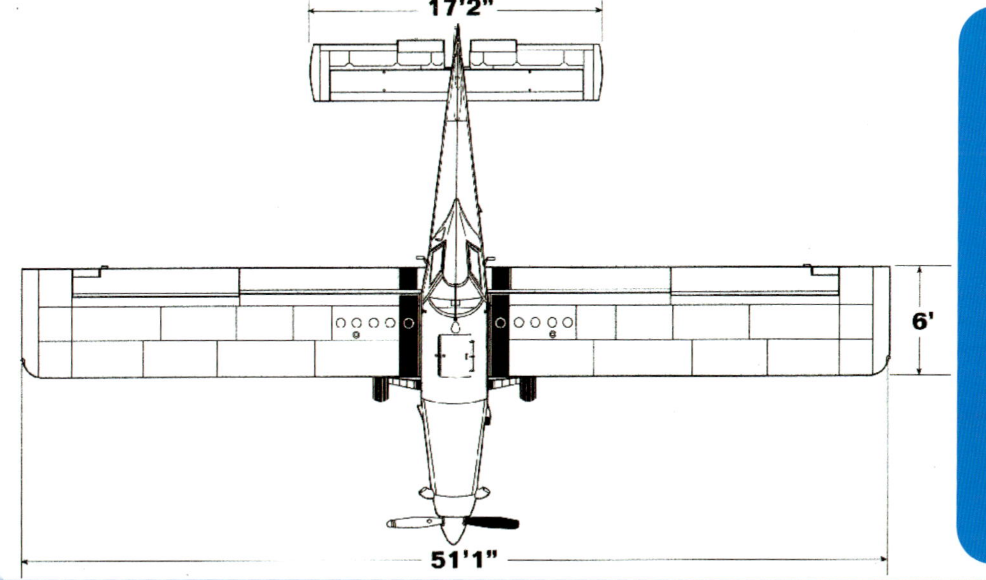

主要用途：农林作业。

截止到2013年12月31日，该类飞机在我国注册数量共4架。

AT-402A、AT-402B型农用飞机由美国AIR TRACTOR（空中拖拉机）公司设计制造，是全金属悬臂式下单翼轻型农用飞机。

空中拖拉机 AT-502B/504
Air Tractor AT-502B/504

主要用途：
AT-502B：农林作业。
AT-504：农林作业、飞行训练。

截止到2013年12月31日，该类飞机在我国注册数量共2架。

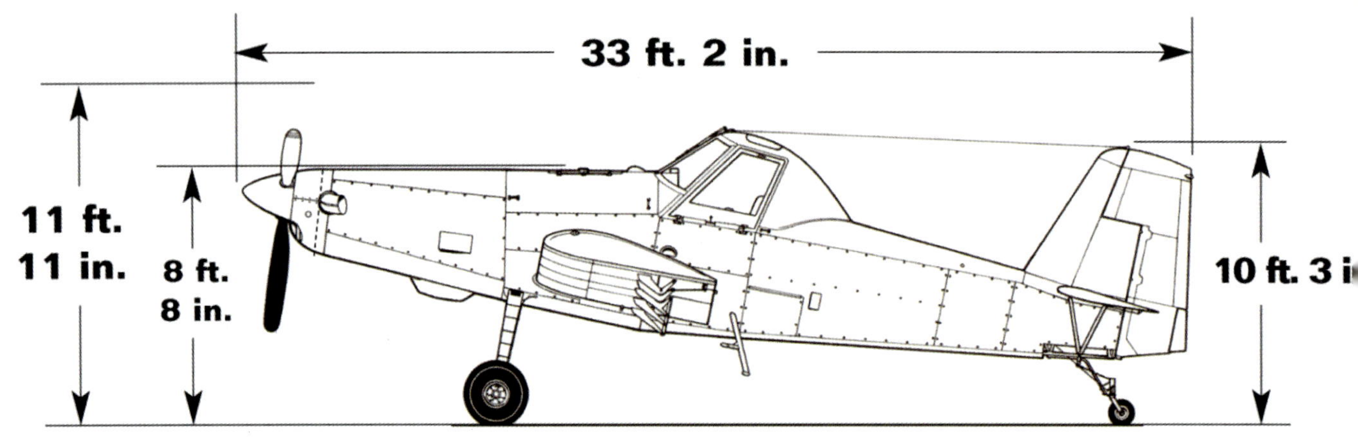

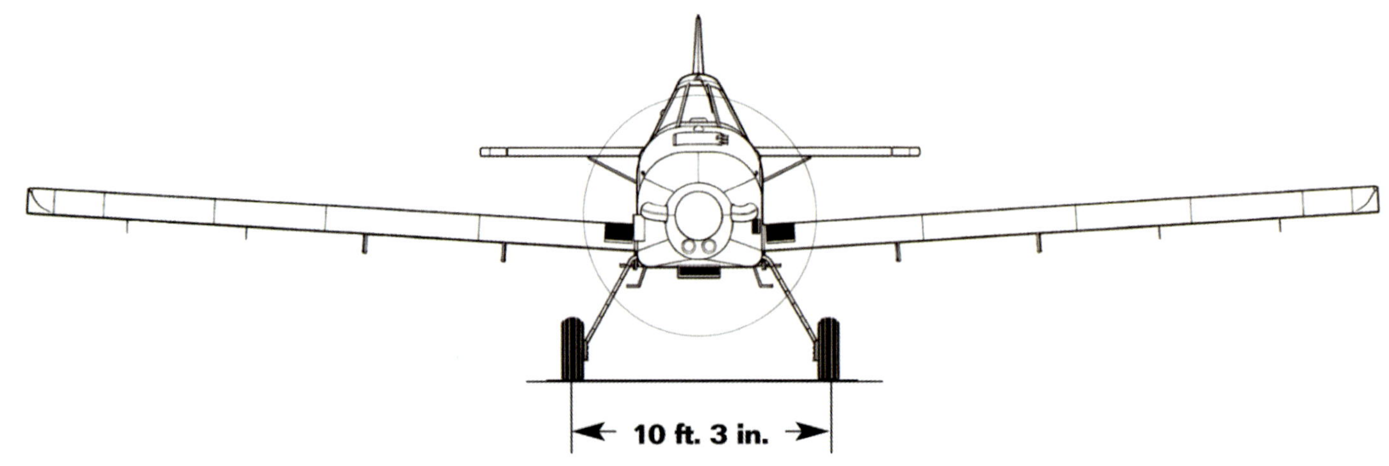

技术参数

概况	型别	AT-502B	AT-504
	商用名	AT-502B	AT-504
	制造商	Air Tractor, Inc. 空中拖拉机公司	Air Tractor, Inc. 空中拖拉机公司
	发动机型号	PT6A-15AG 或 PT6A-34AG	PT6A-34AG
	发动机数量	1	1
	螺旋桨型号	Hartzell HC-B3TN-3D/T10282+4 或 HC-B3TN-3D/T10282N+4 或 HC-B3TN-3D/T10282NS+4	
	螺旋桨数量	1	1
	燃油	3号喷气燃油（GB 6537-2006），以及P&W 公司规范CPW64、PWA 522规定的燃油 或 汽车柴油	
	最大乘客人数	0	1
	最小机组人数	1	1
外部尺寸	机身长度（m）	33 ft 2 in	33 ft 2 in
	翼展（m）	52 ft（15.84 m）	52 ft（15.84 m）
	机身高度（m）	11 ft	11 ft
性能	空重（lbs/kg）	2204 kg （加喷洒设备）	2204 kg （加喷洒设备）
	最大停机坪重量（lbs/kg）	–	–
	最大起飞重量（lbs/kg）	4263 kg （9400 lbs）	4354 kg（9600 lbs）
	最大着陆重量（lbs/kg）	8000 lbs	8000 lbs
	最大零燃油重量（lbs/kg）	–	–
	最大滑行重量（lbs/kg）	–	–
	最大燃油量（lbs/kg/L/gal）	126 gal（234 gal / 216 gal / 170 gal - 选装）	
	最大使用高度（ft/m）	–	–
	最大起降高度（ft/m）	–	–
	起飞场长（m）	347 m	351 m
	经济巡航速度（km/h）	225 km/h	243 km/h
	最大航程（km）	997 km	978 km
数据来源			VTC0195AR1-VTCDS-[2010-11-05]
			制造厂提供数据

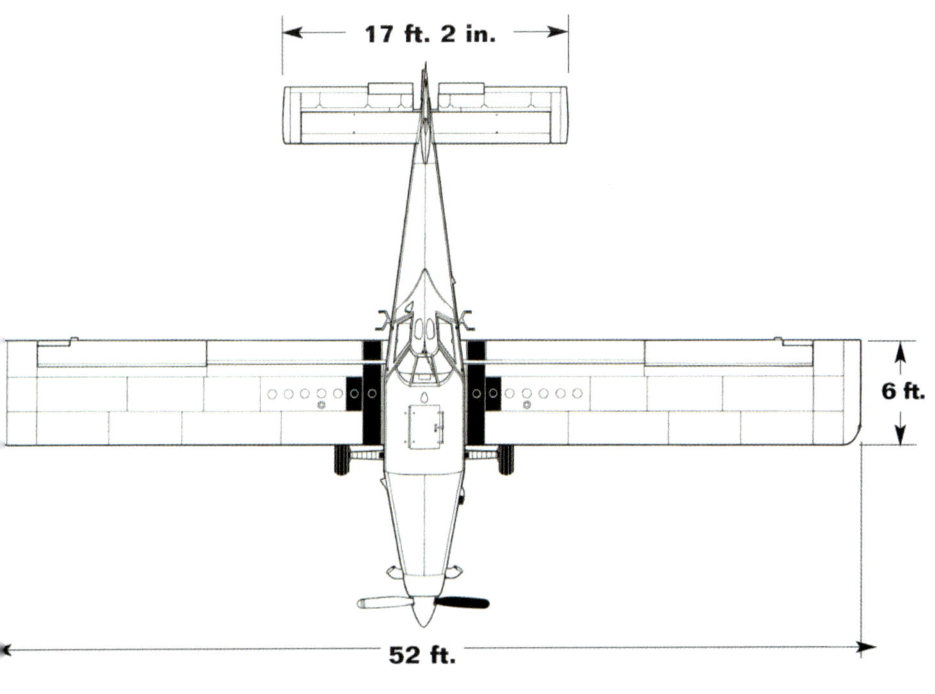

AT-502B型农用飞机由美国AIR TRACTOR（空中拖拉机）公司设计制造，是全金属悬臂式下单翼轻型农用飞机。

AT-504型农用飞机是全金属悬臂式下单翼轻型农用飞机，是农林作业教练机。并排双座设计。

空中拖拉机 AT-802/802A

Air Tractor AT-802/802A

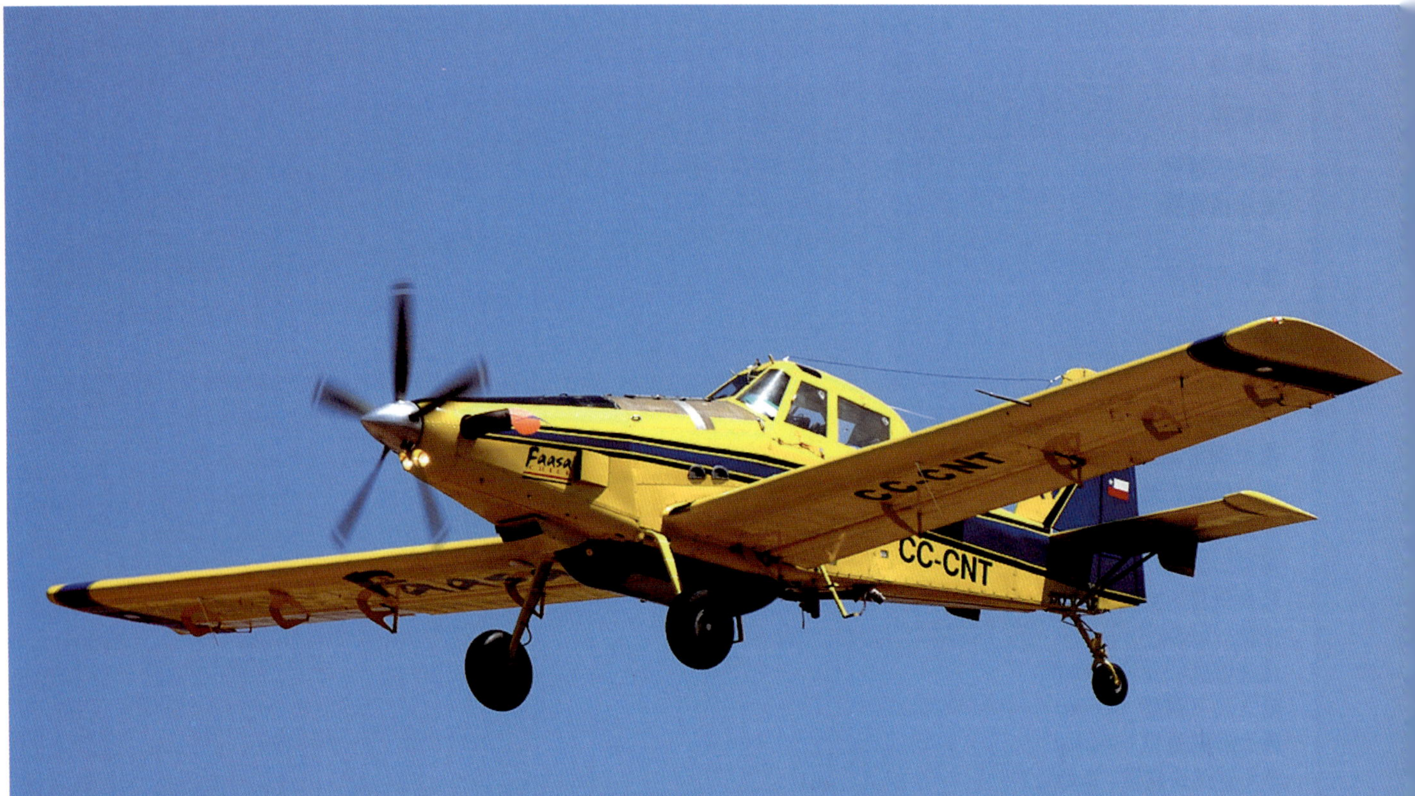

Faasa
CC-CNT
CC-CNT

主要用途：农林作业、消防、巡逻等。

截止到2013年12月31日，该类飞机在我国注册数量共0架。

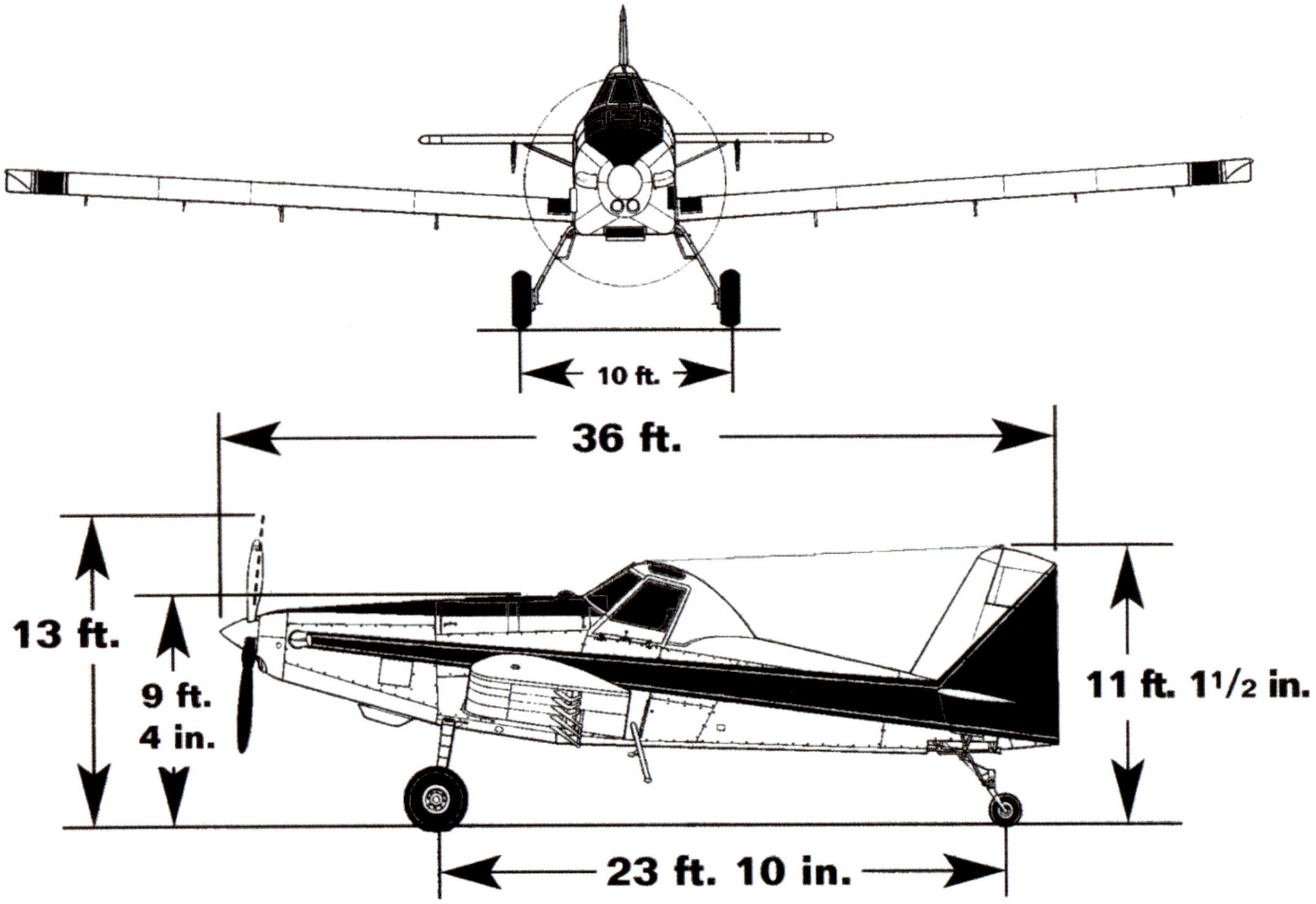

10 ft.
36 ft.
13 ft.
9 ft.
4 in.
11 ft. 1¹/₂ in.
23 ft. 10 in.

技术参数

概况	型别	AT-802	AT-802A
	商用名	AT-802	AT-802A
	制造商	Air Tractor, Inc. 空中拖拉机公司	Air Tractor, Inc. 空中拖拉机公司
	发动机型号	PT6A-67AG 或 PT6A-67F	PT6A-67AG 或 PT6A-67F
	发动机数量	1	1
	螺旋桨型号	Hartzell HC-B5MA-3D/M11691NS （序列号在802-0001及之后）	Hartzell HC-B5MA-3D/M11691NS （序列号在802A-0003及之后）
	螺旋桨数量	1	1
	燃油	符合GB 6537-2006标准的3号喷气燃油， 符合ASTM D1655-70标准的JET A、JET A1和JET B燃油， 符合MIL-T-5624标准JP-4和JP-8燃油	
	最大乘客人数	1（位置 +123.0）	1（位置 +123.0） （依照图纸11742安装可选机组座椅时）
	最小机组人数	1（位置 +84）	1（位置 +84）
外部尺寸	机身长度（m）	35 ft 11 in（10.95 m）	35 ft 11 in（10.95 m）
	翼展（m）	59 ft 3 in（18.06 m）	59 ft 3 in（18.06 m）
	机身高度（m）	12 ft 9 in（3.89 m）	12 ft 9 in（3.89 m）
性能	空重（lbs/kg）	6505 lbs （2951 kg）	6505 lbs （2951 kg）
	最大停机坪重量（lbs/kg）	16000 lbs（7257 kg）	16000 lbs（7257 kg）
	最大起飞重量（lbs/kg）	16000 lbs（喷洒系统/灭火构型） 15200 lbs（固体播撒器构型） 14800 lbs（航测/巡逻构型）	16000 lbs （固体播撒器/喷洒系统/灭火构型） 14800 lbs（航测/巡逻构型）
	最大着陆重量（lbs/kg）	16000 lbs（7257 kg）	16000 lbs（7257 kg）
	最大零燃油重量（lbs/kg）	-	-
	最大滑行重量（lbs/kg）	16000 lbs（7257 kg）	16000 lbs（7257 kg）
	最大燃油量（lbs/kg/L/gal）	256 gal（308 gal / 380 gal - 选装）	256 gal（308 gal / 380 gal - 选装）
	最大使用高度（ft/m）	25000 ft（7620 m）	25000 ft（7620 m）
	最大起降高度（ft/m）	-	-
	起飞场长（m）	-	-
	经济巡航速度（mile/h /km/h）	221 mile/h（365 km/h） 140 mile/h（225 km/h）（农业作业）	221 mile/h（365 km/h） 140 mile/h（225 km/h）（农业作业）
	最大航程（mile/km）	978 km	997 km
数据来源			VTC0283A-VTCDS-[2013-11-25] 制造厂提供数据

AIR TRACTOR（空中拖拉机公司）生产的AT-802/802A型飞机是通过适航审定的单发飞机。FAA批准它的类别为限制类。AT-802是串列双座型，AT-802A是单座型。AT-802型飞机是一款农业飞机，其也可用于灭火或者巡逻用途。2013年11月AT-802/802A型飞机获得中国民航局颁发的型号认可证。

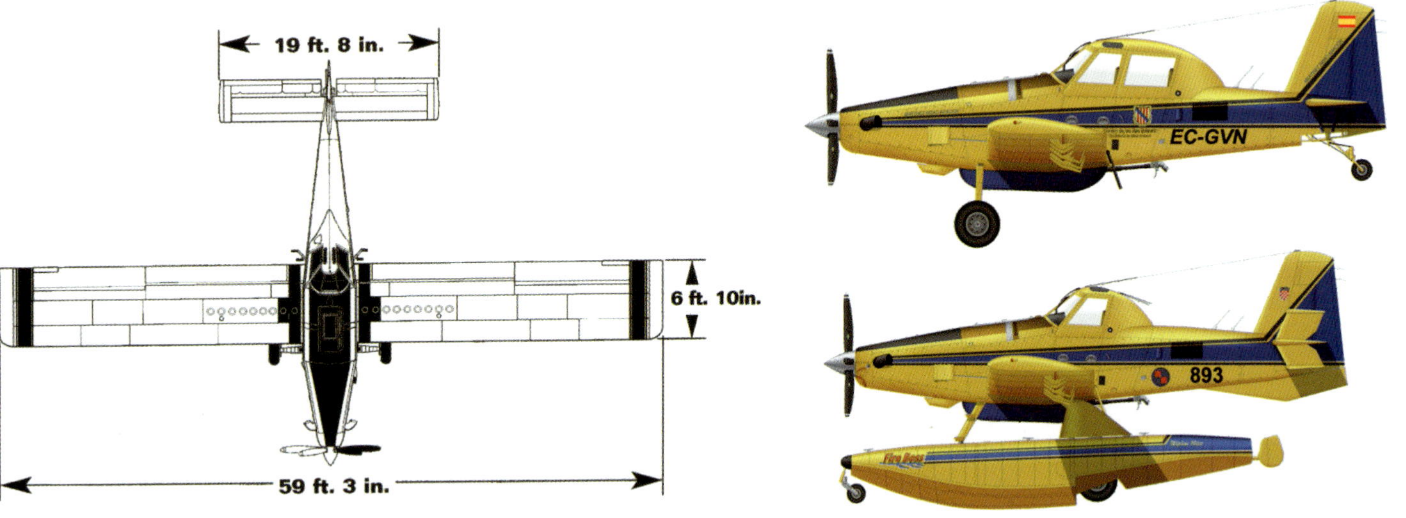

C42 详细介绍见163页

公司简介 Introduction

德国轻型飞机有限公司
广州中德远达轻型飞机有限公司

德国轻型飞机有限公司和广州中德远达轻型飞机有限公司，是德国最先进的四家固定翼飞机制造商和一家旋翼机制造商在大中华区的总代理，是Junkers救生系统的中国总代理。

主要机型为：
固定翼飞机：C42、C52、Remos(雷姆斯)、Breezer(铂锐者)、Skylark(云雀)
旋翼飞机：MTOsport(猛士豹)、Calidus(卡度士)、Cavalon(卡威龙)
其中：C42、MTOsport(猛士豹)、Calidus(卡度士)已经取得中国民航的TDA和PC认证，可以办理中国适航手续。

中德远达轻型飞机和德国飞机公司一起，正逐步将德国一流的飞机及其制造技术引入中国。

Remos（雷姆斯）

C52

Cavalon（卡威龙）

MTOsport（猛士豹）详细介绍见160页

Calidus（卡度士）详细介绍见159页

Breezer (铂锐者)

德国轻型飞机有限公司
Berlin,Germany
Web:www.german-light-aircraft.com

广州中德远达轻型飞机有限公司
网址:www.sino-light-aircraft.com
邮箱：sino_aircraft@ sino-light-aircraft.com

网站二维码　微信二维码

Beriev Aircraft Be-103

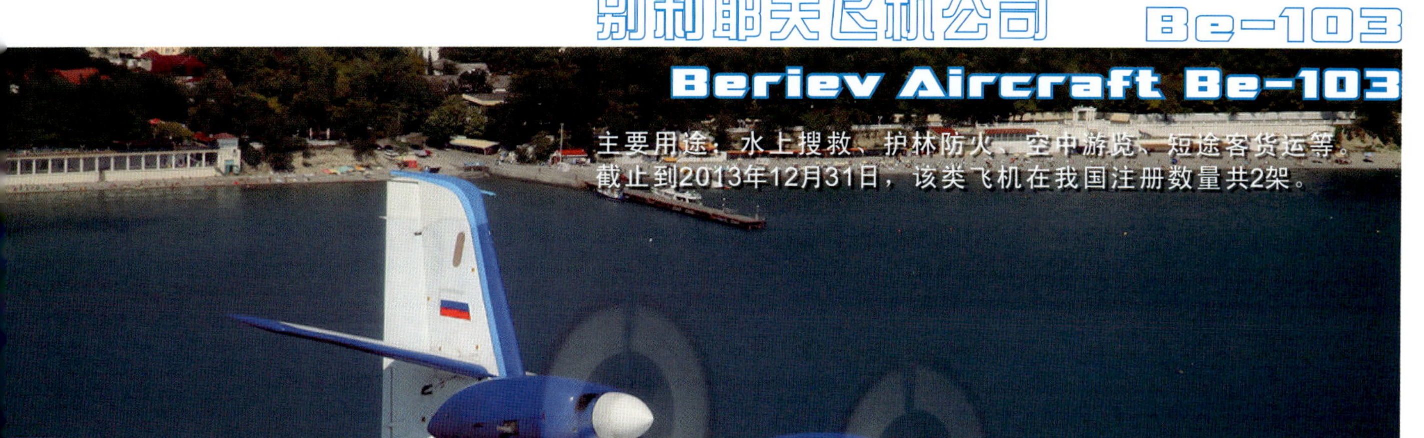

主要用途：水上搜救、护林防火、空中游览、短途客货运等。
截止到2013年12月31日，该类飞机在我国注册数量共2架。

技术参数

	项目	参数
概况	型别	Be-103
	商用名	Be-103
	制造商	Komsomolsk-on-Amur Aircraft Production Association（JSC）named after Y.A. Gagarin 阿穆尔共青城加加林航空生产联合有限公司 （原：Beriev Aircraft Company 别利耶夫飞机公司）
	发动机型号	TCM IO-360 ES4
	发动机数量	2
	螺旋桨型号	MTV-12-D-C-F-R（M）/CFR183-17
	螺旋桨数量	2
	燃油	等级为100/100LL的航空汽油,或俄罗斯等级为B95/130 GOST 1012-72的航空燃油及飞行手册规定的中国航空汽油
	最大乘客人数	5
	最小机组人数	1
尺寸	机身长度（m）	10.7 m
	翼展（m）	12.5 m
	机身高度（m）	3.7 m
性能	空重（lbs/kg）	1730 kg
	最大停机坪重量（lbs/kg）	-
	最大起飞重量（lbs/kg）	2270 kg
	最大着陆重量（lbs/kg）	-
	最大零燃油重量（lbs/kg）	-
	最大燃油量（lbs/kg/L/gal）	340 L
	最大使用高度（ft/m）	3000 m
	起飞场长（m）	340 m（陆地）/ 450 m（水面）
	经济巡航速度（km/h）	235 km/h
	最大航程（km）	845 km
数据来源		VTC173AR1-VTCDS-[2007-05-10] 制造厂提供数据

Be-103是由俄罗斯阿穆尔共青城加加林航空生产联合有限公司（原：别利耶夫飞机公司）研制生产的轻型多用途水陆两栖飞机，能够按照仪表飞行规则和目视飞行规则飞行。该飞机可以在σ ≥4kg/cm²的条件下从非柏油跑道起飞，或者在水深超过1.25米、浪高0.4米的内陆水域或海面起降。

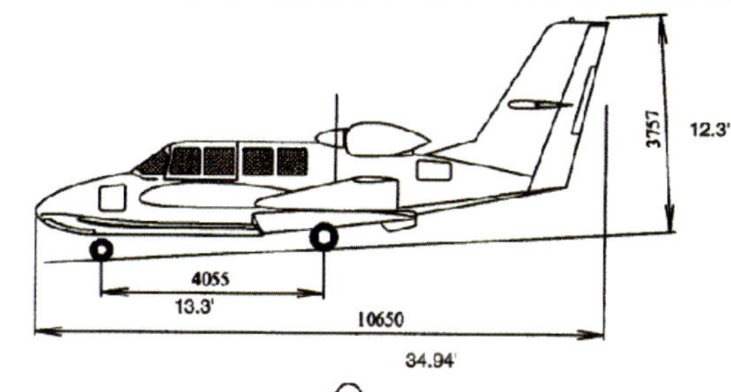

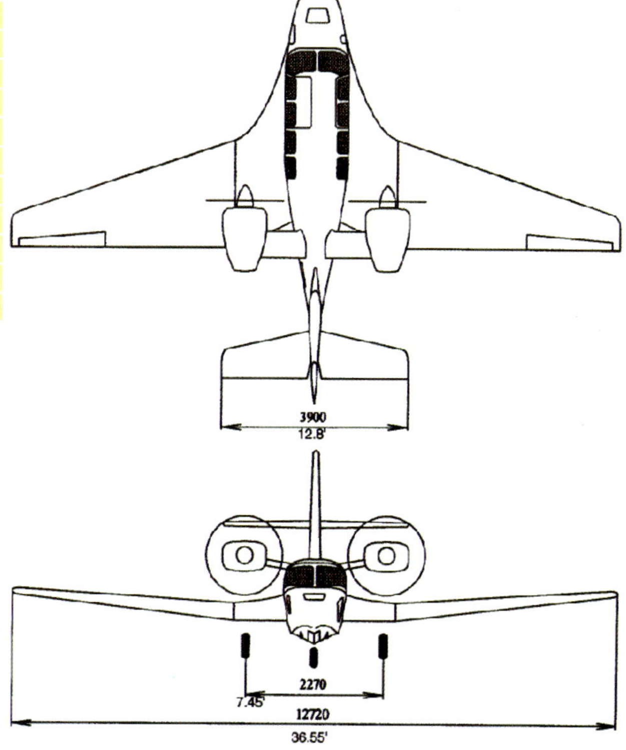

赛斯纳 天鹰　Cessna 172R/172S
Cessna Skyhawk/Skyhawk SP

Cessna172系列是美国赛斯纳公司生产研制的单引擎四座位轻型螺旋桨飞机，是一款教练机。首架飞机于1956年交付，直到今天赛斯纳172仍在生产中。

赛斯纳172R于1996年投产。

Cessna172S型是172系列于1998年投产的机型，推力为180马力，比R型高出20马力，最大起飞重量提升至2550磅，此型号能加装G1000玻璃驾驶舱。

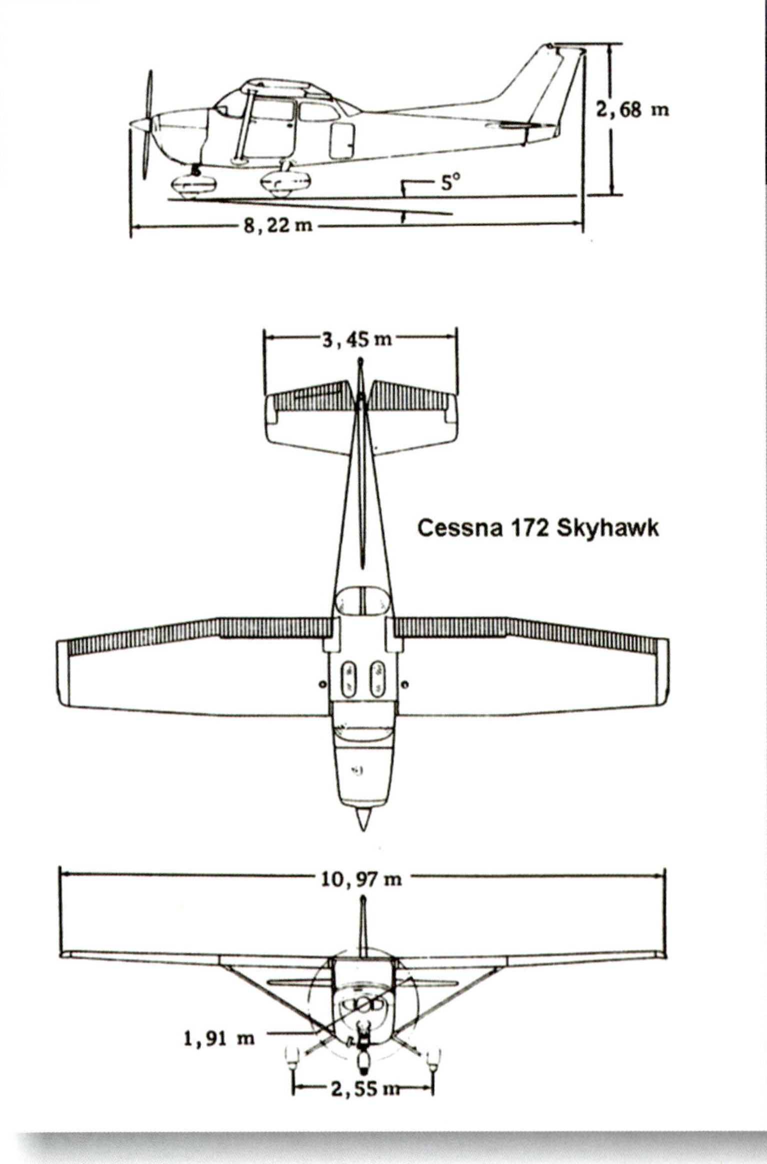

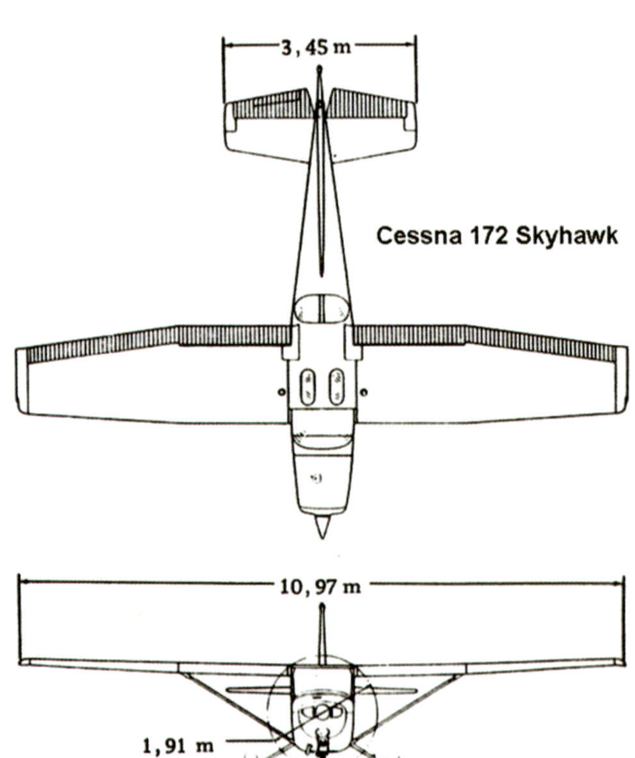

主要用途：私人飞行、飞行训练。

截止到2013年12月31日，该类飞机在我国注
数量共193架。

技术参数

	型别	Cessna 172R	Cessna 172S
概况	商用名	Skyhawk（天鹰）	Skyhawk SP（天鹰SP）
	制造商	Cessna Aircraft Company 赛斯纳飞机公司	Cessna Aircraft Company 赛斯纳飞机公司
	发动机型号	IO-360-L2A	IO-360-L2A
	发动机数量	1	1
	螺旋桨型号	IC235/LFA7570 / 1A170E/JHA7660（MK172-72-01改装）	1A170E/JHA7660
	螺旋桨数量	1	1
	燃油	最低航空汽油等级100/100LL	最低航空汽油等级100/100LL
	最大乘客人数	3	3
	最小机组人数	1	1
内部尺寸	舱内长度（m）	3.61 m	3.61 m
	舱内宽度（m）	1.00 m	1.00 m
	舱内高度（m）	1.22 m	1.22 m
	行李舱容积（m^3）	–	–
外部尺寸	机身长度（m）	8.28 m	8.28 m
	翼展（m）	11.00 m	11.00 m
	机身高度（m）	2.72 m	2.72 m
性能	空重（lbs/kg）	767 kg（1691 lbs）	779 kg
	最大停机坪重量（lbs/kg）	正常类:2457 lbs 2558 lbs（MK172-72-01改装） 特技类:2207 lbs 2208 lbs（MK172-72-01改装）	正常类:2558 lbs 特技类:2208 lbs
	最大起飞重量（lbs/kg）	正常类:2450 lbs 2550 lbs（MK172-72-01改装） 特技类:2200 lbs 2200 lbs（MK172-72-01改装）	正常类:2550 lbs 特技类:2200 lbs
	最大着陆重量（lbs/kg）	正常类:2450 lbs 2250 lbs（MK172-72-01改装） 特技类:2200 lbs 2200 lbs（MK172-72-01改装）	正常类:2550 lbs 特技类:2200 lbs
	最大零燃油重量（lbs/kg）	–	–
	最大滑行重量（lbs/kg）	正常类:2457 lbs 2558 lbs（MK172-72-01改装） 特技类:2207 lbs 2208 lbs（MK172-72-01改装）	正常类:2558 lbs 特技类:2208 lbs
	最大燃油量（lbs/kg/L/gal）	56 gal	56 gal
	最大使用高度（ft/m）	13500 ft（4100 m）	4267 m
	最大起降高度（ft/m）	–	–
	起飞场长（m）	497 m	497 m
	经济巡航速度（km/h）	226 km/h	226 km/h
	最大航程（km）	1289 km	1185 km（640 nm）
数据来源			VTC130AR2-VTCDS-[2008-05-09] 主机厂提供数据

赛斯纳 Cessna 182T/T182T
Cessna Skylane/Turbo Skylane

技术参数

	型别	Cessna 182T	Cessna T182T
概况	商用名	Skylane	Turbo Skylane
	制造商	Cessna Aircraft Company 赛斯纳飞机公司	Cessna Aircraft Company 赛斯纳飞机公司
	发动机型号	IO-540-AB1A5	TIO-540-AK1A
	发动机数量	1	1
	螺旋桨型号	B3D36C431/80VSA-1（三叶）	B3D36C442/80VSB-1
	螺旋桨数量	1	1
	燃油	最低航空汽油等级100/100LL	最低航空汽油等级100/100LL
	最大乘客人数	3	3
	最小机组人数	1	1
内部尺寸	舱内长度（m）	3.40 m	3.40 m
	舱内宽度（m）	1.07 m	1.07 m
	舱内高度（m）	1.23 m	1.23 m
	行李舱容积（m^3）	-	-
外部尺寸	机身长度（m）	8.84 m	8.84 m
	翼展（m）	10.97 m	10.97 m
	机身高度（m）	2.84 m	2.84 m
性能	空重（lbs/kg）	1984 lbs	2082 lbs
	最大停机坪重量（lbs/kg）	正常类:3110 lbs	正常类:3110 lbs
	最大起飞重量（lbs/kg）	正常类:3100 lbs	正常类:3100 lbs
	最大着陆重量（lbs/kg）	正常类:2950 lbs	正常类:2950 lbs
	最大零燃油重量（lbs/kg）	-	-
	最大滑行重量（lbs/kg）	正常类:3110 lbs	正常类:3110 lbs
	最大燃油量（lbs/kg/L/gal）	92 gal	92 gal
	最大使用高度（ft/m）	5517 m	6096 m
	最大起降高度（ft/m）	-	-
	起飞场长（m）	461 m	422 m
	经济巡航速度（km/h）	269 km/h	306 km/h
	最大航程（km）	1735 km	1798 km
数据来源			VTC131AR3-VTCDS-[2008-05-09] 制造厂提供数据

Cessna182是美国赛斯纳飞机公司研制的一款四座单引擎轻型飞机，机舱比C172提供更多的腿部空间，Cessna182拥有单翼设计。

主要用途：私人飞行、飞行训练、旅游观光等。

截止到2013年12月31日，该类飞机在我国注册数量共1架。

赛斯纳 Cessna 206H/T206H
Cessna Stationair/Turbo Stationair

主要用途：私人飞行、飞行训练、旅游观光等。
截止到2013年12月31日，该类飞机在我国注册数量共6架。

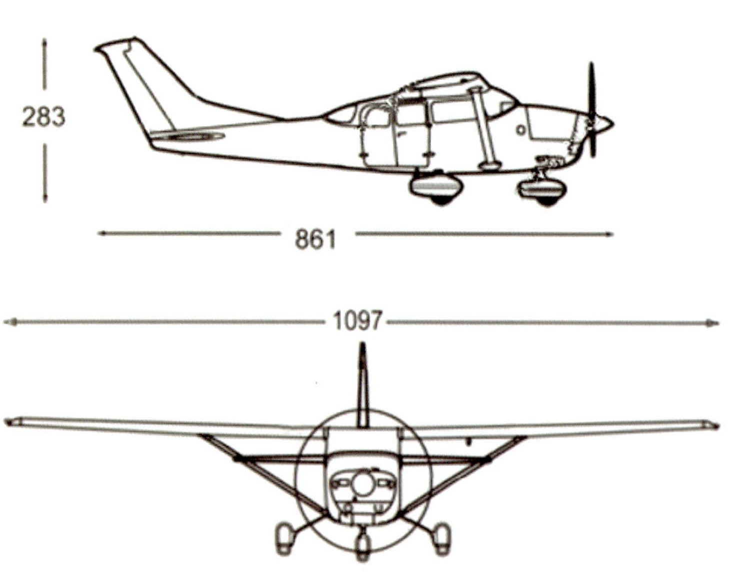

技术参数

概况	型别	Cessna 206H	Cessna T206H
	商用名	Stationair	Turbo Stationair
	制造商	Cessna Aircraft Company 赛斯纳飞机公司	Cessna Aircraft Company 赛斯纳飞机公司
	发动机型号	IO-540-AC1A5	TIO-540-AJ1A
	发动机数量	1	1
	螺旋桨型号	B3D36C432/80VSA-1（三叶）	B3D36C432/80VSA-1（三叶）
	螺旋桨数量	1	1
	燃油	最低航空汽油等级100/100LL	最低航空汽油等级100/100LL
	最大乘客人数	5	5
	最小机组人数	1	1
内部尺寸	舱内长度（m）	3.68 m	3.68 m
	舱内宽度（m）	1.08 m	1.08 m
	舱内高度（m）	1.26 m	1.26 m
	行李舱容积（m^3）	–	–
外部尺寸	机身长度（m）	8.61 m	8.61 m
	翼展（m）	10.97 m	10.97 m
	机身高度（m）	2.83 m	2.83 m
性能	空重（lbs/kg）	2241 lbs	2349 lbs
	最大停机坪重量（lbs/kg）	3614 lbs	3617 lbs
	最大起飞重量（lbs/kg）	3600 lbs	3600 lbs
	最大着陆重量（lbs/kg）	3600 lbs	3600 lbs
	最大零燃油重量（lbs/kg）	–	–
	最大滑行重量（lbs/kg）	3614 lbs	3617 lbs
	最大燃油量（lbs/kg/L/gal）	92 gal	92 gal
	最大使用高度（ft/m）	4785 m	8230 m
	最大起降高度（ft/m）	–	–
	起飞场长（m）	567 m	530 m
	经济巡航速度（km/h）	263 km/h	304 km/h
	最大航程（km）	1352 km	1302 km
数据来源			VTC132AR3-VTCDS-[2008-05-09] 制造厂提供数据

Cessna206H是美国赛斯纳飞机公司研制的六座单引擎轻型飞机，配备Garmin G1000航电配置，300马力的强大动力，爬升速度高于333米/小时，在满载全速飞行时，燃油容量至少可供飞行3个多小时。

赛斯纳 大篷车 Cessna 208
Cessna Caravan 675

Cessna208系列是赛斯纳飞机公司研制生产的10～15座单发涡轮螺旋桨式多用途轻型通用飞机。1982年12月9日，赛斯纳208原型机首飞，1984年10月23日获得FAA型号合格证，1985年开始批量生产并投入使用。1993年获得中国民航局颁发的型号认可证。

技术参数

概况	型别	Cessna 208
	商用名	Caravan 675（大篷车）
	制造商	Cessna Aircraft Company 赛斯纳飞机公司
	发动机型号	Prattan & Whitney of Canada PT6A-114（S/N 20800001 至20800276适用） PT6A-114A（S/N 20800277 及以上适用）
	发动机数量	1
	螺旋桨型号	Hartzell HC-B3MN3/M10083（复合三片） （S/N 20800001 至20800276适用） McCauley 3GFR34C703/106GA-0（铝制三叶） （S/N 20800001 以上，所有配备TKS的飞机）
	螺旋桨数量	1
	燃油	Jet A,Jet A-1,Jet B,JP-1,JP-4,JP-5或JP-8 三号喷气燃料（GB-6537-2006）
	最大乘客人数	9
	最小机组人数	2
内部尺寸	舱内长度（m）	3.88 m
	舱内宽度（m）	1.63 m
	舱内高度（m）	1.37 m
	行李舱容积（m^3）	-
外部尺寸	机身长度（m）	11.46 m
	翼展（m）	15.87 m
	机身高度（m）	4.53 m
性能	空重（lbs/kg）	4740 lbs
	最大停机坪重量（lbs/kg）	8035 lbs（S/N 20800001及以上） 7635 lbs（水陆两用型 S/N 20800014及以上）
	最大起飞重量（lbs/kg）	8000 lbs（S/N 20800001及以上） 7600 lbs（水陆两用型 S/N 20800014及以上）
	最大着陆重量（lbs/kg）	7800 lbs （S/N 20800001及以上） 7300 lbs（水陆两用型 S/N 20800014及以上）
	最大零燃油重量（lbs/kg）	-
	最大滑行重量（lbs/kg）	8035 lbs（S/N 20800001及以上） 7635 lbs（水陆两用型 S/N 20800014及以上）
	最大燃油量（lbs/kg/L/gal）	335 gal
	最大使用高度（ft/m）	陆地型 600 SHP：30000 ft 陆地型 675 SHP：25000 ft 水陆型及在已知结冰条件下飞行:20000 ft
	最大起降高度（ft/m）	-
	起飞场长（m）	626 m
	经济巡航速度（km/h）	344 km/h
	最大航程（km）	1758 km
数据来源		VTC0015AR3-VTCDS-[2013-09-04] 制造厂提供数据

主要用途：私人飞行、公务飞行、货物运输、水陆两栖作业、医疗救护、搜救、航拍、降落伞作业、物探等。

截止到2013年12月31日，该类飞机在我国注册数量共7架。

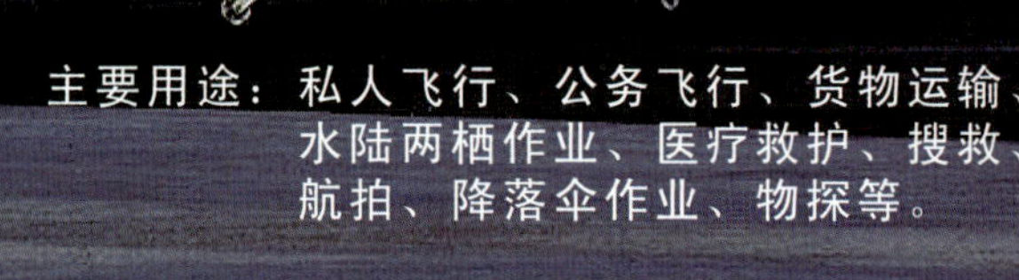

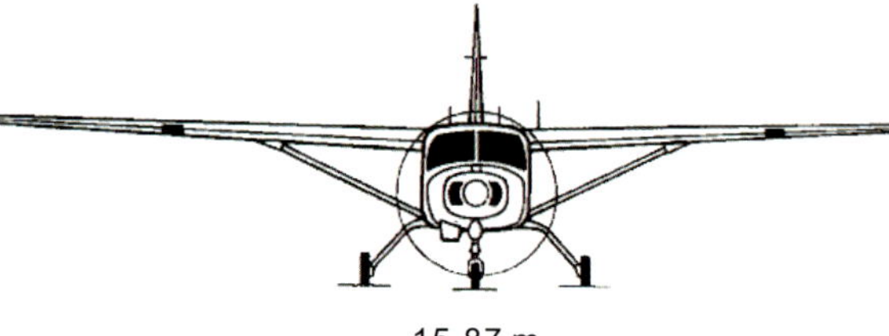

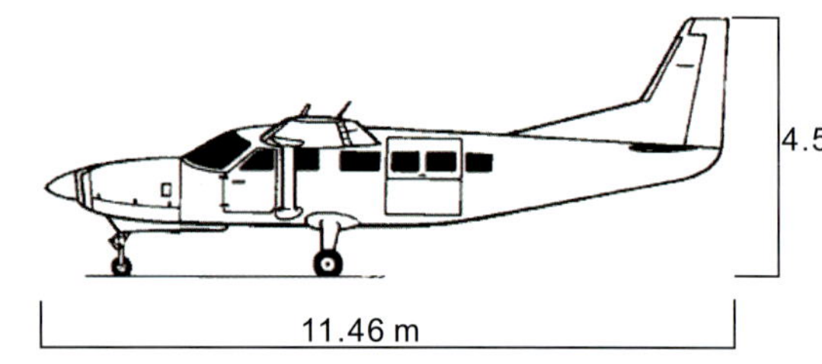

该系列型号飞机装有带撑杆的机翼（上单翼）和不可收放的前三点式起落架，可选装轮式、浮筒式或滑橇式起落装置。起落架使用正常轮胎，可在草地、土地、砂石地面起降；换装浮筒，它可在水面起降；换装冰橇，它可在雪面或冰面起降；该系列型号飞机可使用简易跑道，具备一定的商载能力。加装专业设备后具有多用途。

Cessna 208（Caravan 675）：
又称为 Caravan I，取代早期的208基本型，1998年开始投入使用。

中国航空器材进出口有限责任公司

China Aviation Supplies Imp.& Exp. Corporation

打造现代航空器材交易服务平台

中国航空器材进出口有限责任公司是隶属于中国航空器材集团公司的全资二级子公司，是中国民航业内从事航空器材综合服务保障的专业公司，注册资金贰拾亿元人民币。

飞机采购及进出口代理业务

- 航空器的选型、商务谈判和代理引进
- 航空器的引进相关证件的办理
- 飞机监造及接收
- 飞机托管谈判

航材综合服务保障业务

- IT服务（航材信息共享平台）
- 消耗件寄售保障业务
- 航线可更换件保障（包修）
- 高价保险件共享/租赁业务
- 飞机重大设备的批量加（改）装业务
- 富余航材处置及航材流动管理
- 全天候的AOG支援/物流运输服务
- 发动机、起落架共享平台

航空咨询业务

- 中国民航法规咨询
- 航空器监修服务
- 航空器内、外部标记和标牌的设计及咨询
- 航空企业筹建许可申请和运营许可申请
- 航空领域的专业翻译服务
- 中国民航行业资讯服务

中国航空器材进出口有限责任公司

地址：北京市顺义区空港工业区A区天纬四街3号　联系电话：010-89455000

邮编：101312　邮箱：casc_doc@casc.com.cn

www.casc.com.cn

赛斯纳　Cessna 208B系列

Cessna Grand Caravan

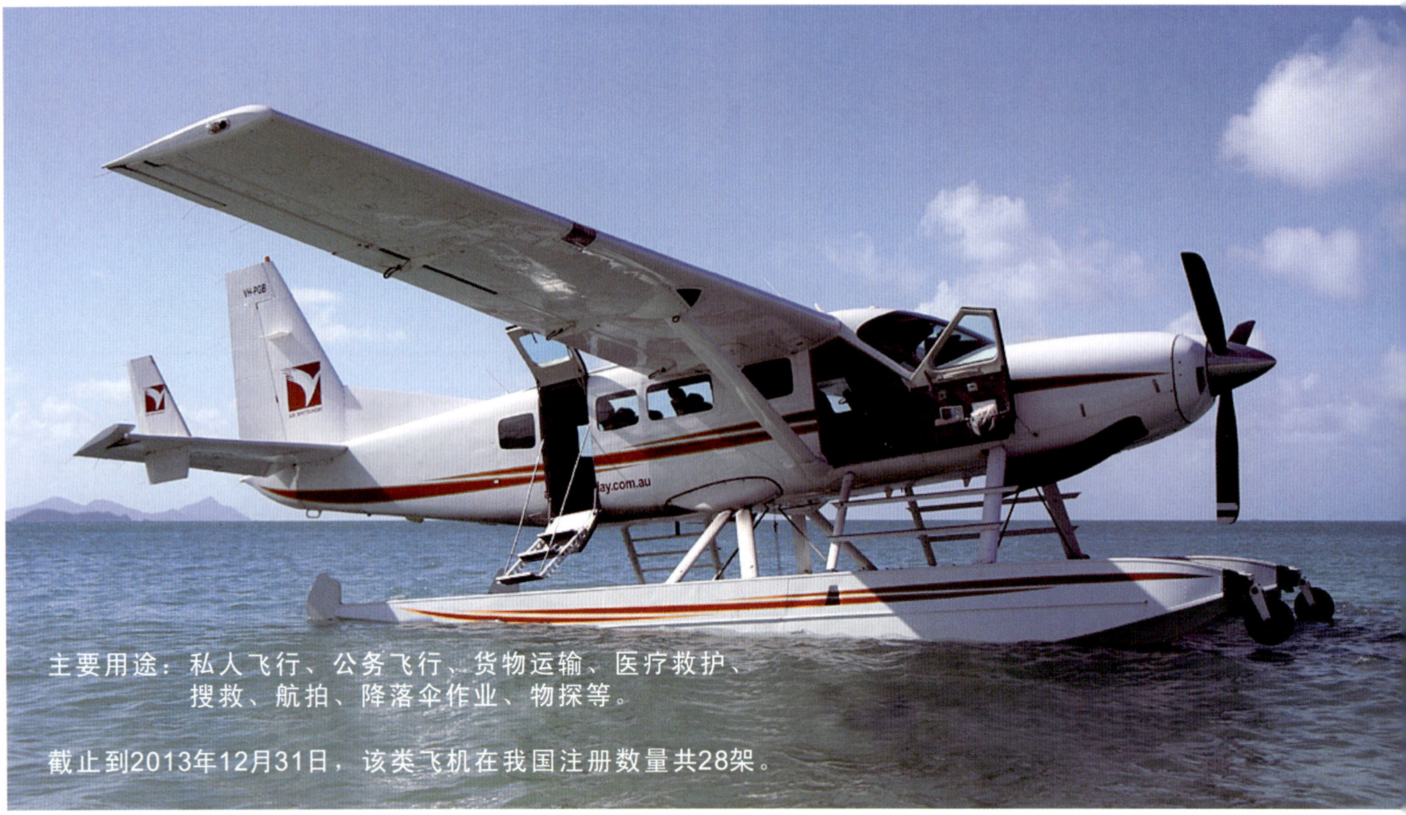

主要用途：私人飞行、公务飞行、货物运输、医疗救护、搜救、航拍、降落伞作业、物探等。

截止到2013年12月31日，该类飞机在我国注册数量共28架。

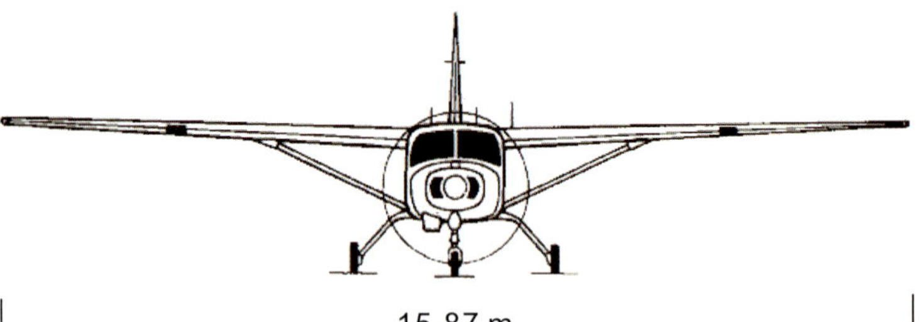

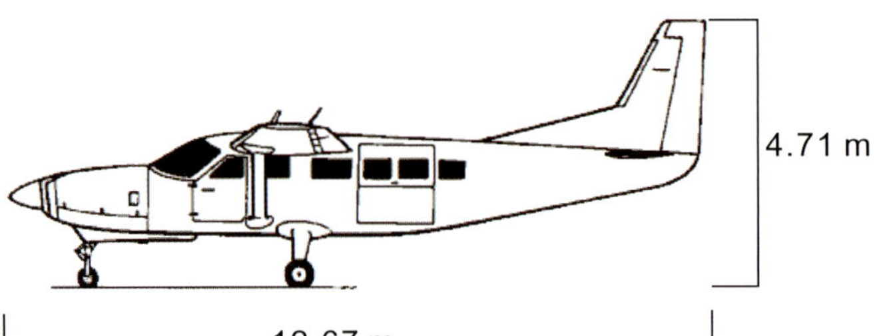

Cessna 208B（Grand Caravan）：又称为 Caravan II，为 Caravan I 的延长版，加长了4英尺（1.2米）。

技术参数

		Cessna 208B（2PCLM / 11PCLM）	Cessna 208B（2PCLM 或 11PCLM，S/N 208B5000 及以上）
概况	型别	Cessna 208B （2PCLM / 11PCLM）	Cessna 208B （2PCLM 或 11PCLM，S/N 208B5000 及以上）
	商用名	Grand Caravan	Grand Caravan
	制造商	Cessna Aircraft Company 赛斯纳飞机公司	Cessna Aircraft Company 赛斯纳飞机公司
	发动机型号	Prattan & Whitney PT6A-114 （S/N 208B0001 至 S/N 208B0178、208B0180 至 208B0229 以及按照 SK208-84 更改的型号） PT6A-114A （a.S/N 208B0001 至 S/N 208B0178、208B0180 至 208B0229 以及按照 SK208-84 更改的在 PT6A-114 运行限制下运行的型号。 b.S/N 208B0179、S/N 208B0230 以上型号、按SK208-80 更改的型号； S/N 208B0230 以上型号、按SK208-80 更改的型号）	Prattan & Whitney of Canada PT6A-140 （S/N 208B5000 以上）
	发动机数量	1	1
	螺旋桨型号	Hartzell HC-B3MN3/M10083（复合三片） McCauley 3GFR34C703/106GA-0（铝制三叶）	Hartzell HC-B3TN-3AF/T10890CN-2（铝制三叶） 或 HC-B3TN-3AF/T10890CN（B）-2 （铝制三叶）
	螺旋桨数量	1	1
	燃油	Jet A,Jet A-1,Jet B,JP-1,JP-4,JP-5 或 JP-8 三号喷气燃料（GB-6537-2006）	参考飞行员操作手册和FAA批准的飞行手册批准的航空涡轮燃料。 三号喷气燃料（GB-6537-2006）
	最大乘客人数	1-2（+133.5-146.5） （对于货运版本和载客版本用于飞行员座椅） 3-11 （参考载客型版本的飞行员操作手册和FAA批准的飞行手册中的相关内容）	
	最小机组人数	2	2
内部尺寸	舱内长度（m）	5.10 m	5.10 m
	舱内宽度（m）	1.63 m	1.63 m
	舱内高度（m）	1.37 m	1.37 m
	行李舱容积（m^3）	-	-
外部尺寸	机身长度（m）	12.67 m	12.67 m
	翼展（m）	15.87 m	15.87 m
	机身高度（m）	4.71 m	4.71 m
性能	空重（lbs/kg）	5070 lbs	5070 lbs
	最大停机坪重量（lbs/kg）	8785 lbs	8842 lbs
	最大起飞重量（lbs/kg）	8750 lbs 8000 lbs（带货舱）/ 8450（无货舱） （在已知结冰条件下飞行：对于 PT6A-114 和在 PT6A-114 运行限制下运行的 PT6A-114A 发动机） 8550 lbs（带货舱）/ 8750（无货舱） （在已知结冰条件下飞行：对于使用 PT6A-114A（675 hp.）发动机） 8750 lbs （在已知结冰条件下飞行：对于使用 PT6A-114A（675 hp.）发动机并安装有 TKS防冰系统）	8807 lbs
	最大着陆重量（lbs/kg）	8750 lbs 8000 lbs（带货舱）/ 8450（无货舱） （在已知结冰条件下飞行：对于 PT6A-114 和在 PT6A-114 运行限制下运行的 PT6A-114A 发动机）	8500 lbs
	最大零燃油重量（lbs/kg）	-	-
	最大滑行重量（lbs/kg）	8785 lbs	8807 lbs
	最大燃油量（lbs/kg/L/gal）	335 gal （可用332 gal）	339.1 gal （可用335.3 gal）
	最大使用高度（ft/m）	25000 ft 在已知结冰条件下飞行:20000 ft	25000 ft 在已知结冰条件下飞行:20000 ft
	最大起降高度（ft/m）	-	-
	起飞场长（m）	547 m	547 m
	经济巡航速度（km/h）	335 km/h	335 km/h
	最大航程（km）	1700 km	1700 km
数据来源		VTC0015AR3-VTCDS-[2013-09-04] 制造厂提供数据	

SR20

SR22

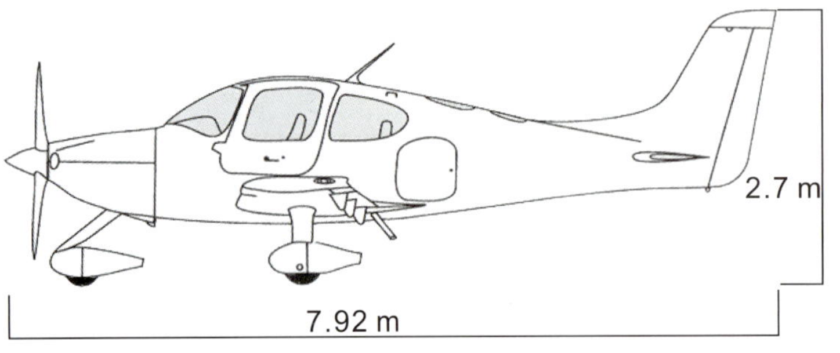

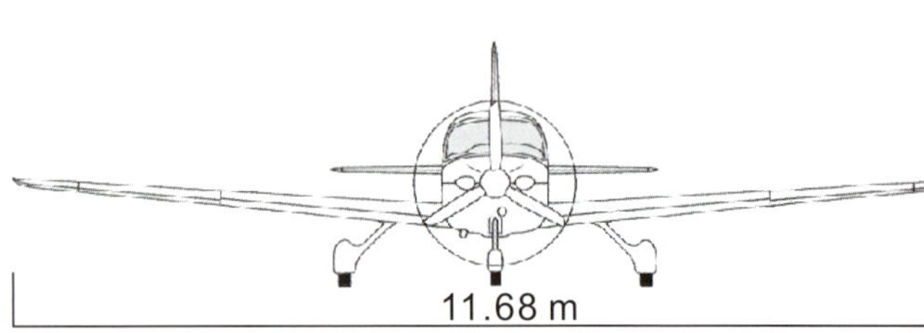

技术参数

	型别	SR20	SR22
概况	商用名	SR20	SR22
	制造商	Cirrus Design Cirrus Design 西锐飞机设计制造公司	Cirrus Design Cirrus Design 西锐飞机设计制造公司
	发动机型号	IO-360-ES	IO-550-N
	发动机数量	1	1
	燃油	100/100LL最低等级航空汽油	100/100LL最低等级航空汽油
	螺旋桨型号	Hartzell BHC-J2YF-1BF/F7694 PHC-J3YF-1MF/F7392-1 PHC-J3YF-1RF/F7392-1	Hartzell PHC-J3YF-1RF/F7694 or F7694B PHC-J3YF-1RF/F7693DF or F7693DFB PHC-J3YF-1N/N7605 or N7605B PHC-J3Y1F-1N/N7605 or N7605B
	螺旋桨桨叶数量	BHC-J2YF-1BF/F7694 2 PHC-J3YF-1MF/F7392-1 3 PHC-J3YF-1RF/F7392-1 3	3
	最大乘客人数	4	4
	最小机组人数	1	1
内部尺寸	客舱长度（in/m）	-	130 in（3.30 m）
	客舱宽度（in/m）	49 in（1.24 m）	49 in（1.24 m）
	客舱高度（in/m）	50 in（1.27 m）	50 in（1.27 m）
	行李箱容积（L）	-	-
外部尺寸	机身长度（ft/m）	26 ft（7.92 m）	26 ft（7.92 m）
	翼展（ft/m）	38 ft 4 in（11.68 m）	38 ft 4 in（11.68 m）
	机身高度（ft/m）	8 ft 11 in（2.7 m）	8 ft 11 in（2.7 m）
性能	空重（lbs/kg）	2128 lbs	2225 lbs（1009 kg）
	最大停机坪重量（lbs/kg）	-	3400 lbs
	最大起飞重量（lbs/kg）	出厂序列号1005至1147的飞机：2900 lbs； 出厂序列号1148至1877,1879至1885，以及 出厂序列号1005至1147如果已完成服务 通告 SB20-01-00的飞机：3000 lbs； 出厂序列号1878,1886以后的飞机： 3050 lbs。	-
	最大着陆重量（lbs/kg）	出厂序列号1005至1147的飞机：2900 lbs； 出厂序列号1148至1877,1879至1885，以及 出厂序列号1005至1147如果已完成服务 通告 SB20-01-00的飞机：3000 lbs； 出厂序列号1878,1886以后的飞机： 3050 lbs。	-
	最大零燃油重量（lbs/kg）	出厂序列号1148至1877,1879至1885，以及 出厂序列号1005至1147如果已完成服务 通告 SB20-01-00的飞机：2900 lbs；	-
	最大滑行重量（lbs/kg）	-	-
	最大燃油量（lbs/kg/L/gal）	出场序列号1005至1877、1879至1885的 SR20飞机：229 L（60.5 gal） 出场序列号1878、1886以及以后的SR20 飞机：221.4 L（58.5 GAL）	出场序列号0002至2333、2335至2419、 2421 至 2437的飞机：318 L（84 gal） 出场序列号2334、2420、2438及其随后的 飞机：357.7 L（94.5 GAL）
	最大使用高度（ft/m）	17500 ft	17500 ft
	最大起降高度（ft/m）	-	-
	起飞场长（m）	1478 ft（451 m）	1028 ft（313 m）
	经济巡航速度（ktas/km/h）	-	-
	最大航程（nm/km）	-	1170 nm（2166 km）
数据来源			VTC0174AR5-VTCDS-[2010-04-14] 制造厂提供数据

SR20是由美国西锐飞机设计制造公司设计制造的一款五座、单发飞机。其采用安全降落设备。SR20于1995年完成首飞，1998年取得FAA的型号合格证，2005年取得中国民航局颁发的型号认可证。

SR22是美国西锐飞机设计制造公司在SR20基础上研制的一款五座、单发、复合材料机身飞机。与SR20相比，SR22配备了动力更强劲的发动机，燃油容量更高。SR22采用了固定（非伸缩）式起落架，同样安装了安全降落设备（CAPS）。SR22于2000年取得FAA的型号合格证，2005年取得中国民航局颁发的型号认可证。

主要用途：公务飞行、飞行训练等。

截止到2013年12月31日，该类飞机在我国注册数量共57架。

美国小熊飞机股份有限公司 CC18-180

Cub Crafters Top Cub

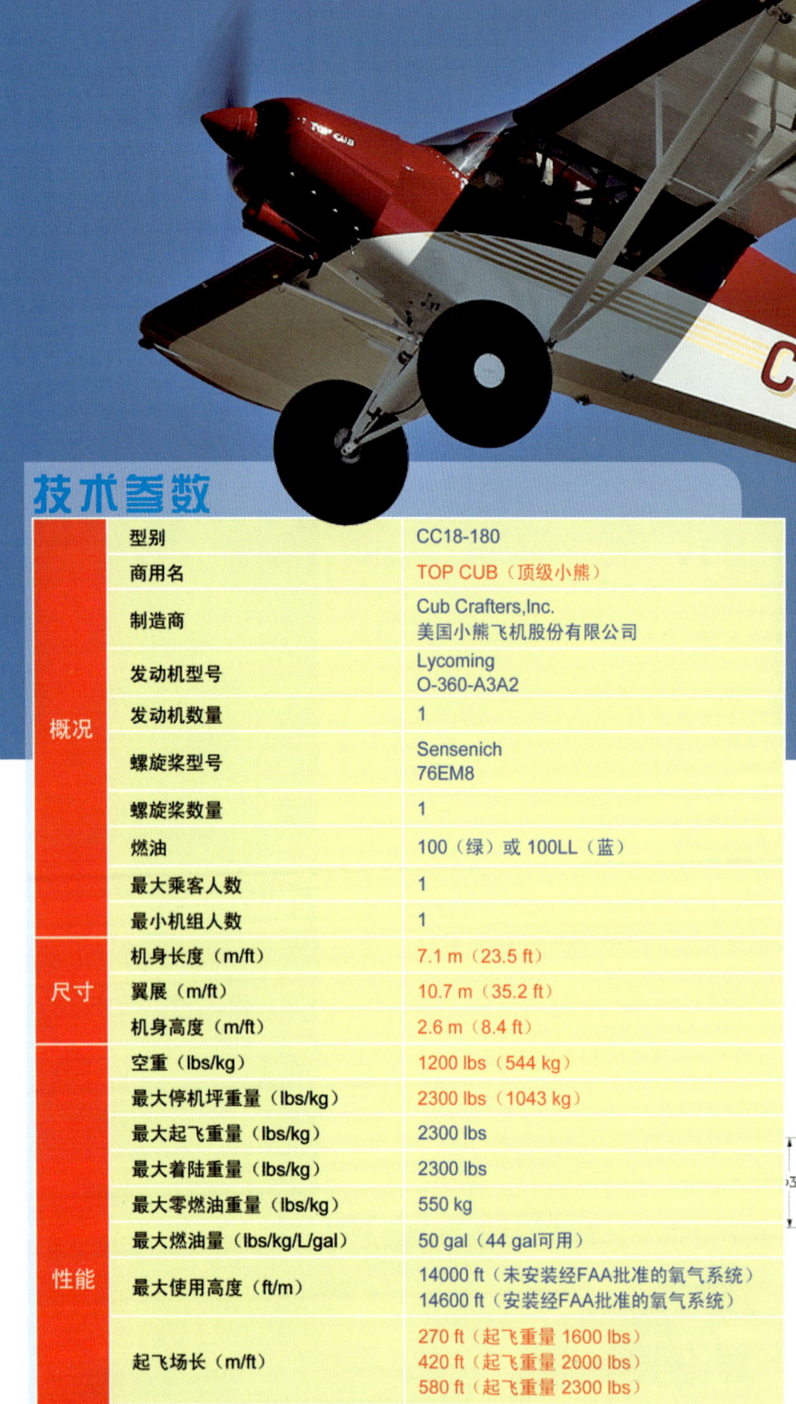

技术参数

概况	型别	CC18-180
	商用名	TOP CUB（顶级小熊）
	制造商	Cub Crafters,Inc. 美国小熊飞机股份有限公司
	发动机型号	Lycoming O-360-A3A2
	发动机数量	1
	螺旋桨型号	Sensenich 76EM8
	螺旋桨数量	1
	燃油	100（绿）或 100LL（蓝）
	最大乘客人数	1
	最小机组人数	1
尺寸	机身长度（m/ft）	7.1 m（23.5 ft）
	翼展（m/ft）	10.7 m（35.2 ft）
	机身高度（m/ft）	2.6 m（8.4 ft）
性能	空重（lbs/kg）	1200 lbs（544 kg）
	最大停机坪重量（lbs/kg）	2300 lbs（1043 kg）
	最大起飞重量（lbs/kg）	2300 lbs
	最大着陆重量（lbs/kg）	2300 lbs
	最大零燃油重量（lbs/kg）	550 kg
	最大燃油量（lbs/kg/L/gal）	50 gal（44 gal可用）
	最大使用高度（ft/m）	14000 ft（未安装经FAA批准的氧气系统） 14600 ft（安装经FAA批准的氧气系统）
	起飞场长（m/ft）	270 ft（起飞重量 1600 lbs） 420 ft（起飞重量 2000 lbs） 580 ft（起飞重量 2300 lbs）
	经济巡航速度（km/h / mph）	105 mph
	最大航程	-
数据来源		VTC0269A-VTCDS-[2012-10-18]
		制造厂提供数据

主要用途：空中游览、短途客货运等。
截止到2013年12月31日，该类飞机在我国注册数量共0架。

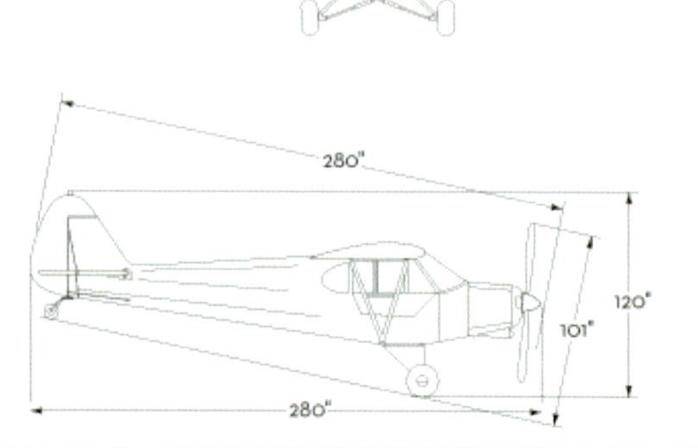

Cub Crafters公司以PA18为基础自主研制了CC18-180（TOP CUB）飞机，并于2004年12月16日获得FAA的型号认可证，2012年10月获得中国民航局颁发的型号认可证。

CC18-180型飞机为传统布局：上单翼、串联式双座、单台活塞发动机的螺旋桨飞机。

Costruzioni Aeronautiche TECNAM P92-JS

主要用途：娱乐飞行、飞行训练、地域监视、巡逻等。
截止到2013年12月31日，该类飞机在我国注册数量共7架。

技术参数

概况	型别	P92-JS
	商用名	P92-JS
	制造商	Costruzioni Aeronautiche TECNAM S.r.l
	发动机型号	Rotax 912S2
	发动机数量	1
	螺旋桨型号	Hoffmann HO17GHM-174 177C 或 HO17GHM-A 174 177C
	螺旋桨数量	1
	燃油	符合中国国标 GB17930-2006 的 95# 以上汽油
	最大乘客人数	1
	最小机组人数	1
尺寸	机身长度（m）	6.4 m
	翼展（m）	8.7 m
	机身高度（m）	2.5 m
性能	空重（lbs/kg）	304 kg
	最大停机坪重量（lbs/kg）	550 kg
	最大起飞重量（lbs/kg）	550 kg
	最大着陆重量（lbs/kg）	550 kg
	最大零燃油重量（lbs/kg）	550 kg
	最大燃油量（lbs/kg/L/gal）	70 L
	最大使用高度（ft/m）	4500 m
	起飞场长（m）	120 m
	经济巡航速度（km/h）	194 km/h
	最大航程（km）	800 km
数据来源	VTC0214A-VTCDS-[2008-11-21]	
	制造厂提供数据	

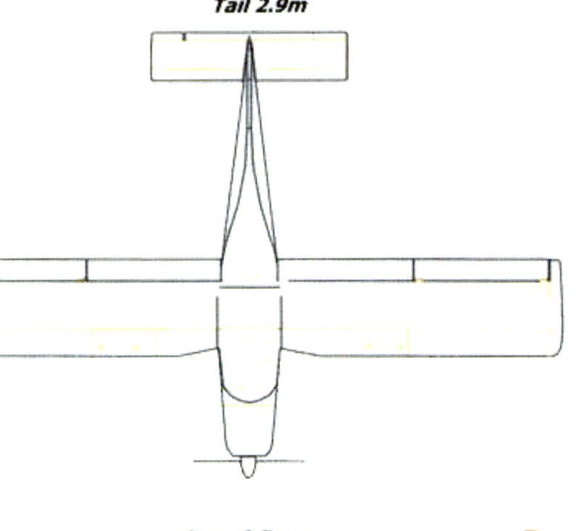

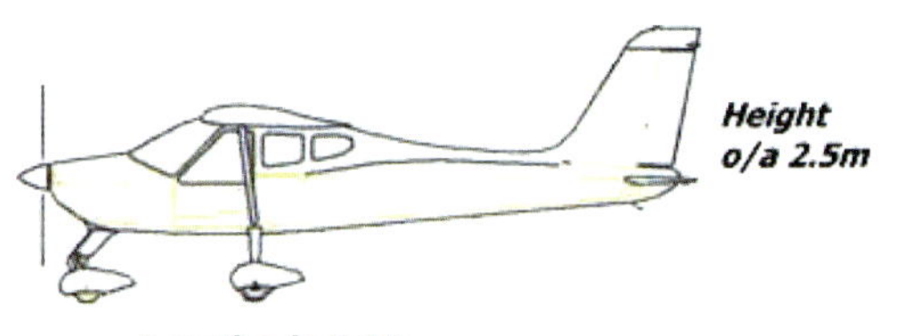

P92-JS是一款并排双座、单梁撑杆加固、上单翼常规布局的轻型飞机。

P92-JS型飞机已在2001年12月获得FAA的型号合格证，符合于CS-VLA。发动机和螺旋桨通过FAR33认证。2008年11月获得中国民航局颁发的型号认可证。

泰克南 P2002-JF

Costruzioni Aeronautiche TECNAM P2002-JF

主要用途：娱乐飞行、飞行训练、地域监视、巡逻等。
截止到2013年12月31日，该类飞机在我国注册数量共2架。

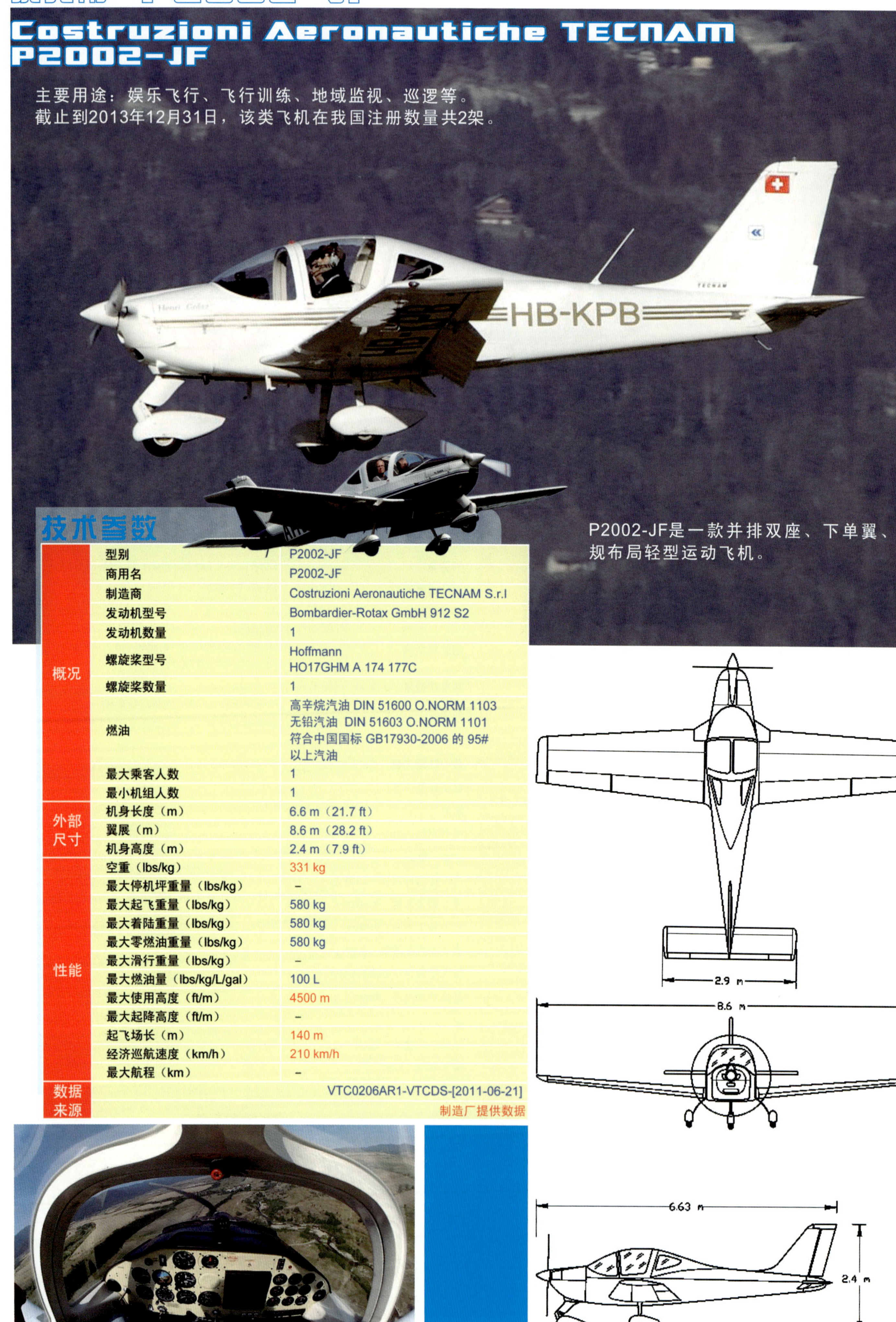

P2002-JF是一款并排双座、下单翼、常规布局轻型运动飞机。

技术参数

概况	型别	P2002-JF
	商用名	P2002-JF
	制造商	Costruzioni Aeronautiche TECNAM S.r.l
	发动机型号	Bombardier-Rotax GmbH 912 S2
	发动机数量	1
	螺旋桨型号	Hoffmann HO17GHM A 174 177C
	螺旋桨数量	1
	燃油	高辛烷汽油 DIN 51600 O.NORM 1103 无铅汽油 DIN 51603 O.NORM 1101 符合中国国标 GB17930-2006 的 95# 以上汽油
	最大乘客人数	1
	最小机组人数	1
外部尺寸	机身长度（m）	6.6 m（21.7 ft）
	翼展（m）	8.6 m（28.2 ft）
	机身高度（m）	2.4 m（7.9 ft）
性能	空重（lbs/kg）	331 kg
	最大停机坪重量（lbs/kg）	-
	最大起飞重量（lbs/kg）	580 kg
	最大着陆重量（lbs/kg）	580 kg
	最大零燃油重量（lbs/kg）	580 kg
	最大滑行重量（lbs/kg）	-
	最大燃油量（lbs/kg/L/gal）	100 L
	最大使用高度（ft/m）	4500 m
	最大起降高度（ft/m）	-
	起飞场长（m）	140 m
	经济巡航速度（km/h）	210 km/h
	最大航程（km）	-
数据来源		VTC0206AR1-VTCDS-[2011-06-21] 制造厂提供数据

Costruzioni Aeronautiche TECNAM P2006T

主要用途：私人飞行、飞行训练、旅游观光等。
截止到2013年12月31日，该类飞机在我国注册数量共4架。

技术参数

概况	型别	P2006T
	商用名	P2006T
	制造商	Costruzioni Aeronautiche TECNAM S.r.l
	发动机型号	Bombardier-Rotax GmbH 912 S3
	发动机数量	2
	螺旋桨型号	MT Propeller MTV-21-A-C-F/CF178-05
	螺旋桨数量	2
	燃油	Min.RON 95 EN 228 Premium EN 228 Premium plus AVGAS 100LL
	最大乘客人数	3
	最小机组人数	1
尺寸	机身长度（m/ft）	8.7 m（28.5 ft）
	翼展（m/ft）	11.4 m（37.4 ft）
	机身高度（m/ft）	2.85 m（9.35 ft）
性能	空重（lbs/kg）	760 kg（1675 lbs）
	最大停机坪重量（lbs/kg）	-
	最大起飞重量（lbs/kg）	1180 kg（2600 lbs） 1230 kg（2712 lbs） （适用于安装 C.A.Tecnam MOD2006/015 的 EASA 重要更改批准 n.10037759 ）
	最大着陆重量（lbs/kg）	1180 kg（2600 lbs） 1230 kg（2712 lbs） （适用于安装 C.A.Tecnam MOD2006/015 的 EASA 重要更改批准 n.10037759 ）
	最大零燃油重量（lbs/kg）	1145 kg（2524 lbs） 1195 kg（2635 lbs） （适用于安装 C.A.Tecnam MOD2006/015 的 EASA重要更改批准 n.10037759 ）
	最大燃油量（lbs/kg/L/gal）	200 L（194.4 L可用）
	最大使用高度（ft/m）	4267 m（14000 ft）
	起飞场长（m）	-
	经济巡航速度（km/h）	250 km/h
	最大航程（km）	1148 km
数据来源	VTC0266AR1-VTCDS-[2013-01-15] 制造厂提供数据	

意大利TECNAM公司的P2006T型是双发、上单翼、单驾驶飞机，座位数为4座，其机身结构为传统的铝合金机身，带有翼尖小翼，起落架为可收放式前三点式起落架。

P2006T型飞机获得EASA的CS23部认证，2010年获得FAA的FAR23部认证，2012年3月获得中国民航局颁发的型号认可证。

钻石飞机制造公司 DA20-C1

Diamond Aircraft DA20-C1

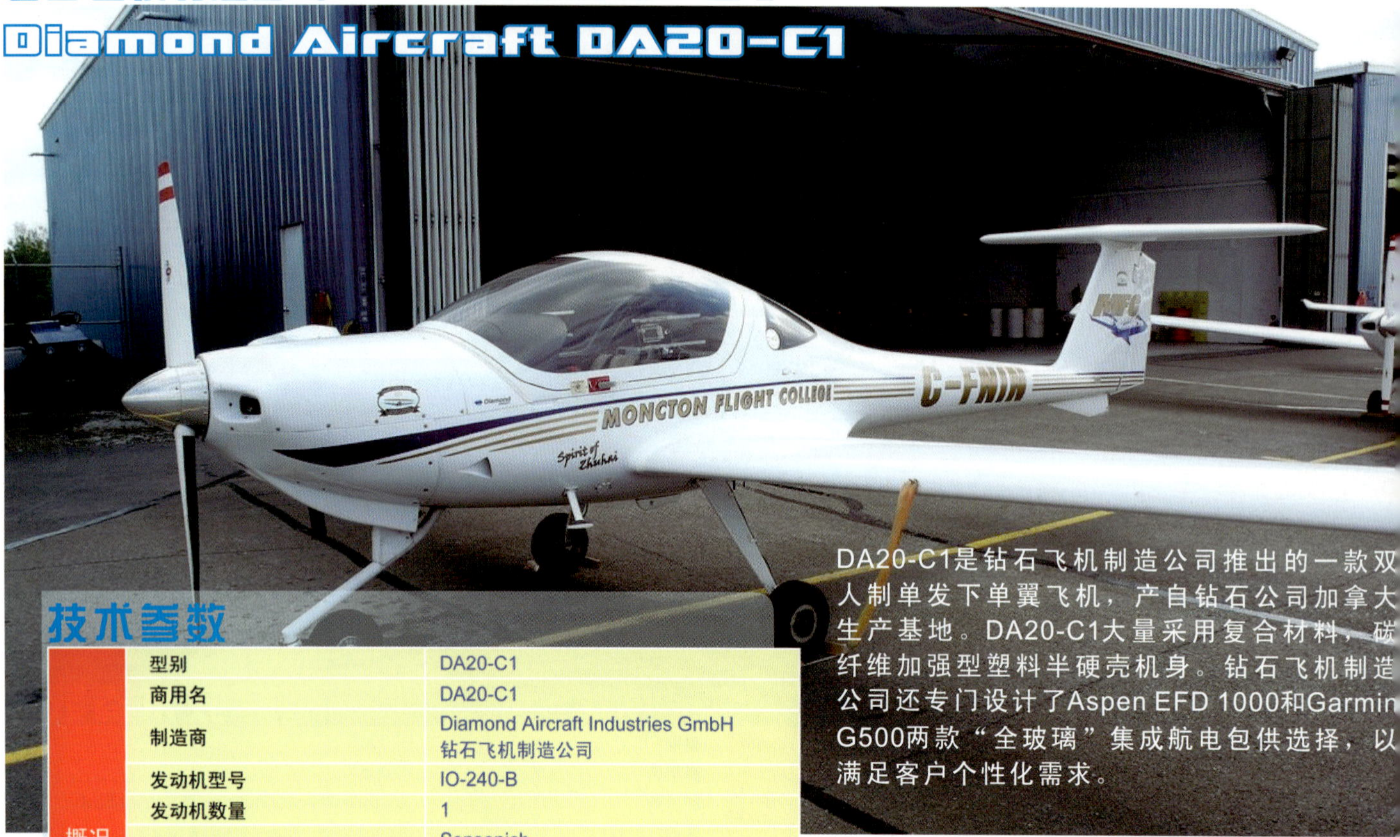

DA20-C1是钻石飞机制造公司推出的一款双人制单发下单翼飞机，产自钻石公司加拿大生产基地。DA20-C1大量采用复合材料，碳纤维加强型塑料半硬壳机身。钻石飞机制造公司还专门设计了Aspen EFD 1000和Garmin G500两款"全玻璃"集成航电包供选择，以满足客户个性化需求。

技术参数

概况	型别	DA20-C1
	商用名	DA20-C1
	制造商	Diamond Aircraft Industries GmbH 钻石飞机制造公司
	发动机型号	IO-240-B
	发动机数量	1
	螺旋桨型号	Sensenich W69EK7-63 或 W69EK7-63G
	螺旋桨数量	1
	燃油	最低航空汽油等级100/100LL
	最大乘客人数	1
	最小机组人数	1
外部尺寸	机身长度（m）	7.16 m
	翼展（m）	10.87 m
	机身高度（m）	2.18 m
性能	空重（lbs/kg）	529 kg（1166 lbs）
	最大停机坪重量（lbs/kg）	753 kg（1660 lbs）
	最大起飞重量（lbs/kg）	750 kg（1653 lbs）
	最大着陆重量（lbs/kg）	750 kg（1653 lbs）
	最大零燃油重量（lbs/kg）	–
	最大滑行重量（lbs/kg）	753 kg（1660 lbs）
	最大燃油量（lbs/kg/L/gal）	93 L
	最大使用高度（ft/m）	4000 m（13120 ft）
	最大起降高度（ft/m）	–
	起飞场长（m）	–
	经济巡航速度（km/h）	256 km/h
	最大航程（km）	1013 km
数据来源		VTC150A-VTCDS-[2004-07-27] 制造厂提供数据

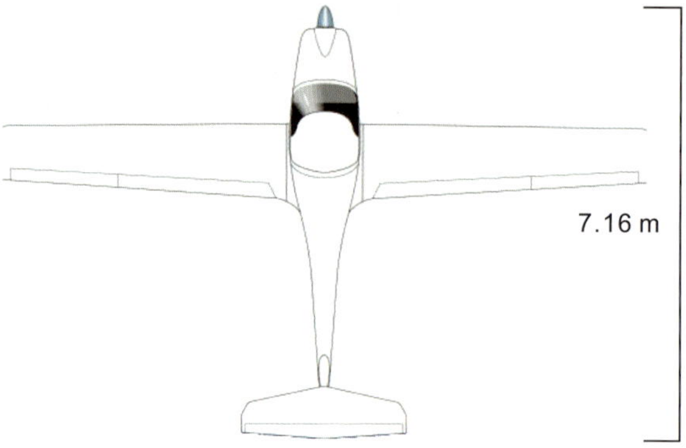

7.16 m

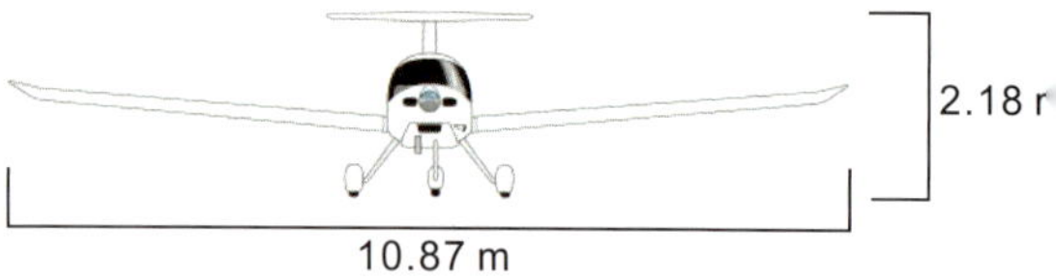

2.18 m

10.87 m

主要用途：私人飞行、飞行训练等。
截止到2013年12月31日，该类飞机在我国注册数量共7架。

Diamond Aircraft DA40 NG

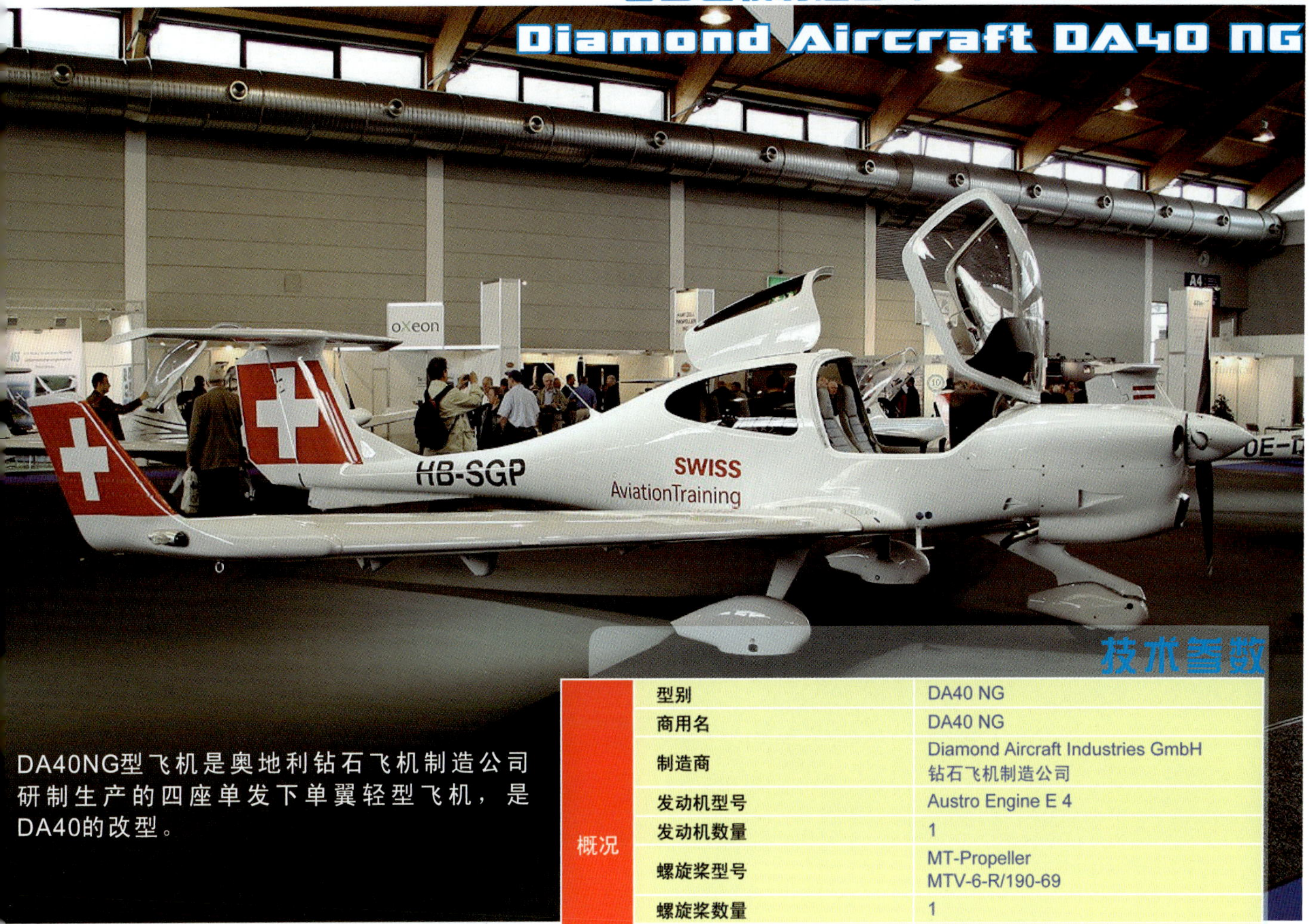

DA40NG型飞机是奥地利钻石飞机制造公司研制生产的四座单发下单翼轻型飞机，是DA40的改型。

技术参数

概况	型别	DA40 NG
	商用名	DA40 NG
	制造商	Diamond Aircraft Industries GmbH 钻石飞机制造公司
	发动机型号	Austro Engine E 4
	发动机数量	1
	螺旋桨型号	MT-Propeller MTV-6-R/190-69
	螺旋桨数量	1
	燃油	JetA,JetA-1（ASTM 1655）
	最大乘客人数	3
	最小机组人数	1
外部尺寸	机身长度（m）	8.06 m（26 ft 5 in）
	翼展（m）	11.63 m（38 ft 2 in）
	机身高度（m）	1.97 m（6 ft 6 in）
性能	空重（lbs/kg）	-
	最大停机坪重量（lbs/kg）	-
	最大起飞重量（lbs/kg）	1280 kg（2822 lbs）
	最大着陆重量（lbs/kg）	1216 kg（2681 lbs）
	最大零燃油重量（lbs/kg）	1200 kg（2646 lbs）
	最大滑行重量（lbs/kg）	-
	最大燃油量（lbs/kg/L/gal）	标准：113.6 L 长程：155.2 L
	最大使用高度（ft/m）	5000 m（16404 ft）
	最大起降高度（ft/m）	-
	起飞场长（m）	-
	经济巡航速度（km/h）	-
	最大航程（km）	-
数据来源	VTC0154AR7-VTCDS-[2011-08-29] 制造厂提供数据	

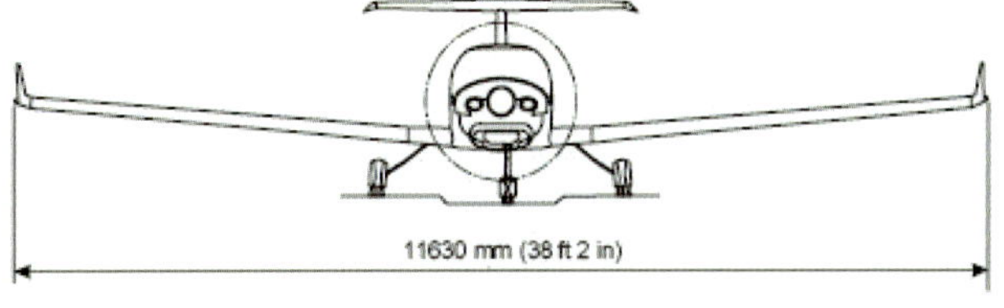

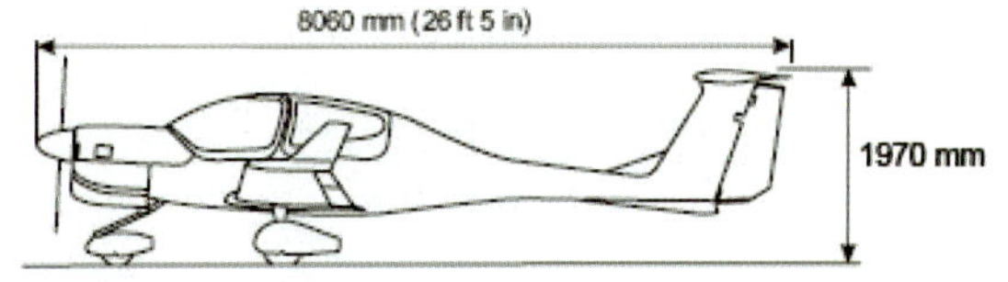

要用途：私人飞行、飞行训练、旅游观光、航拍航测、边防巡逻、森林防火、勘察、救援等。

止到2013年12月31日，该类飞机在我国注册数量共0架。

钻石飞机制造公司 DA40/400

Diamond Aircraft DA40/DA400

DA40型飞机是奥地利钻石飞机制造公司研制生产的四座单发轻型飞机。Garmin G1000 玻璃式驾驶舱可以提供情景预警和飞行监控。

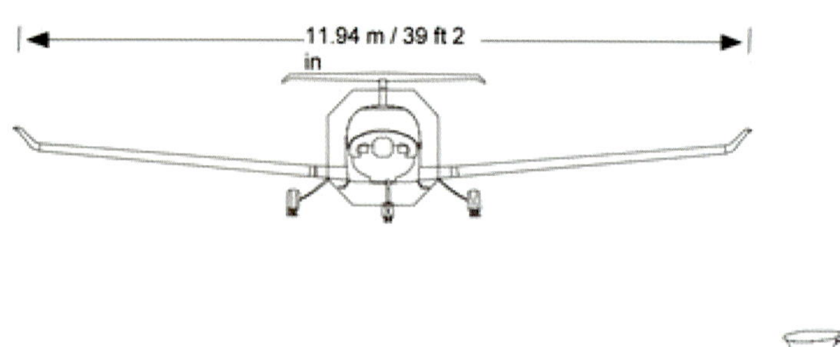

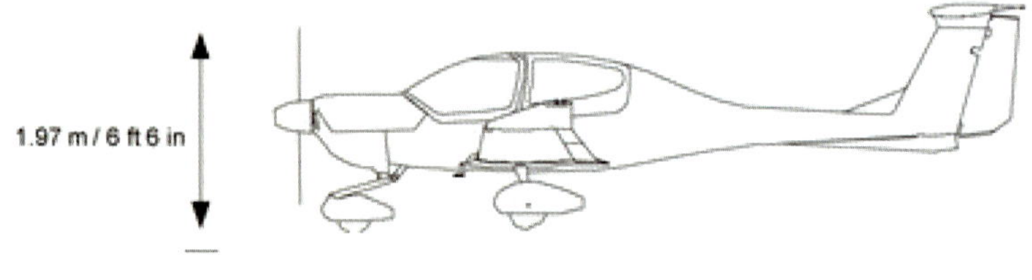

技术参数

	型别	DA40	DA40 D
概况	商用名	DA40	DA40 D
	制造商	Diamond Aircraft Industries GmbH 钻石飞机制造公司	Diamond Aircraft Industries GmbH 钻石飞机制造公司
	发动机型号	Textron Lycoming IO-360 M1A	TAE 125-01 或 TAE 125-02-99
	发动机数量	1	1
	螺旋桨型号	MT-Propeller MTV-12-B/180-17	MT-Propeller MTV-6-A/187-129
	螺旋桨数量	1	1
	燃油	AVGAS 100LL	Jet A-1（ASTM 1655）
	最大乘客人数	3	3
	最小机组人数	1	1
外部尺寸	机身长度（ft/m）	8.01 m（26 ft 3 in）	8.01 m（26 ft 3 in）
	翼展（ft/m）	11.94 m（39 ft 2 in）	11.94 m（39 ft 2 in）
	机身高度（ft/m）	1.97 m（6 ft 6 in）	1.97 m（6 ft 6 in）
性能	空重（lbs/kg）	750 kg	806 kg
	最大停机坪重量（lbs/kg）	–	–
	最大起飞重量（lbs/kg）	实用类：980 kg（2161 lbs） 正常类：1150 kg / 1200 kg（2646 lbs）	实用类：980 kg（2161 lbs） 正常类：1150 kg（2535 lbs）
	最大着陆重量（lbs/kg）	1092 kg（2535 lbs） / 1150 kg（2535 lbs）	1092 kg（2535 lbs） / 1150 kg（2535 lbs）
	最大零燃油重量（lbs/kg）	–	–
	最大滑行重量（lbs/kg）	–	–
	最大燃油量（lbs/kg/L/gal）	标准：156L 长程：193 L	标准：113.6L 长程：155.2 L
	最大使用高度（ft/m）	5000 m（16404 ft）	5000 m（16404 ft）
	最大起降高度（ft/m）	–	–
	起飞场长（m）	313 m	335 m
	经济巡航速度（km/h）	272 km/h	263 km/h
	最大航程（km）	1056 km	1372 km / 2006 km（长程油箱）
数据来源			VTC0154AR7-VTCDS-[2011-08-29] 制造厂提供数据

主要用途：私人飞行、飞行训练、旅游观光、航拍航测、边防巡逻、森林防火、勘察、救援等。

截止到2013年12月31日，该类飞机在我国注册数量共143架。

钻石飞机制造公司 DA42/42NG

Diamond Aircraft DA42/DA42NG

DA42是奥地利钻石飞机制造公司研制生产的双发四座下单翼飞机。DA42的机身为碳纤维复合材料。机舱内载有GARMIN G1000系统。

DA42：基本型。

Da42 NG：DA42基础上的改型，更换了2台E4发动机，加装了GFC700自驾系统。

TWIN STAR

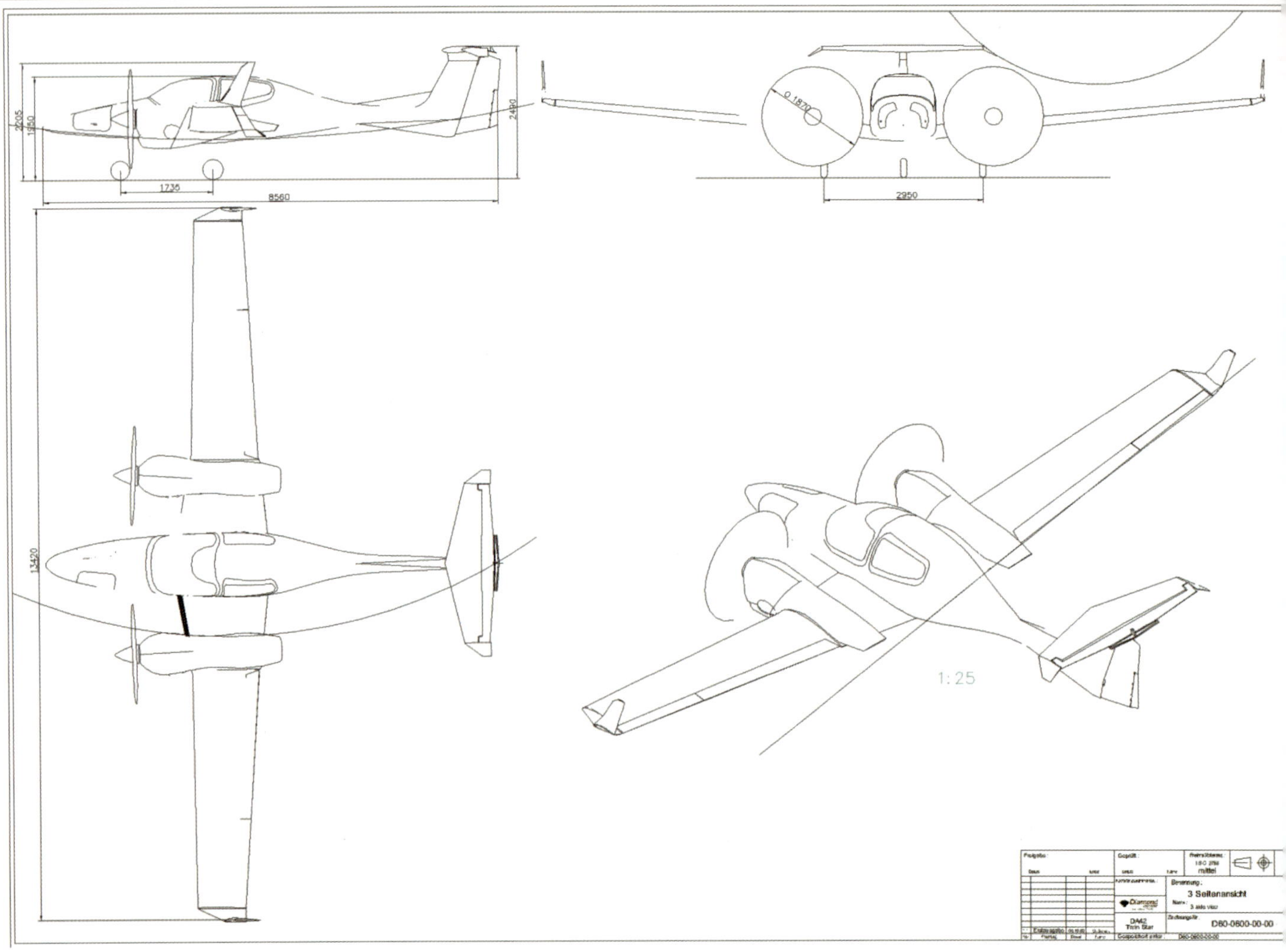

2205 1350 2490 1736 8560 2950 13420 1:25

3 Seitenansicht

DA42 Twin Star

D60-0600-00-00

技术参数

概况	型别	DA42	DA42 NG
	商用名	DA42	DA42 NG
	制造商	Diamond Aircraft Industries GmbH 钻石飞机制造公司	Diamond Aircraft Industries GmbH 钻石飞机制造公司
	发动机型号	TAE 125-01 或 TAE 125-02-99	Austro Engine E4
	发动机数量	2	2
	螺旋桨型号	MT-Propeller MTV-6-A-C-F/CF187-129	MT-Propeller MTV-6-R-C-F/CF187-129
	螺旋桨数量	2	2
	燃油	Jet A-1（ASTM 1655）， 柴油（EN590）	Jet A-1（ASTM 1655）
	最大乘客人数	3	3
	最小机组人数	1	1
外部尺寸	机身长度（ft/m）	8.56 m（28 ft 1 in）	8.56 m（28 ft 1 in）
	翼展（ft/m）	13.42 m（44 ft 0 in）	13.42 m（44 ft 0 in）
	机身高度（ft/m）	2.49 m（8 ft 2 in）	2.49 m（8 ft 2 in）
性能	空重（lbs/kg）	1251 kg	3153 lbs （1430 kg）
	最大停机坪重量（lbs/kg）	-	-
	最大起飞重量（lbs/kg）	1700 kg （3748 lbs） / 1785 kg （3935 lbs）	1900 kg （4189 lbs）
	最大着陆重量（lbs/kg）	1700 kg （3748 lbs）	1805 kg （3979 lbs）
	最大零燃油重量（lbs/kg）	1650 kg （3638 lbs）	1765 kg （3891 lbs）
	最大滑行重量（lbs/kg）	-	-
	最大燃油量（lbs/kg/L/gal）	196.8 L	196.8 L
	最大使用高度（ft/m）	5486 m（18000 ft）	5486 m（18000 ft）
	最大起降高度（ft/m）	-	-
	起飞场长（m）	344 m	700 m
	经济巡航速度（km/h）	356 km/h	328 km/h
	最大航程（km）	1693 km	1335 km
数据来源			VTC0166AR2-VTCDS-[2011-06-23]
			制造厂提供数据

主要用途：私人飞行、飞行训练、旅游观光、航拍航测、边防巡逻、森林防火、勘察、救援等。

截止到2013年12月31日，该类飞机在我国注册数量共43架。

钻石飞机制造公司 DA42M/42M-NG
Diamond Aircraft DA42M/DA42M-NG

主要用途：空中作业平台（航测、空中巡逻等）。

截止到2013年12月31日，该类飞机在我国注册数量共0架。

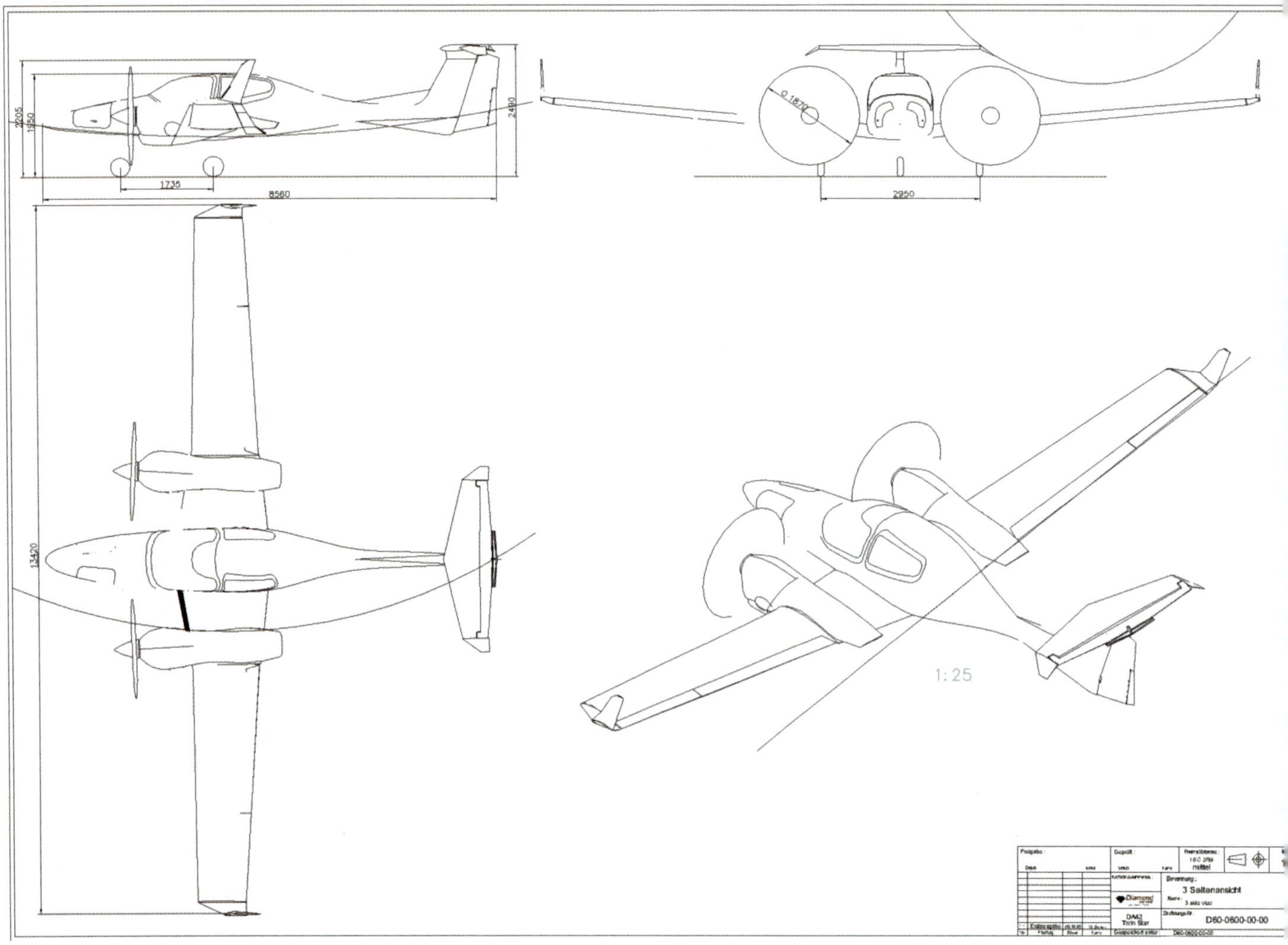

技术参数

概况	型别	DA42 M	DA42 M-NG
	商用名	DA42 M	DA42 M-NG
	制造商	Diamond Aircraft Industries GmbH 钻石飞机制造公司	Diamond Aircraft Industries GmbH 钻石飞机制造公司
	发动机型号	TAE 125-02-99/2 或 TAE 125-02-99	Austro Engine E 4
	发动机数量	2	2
	螺旋桨型号	MT-Propeller MTV-6-A-C-F/CF187-129	MT-Propeller MTV-6-R-C-F/CF187-129
	螺旋桨数量	3	1
	燃油	Jet A-1（ASTM 1655） 柴油（EN590）	Jet A-1（ASTM 1655）
	最大乘客人数	3	3
	最小机组人数	1	1
外部尺寸	机身长度（ft/m）	8.56 m（28 ft 1 in）	8.56 m（28 ft 1 in）
	翼展（ft/m）	13.42 m（44 ft 0 in）	13.42 m（44 ft 0 in）
	机身高度（ft/m）	2.49 m（8 ft 2 in）	2.49 m（8 ft 2 in）
性能	空重（lbs/kg）	1251 kg	3153 lbs （1430 kg）
	最大停机坪重量（lbs/kg）	–	–
	最大起飞重量（lbs/kg）	1785 kg （3935 lbs）	1900 kg （4189 lbs）
	最大着陆重量（lbs/kg）	1700 kg （3560 lbs） 1785 kg （3935 lbs）OÄM 42-195 installed	1805 kg （3979 lbs）
	最大零燃油重量（lbs/kg）	1650 kg （3638 lbs） 1674 kg （3690 lbs）OÄM 42-188 installed 1730 kg （3814 lbs） OÄM 42-188 & -195 installed	1765 kg （3891 lbs）
	最大滑行重量（lbs/kg）	–	–
	最大燃油量（lbs/kg/L/gal）	196.8 L	196.8 L
	最大使用高度（ft/m）	5486 m（18000 ft）	5486 m（18000 ft）
	最大起降高度（ft/m）	–	–
	起飞场长（m）	344 m	700 m
	经济巡航速度（km/h）	356 km/h	328 km/h
	最大航程（km）	1693 km	1335 km
数据来源			VTC0258A-VTCDS-[2011-06-23] 制造厂提供数据

DA42M/DA42M-NG型飞机是由奥地利钻石飞机制造公司设计、制造的双发、双驾驶、4座、下单翼多用途飞机。DA42M、DA42M-NG分别是DA42、DA42NG的衍生型，在无设备舱或未装任何任务设备时的基本构型与常规的DA42、DA42NG无差别，通过改装可以实现相应的功能。

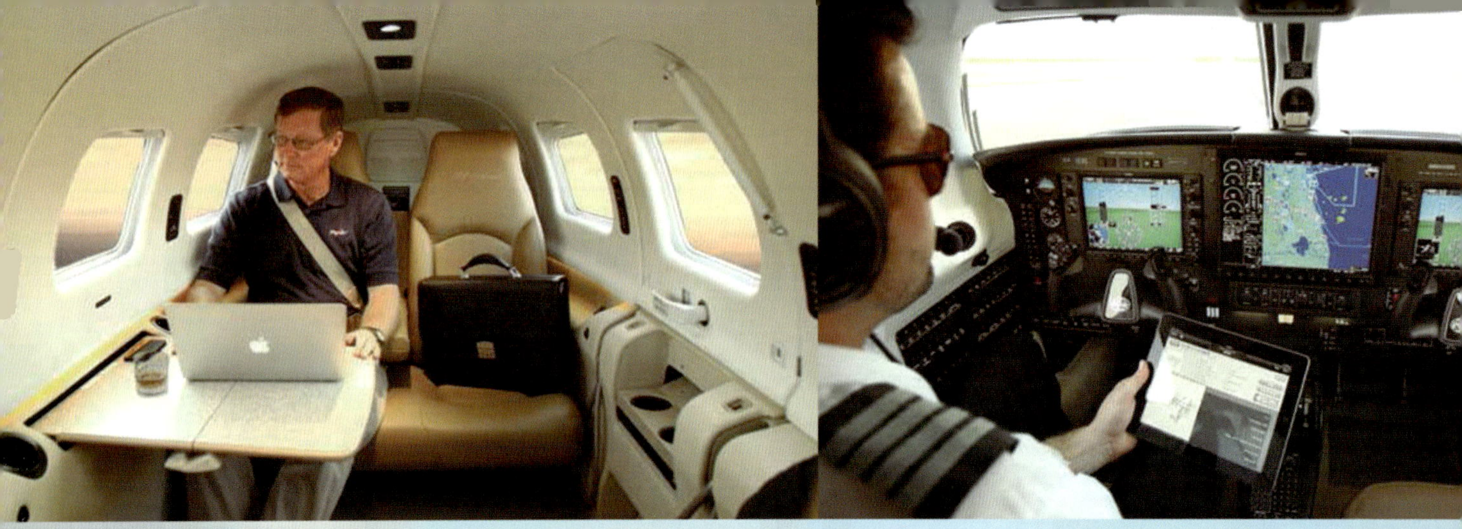

PA-46-500TP Meridian

PA-46-500TP 子午线 轻型涡桨公务机

最大巡航速度：260 ktas | 482 km/h　最大升限：30,000 ft | 9,144 m

最大起飞重量：5,092 lbs | 2,310 kg　航程：1,000 nm | 1,852 km

最大座位数：6座　发动机：Pratt & Whitney Canada PT6A-42A

Piper

400 890 1290

www.piperchina.com

EADS SOCATA TB 9 Tampico

主要用途：私人飞行、飞行训练、空中旅游等。
截止到2013年12月31日，该类飞机在我国注册数量共0架。

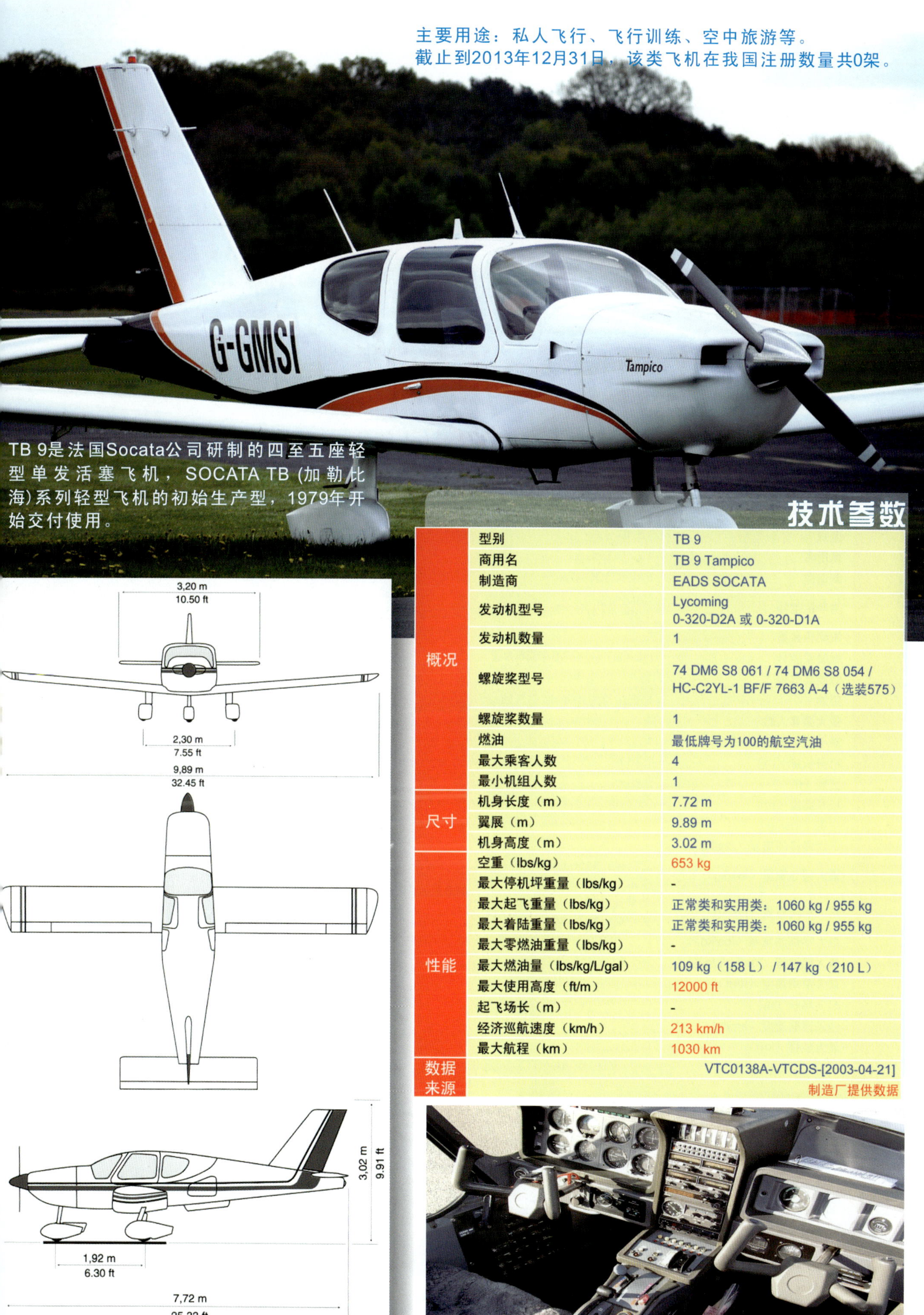

TB 9是法国Socata公司研制的四至五座轻型单发活塞飞机，SOCATA TB (加勒比海)系列轻型飞机的初始生产型，1979年开始交付使用。

技术参数

概况	型别	TB 9
	商用名	TB 9 Tampico
	制造商	EADS SOCATA
	发动机型号	Lycoming 0-320-D2A 或 0-320-D1A
	发动机数量	1
	螺旋桨型号	74 DM6 S8 061 / 74 DM6 S8 054 / HC-C2YL-1 BF/F 7663 A-4（选装575）
	螺旋桨数量	1
	燃油	最低牌号为100的航空汽油
	最大乘客人数	4
	最小机组人数	1
尺寸	机身长度（m）	7.72 m
	翼展（m）	9.89 m
	机身高度（m）	3.02 m
性能	空重（lbs/kg）	653 kg
	最大停机坪重量（lbs/kg）	-
	最大起飞重量（lbs/kg）	正常类和实用类：1060 kg / 955 kg
	最大着陆重量（lbs/kg）	正常类和实用类：1060 kg / 955 kg
	最大零燃油重量（lbs/kg）	-
	最大燃油量（lbs/kg/L/gal）	109 kg（158 L）/ 147 kg（210 L）
	最大使用高度（ft/m）	12000 ft
	起飞场长（m）	-
	经济巡航速度（km/h）	213 km/h
	最大航程（km）	1030 km
数据来源		VTC0138A-VTCDS-[2003-04-21] 制造厂提供数据

EADS SOCATA TB 10 Tobago

TB 10是法国Socata公司研制的四至五座轻型单发活塞飞机，与TB9、TB20、TB200同属SOCATA TB (加勒比海)系列轻型飞机。

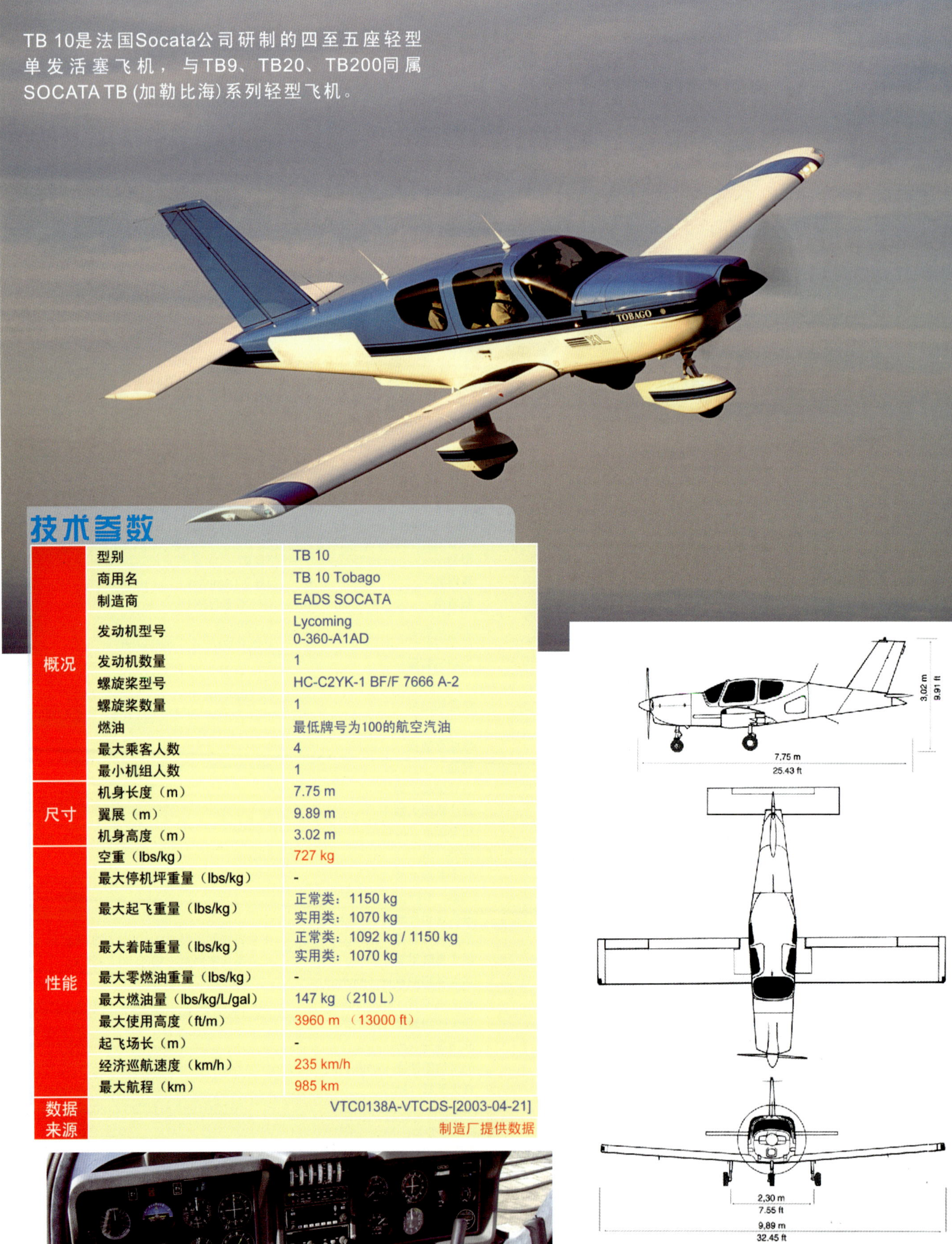

技术参数

概况	型别	TB 10
	商用名	TB 10 Tobago
	制造商	EADS SOCATA
	发动机型号	Lycoming 0-360-A1AD
	发动机数量	1
	螺旋桨型号	HC-C2YK-1 BF/F 7666 A-2
	螺旋桨数量	1
	燃油	最低牌号为100的航空汽油
	最大乘客人数	4
	最小机组人数	1
尺寸	机身长度（m）	7.75 m
	翼展（m）	9.89 m
	机身高度（m）	3.02 m
性能	空重（lbs/kg）	727 kg
	最大停机坪重量（lbs/kg）	-
	最大起飞重量（lbs/kg）	正常类：1150 kg 实用类：1070 kg
	最大着陆重量（lbs/kg）	正常类：1092 kg / 1150 kg 实用类：1070 kg
	最大零燃油重量（lbs/kg）	-
	最大燃油量（lbs/kg/L/gal）	147 kg （210 L）
	最大使用高度（ft/m）	3960 m （13000 ft）
	起飞场长（m）	-
	经济巡航速度（km/h）	235 km/h
	最大航程（km）	985 km
数据来源		VTC0138A-VTCDS-[2003-04-21] 制造厂提供数据

主要用途：私人飞行、飞行训练、空中旅游等
截止到2013年12月31日，该类飞机在我国注册数量共0架。

EADS SOCATA TB 20 Trinidad

TB 20是法国Socata公司研制的四至五座轻型单发活塞飞机，直线型下单翼结构，采用可收放起落架，与TB10、TB200同属SOCATA TB (加勒比海) 系列轻型飞机。

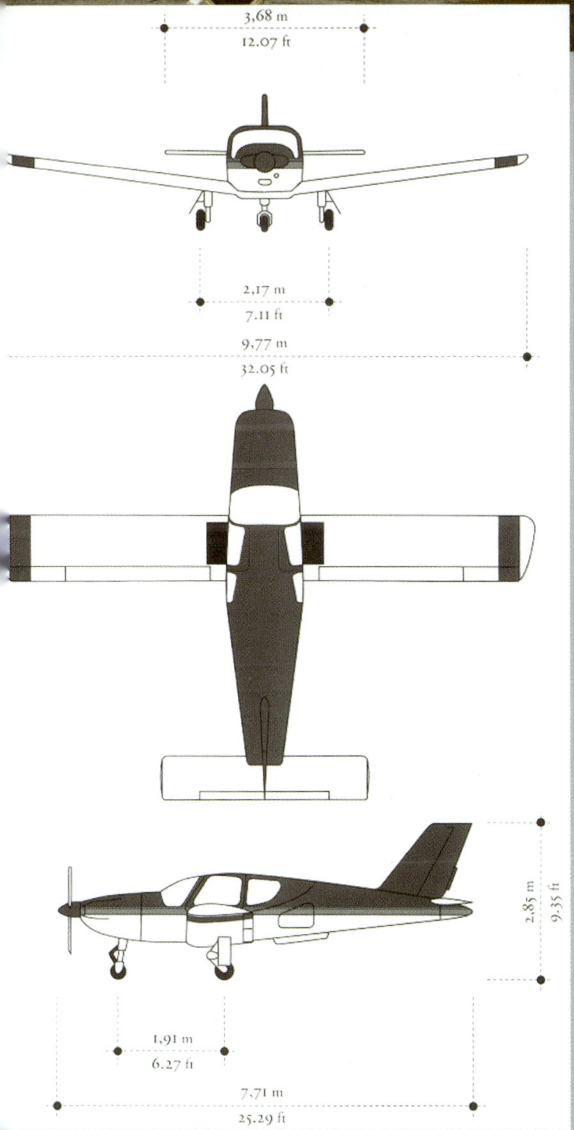

技术参数

概况	型别	TB 20
	商用名	TB 20 Trinidad
	制造商	EADS SOCATA
	发动机型号	Lycoming O-540-C4D5D
	发动机数量	1
	螺旋桨型号	HC-C2YK-1BF/F8477-4 或 HC-C3YR-1RF/F7693F 或 HC-C3YR-1RF/F7693FB
	螺旋桨数量	1
	燃油	最低牌号为100的航空汽油
	最大乘客人数	4
	最小机组人数	1
尺寸	机身长度（m）	7.71 m
	翼展（m）	9.76 m
	机身高度（m）	2.85 m
性能	空重（lbs/kg）	1911 lbs (867 kg)
	最大停机坪重量（lbs/kg）	-
	最大起飞重量（lbs/kg）	2943 lbs / 3086 lbs / 3086 lbs
	最大着陆重量（lbs/kg）	2943 lbs / 2943 lbs / 3086 lbs
	最大零燃油重量（lbs/kg）	1076 kg
	最大燃油量（lbs/kg/L/gal）	88.8 gal
	最大使用高度（ft/m）	20000 ft
	起飞场长（m）	-
	经济巡航速度（km/h）	291 km/h
	最大航程（km）	1640 km
数据来源		A5IEU R17-TCDS-[2011-02-16] 制造厂提供数据

主要用途：私人飞行、飞行训练、空中旅游等。截止到2013年12月31日，该类飞机在我国注册数量共14架。

EADS SOCATA TB 200 Tobago

TB 200是法国Socata公司研制的四至五座轻型单发活塞飞机，全金属结构，直线型下单翼飞机，该机为正常类目（不能做特技飞行）设计，结构合理。

技术参数

概况	型别	TB 200
	商用名	TB 200 Tobago
	制造商	EADS SOCATA
	发动机型号	Lycoming O-360-A1B6
	发动机数量	1
	螺旋桨型号	HC-C2YK-1BF/F7666 A-2
	螺旋桨数量	1
	燃油	最低牌号为100的航空汽油
	最大乘客人数	4
	最小机组人数	1
尺寸	机身长度（m）	7.71 m
	翼展（m）	9.76 m
	机身高度（m）	3.2 m
性能	空重（lbs/kg）	-
	最大停机坪重量（lbs/kg）	-
	最大起飞重量（lbs/kg）	2535 lbs
	最大着陆重量（lbs/kg）	2535 lbs
	最大零燃油重量（lbs/kg）	
	最大燃油量（lbs/kg/L/gal）	55.4 gal
	最大使用高度（ft/m）	3960 m
	起飞场长（m）	-
	经济巡航速度（km/h）	240 km/h
	最大航程（km）	1093 km
数据来源		VTC032A-VTCDS-[1994-04-25] 制造厂提供数据

主要用途：私人飞行、飞行训练等。

截止到2013年12月31日，该类飞机在我国注册数量共14架。

佳宝 J160-C

Jabiru Aircraft J160-C

J160是澳大利亚佳宝（JABIRU)飞机制造公司研制，按照欧洲JAR-VLA适航标准设计的轻型飞机。佳宝J160-C飞机是一款轻型上单翼飞机，采用玻璃碳纤维复合材料为主要机身结构。内舱采用单排双座布局，前三点起落架设计。

技术参数

概况	型别	J160-C
	商用名	Jabiru J160-C（佳宝 J160-C）
	制造商	Jabiru Aircraft Pty Ltd
	发动机型号	Avtech Pty Ltd 2200B / 2200C
	发动机数量	1
	螺旋桨型号	Avtech Pty Ltd C000242-D60P42 或 4A401A0D，木质固定桨距2叶桨
	螺旋桨数量	1
	燃油	中国航空汽油RH95/130 （GB1787-79（1988））
	最大乘客人数	1
	最小机组人数	1
尺寸	机身长度（m）	5.775 m
	翼展（m）	8.120 m
	机身高度（m）	2.300 m
性能	空重（lbs/kg）	295 kg
	最大停机坪重量（lbs/kg）	-
	最大起飞重量（lbs/kg）	540 kg
	最大着陆重量（lbs/kg）	540 kg
	最大零燃油重量（lbs/kg）	-
	最大燃油量（lbs/kg/L/GAL）	141 L
	最大使用高度（ft/m）	10000 ft
	起飞场长（m）	210 m
	经济巡航速度（km/h）	185 km/h
	最大航程（km）	1907 km
数据来源		VTC0225A-VTCDS-[2009-03-03]
		制造厂提供数据

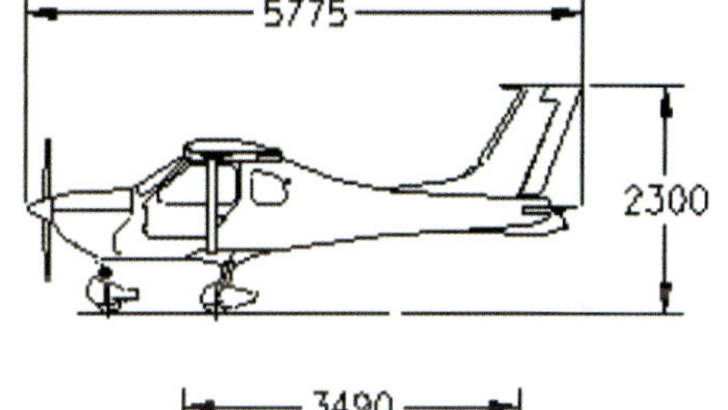

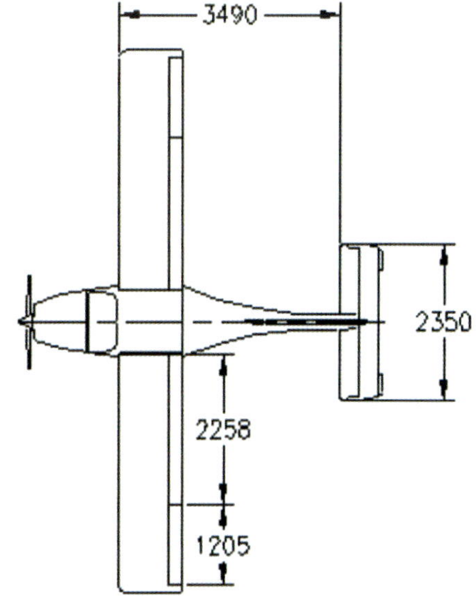

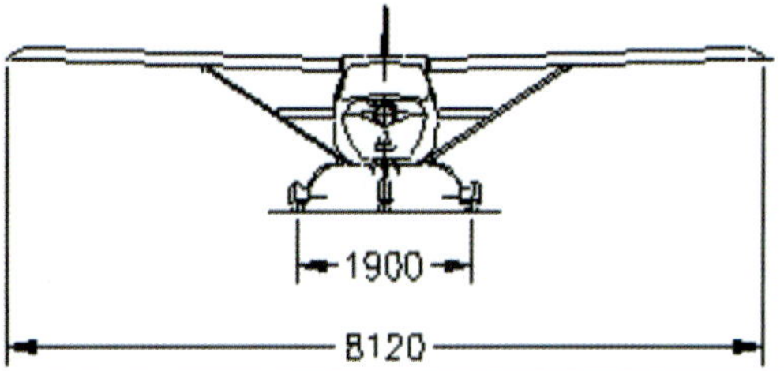

主要用途：运动飞行、体验飞行、短途旅行、执照训练、空中巡逻、空中观览等。

截止到2013年12月31日，该类飞机在我国注册数量共11架。

Liberty Aerospace Liberty XL-2

技术参数

概况	型别	Liberty XL-2
	商用名	Liberty XL-2
	制造商	Liberty Aerospace Incorporated
	发动机型号	Teledyne Continental IOF-240-B
	发动机数量	1
	螺旋桨型号	Sensenich Corp W69EK7-63G
	螺旋桨数量	1
	燃油	最小等级为 100/100LL 的航油 在中国使用 RH95/130 型航油
	最大乘客人数	1
	最小机组人数	1
尺寸	机身长度（m）	6.19 m
	翼展（m）	8.76 m
	机身高度（m）	2.26 m
性能	空重（lbs/kg）	1160 lbs（526 kg）
	最大停机坪重量（lbs/kg）	-
	最大起飞重量（lbs/kg）	1653 lbs
	最大着陆重量（lbs/kg）	1653 lbs
	最大零燃油重量（lbs/kg）	-
	最大燃油量（lbs/kg/L/gal）	29.5 gal
	最大使用高度（ft/m）	12500 ft
	起飞场长（m）	448 m
	经济巡航速度（km/h）	209 km/h
	最大航程（km）	1089 km
数据来源		VTC0186AR1-VTCDS-[2008-02-25] 制造厂提供数据

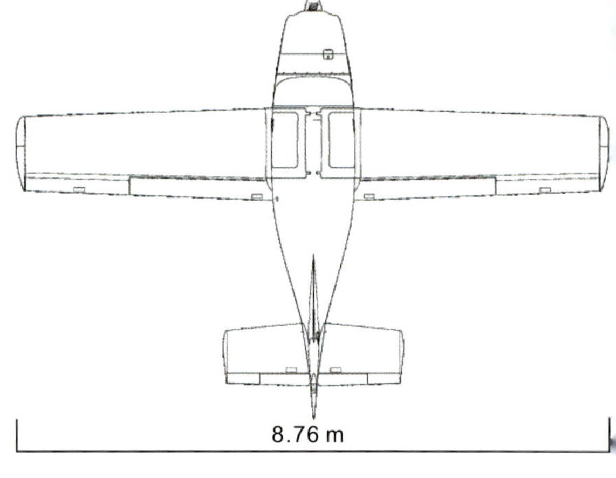

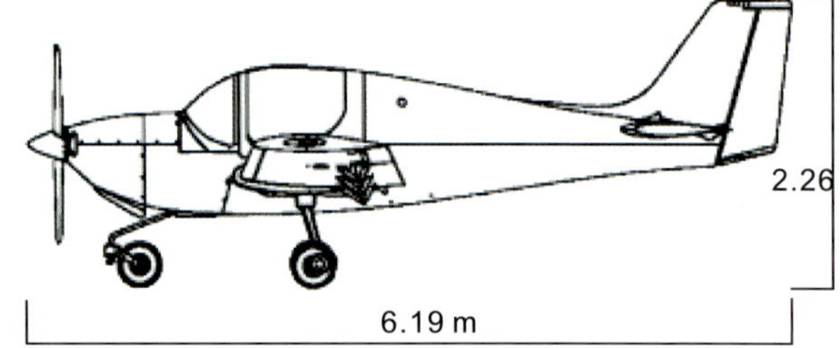

LIBERTY XL-2是由美国Liberty Aerospace公司设计并制造的轻型飞机，于2004年2月获得FAA颁发的型号合格证。2007年获得中国民航局颁发的型号认可证。

主要用途：飞行培训、私人飞行、警用航空、低空遥感、巡逻监测等。
截止到2013年12月31日，该类飞机在我国注册数量共6架。

皮拉图斯 PC-6 / B2-H4

Pilatus PC-6

皮拉图斯PC-6飞机是一种单发、带支撑的上单翼多用途通用飞机，其拥有全金属结构机身及后三点式固定起落架，被称为“THE PORTER(搬运工)”。

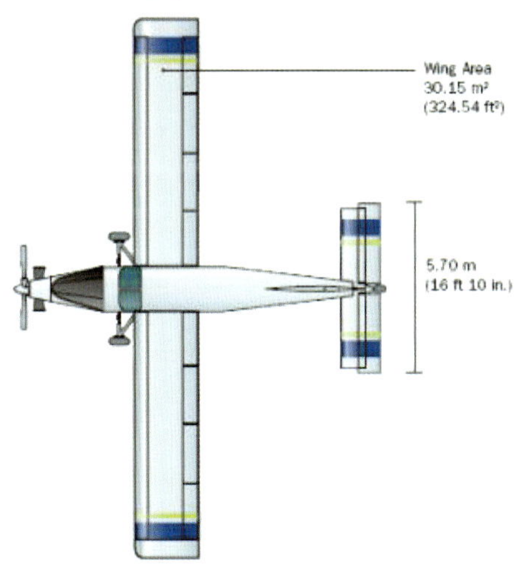

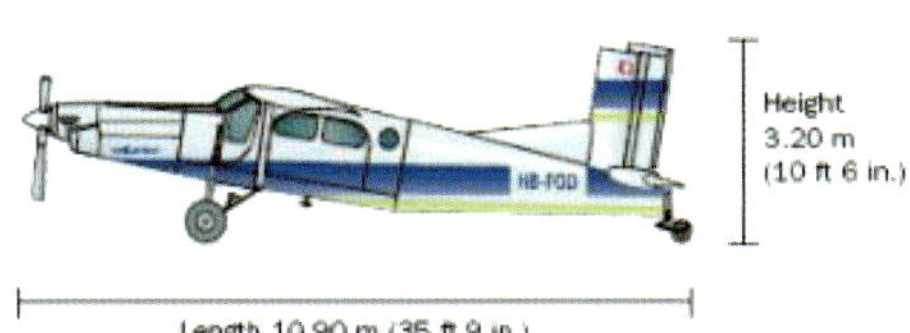

技术参数

概况	型别	PC-6/B2-H4
	商用名	PC-6
	制造商	Pilatus Aircraft Ltd. 皮拉图斯飞机有限公司
	发动机型号	P&W PT 6A-27
	发动机数量	1
	燃油	航空煤油 符合UACL服务通告No.1244最新版 符合中国国标3号燃油（GB6537-94）规范
	螺旋桨型号	HARTZELL HC-B3TN-3D
	螺旋桨桨叶数量	3
	最大乘客人数	11
	最小机组人数	2
尺寸	机身长度（m）	10.9 m
	翼展（m）	15.87 m
	机身高度（m）	3.2 m
	机舱容积（m³）	大于3 m³
性能	空重（lbs/kg）	1400 kg （3086 lbs）
	最大停机坪重量（lbs/kg）	2800 kg（6173 lbs）
	最大起飞重量（lbs/kg）	2800 kg （6173 lbs）
	最大着陆重量（lbs/kg）	2660 kg（5864 lbs）
	最大零燃油重量（lbs/kg）	2400 kg （5291 lbs）
	最大滑行重量（lbs/kg）	-
	最大燃油量（lbs/kg/L/gal）	PC-6A/B/C 130/173GAL
	最大使用高度（ft/m）	25000 ft
	最大起降高度（ft/m）	-
	起飞场长（m）	197 m
	经济巡航速度（M）	220 km/h
	最大航程（nm）	926 km （带副油箱 1611 km）
数据来源		VTC0253A-VTCDS-[2011-03-28] 制造厂提供数据

主要用途：医疗救护、雪地作业、沙漠和丛林作业、货物运输、航空摄影、水上作业、抢险救灾等。

截止到2013年12月31日，该类飞机在我国注册数量共4架。

皮拉图斯 PC-12/45/47/47E
Pilatus PC-12

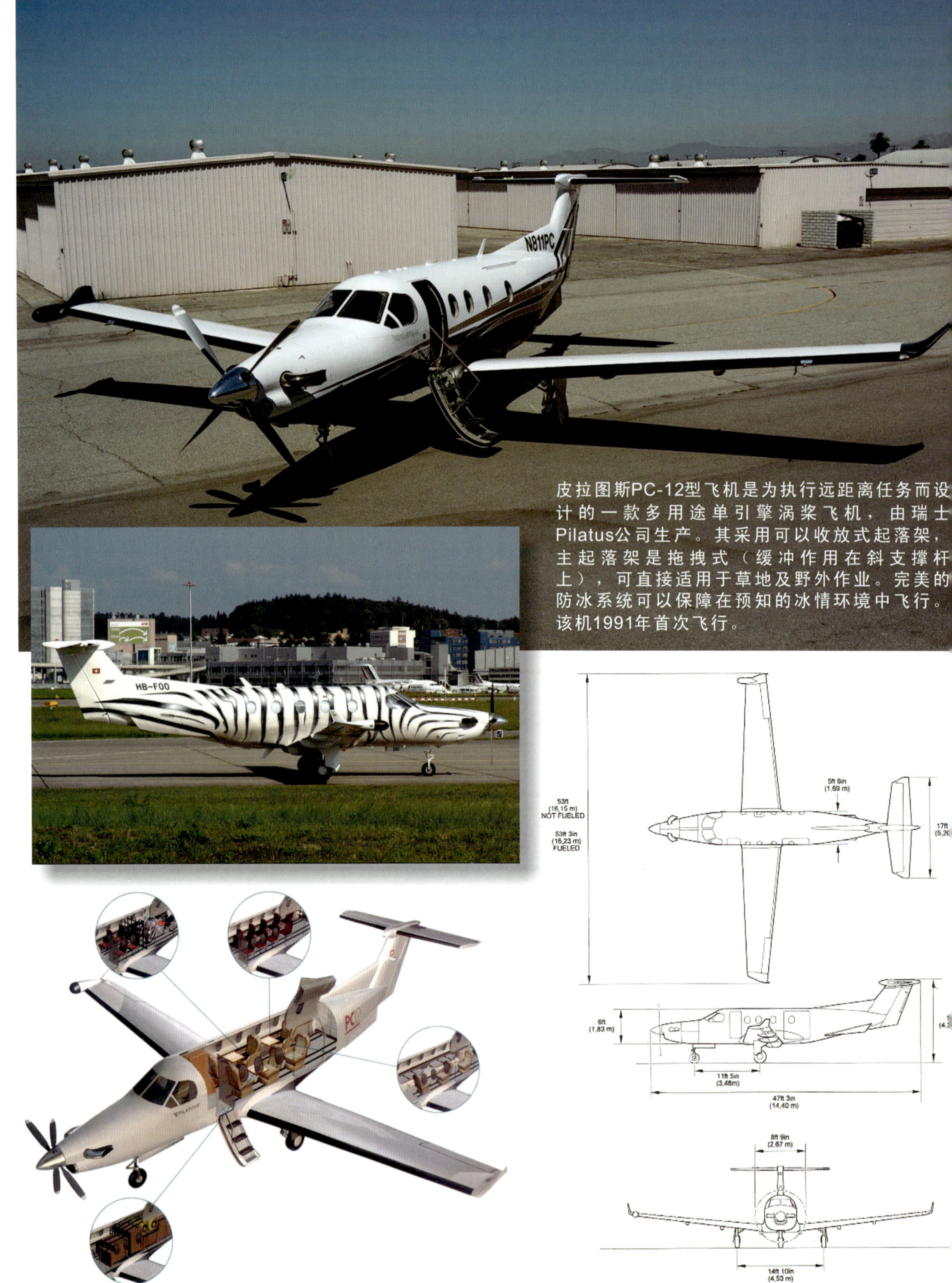

皮拉图斯PC-12型飞机是为执行远距离任务而设计的一款多用途单引擎涡桨飞机，由瑞士Pilatus公司生产。其采用可以收放式起落架，主起落架是拖拽式（缓冲作用在斜支撑杆上），可直接适用于草地及野外作业。完美的防冰系统可以保障在预知的冰情环境中飞行。该机1991年首次飞行。

技术参数

概况	型别	PC-12	PC-12/45	PC-12/47	PC-12/47E
	商用名	PC-12	PC-12/45	PC-12/47	PC-12/47E
	制造商	Pilatus Aircraft Ltd. 皮拉图斯飞机有限公司	Pilatus Aircraft Ltd. 皮拉图斯飞机有限公司	Pilatus Aircraft Ltd. 皮拉图斯飞机有限公司	Pilatus Aircraft Ltd. 皮拉图斯飞机有限公司
	发动机型号	P&W PT 6A-67B	P&W PT 6A-67B	P&W PT 6A-67B	P&W PT6A-67P
	发动机数量	1	1	1	1
	燃油	中国牌号：符合“中国国标 GB6537-2006”的3号喷气燃料（3号航煤）（参照 14004R15 号服务通告） 国外牌号：参照P&W最新颁发的 14004 号服务通告（包括JET A ,JET A-1，JET B, JP4）。	中国牌号：符合“中国国标 GB6537-2006”的3号喷气燃料（3号航煤）（参照 14004R15号服务通告） 国外牌号：参照P&W最新颁发的 14004 号服务通告（包括JET A ,JET A-1，JET B, JP4）。	中国牌号：符合“中国国标 GB6537-2006”的3号喷气燃料（3号航煤）（参照 14004R15号服务通告） 国外牌号：参照P&W最新颁发的 14004 号服务通告（包括JET A ,JET A-1，JET B, JP4）。	中国牌号：符合“中国国标 GB6537-2006”的 3 号喷气燃料（3号航煤）（参照 14004R15号服务通告） 国外牌号：参照P&W最新颁发的 14004号服务通告（包括JET A ,JET A-1,JET B, JP4）在低于 0℃的环境中运行时燃料必须添加 MIL-DTL-27686 或 MIL-DTL-85470防冰剂
	螺旋桨型号	HARTZELL HC-E4A-3D/E10477K 或 HC-E4A-3D/E10477SK	HARTZELL HC-E4A-3D/E10477K 或 HC-E4A-3D/E10477SK	HARTZELL HC-E4A-3D/E10477K 或 HC-E4A-3D/E10477SK	HARTZELL HC-E4A-3D/E10477SK
	螺旋桨桨叶数量	4	4	4	4
	最大乘客人数	9	9	9	9
	最小机组人数	1	1	1	1
内部尺寸	舱内长度（m）	5.16 m	5.16 m	5.16 m	5.16 m
	舱内宽度（m）	1.52 m	1.52 m	1.52 m	1.52 m
	舱内高度（m）	1.47 m	1.47 m	1.47 m	1.47 m
	行李箱容积（L）	1.13 m^3	1.13 m^3	1.13 m^3	1.13 m^3
外部尺寸	机身长度（ft/m）	14.408/2 m（47 ft 3 in）	14.408 m（47 ft 3 in）	14.408 m（47 ft 3 in）	14.408 m（47 ft 3 in）
	翼展（ft/m）	16.230 m（53 ft 3 in）	16.230 m（53 ft 3 in）序列号101-683（不包括545） 16.280 m（53 ft 5 in）序列号684及以上	16.230 m（53 ft 3 in）	16.230 m（53 ft 3 in）
	机身高度（ft/m）	4.260/7 m（14 ft 0 in）	4.260 m（14 ft 0 in）	4.260/7 m（14 ft 0 in）	4.260/7 m（14 ft 0 in）
性能	空重（lbs/kg）	-	-	-	-
	最大停机坪重量（lbs/kg）	4120 kg（9083 lbs）	4520 kg（9965 lbs）	4760 kg（10494 lbs）	4120 kg（9083lbs）
	最大起飞重量（lbs/kg）	4100 kg（9039 lbs）	4500 kg（9921 lbs）	4740 kg（10450 lbs）	4100 kg（9039lbs）
	最大着陆重量（lbs/kg）	4100 kg（9039 lbs）	4500 kg（9921 lbs）	4500 kg（9921 lbs）	4100 kg（9039lbs）
	最大零燃油重量（lbs/kg）	3700kg（8157 lbs）	4100 kg（9039 lbs）	4100 kg（9039 lbs）	3700kg（8157lbs）
	最大滑行重量（lbs/kg）	-	-	-	-
	最大燃油量（lbs/kg/L/gal）	1540 L（406.8 gal）	1540 L（406.8 gal）	1540 L（406.8 gal）	1540 L（406.8 gal）
	最大使用高度（ft/m）	9144 m（30000 ft）	9144 m（30000 ft）	9144 m（30000 ft）	9144 m（30000 ft）
	最大起降高度（ft/m）	-	-	-	-
	起飞场长（m）	450 m	450 m	450 m	450 m
	经济巡航速度（M）	500 km/h	500 km/h	500 km/h	500 km/h
	最大航程（nm/km）	2889 km	2889 km	2889 km	2889 km
数据来源	VTC0229A-VTCDS-[2009-11-16] 制造厂提供数据				

主要用途：公务机、医疗救护、货物运输等。

截止到2013年12月31日，该类飞机在我国注册数量共0架。

主要用途：私人飞行、公务飞行、货物运输、医疗救护、搜救、航拍航测、降落伞作业、物探等。

截止到2013年12月31日，该类飞机在我国注册数量共0架。

技术参数

概况	型别	750XL
	商用名	P-750 XSTOL
	制造商	Pacific Aerospace Ltd. 太平洋航空航天有限公司
	发动机型号	PT6A-34
	发动机数量	1
	螺旋桨型号	Hartzell Propeller Inc. HC-B3TN-3D/T10282NS+4
	螺旋桨数量	1
	燃油	航空煤油
	最大乘客人数	2 8（安装改装包）
	最小机组人数	1
内部尺寸	舱内长度（m/in）	4.01 m（158 in）不包含驾驶舱 5 m（197 in）包含驾驶舱
	舱内宽度（m/in）	1.32 m（53 in）
	舱内高度（m/in）	1.42 m（56 in）
	行李舱容积（m^3）	–
外部尺寸	机身长度（m/ft）	11.84 m（38.1 ft）
	翼展（m/ft）	12.80 m（42 ft）
	机身高度（m/ft）	4.04 m（13.3 ft）
性能	空重（lbs/kg）	1497 kg（3300 lbs）
	最大停机坪重量（lbs/kg）	3402 kg（7500 lbs）
	最大起飞重量（lbs/kg）	3395 kg（7500 lbs）
	最大着陆重量（lbs/kg）	3225 kg（7125 lbs）
	最大零燃油重量（lbs/kg）	–
	最大滑行重量（lbs/kg）	3402 kg（7500 lbs）
	最大燃油量（lbs/kg/L/gal）	1288 L / 2267 lbs / 340.3 U.S.gal
	最大使用高度（ft/m）	6096 m（20000 ft）
	最大起降高度（ft/m）	1585 m（5200 ft）
	起飞场长（m）	32 m（空机） 220 m（满载）
	经济巡航速度（km/h）	259 km/h
	最大航程（km/nm）	2138 km（1179 nm）
数据来源		VTC0272A-VTCDS-[2012-12-13]
		主机厂提供数据

750XL是一款单发金属机身下单翼多用途飞机，由Cresco农业及通用涡轮螺旋桨飞机发展而来，是第一个由新西兰设计和制造的机型。载重量为1905公斤，大于机身1497公斤的自重，在满载情况下起飞只需220米，降落距离只需166米。750XL不论在草地、土地还是砂石地都可以满足起降要求，而且还可以在30分钟内快速完成客货互改，具有多用途功能。

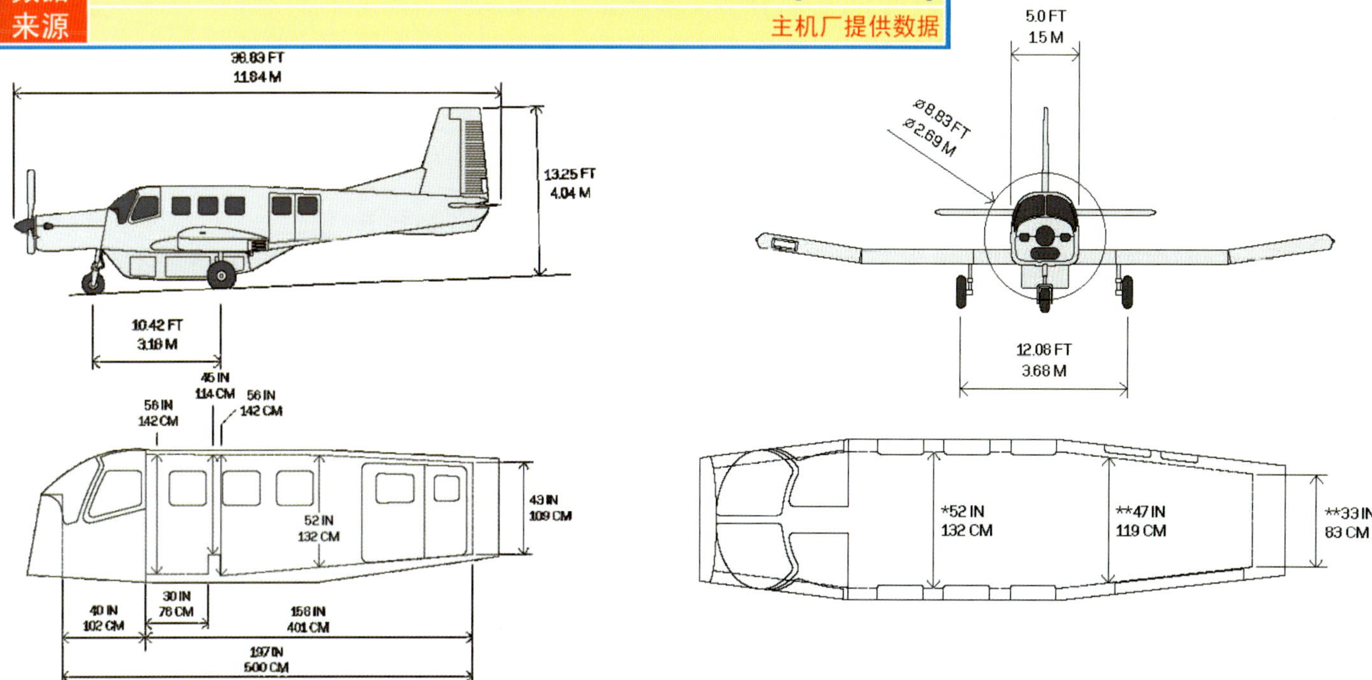

派珀 PA-44-180

Piper Aircraft Seminole

Seminole飞机是由美国派铂飞机公司生产的带速螺旋桨的汽化器式双发活塞飞机。其采用高平布局，全金属机身，是可收放起落架的双发教机。

技术参数

	型别	PA-44-180
概况	商用名	Seminole
	制造商	Piper Aircraft,Inc
	发动机型号	安装了10-5092,10-5219 或 10-6019汽化装置的Lycoming O-360-E1A6D型发动机 安装了10-5219 或 10-6019汽化器装置的Lycoming O-360- A1H6型发动机
	发动机数量	2
	燃油	100 或 100LL 航空燃油
	螺旋桨型号	Hartxell螺旋桨，桨心型号 HC-C2Y(K,R)-2CLEUF，桨叶型号FJC7663-2R；或桨心型号HC-C3YR-2LEUF,桨叶型号FJC7663-5R
	螺旋桨桨叶数量	2 或 3
	最大乘客人数	3
	最小机组人数	1
尺寸	机身长度（m）	27.6 ft（8.4 m）
	翼展（m）	38.6 ft（11.8 m）
	机身高度（m）	8.5 ft（2.6 m）
	行李箱容积（L）	-
性能	空重（lbs/kg）	2625 lb（1191 kg）
	最大停机坪重量（lbs/kg）	3816 lb
	最大起飞重量（lbs/kg）	3800 lb
	最大着陆重量（lbs/kg）	3800 lb
	最大零燃油重量（lbs/kg）	-
	最大滑行重量（lbs/kg）	-
	最大燃油量（lbs/kg/L/gal）	110 GAL
	最大使用高度（ft/m）	15000 ft（4572 m）
	最大起降高度（ft/m）	-
	起飞场长（m）	1100 ft（335 m）
	经济巡航速度（ktas/km/h）	162 ktas（300 km/h）
	最大航程（nm/km）	700 nm（1426 km）
数据来源		VTC115AR2-VTCDS-[2010-06-02] 制造厂提供数据

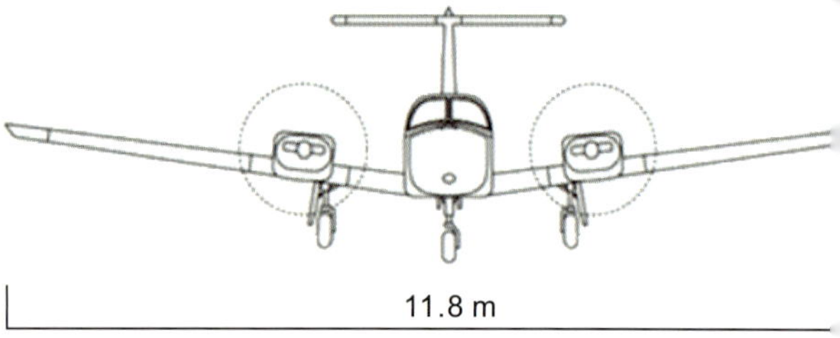

11.8 m

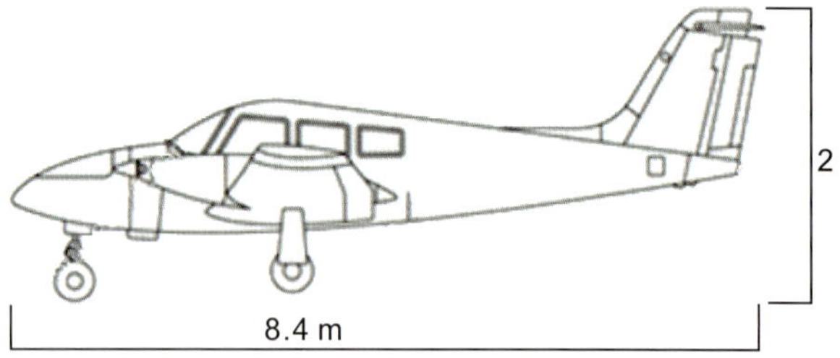

2

8.4 m

主要用途：私人飞行、学员培训等。
截止到2013年12月31日，该类飞机在我国注册数量共35架。

PIPISTREL d.o.o. Ajdovscina Taurus

斯洛文尼亚的PIPISTREL飞机公司于1987年在前南斯拉夫成立，其主要产品包括动力滑翔机、轻型飞机。Taurus飞机为传统布局、下单翼、双座、单发飞机，2002年获得斯洛文尼亚超轻型动力滑翔机型号合格审定。2013年8月获得中国民航局颁发的型号认可证。

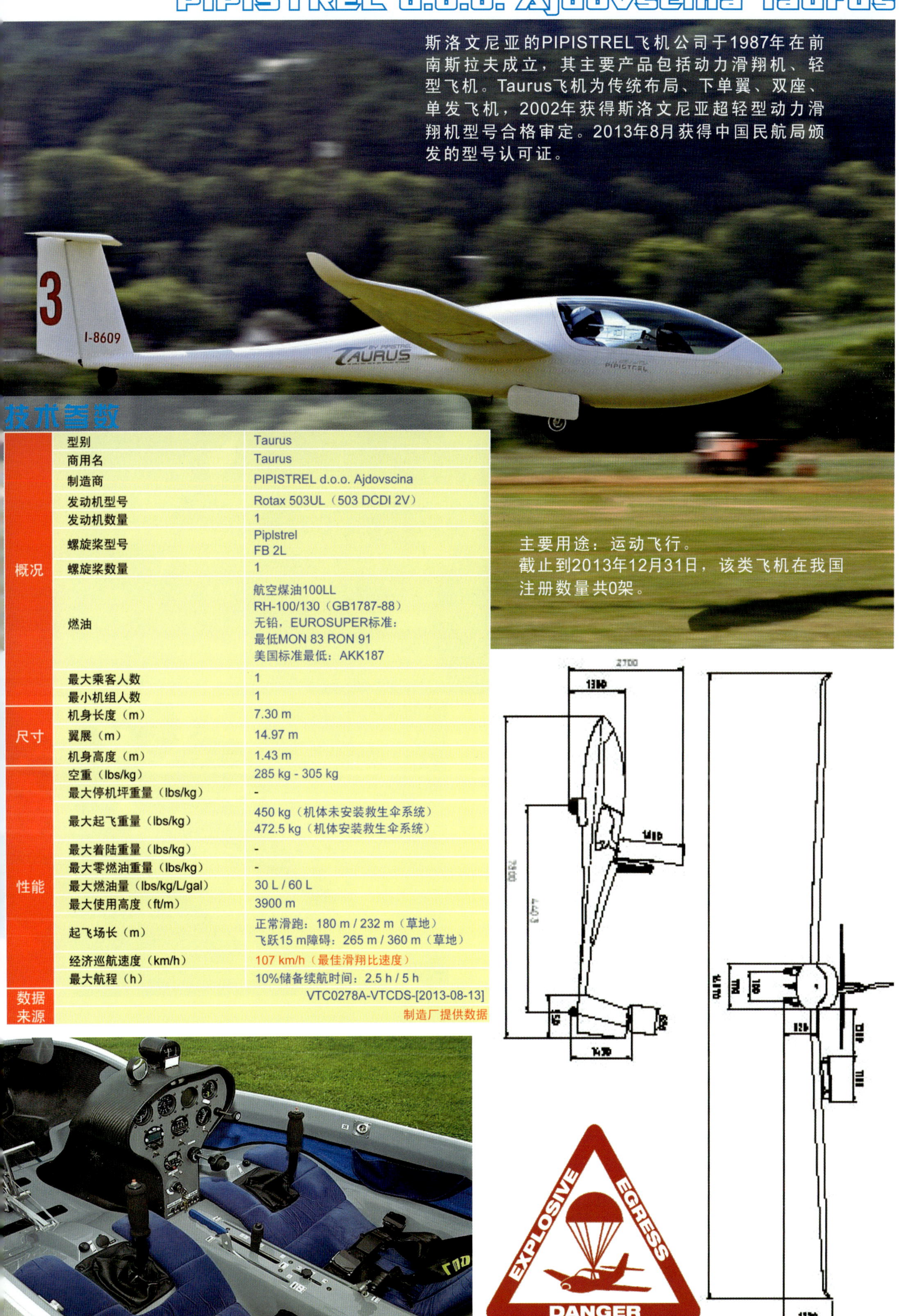

主要用途：运动飞行。
截止到2013年12月31日，该类飞机在我国注册数量共0架。

技术参数

概况	型别	Taurus
	商用名	Taurus
	制造商	PIPISTREL d.o.o. Ajdovscina
	发动机型号	Rotax 503UL（503 DCDI 2V）
	发动机数量	1
	螺旋桨型号	Piplstrel FB 2L
	螺旋桨数量	1
	燃油	航空煤油100LL RH-100/130（GB1787-88） 无铅，EUROSUPER标准： 最低MON 83 RON 91 美国标准最低：AKK187
	最大乘客人数	1
	最小机组人数	1
尺寸	机身长度（m）	7.30 m
	翼展（m）	14.97 m
	机身高度（m）	1.43 m
性能	空重（lbs/kg）	285 kg - 305 kg
	最大停机坪重量（lbs/kg）	-
	最大起飞重量（lbs/kg）	450 kg（机体未安装救生伞系统） 472.5 kg（机体安装救生伞系统）
	最大着陆重量（lbs/kg）	-
	最大零燃油重量（lbs/kg）	-
	最大燃油量（lbs/kg/L/gal）	30 L / 60 L
	最大使用高度（ft/m）	3900 m
	起飞场长（m）	正常滑跑：180 m / 232 m（草地） 飞跃15 m障碍：265 m / 360 m（草地）
	经济巡航速度（km/h）	107 km/h（最佳滑翔比速度）
	最大航程（h）	10%储备续航时间：2.5 h / 5 h
数据来源		VTC0278A-VTCDS-[2013-08-13] 制造厂提供数据

PZL M18B Dromader/M18BS

PZL M18B是波兰Polskie Zaklady Lotnicze公司设计、制造的农用飞机，为单发、全金属、下单翼、后三点和常规尾翼设计构型。

M18BS是在M18B型飞机基础上经过改型可用于培训飞行员的教练机，具有教练员和学员各自操纵的双套联动操纵系统。

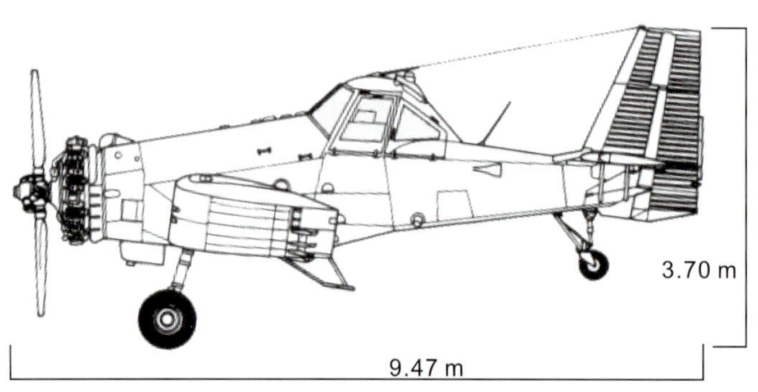

主要用途：
M-18B：农林作业、灭火。
M-18BS：飞行培训、农林作业。

截止到2013年12月31日，该类飞机在我国注册数量共4架。

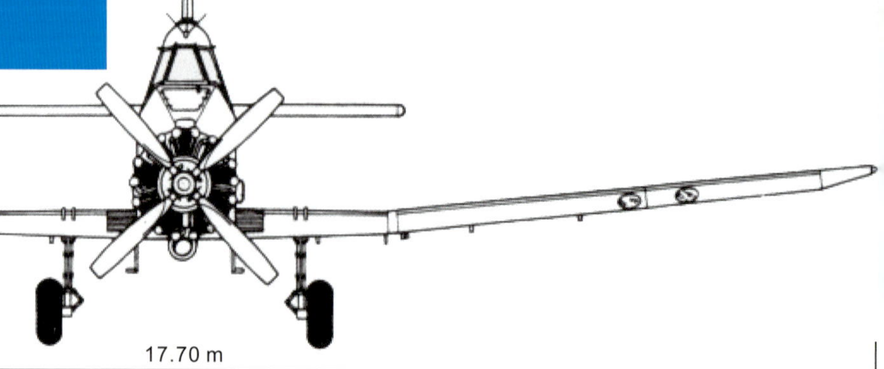

技术参数

	型别	PZL M18B	PZL M18BS
概况	商用名	PZL M18B Dromader（PZL M18B 单峰骆驼）	PZL M18BS
	制造商	Polskie Zaklady Lotnicze Sp.zo.o.	Polskie Zaklady Lotnicze Sp.zo.o.
	发动机型号	ASz-62IR-M18, ASz-62IR-M18/K9-BB 或 K9-BB	ASz-62IR-M18
	发动机数量	1	1
	螺旋桨型号	AW-2-30	AW-2-30
	螺旋桨叶数量	4	4
	燃油	最低91号航空燃油	最低91号航空燃油
	最大乘客人数	1	1
	最小机组人数	1	1
尺寸	机身长度（m）	9.47 m	9.47 m
	翼展（m）	17.70 m	17.70 m
	机身高度（m）	3.70 m	3.70 m
性能	空重（lbs/kg）	2710 kg	2710 kg
	最大停机坪重量（lbs/kg）	-	-
	最大起飞重量（lbs/kg）	4200 kg / 5300 kg	4200 kg
	最大着陆重量（lbs/kg）	4200 kg	4200 kg
	最大零燃油重量（lbs/kg）	-	-
	最大燃油量（lbs/kg/L/gal）	726 L	726 L
	最大使用高度（ft/m）	6500 m （21320 ft）	6500 m （21320 ft）
	起飞场长（m）	190 m / 350 m （5300 kg MTOW）	190 m
	经济巡航速度（km/h）	200 km/h	200 km/h
	最大航程（km）	1000 km	1000 km
数据来源			VTC0096A-VTCDS-[2008-07-04]
			制造厂提供数据

PZL"WARSZA WA-OKECIE" S.A.

PZL-104 WILGA 80

主要用途：私人飞行、飞行训练等。
截止到2013年12月31日，该类飞机在我国注册数量共0架。

技术参数

概况	型别	PZL-104 WILGA 80
	商用名	PZL-104 WILGA 80
	制造商	PZL"WARSZA WA-OKECIE" S.A.
	发动机型号	AI-14RA
	发动机数量	1
	螺旋桨型号	US 122 000
	螺旋桨数量	1
	燃油	90号最小等级航空汽油
	最大乘客人数	3
	最小机组人数	1
尺寸	机身长度（m）	8.1 m
	翼展（m）	11.134 m
	机身高度（m）	2.96 m
性能	空重（lbs/kg）	900 kg （1984 lbs）
	最大停机坪重量（lbs/kg）	-
	最大起飞重量（lbs/kg）	1300 kg （2866 lbs）
	最大着陆重量（lbs/kg）	1265 kg （2789 lbs）
	最大零燃油重量（lbs/kg）	1260 kg （2778 lbs）
	最大燃油量（lbs/kg/L/gal）	172 L （123.9 kg）
	最大使用高度（ft/m）	4000 m （13123 ft）
	起飞场长（m）	-
	经济巡航速度（km/h）	207 km/h
	最大航程（km）	680 km
数据来源		VTC121AR1-VTCDS-[2002-03-29] 制造厂提供数据

PZL-104M WILGA 80是波兰PZL"WARSZA WA-OKECIE" S.A.公司在其设计制造的Wilga 35型飞机的基础上，为进入美国市场而按照美国FAA标准改良的飞机。2002年获得中国民航局颁发的型号认可证。

PZL"WARSZA WA-OKECIE" S.A.

PZL-104M WILGA 2000

技术参数

概况	型别	PZL-104M WILGA 2000
	商用名	PZL-104M WILGA 2000
	制造商	PZL"WARSZA WA-OKECIE" S.A.
	发动机型号	LYCOMING IO-540 K1B5
	发动机数量	1
	螺旋桨型号	HC-C3YR-1RF/F8468A-6R
	螺旋桨数量	1
	燃油	100/100LL号最小等级航空汽油
	最大乘客人数	3
	最小机组人数	1
尺寸	机身长度（m）	8.46 m
	翼展（m）	11.28 m
	机身高度（m）	2.58 m
性能	空重（lbs/kg）	-
	最大停机坪重量（lbs/kg）	-
	最大起飞重量（lbs/kg）	1400 kg（3086 lbs）
	最大着陆重量（lbs/kg）	1400 kg（3086 lbs）
	最大零燃油重量（lbs/kg）	1360 kg（2998 lbs）
	最大燃油量（lbs/kg/L/gal）	392 L（103.6 gal）
	最大使用高度（ft/m）	-
	起飞场长（m）	-
	经济巡航速度（km/h）	207 km/h
	最大航程（km）	1390 km
数据来源		VTC121AR1-VTCDS-[2002-03-29]
		制造厂提供数据

主要用途：私人飞行、飞行训练等。
截止到2013年12月31日，该类飞机在我国注册数量共0架。

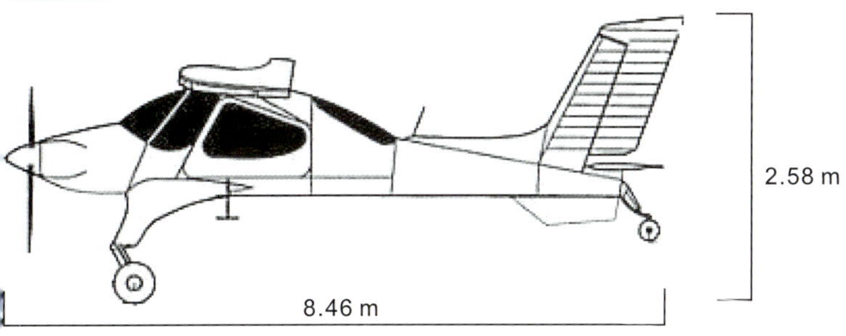

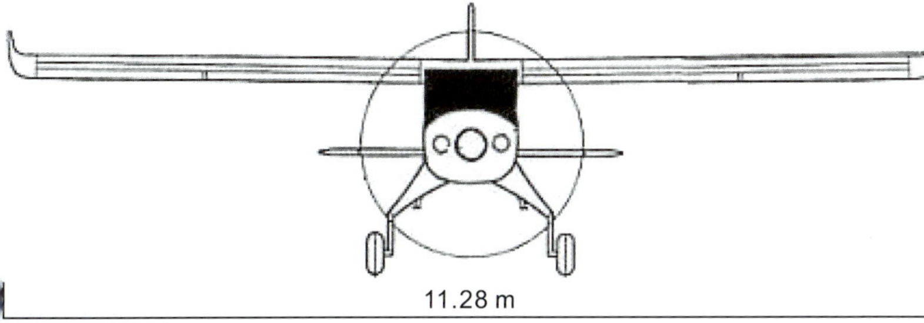

PZL-104M WILGA 2000是由波兰PZL"WARSZA WA-OKECIE" S.A.设计制造的单发四座轻型短距离起降飞机，上单翼结构，可以在崎岖跑道上起降。 PZL-104M WILGA 2000于1998年投产，1999年首飞，2002年获得中国民航局颁发的型号认可证。

Quest Aircraft 大棕熊
Quest Aircraft Kodiak 100

主要用途：私人飞行、公务飞行、货物运输、医疗救护、搜救、航拍航测、降落伞作业、物探等。
截止到2013年12月31日，该类飞机在我国注册数量共0架。

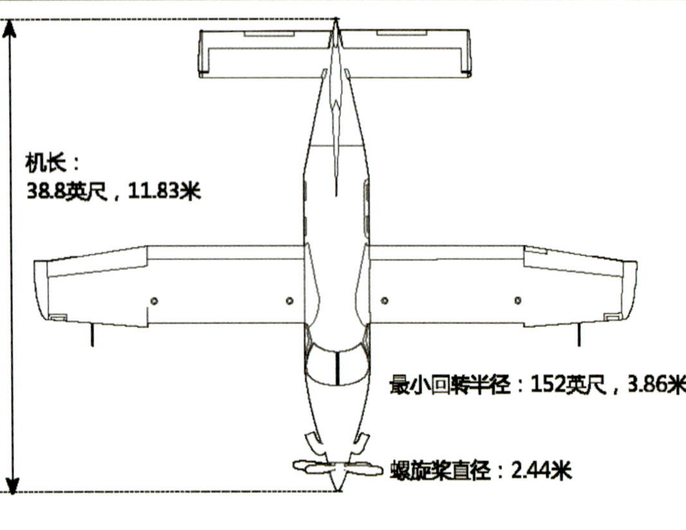

Kodiak 100型飞机由美国QUEST飞机设计制造，为单发螺旋桨式飞机，可搭载最多10名乘客（含机组人员），其中文译名“大棕熊”。Kodiak 100型飞机设计于21世纪初，2013年7月Kodiak 100型飞机获得中国民航局颁发的型号认可证。

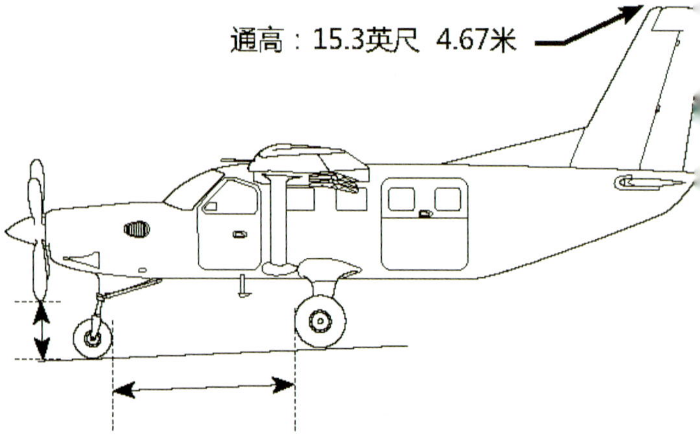

通高：15.3英尺 4.67米

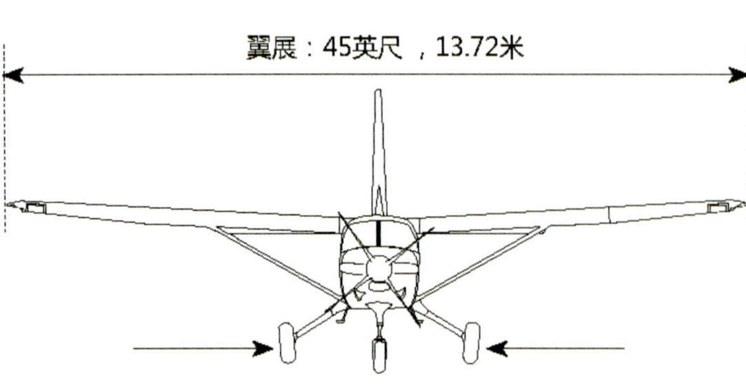

前后轮距：130英寸 3.3米
螺旋桨离地间隙：19英寸 0.48米

技术参数

概况	型别	Kodiak 100
	商用名	大棕熊
	制造商	Quest Aircraft Design, LLC
	发动机型号	PT6A-34
	发动机数量	1
	螺旋桨型号	Hartzell Propeller Inc. HC-E4N-3P（Y）/D9511FSB
	螺旋桨数量	1
	燃油	主要燃油：Jet A 替代燃油：Jet A-1，JP-1，JP-5，JP-8，No.3 Jet Fuel（中国/CHINA） 注：所有燃油必须满足加拿大普惠 CPW204 规范
	最大乘客人数	10（包含机组）
	最小机组人数	1
内部尺寸	舱内长度（m）	4.83 m
	舱内宽度（m）	1.37 m
	舱内高度（m）	1.45 m
	行李舱容积（m^3）	7.03 m^3
外部尺寸	机身长度（m/ft）	10.2 m（33.4 ft）
	翼展（m/ft）	13.7 m（45 ft）
	机身高度（m/ft）	4.69 m（15.4 ft）
性能	空重（lbs/kg）	3770 lbs（1710 kg）
	最大停机坪重量（lbs/kg）	序列号100-001到100-0034，且不满足Quest服务通告SN-025的飞机：6800 lbs 序列号100-0035及其以后，以及包含100-001到100-0034中满足Quest服务通告SN-025的飞机：7305 lbs
	最大起飞重量（lbs/kg）	序列号100-001到100-0034，且不满足Quest服务通告SN-025的飞机：6750 lbs 序列号100-0035及其以后，以及包含100-001到100-0034中满足Quest服务通告SN-025的飞机：7255 lbs
	最大着陆重量（lbs/kg）	6690 lbs
	最大零燃油重量（lbs/kg）	序列号100-0035及其以后，以及包含100-001到100-0034中满足Quest服务通告SN-025的飞机：6490 lbs
	最大滑行重量（lbs/kg）	-
	最大燃油量（lbs/kg/L/gal）	320 gal（315 gal可用，5 gal不可用）
	最大使用高度（ft/m）	没有安装FAA批准的供氧系统时：14000 ft 安装FAA批准的供氧系统时：25000 ft
	最大起降高度（ft/m）	–
	起飞场长（m）	285 m
	经济巡航速度（km/h / KCAS）	143 KCAS（264.8 km/h）
	最大航程（km）	2593 km
数据来源	VTC0277A-VTCDS-[2013-07-19]	
	制造厂提供数据	

Thrush Aircraft Thrush 510P/510G

主要用途：农业作业。
截止到2013年12月31日，该类飞机在我国注册数量共6架。

Thrush 510P Thrush 510P型飞机搭载了加拿大普惠公司生产的PT6A-34AG型发动机。

Thrush 510G Thrush 510G型飞机搭载了通用电气的H80-100涡轮发动机。

技术参数

	型别	S2R-T34	S2R-H80
概况	商用名	Thrush 510P	Thrush 510G
	制造商	Thrush Aircraft,Inc.	Thrush Aircraft,Inc.
	发动机型号	Pratt & Whitney Canada PT6A-34AG PT6A-34（可选）	GE Aviation H80-100
	发动机数量	1	1
	螺旋桨型号	Hartzell HC-B3TN-3C 或 HC-B3TN-3D	Hartzell HC-B4TW-3/T10282N（S）
	螺旋桨数量	1	1
	燃油	Jet A,Jet B,JP-4,JP-5,中国国标3号喷气燃料— GB6537-2006,1D 或 2D号汽车柴油按照 ACL 服务公告第 1344 号。（如果喷气燃料不可用，航空汽油、MIL-G-5572、所有等级，在检修和最大 150 小时期间也许可以使用）,汽车柴油仅批准为农业应用飞行并且释放气体温度高于如下时： 1D 号等级 -6.7℃（+20℉） 2D 号等级 +4.5℃（+40℉）	Jet A 根据 per ASTM D1655 Jet A-1 根据 ASTM D1655 或 NATO F-35 中的 91-91 标准规定（以前的 DERD 2494） 中国国标3号喷气燃料— GB6537-2006
	最大乘客人数	1	1
	最小机组人数	1	1
尺寸	机身长度（ft/m）	9.854 m（32 ft 4 in）	9.854 m（32 ft 4 in）
	翼展（ft/m）	14.478 m（47 ft 6 in）	14.478 m（47 ft 6 in）
	机身高度（ft/m）	2.843 m（9 ft 4 in）	2.843 m（9 ft 4 in）
性能	空重（lbs/kg）	2223 kg（4900 lbs）	2041 kg（4500 lbs）
	最大停机坪重量（lbs/kg）	2722 kg（6000 lbs）	-
	最大起飞重量（lbs/kg）	4763 kg（10500 lbs）	4763 kg（10500 lbs）
	最大着陆重量（lbs/kg）	-	3447 kg（7600 lbs）
	最大零燃油重量（lbs/kg）	-	-
	最大燃油量（lbs/kg/L/gal）	可用：393.6 L （104 gal）	可用：863 L （228 gal）
	最大使用高度（ft/m）	3658 m（12000 ft）	3657 m（12000 ft）
	起飞场长（m）	466 m（1530 ft）	408 m（1339 ft）
	经济巡航速度（km/h）	241 km/h	256 km/h
	最大航程（h）	-	-
数据来源			VTC0279A-VTCDS-[2013-08-16] 制造厂提供数据

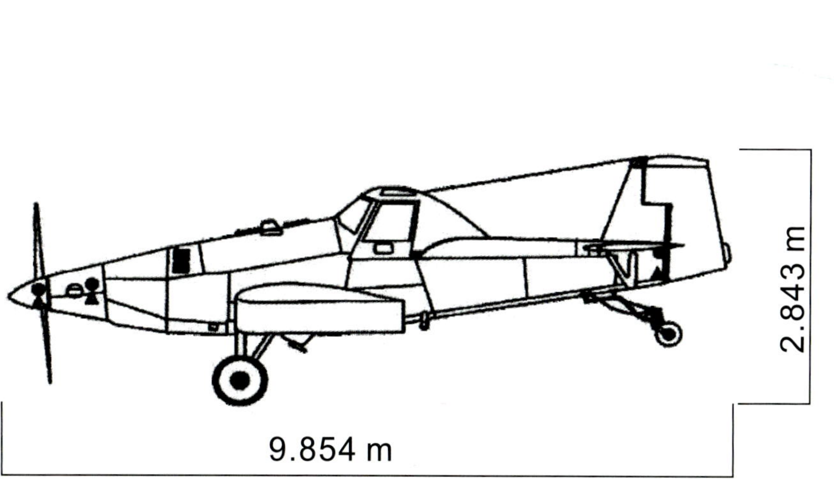

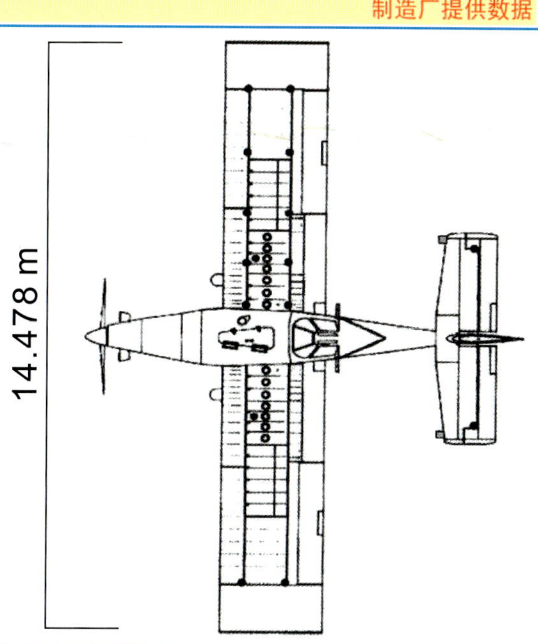

Zenair Limited CH 2000

CH 2000型飞机是由加拿大Zenair公司研制的单发轻型多用途飞机。并排双座，下单翼，铝合金结构，固定三轮起落架，设计满足美国联邦航空条例第23部（JAR -VLA，安全）的要求。

主要用途：私人飞行、飞行训练等。

截止到2013年12月31日，该类飞机在我国注册数量共0架。

技术参数

概况	型别	CH 2000
	商用名	CH 2000
	制造商	Zenair Limited
	发动机型号	Lycoming O-235-N2C
	发动机数量	1
	螺旋桨型号	Sensenich 72CK-0-46 或 72CK-0-48
	螺旋桨数量	1
	燃油	等级为100/100LL的航空汽油： 加拿大:CCSB3.25,美国:ASTM D910
	最大乘客人数	1
	最小机组人数	1
尺寸	机身长度（m）	7.01 m
	翼展（m）	8.79 m
	机身高度（m）	2.08 m
性能	空重（lbs/kg）	535 kg （1175 lbs）
	最大停机坪重量（lbs/kg）	-
	最大起飞重量（lbs/kg）	730 kg （1606 lbs）
	最大着陆重量（lbs/kg）	730 kg （1606 lbs）
	最大零燃油重量（lbs/kg）	-
	最大燃油量（lbs/kg/L/gal）	106 L
	最大使用高度（ft/m）	3048 m （10000 ft）
	最大起降高度（ft/m）	2438 m （8000 ft）
	起飞场长（m）	-
	经济巡航速度（km/h）	183 km/h
	最大航程（h）	900 km
数据来源		VTC176A-VTCDS-[2007-04-24] 制造厂提供数据

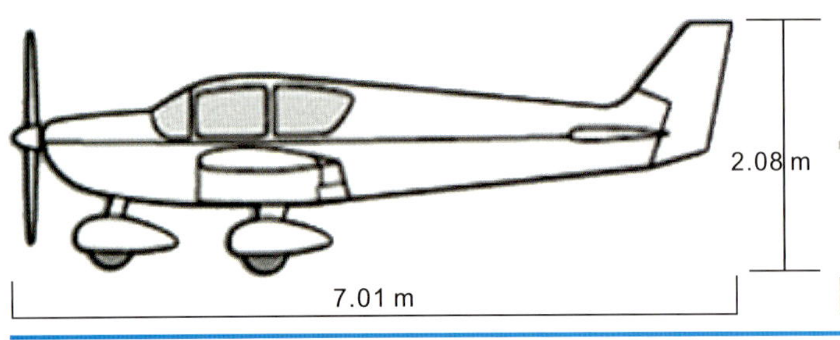

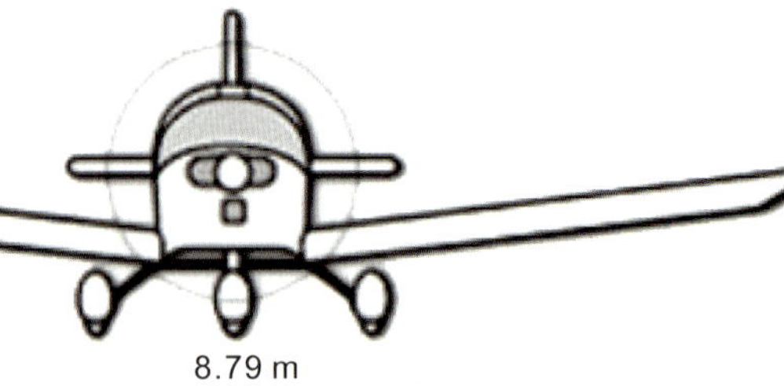

Auto Gyro GmbH Calidus

主要用途：飞行训练、私人飞行、监控、探测等。

截止到2013年12月31日，该类飞机在我国注册数量共0架。

技术参数

	项目	参数
概况	型别	Calidus
	商用名	-
	制造商	Auto Gyro GmbH
	发动机型号	ROTAX 912 ULS/914UL
	发动机数量	1
	螺旋桨型号	HTC 定距螺旋桨
	螺旋桨桨叶数量	3
	燃油	-
	最大乘客人数	1
	最小机组人数	1
尺寸	机身长度（m）	4.78 m
	翼展（m）	1.73 m
	机身高度（m）	2.77 m
性能	空重（lbs/kg）	260 kg
	最大停机坪重量（lbs/kg）	500 kg
	最大起飞重量（lbs/kg）	500 kg
	最大着陆重量（lbs/kg）	560 kg
	最大零燃油重量（lbs/kg）	-
	最大燃油量（lbs/kg/L/gal）	39 L / 75 L
	最大使用高度（ft/m）	16000 ft
	起飞场长（m）	70 m
	经济巡航速度（km/h）	160 km/h
	最大航程（km）	700 km
数据来源		TDA-LSA-004A-[2012-08-06] 制造厂提供数据

Calidus是由德国Auto Gyro GmbH公司研制生产的一款超轻运动类旋翼机。全封闭式复合材料前后座的机舱，使每小时巡航速度可达到160公里。桅杆上的振动缓冲器可以把旋翼运转的振动减至最低。夏天可以更换大通风开口或者顶部有遮阳设计的夏盖，冬天有暖气设备取暖。Calidus可以安装浮筒，成为水上飞机。

Auto Gyro GmbH MTOsport

主要用途：飞行训练、私人飞行、航拍、监控、探测、农业喷洒、森林防火等。
截止到2013年12月31日，该类飞机在我国注册数量共0架

技术参数

概况	型别	MTOsport
	商用名	-
	制造商	Auto Gyro GmbH
	发动机型号	ROTAX 912 ULS/914UL
	发动机数量	1
	螺旋桨型号	HTC 定距螺旋桨
	螺旋桨桨叶数量	3
	燃油	车用燃油 EN 228 Super/AVGAS
	最大乘客人数	1
	最小机组人数	1
尺寸	机身长度（m）	5.08 m
	宽度（m）	1.88 m
	机身高度（m）	2.71 m
性能	空重（lbs/kg）	250 kg
	最大停机坪重量（lbs/kg）	500 kg
	最大起飞重量（lbs/kg）	500 kg
	最大着陆重量（lbs/kg）	560 kg
	最大零燃油重量（lbs/kg）	47.60 kg
	最大燃油量（lbs/kg/L/gal）	34 L / 68 L
	最大使用高度（ft/m）	16 000 ft
	起飞场长（m）	70 m
	经济巡航速度（km/h）	160 km/h
	最大航程（km）	500 km
数据来源		TDA-LSA-005A-[2012-08-06]
		制造厂提供数据

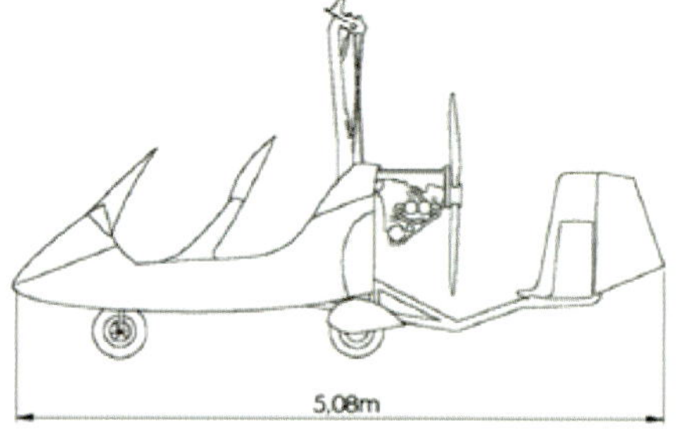

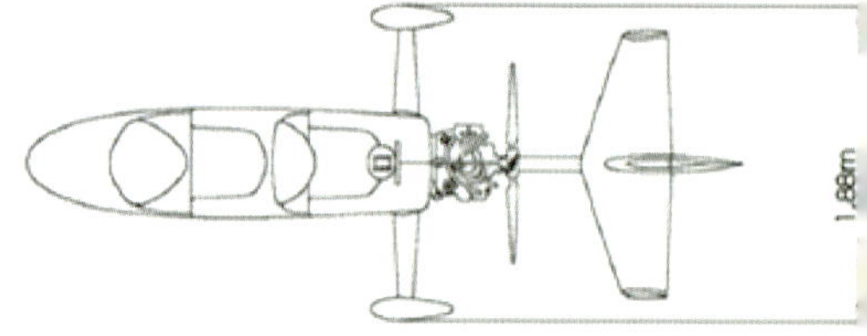

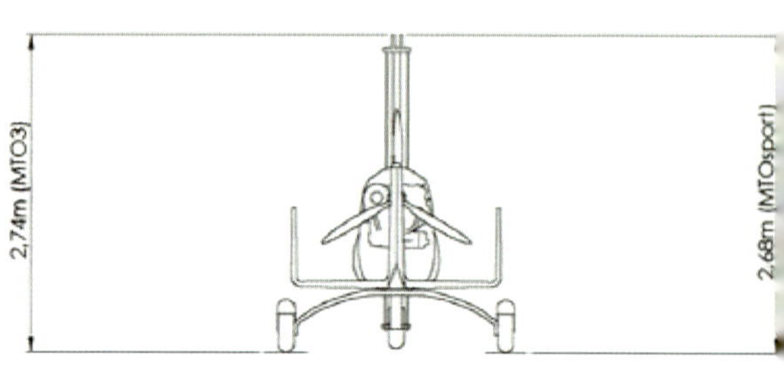

MTOsport是由德国Auto Gyro GmbH公司研制生产的一款开放式前后座旋翼机。Auto Gyro GmbH公司为了配合客户的需要，针对旋翼系统、螺旋桨或者仪表设备等都能提供多种选择。MTOSport还可以安装浮筒，成为水上飞机。

Avtech Pty Ltd.　Jabiru J230-D

J230是佳宝J系列产品族设计中的最新开发成果。它装有120马力佳宝3300cc发动机，大容量行李舱，以及采用玻璃纤维复合材料机身，双排四座布局，前三点起落架，支柱支撑的上单翼。

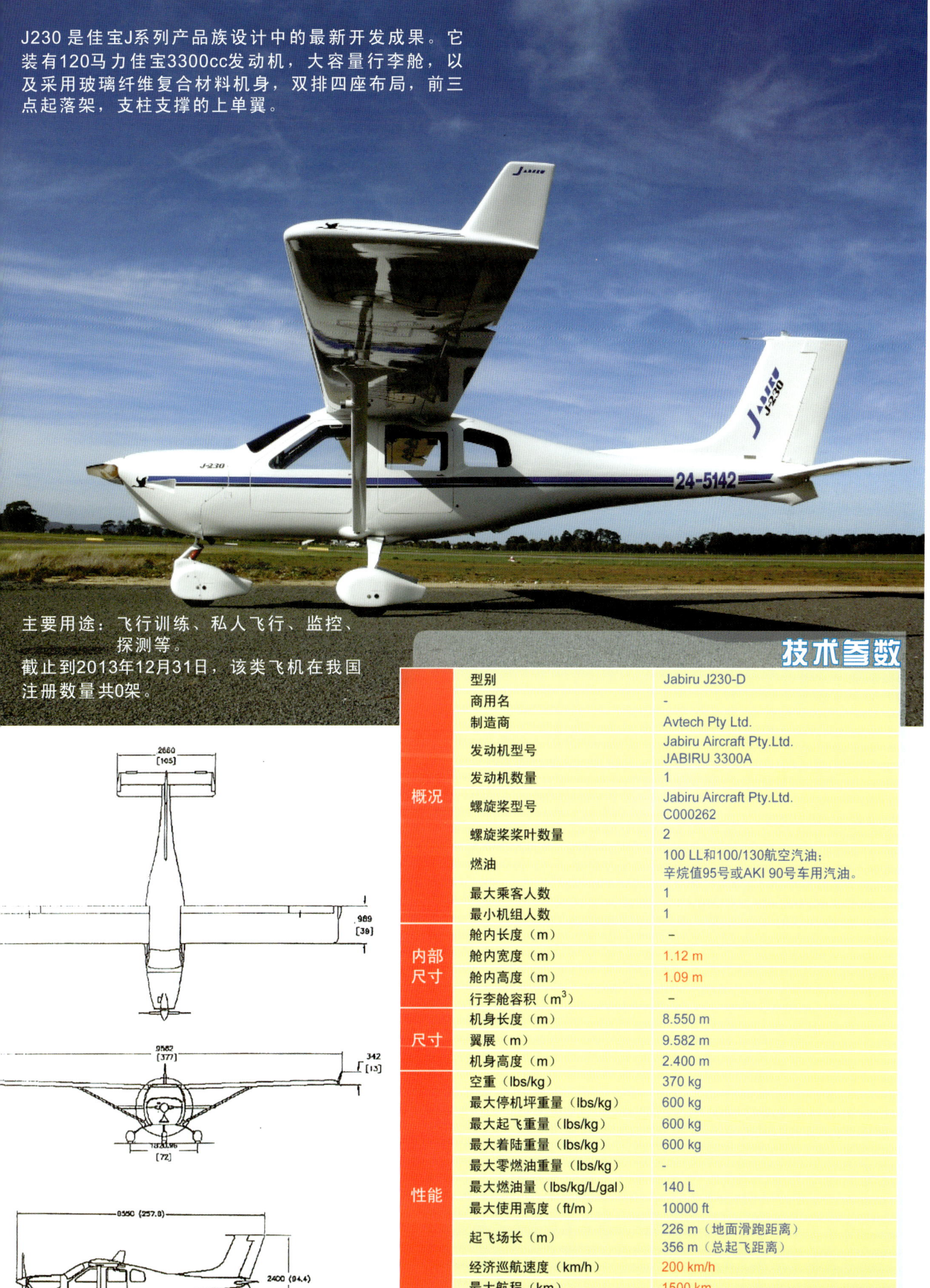

主要用途：飞行训练、私人飞行、监控、探测等。

截止到2013年12月31日，该类飞机在我国注册数量共0架。

技术参数

概况	型别	Jabiru J230-D
	商用名	-
	制造商	Avtech Pty Ltd.
	发动机型号	Jabiru Aircraft Pty.Ltd. JABIRU 3300A
	发动机数量	1
	螺旋桨型号	Jabiru Aircraft Pty.Ltd. C000262
	螺旋桨桨叶数量	2
	燃油	100 LL和100/130航空汽油； 辛烷值95号或AKI 90号车用汽油。
	最大乘客人数	1
	最小机组人数	1
内部尺寸	舱内长度（m）	–
	舱内宽度（m）	1.12 m
	舱内高度（m）	1.09 m
	行李舱容积（m^3）	–
尺寸	机身长度（m）	8.550 m
	翼展（m）	9.582 m
	机身高度（m）	2.400 m
性能	空重（lbs/kg）	370 kg
	最大停机坪重量（lbs/kg）	600 kg
	最大起飞重量（lbs/kg）	600 kg
	最大着陆重量（lbs/kg）	600 kg
	最大零燃油重量（lbs/kg）	-
	最大燃油量（lbs/kg/L/gal）	140 L
	最大使用高度（ft/m）	10000 ft
	起飞场长（m）	226 m（地面滑跑距离） 356 m（总起飞距离）
	经济巡航速度（km/h）	200 km/h
	最大航程（km）	1500 km
数据来源		TDA-LSA-007A-[2012-11-26] 制造厂提供数据

赛斯纳 Cessna 162
Cessna Skycatcher

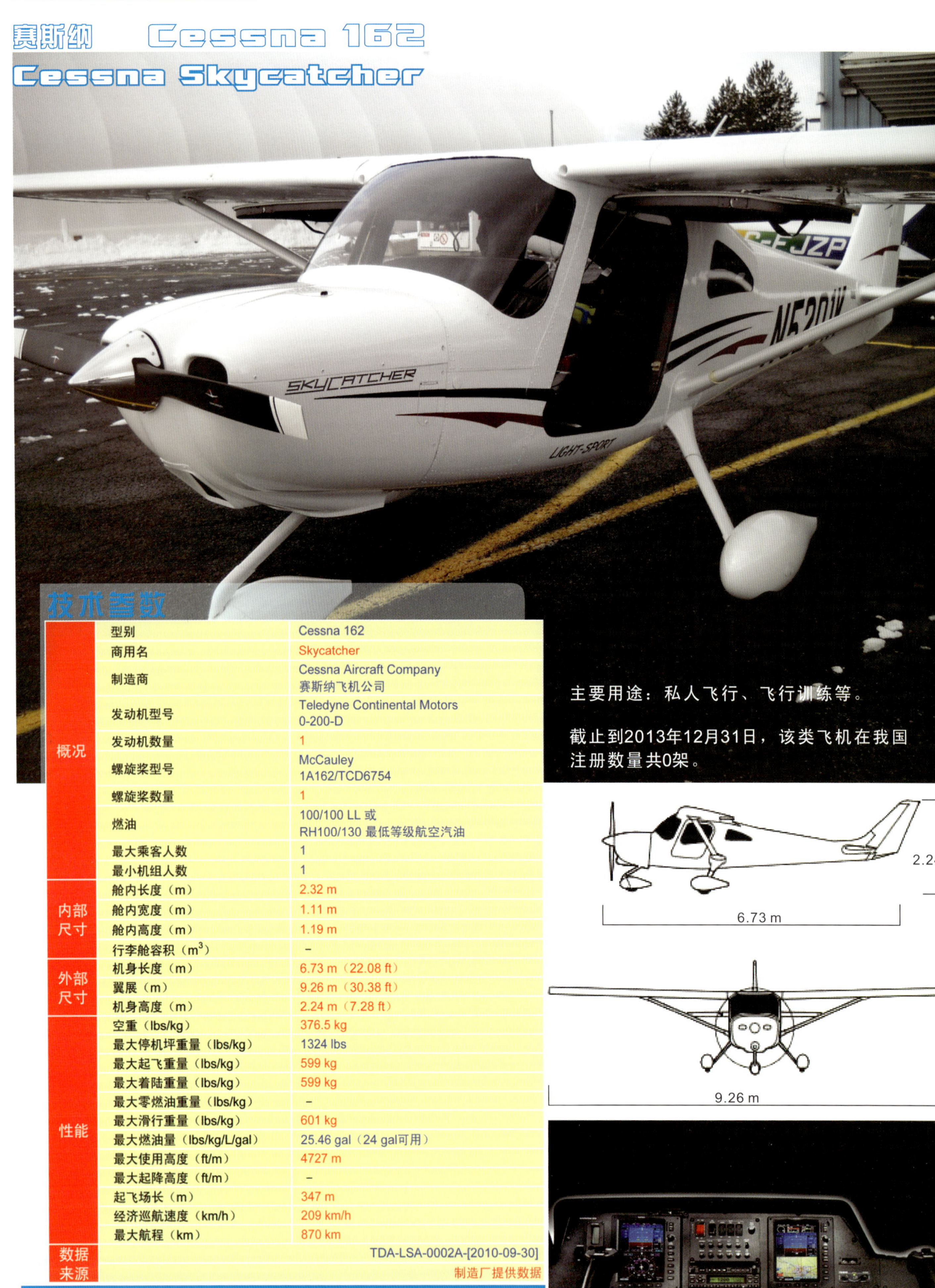

技术参数

概况	型别	Cessna 162
	商用名	Skycatcher
	制造商	Cessna Aircraft Company 赛斯纳飞机公司
	发动机型号	Teledyne Continental Motors 0-200-D
	发动机数量	1
	螺旋桨型号	McCauley 1A162/TCD6754
	螺旋桨数量	1
	燃油	100/100 LL 或 RH100/130 最低等级航空汽油
	最大乘客人数	1
	最小机组人数	1
内部尺寸	舱内长度（m）	2.32 m
	舱内宽度（m）	1.11 m
	舱内高度（m）	1.19 m
	行李舱容积（m^3）	–
外部尺寸	机身长度（m）	6.73 m（22.08 ft）
	翼展（m）	9.26 m（30.38 ft）
	机身高度（m）	2.24 m（7.28 ft）
性能	空重（lbs/kg）	376.5 kg
	最大停机坪重量（lbs/kg）	1324 lbs
	最大起飞重量（lbs/kg）	599 kg
	最大着陆重量（lbs/kg）	599 kg
	最大零燃油重量（lbs/kg）	–
	最大滑行重量（lbs/kg）	601 kg
	最大燃油量（lbs/kg/L/gal）	25.46 gal（24 gal可用）
	最大使用高度（ft/m）	4727 m
	最大起降高度（ft/m）	–
	起飞场长（m）	347 m
	经济巡航速度（km/h）	209 km/h
	最大航程（km）	870 km
数据来源		TDA-LSA-0002A-[2010-09-30] 制造厂提供数据

主要用途：私人飞行、飞行训练等。

截止到2013年12月31日，该类飞机在我国注册数量共0架。

Cessna162是美国赛斯纳公司研发制造的两座螺旋桨上单翼轻型运动飞机。Cessna162配备了专用的全玻璃驾驶舱，以及专为轻型运动飞机设计的发动机，采用轻体航天铝合金材料。

技术参数

概况	型别	Ikarus C42E
	商用名	-
	制造商	Comco Ikarus GmbH
	发动机型号	ROTAX 912 ULS
	发动机数量	1
	螺旋桨型号	Neuform CR3
	螺旋桨桨叶数量	3
	燃油	车用燃油 EN 228 Super/AVGAS
	最大乘客人数	1
	最小机组人数	1
尺寸	机身长度（m）	6.38 m
	翼展（m）	9.45 m
	机身高度（m）	2.20 m
性能	空重（lbs/kg）	270 kg
	最大停机坪重量（lbs/kg）	540 kg
	最大起飞重量（lbs/kg）	540 kg
	最大着陆重量（lbs/kg）	540 kg
	最大零燃油重量（lbs/kg）	45.50 kg
	最大燃油量（lbs/kg/L/gal）	65 L
	最大使用高度（ft/m）	14 000 ft
	起飞场长（m）	75-85 m
	经济巡航速度（km/h）	180 km/h
	最大航程（km）	700 km
数据来源		TDA-LSA-003A-[2012-04-28] 制造厂提供数据

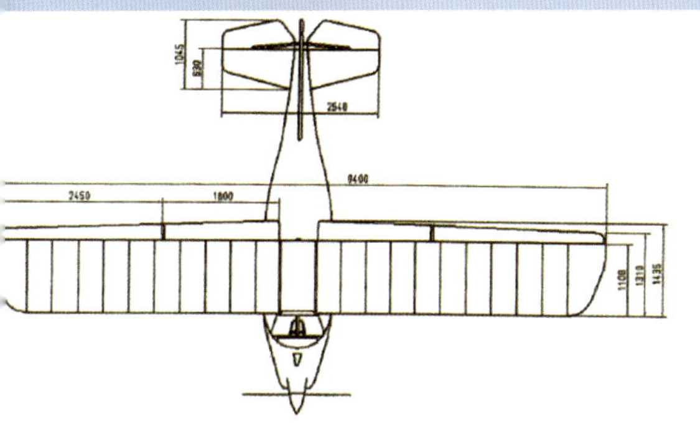

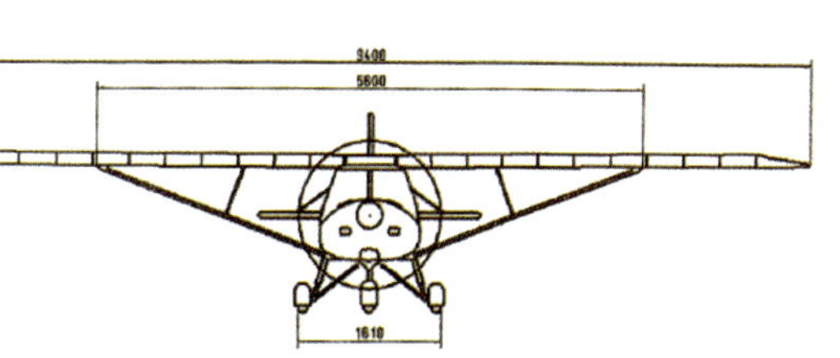

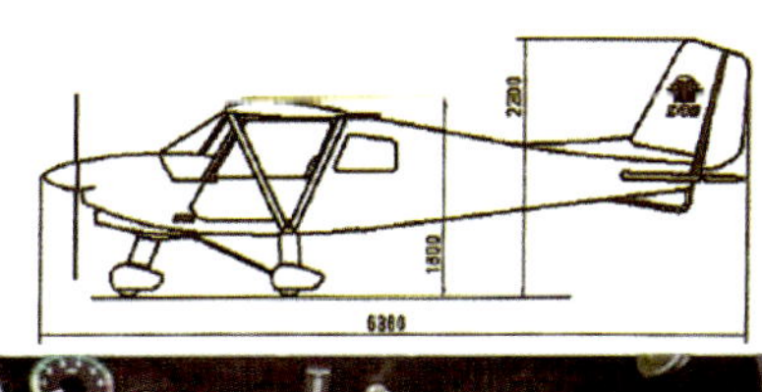

主要用途：飞行训练、私人飞行、航拍航测、监控侦查、农林喷洒、森林防火等。

截止到2013年12月31日，该类飞机在我国注册数量共0架。

C42E是由德国Comco Ikarus公司制造的双座、固定三点式起落架超轻型飞机。C42E以铝管为骨架，机翼使用特殊钢网衬里的蒙布，外加符合空气力学的机壳，C42E常被用来当拖曳的飞机，其拖曳重量可达到650kg。C42E配有机身救生系统。此外，C42E还可以加上浮筒变成水上飞机或者加上雪橇在冰上起降。

EVEKTOR-AEROTECHNIK a.s.
SPORTSTAR SL

主要用途：飞行训练、私人飞行、监控、探测等。
截止到2013年12月31日，该类飞机在我国注册数量共0架

技术参数

概况	型别	SPORTSTAR SL
	商用名	-
	制造商	EVEKTOR-AEROTECHNIK a.s.
	发动机型号	Rotax 912 S
	发动机数量	1
	螺旋桨型号	Woodcomp s.r.o.（SPORT PROP） KLASSIC 170/3/R
	螺旋桨桨叶数量	3
	燃油	100 LL航空汽油； 辛烷值95号车用汽油。
	最大乘客人数	1
	最小机组人数	1
尺寸	机身长度（ft/m）	5.98 m（19.62 ft）
	翼展（ft/m）	8.646 m（28.35 ft）
	机身高度（ft/m）	2.476 m（8.12 ft）
性能	空重（lbs/kg）	297 kg ± 2% 315 kg ± 2%（带有弹射回收系统）
	最大停机坪重量（lbs/kg）	575 kg
	最大起飞重量（lbs/kg）	575 kg
	最大着陆重量（lbs/kg）	575 kg
	最大零燃油重量（lbs/kg）	-
	最大燃油量（lbs/kg/L/gal）	120 L
	最大使用高度（ft/m）	15,500 ft（4720 m）
	起飞场长（m）	220 m（720 ft）
	经济巡航速度（km/h）	204 km/h
	最大航程（km）	700 nm（1300 km）
数据来源		TDA-LSA-006A-[2012-08-10] 制造厂提供数据

SportStar一款双座轻型运动飞机，是由捷克一家名为Evektor Aerotechnik生产的，采用的是Rotax912ULS的发动机，动力100马力（75千瓦）。

主要用途：飞行训练、私人飞行、监控、探测等。

截止到2013年12月31日，该类飞机在我国注册数量共6架。

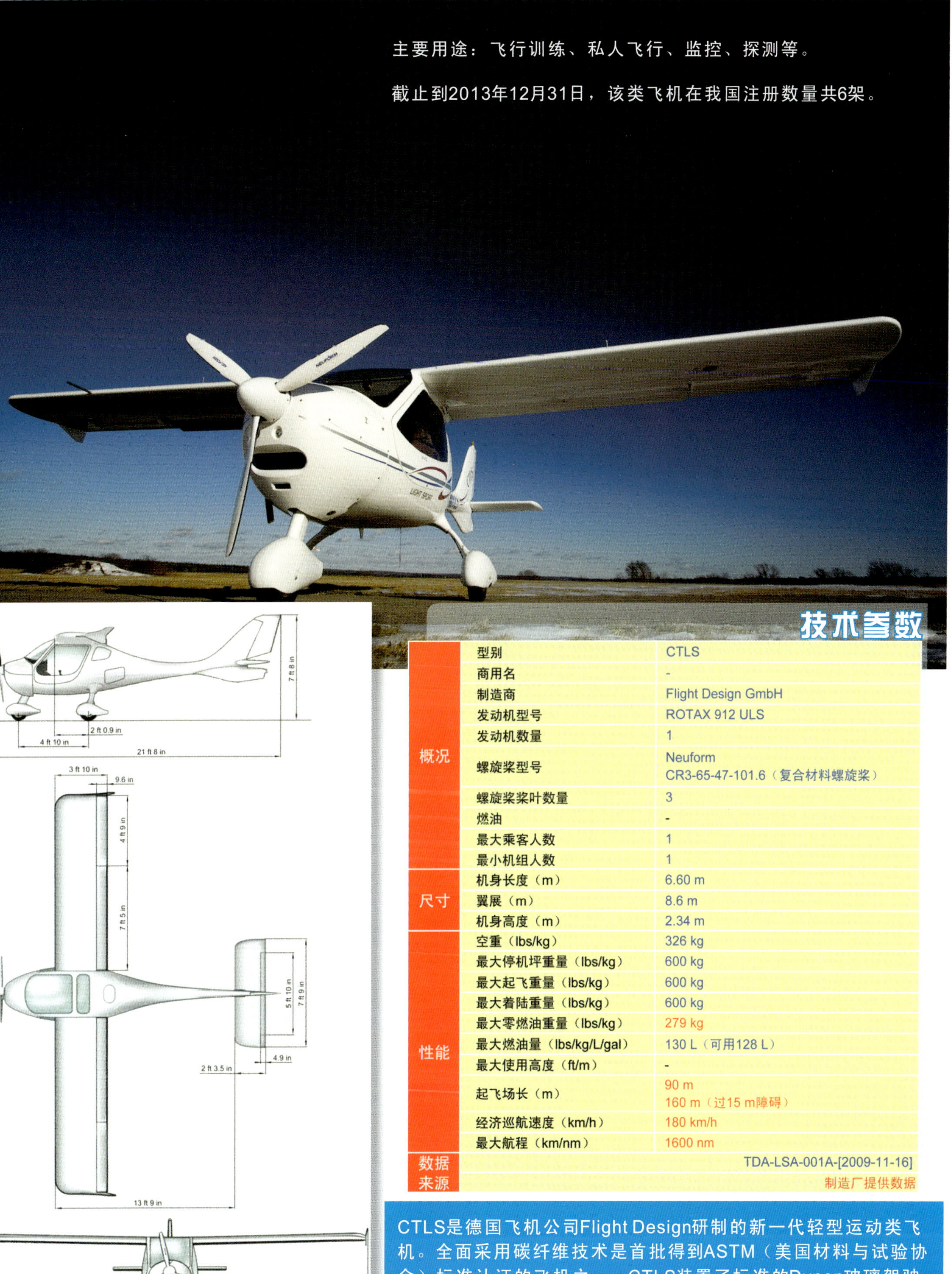

技术参数

概况	型别	CTLS
	商用名	-
	制造商	Flight Design GmbH
	发动机型号	ROTAX 912 ULS
	发动机数量	1
	螺旋桨型号	Neuform CR3-65-47-101.6（复合材料螺旋桨）
	螺旋桨桨叶数量	3
	燃油	-
	最大乘客人数	1
	最小机组人数	1
尺寸	机身长度（m）	6.60 m
	翼展（m）	8.6 m
	机身高度（m）	2.34 m
性能	空重（lbs/kg）	326 kg
	最大停机坪重量（lbs/kg）	600 kg
	最大起飞重量（lbs/kg）	600 kg
	最大着陆重量（lbs/kg）	600 kg
	最大零燃油重量（lbs/kg）	279 kg
	最大燃油量（lbs/kg/L/gal）	130 L（可用128 L）
	最大使用高度（ft/m）	-
	起飞场长（m）	90 m 160 m（过15 m障碍）
	经济巡航速度（km/h）	180 km/h
	最大航程（km/nm）	1600 nm
数据来源		TDA-LSA-001A-[2009-11-16] 制造厂提供数据

CTLS是德国飞机公司Flight Design研制的新一代轻型运动类飞机。全面采用碳纤维技术是首批得到ASTM（美国材料与试验协会）标准认证的飞机之一。CTLS装置了标准的Dynon玻璃驾驶舱及Garmin496 GPS连XM Weather功能。

我们的愿景：

Corporate Vision

成为航空业界不可替代的、
以航空器材保障为主业的特殊性综合服务提供商

To become an irreplaceable and unique comprehensive service provider for aviation supplies

公司概况

中国航空器材集团公司是国务院国有资产监督管理委员会监管的中央企业。公司的前身是中国航空器材公司，1980年10月经国家进出口管理委员会批准成立，是中国民航系统成立的第一家公司。2012年10月，民航运输及服务保障企业联合重组，中国航空器材进出口集团公司作为六大航空及保障集团公司之一，经国务院批复正式组建。2007年12月更名为中国航空器材集团公司。

中国航材集团公司是专门从事飞机采购及航空器材保障业务的专业公司，主要业务涉及飞机批量采购、航空租赁、航材分销与共享、通用航空、航空维修与制造、地面设备与工程、航空培训、合同能源、航空展览等领域。

飞机批量采购

飞机批量采购是中国航材集团公司传统优势领域，具有配合国家执行外贸外交政策的独特地位。自 2002 年中国航材集团公司成立至今，与空客公司和波音公司签订了 20 个批次 1479 架飞机批量采购协议。多次批量采购的圆满完成为降低航空公司采购成本发挥了积极的作用。

航材分销与共享

中国航空器材有限责任公司长期与波音、空客、庞巴迪等飞机制造公司、国内民航企业合作，为航空公司、维修企业等客户提供航材租赁、分销、寄售、物流、AOG 等支援服务。正在与国内主要航空公司合作打造中国民航航材共享平台，将其建设成为中国民航航材支援和交易平台及主要的航材保障渠道之一。

航空维修与制造

北京凯兰航空技术有限公司作为中国航材集团公司内部的投资平台，控股或参股多家航空维修与制造企业，涉及飞机刹车盘系统销售与机轮刹车维修、航空电子与机械附件修理、航空零部件表面处理、复合材料修理、飞机结构修理、航空零部件制造以及技术咨询等领域。

合同能源管理

中国航材集团能源管理有限责任公司是民航业内唯一一家国家发改委节能服务公司备案、入选中央企业节能减排服务机构、ISO9001:2008 质量认证的专业综合节能服务公司。公司致力于为各航空公司、机场、空管系统和民航相关单位提供综合节能减排方案，包括政策咨询，能源审计，合同能源管理项目的规划、设计、投资、实施和运营等服务。

航空租赁

奇龙航空租赁有限公司是中国航空器材集团公司与荷兰埃尔凯普飞机租赁公司及法国东方汇理银行航空融资公司于 2006 年投资成立的中外合资飞机经营性租赁公司，拥有 21 架 A320 和 B737-800 飞机，分别经营租赁至中国、法国、泰国、土耳其、巴西、西班牙等多个国家的航空公司。

通用航空

中国航材集团通用航空服务有限公司依托中国航材集团公司三十多年的航材保障经验和遍及国内外的服务网络，搭建服务于全行业的通用航空综合服务平台，为客户提供通用航空专业解决方案。主要业务包括：固定翼及旋翼飞机的销售，航材代理、寄售、修理，飞机租赁及金融服务，专业航空项目的咨询和支持等。

地面设备与工程

中国民航技术装备有限责任公司主要从事民航机场、空管、航空公司专用设备的国际国内招标、进出口、租赁、维修等业务，以及与此相关的产品展览、服务、技术开发、技术转让、技术咨询、技术培训和多种形式的对外贸易。多年来，始终在民航业界保持着招标、采购金额及市场占有率的领先地位。

航空培训及航空展览

中国航材集团公司在航空培训领域引入国际合作，培养航空专业人才，与空客公司合作建立集培训和客户支援设施为一体的华欧航空培训及支援中心，与普惠公司合作建立了华普航空发动机培训中心。通过组织和参与各类航空专业展览、会议，加强和促进中国与世界民航业的交流与合作。

www.casc.com.cn

中国航空器材集团公司

公司地址：北京市顺义区空港工业区A区天纬四街3号　联系电话：89455000　邮编：101312

阿古斯塔 A109E

AGUSTA A109E

主要用途：乘客运输、医疗救护、警务巡逻、反恐防暴、线路检修、消防、航拍、搜救、近海作业、军用等。

截止到2013年12月31日，该类飞机在我国注册数量共4架。

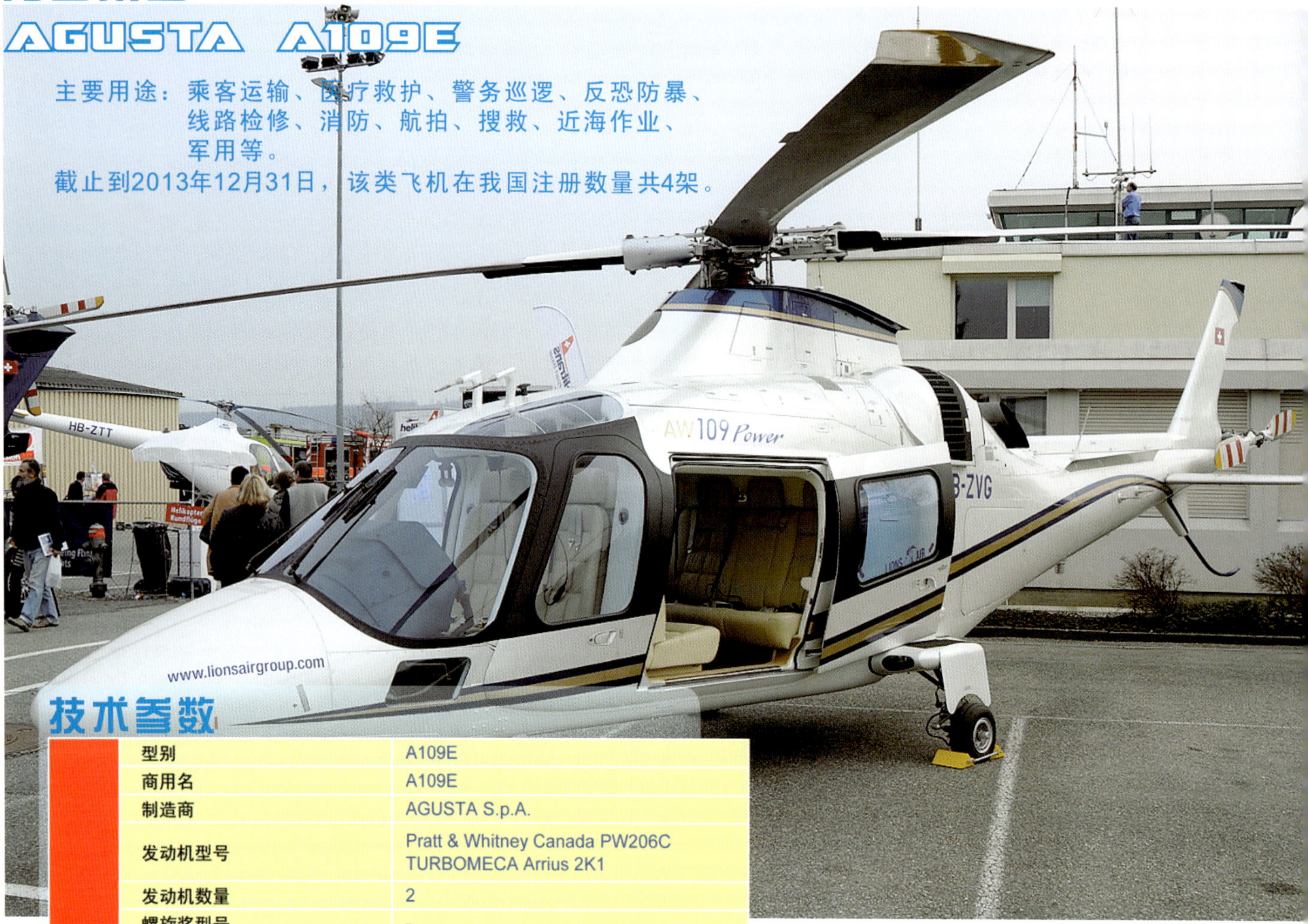

技术参数

概况	型别	A109E
	商用名	A109E
	制造商	AGUSTA S.p.A.
	发动机型号	Pratt & Whitney Canada PW206C TURBOMECA Arrius 2K1
	发动机数量	2
	螺旋桨型号	-
	螺旋桨桨叶数量	4
	燃油	PW206C 适用于所有温度：ASTM D-1655 Jet A, Jet A1,Jet A2, Jet B. Arrius 2K1 适用于所有温度：ASTM D-1655 Jet A, Jet A1 符合中国航空燃油3号喷气燃料（GB-6537-2006）
	最大乘客人数	7
	最小机组人数	1
尺寸	全长（m）	13.04 m
	主旋翼直径（m）	11.00 m 10.830 m（安装滑橇式起落架）
	机身长度（m）	11.45 m 11.020 m（安装滑橇式起落架）
	机身宽度（m）	2.880 m
	机身高度（m）	3.500 m 3.536m（安装滑橇式起落架）
性能	空重（lbs/kg）	1590 kg
	最大起飞重量（lbs/kg）	2850 kg
	最大货物吊挂重量（lbs/kg）	-
	最大燃油量（lbs/kg/L/gal）	可用燃油 595 L（157 US gal）
	实用商载（lbs/kg）	1410 kg
	最大使用高度（ft/m）	6095 m（20000 ft）
	最大起降高度（ft/m）	4572 m（15000 ft）
	有地效悬停（ft/m）	5059 m
	无地效悬停（ft/m）	3596 m
	爬升率（m/s）	9.8 m/s
	最大巡航速度（km/h /Kts）	168 Kts（有动力时） 128 Kts（无动力时）
	最大航程(km)	948 km
	噪声（db）	-
数据来源		VTC0119AR3-VTCDS-[2013-07-17] 制造厂提供数据

A109E是意大利阿古斯塔公司研制的高速、高性能双发军民用轻型直升机。A109E可以全天候飞行并具有优良的高温高原性能。A109系列直升机安装了轮式起落架。

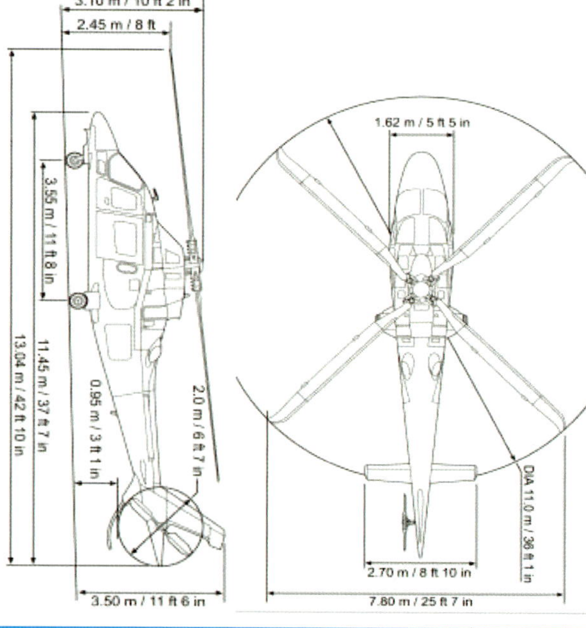

阿古斯塔 A109S

AGUSTA A109S

主要用途：乘客运输、医疗救护、警务巡逻、反恐防暴、线路检修、消防、航拍、搜救、近海作业、军用等。

截止到2013年12月31日，该类飞机在我国注册数量共4架。

技术参数

概况	型别	A109S
	商用名	A109S
	制造商	AGUSTA S.p.A.
	发动机型号	Pratt & Whitney Canada PW207C
	发动机数量	2
	螺旋桨型号	-
	螺旋桨桨叶数量	4
	燃油	适用于所有温度： ASTM D-1655 Type Jet A； ASTM D-1655 Type Jet A1； MIL-T-5624 Type JP-5； MIL-T-83133 Type JP-8； 符合中国航空燃油3号喷气燃料（GB-6537-2006）
	最大乘客人数	7
	最小机组人数	1
尺寸	全长（m）	-
	主旋翼直径（m）	10.830 m
	机身长度（m）	12.96 m
	机身宽度（m）	3.290 m
	机身高度（m）	3.395 m
性能	空重（lbs/kg）	1660 kg
	最大起飞重量（lbs/kg）	3175 kg（7000 lbs）
	最大货物吊挂重量（lbs/kg）	-
	最大燃油量（lbs/kg/L/gal）	可用燃油 575 L（151.9 US gal）
	实用商载（lbs/kg）	-
	最大使用高度（ft/m）	6095 m（20000 ft）
	最大起降高度（ft/m）	-
	有地效悬停（ft/m）	4750 m
	无地效悬停（ft/m）	3050 m
	爬升率（m/s）	9.3 m/s
	最大巡航速度（km/h /Kts）	168 Kts（有动力时） 128 Kts（无动力时）
	最大航程(km)	800 km
	噪声（db）	–
数据来源		VTC0119AR3-VTCDS-[2013-07-17] 制造厂提供数据

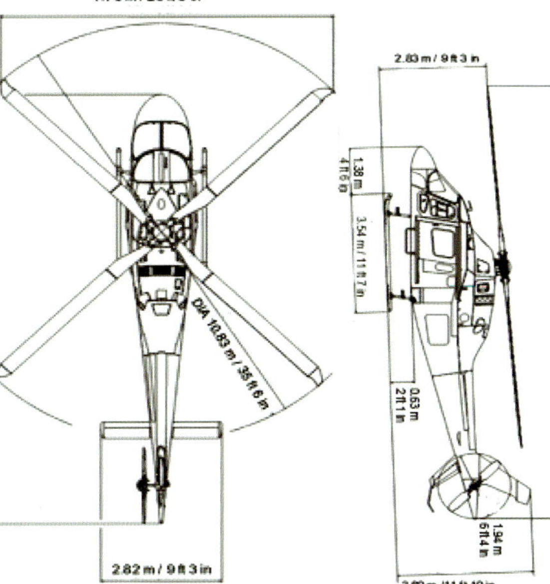

A109S是意大利阿古斯塔公司研制的多用途轻型直升机，与A109E同属A109系列，加长座舱，更换了PW207发动机，采用弯刀形尾桨。

该款直升机于2009年获得中国民航局颁发的型号认可证。

阿古斯塔 树袋熊 A119

AGUSTA Koala A119

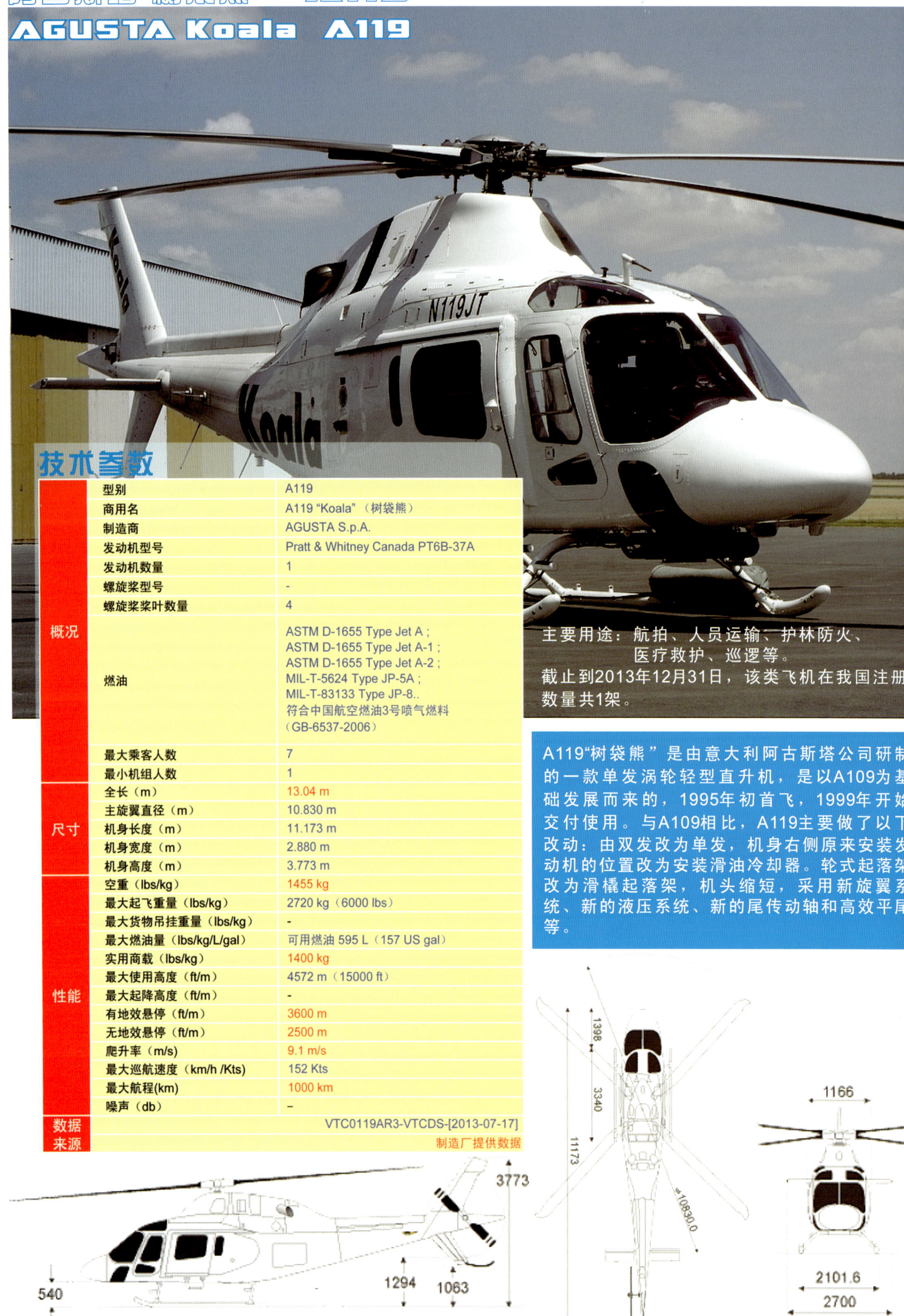

主要用途：航拍、人员运输、护林防火、医疗救护、巡逻等。

截止到2013年12月31日，该类飞机在我国注册数量共1架。

技术参数

概况	型别	A119
	商用名	A119 “Koala”（树袋熊）
	制造商	AGUSTA S.p.A.
	发动机型号	Pratt & Whitney Canada PT6B-37A
	发动机数量	1
	螺旋桨型号	-
	螺旋桨桨叶数量	4
	燃油	ASTM D-1655 Type Jet A ; ASTM D-1655 Type Jet A-1 ; ASTM D-1655 Type Jet A-2 ; MIL-T-5624 Type JP-5A ; MIL-T-83133 Type JP-8.. 符合中国航空燃油3号喷气燃料（GB-6537-2006）
	最大乘客人数	7
	最小机组人数	1
尺寸	全长（m）	13.04 m
	主旋翼直径（m）	10.830 m
	机身长度（m）	11.173 m
	机身宽度（m）	2.880 m
	机身高度（m）	3.773 m
性能	空重（lbs/kg）	1455 kg
	最大起飞重量（lbs/kg）	2720 kg（6000 lbs）
	最大货物吊挂重量（lbs/kg）	-
	最大燃油量（lbs/kg/L/gal）	可用燃油 595 L（157 US gal）
	实用商载（lbs/kg）	1400 kg
	最大使用高度（ft/m）	4572 m（15000 ft）
	最大起降高度（ft/m）	-
	有地效悬停（ft/m）	3600 m
	无地效悬停（ft/m）	2500 m
	爬升率（m/s）	9.1 m/s
	最大巡航速度（km/h /Kts）	152 Kts
	最大航程(km)	1000 km
	噪声（db）	-
数据来源	VTC0119AR3-VTCDS-[2013-07-17] 制造厂提供数据	

A119“树袋熊”是由意大利阿古斯塔公司研制的一款单发涡轮轻型直升机，是以A109为基础发展而来的，1995年初首飞，1999年开始交付使用。与A109相比，A119主要做了以下改动：由双发改为单发，机身右侧原来安装发动机的位置改为安装滑油冷却器。轮式起落架改为滑橇起落架，机头缩短，采用新旋翼系统、新的液压系统、新的尾传动轴和高效平尾等。

阿古斯塔 AW109SP

AGUSTA Grand New AW109SP

主要用途：空中执法、搜救、近海作业、乘客运输等。
截止到2013年12月31日，该类飞机在我国注册数量共0架。

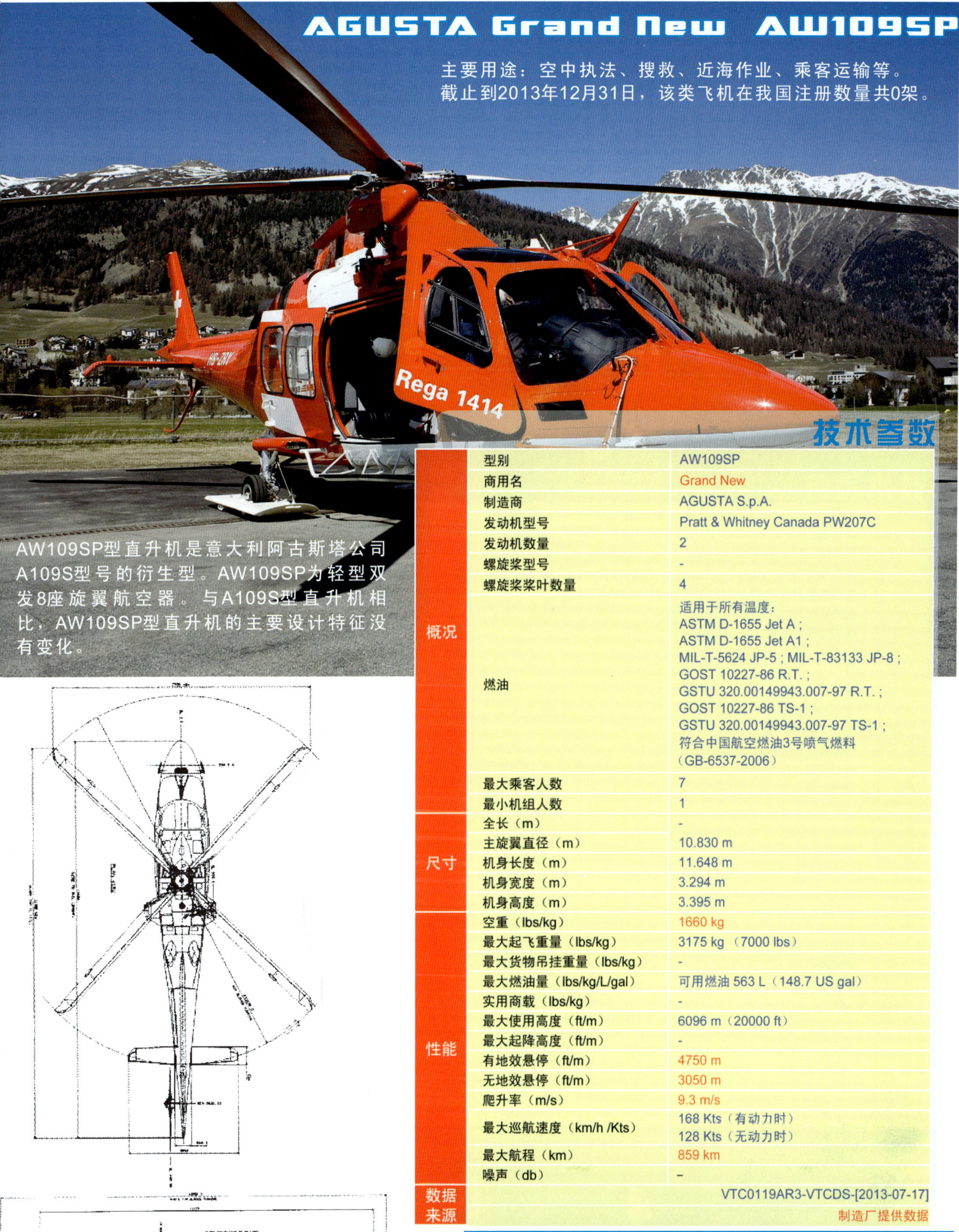

AW109SP型直升机是意大利阿古斯塔公司A109S型号的衍生型。AW109SP为轻型双发8座旋翼航空器。与A109S型直升机相比，AW109SP型直升机的主要设计特征没有变化。

技术参数

概况	型别	AW109SP
	商用名	Grand New
	制造商	AGUSTA S.p.A.
	发动机型号	Pratt & Whitney Canada PW207C
	发动机数量	2
	螺旋桨型号	-
	螺旋桨桨叶数量	4
	燃油	适用于所有温度： ASTM D-1655 Jet A； ASTM D-1655 Jet A1； MIL-T-5624 JP-5；MIL-T-83133 JP-8； GOST 10227-86 R.T.； GSTU 320.00149943.007-97 R.T.； GOST 10227-86 TS-1； GSTU 320.00149943.007-97 TS-1； 符合中国航空燃油3号喷气燃料（GB-6537-2006）
	最大乘客人数	7
	最小机组人数	1
尺寸	全长（m）	-
	主旋翼直径（m）	10.830 m
	机身长度（m）	11.648 m
	机身宽度（m）	3.294 m
	机身高度（m）	3.395 m
性能	空重（lbs/kg）	1660 kg
	最大起飞重量（lbs/kg）	3175 kg（7000 lbs）
	最大货物吊挂重量（lbs/kg）	-
	最大燃油量（lbs/kg/L/gal）	可用燃油 563 L（148.7 US gal）
	实用商载（lbs/kg）	-
	最大使用高度（ft/m）	6096 m（20000 ft）
	最大起降高度（ft/m）	-
	有地效悬停（ft/m）	4750 m
	无地效悬停（ft/m）	3050 m
	爬升率（m/s）	9.3 m/s
	最大巡航速度（km/h /Kts）	168 Kts（有动力时） 128 Kts（无动力时）
	最大航程（km）	859 km
	噪声（db）	–
数据来源	VTC0119AR3-VTCDS-[2013-07-17]	
	制造厂提供数据	

AW109SP(Grand New)直升机是A109家族中目前最先进的一款设计，装备2台由全数字控制系统（FADEC）控制的引擎，由防火墙完全隔离并配有火警检测和灭火系统，机上装有彩色气象雷达、自动驾驶仪、仪表着陆系统等，完全具备全天候夜间仪表飞行能力。

阿古斯塔 AW139

AGUSTA AW139

主要用途：空中执法、搜救、电子对抗、近海作业、乘客运输等。

截止到2013年12月31日，该类飞机在我国注册数量共4架

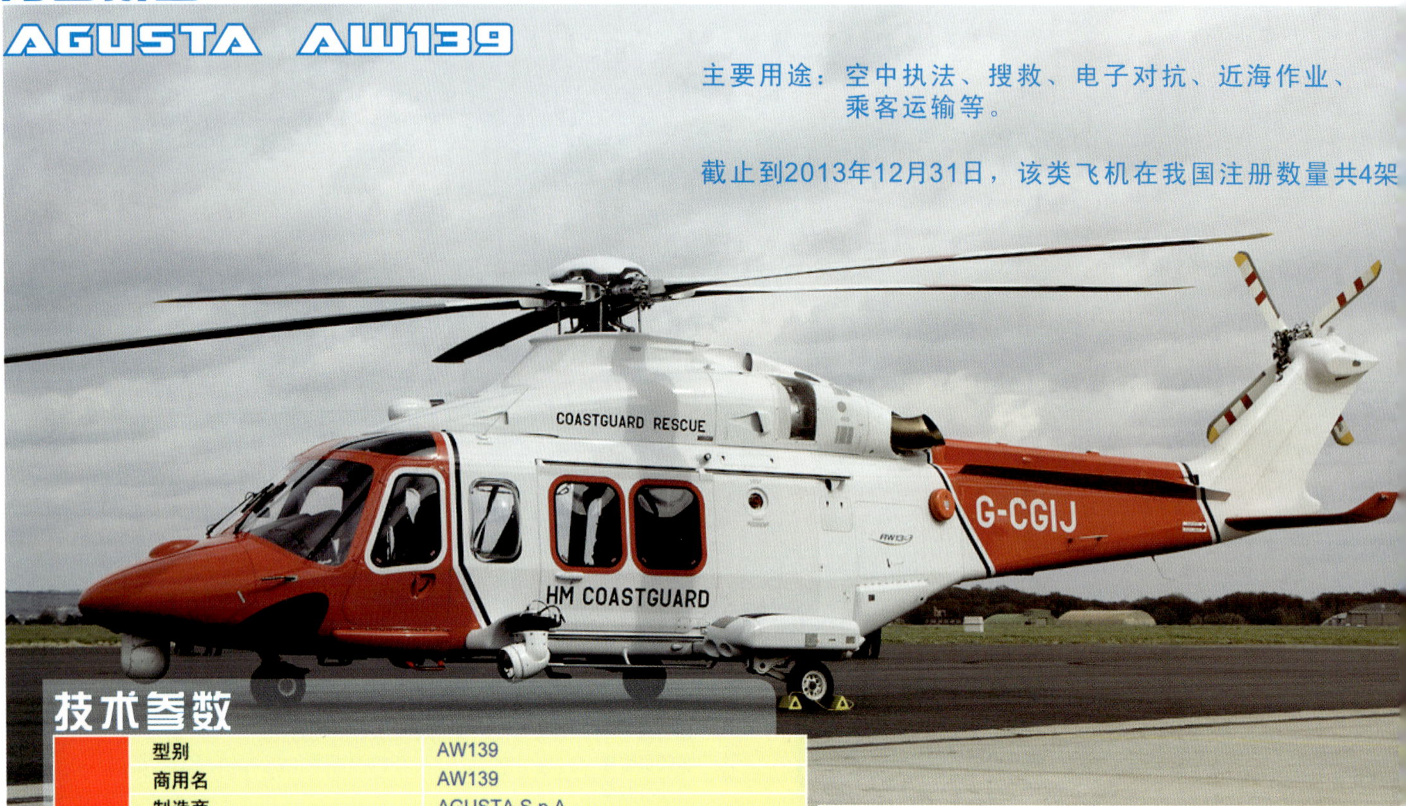

技术参数

概况	型别	AW139
	商用名	AW139
	制造商	AGUSTA S.p.A.
	发动机型号	Pratt & Whitney Canada PT6C-67C
	发动机数量	2
	螺旋桨型号	-
	螺旋桨桨叶数量	5
	燃油	JetA-1，JetA，JP5，JP8，JP8+100，GOST 1022 RT，GOST 10227 TS-1
	最大乘客人数	15
	最小机组人数	1（昼间VFR）/ 2（夜间IFR）
尺寸	全长（m）	16.65 m
	主旋翼直径（m）	13.8 m
	机身长度（m）	13.533 m / 13.733 m（长机头构型）
	机身宽度（m）	2.26 m
	机身高度（m）	3.72 m
性能	空重（lbs/kg）	3622 kg
	最大起飞重量（lbs/kg）	6400 kg
	最大货物吊挂重量（lbs/kg）	-
	最大燃油量（lbs/kg/L/gal）	1588 L
	实用商载（lbs/kg）	2680 kg
	最大使用高度（ft/m）	20000 ft
	最大起降高度（ft/m）	-
	有地效悬停（ft/m）	4682 m
	无地效悬停（ft/m）	2478 m
	爬升率（m/s）	10.9 m/s
	最大巡航速度（km/h /Kts）	306 km/h
	最大航程(km)	933 km / 1250 km（带辅助油箱）
	噪声（db）	-
数据来源		VTC0264A-VTCDS-[2011-11-28] 制造厂提供数据

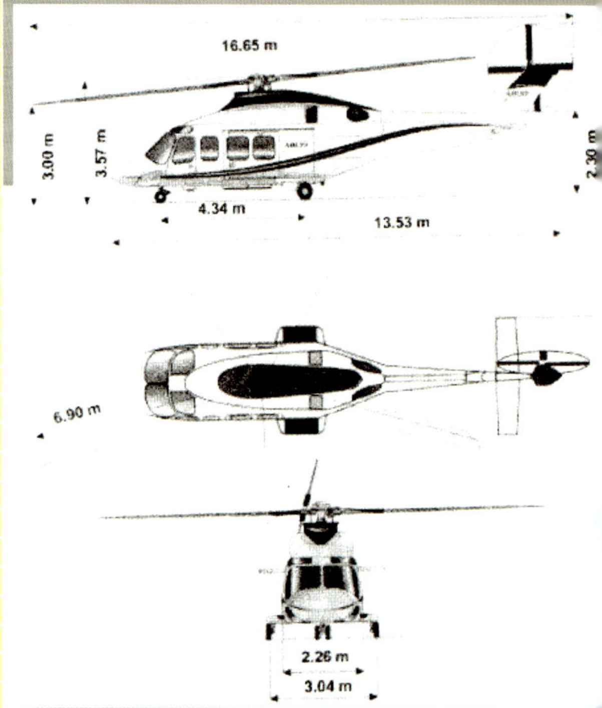

AW139是由意大利阿古斯塔公司研制生产的中型双发运输直升机，可以在全天候、全天时情况下执行任务。针对警务航空的任务要求，直升机装备了救援绞车、强光搜索灯、索降、滑降系统、货钩、担架等一系列警务实战技术设备，配置了外部吊钩，以便在不适合着陆的区域进行货物吊运和投放。

该机还配备了350EP红外摄像系统，即便是黑夜，也可对远距离的高速运动物体成像，锁定跟踪，运用这套摄影系统，地面上5公里以外的汽车牌照号，都清晰可见。

贝尔 206L-4

Bell Helicopter 206L-4

主要用途：公务航空、乘客运输、学员培训、警务巡逻、医疗救护、电力巡线、海上飞行等。

截止到2013年12月31日，该类飞机在我国注册数量共11架。

技术参数

概况	型别	206L-4
	商用名	206L-4
	制造商	Bell Helicopter Textron 贝尔直升机德事隆公司
	发动机型号	Rolls-Royce 250-C30P
	发动机数量	1
	螺旋桨型号	-
	螺旋桨桨叶数量	2
	燃油	航空煤油
	最大乘客人数	6
	最小机组人数	1
尺寸	全长（m）	12.91 m（42.4 ft）
	主旋翼直径（m）	11.28 m
	机身长度（m）	10.56 m（高滑撬）
	机身宽度（m）	2.10 m（高滑撬）
	机身高度（m）	3.32 m（高滑撬）
性能	空重（lbs/kg）	2407 lbs（1092 kg）
	最大起飞重量（lbs/kg）	4450 lbs（2064 kg）
	最大货物吊挂重量（lbs/kg）	2000 lbs（907 kg）
	最大燃油量（lbs/kg/L/gal）	110.7 gal
	实用商载（lbs/kg）	2123 lbs（962 kg）
	最大使用高度（ft/m）	6096 m
	最大起降高度（ft/m）	-
	有地效悬停（ft/m）	1950 m
	无地效悬停（ft/m）	336 m
	爬升率（m/s）	-
	最大巡航速度（km/h /Kts）	226 km/h
	最大航程(km)	620 km
	噪声（db）	–
数据来源		VTC080A-VTCDS-[1998-05-25] 制造厂提供数据

BELL 206L-4（“远程突击队员 IV”）是美国贝尔直升机公司在206B-3机型基础上制造的轻型多用途直升机。206L-4采用高性能的双叶旋翼系统，内部可以提供2+2+2和2+2+3两种座椅布局，具有特阔舱门和宽敞机舱。206L-4操纵杆采用旋转把手及全权数字控制系统。

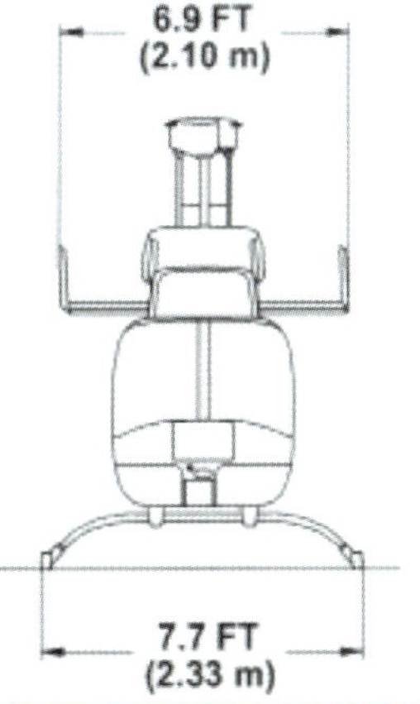

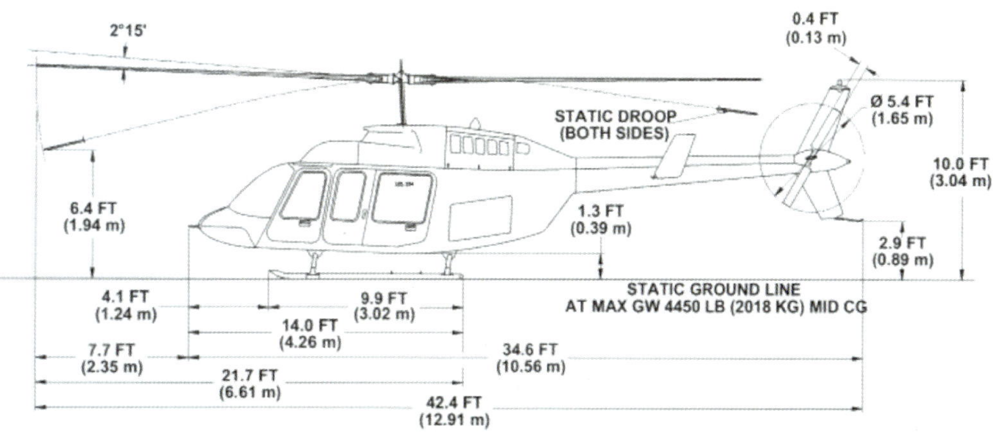

贝尔 407

Bell Helicopter 407

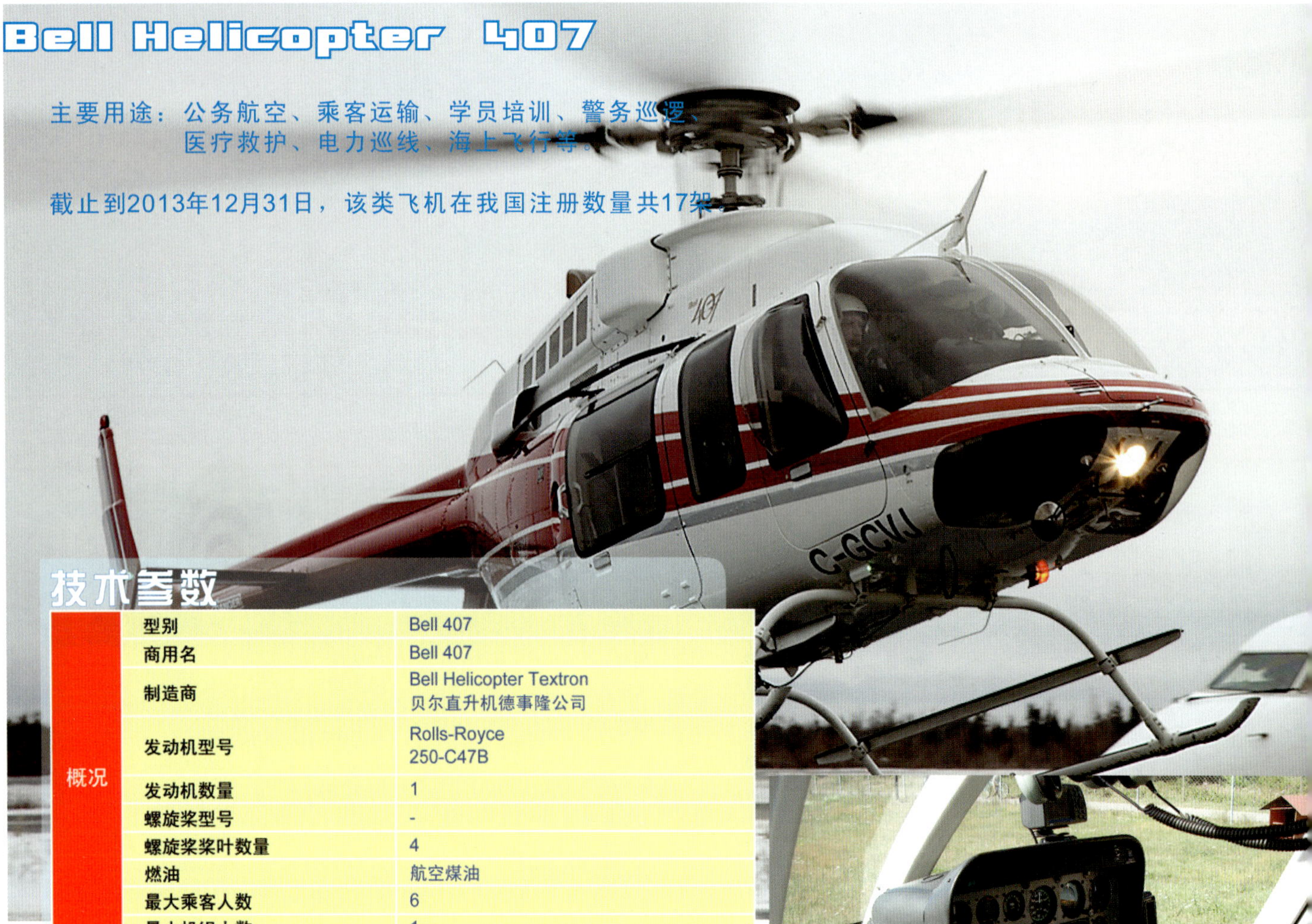

主要用途：公务航空、乘客运输、学员培训、警务巡逻、
医疗救护、电力巡线、海上飞行等。

截止到2013年12月31日，该类飞机在我国注册数量共17架。

技术参数

概况	型别	Bell 407
	商用名	Bell 407
	制造商	Bell Helicopter Textron 贝尔直升机德事隆公司
	发动机型号	Rolls-Royce 250-C47B
	发动机数量	1
	螺旋桨型号	-
	螺旋桨桨叶数量	4
	燃油	航空煤油
	最大乘客人数	6
	最小机组人数	1
尺寸	全长（m）	12.61 m（41.4 ft）
	主旋翼直径（m）	10.66 m
	机身长度（m）	10.57 m（高滑撬）
	机身宽度（m）	2.22 m
	机身高度（m）	3.3 m
性能	空重（lbs/kg）	2691 lbs（1221 kg）
	最大起飞重量（lbs/kg）	6000 lbs（2722 kg）
	最大货物吊挂重量（lbs/kg）	2646 lbs（1200 kg）
	最大燃油量（lbs/kg/L/gal）	标准油箱：127.8 US Gal 辅助油箱：19 US Gal
	实用商载（lbs/kg）	标准：2309 lbs（1047 kg） 可选：2559 lbs（1160 kg）
	最大使用高度（ft/m）	6000 m（19700 ft）
	最大起降高度（ft/m）	5000 m（16400 ft）
	有地效悬停（ft/m）	3718 m
	无地效悬停（ft/m）	3185m
	爬升率（m/s）	-
	最大巡航速度（km/h /Kts）	246 km/h
	最大航程(km)	611 km
	噪声（db）	-
数据来源		VTC080A-VTCDS-[1998-05-25] 制造厂提供数据

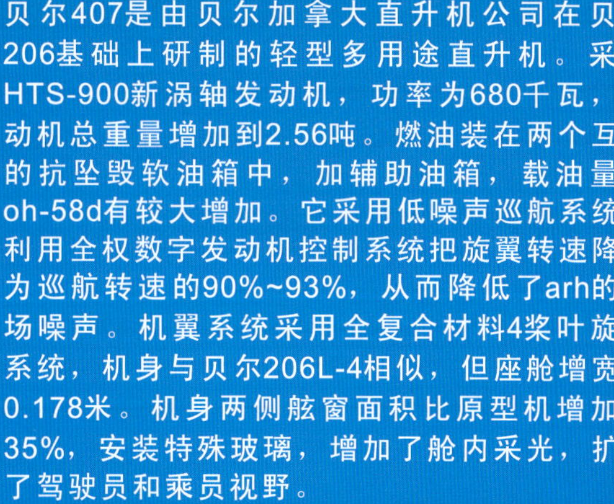

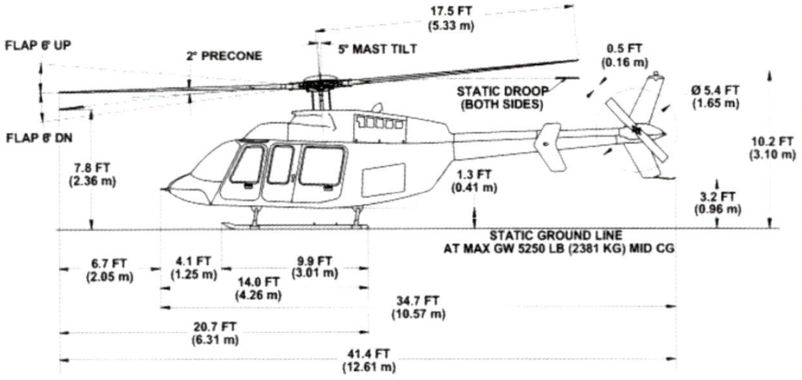

贝尔407是由贝尔加拿大直升机公司在贝206基础上研制的轻型多用途直升机。采HTS-900新涡轴发动机，功率为680千瓦，动机总重量增加到2.56吨。燃油装在两个互的抗坠毁软油箱中，加辅助油箱，载油量oh-58d有较大增加。它采用低噪声巡航系统利用全权数字发动机控制系统把旋翼转速降为巡航转速的90%~93%，从而降低了arh的场噪声。机翼系统采用全复合材料4桨叶旋系统，机身与贝尔206L-4相似，但座舱增宽0.178米。机身两侧舷窗面积比原型机增加35%，安装特殊玻璃，增加了舱内采光，扩了驾驶员和乘员视野。

贝尔407于1995年11月完成首架生产型直升的首飞，1996年2月取得FAA的型号合格证1998年5月取得中国民用航空局颁发的型号可证。

Bell Helicopter 429

主要用途：公务航空、乘客运输、学员培训、警务巡逻、医疗救护、电力巡线、海上飞行等。

截止到2013年12月31日，该类飞机在我国注册数量共6架。

贝尔429的驾驶舱简洁明了，一改以往舱内上下左右都是开关和电门的布局，取而代之的是三块等尺寸多功能集成显示屏，几乎所有的操作都可以在显示屏上处理。如果任何一块显示屏出现了故障停止工作，系统会自动将其余屏幕的显示模式改为复合显示模式，不会对飞行造成任何影响。

技术参数

概况	型别	Bell 429
	商用名	Bell 429
	制造商	Bell Helicopter Textron 贝尔直升机德事隆公司
	发动机型号	Pratt & Whitney PW207D1（无燃油加温器） PW207D2（无燃油加温器）
	发动机数量	2
	螺旋桨型号	-
	螺旋桨桨叶数量	4
	燃油	适用于所有温度下 ASTM D-1655 JetA,JetA1,MIL-T-5624 JP-5,MIL-T83133 JP-8,详细参考EASA 批准的飞行手册第一部分 中国航空燃油 3号喷气燃油
	最大乘客人数	8（包括机组人员）
	最小机组人数	1
尺寸	全长（m）	13.11 m（43 ft）
	主旋翼直径（m）	10.98 m
	机身长度（m）	11.73 m
	机身宽度（m）	3 m
	机身高度（m）	4.04 m
性能	空重（lbs/kg）	4455 lbs（2021 kg）
	最大起飞重量（lbs/kg）	基本型：7000 lbs（3125 kg） 按照BHT-429FMS-II要求，安装Bell组件429-706-079的条件下： 7500 lbs（3402 kg）
	最大货物吊挂重量（lbs/kg）	3000 lbs（1361 kg）
	最大燃油量（lbs/kg/L/gal）	2545 lbs（1154 kg）
	实用商载（lbs/kg）	标准：2545 lbs（1154 kg） 可选：3000 lbs（1361 kg）
	最大使用高度（ft/m）	6096 m（20000 ft）
	最大起降高度（ft/m）	-
	有地效悬停（ft/m）	4307 m
	无地效悬停（ft/m）	3439 m
	爬升率（m/s）	-
	最大巡航速度（km/h /Kts）	278 km/h
	最大航程(km)	754 km
	噪声（db）	-
数据来源		VTC0269AR1-VTCDS-[2012-10-18] 制造厂提供数据

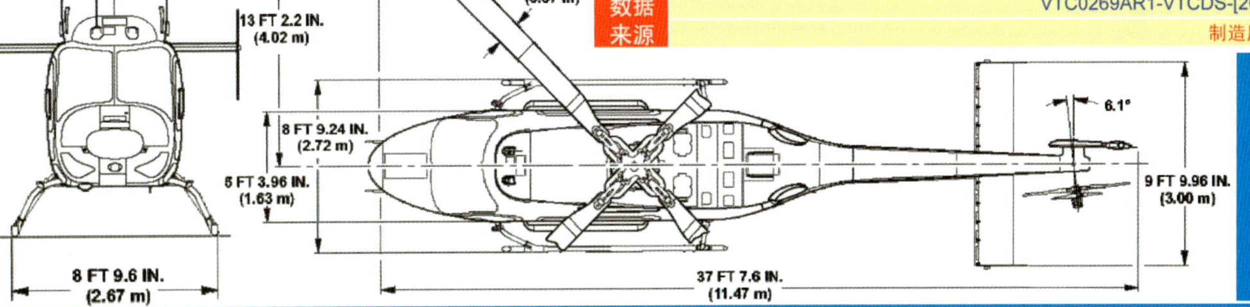

Brantly B-2B

主要用途：医疗救护、抢险救灾、空中摄影、飞行培训、私人飞行等。

截止到2013年12月31日，该类飞机在我国注册数量共2架。

技术参数

概况	型别	B-2B
	商用名	B-2B
	制造商	Brantly International, Inc.
	发动机型号	Lycoming IVO-360-A1A
	发动机数量	1
	螺旋桨型号	-
	螺旋桨桨叶数量	3
	燃油	91/96最低等级航空汽油
	最大乘客人数	1
	最小机组人数	1
尺寸	全长（m）	8.53 m
	主旋翼直径（m）	7.24 m
	机身长度（m）	6.43 m
	机身宽度（m）	-
	机身高度（m）	2.11 m
性能	空重（lbs/kg）	481 kg
	最大起飞重量（lbs/kg）	757 kg
	最大货物吊挂重量（lbs/kg）	-
	最大燃油量（lbs/kg/L/gal）	31 gal
	实用商载（lbs/kg）	-
	最大使用高度（ft/m）	6000 ft（1800 m）
	最大起降高度（ft/m）	-
	有地效悬停（ft/m）	-
	无地效悬停（ft/m）	3525 ft（1074 m）
	爬升率（m/s）	7.12 m/s
	最大巡航速度（km/h）	145 km/h
	最大航程(km)	322 km
	噪声（db）	-
数据来源	VTC084A-VTCDS-[1998-12-07] 制造厂提供数据	

B-2B是美国Brantly公司研发制造的单发双座超轻型直升机。机身整体为受力蒙皮全金属结构，其锥筒型的机身为全封闭流线型，是目前全球最轻量级的直升机。

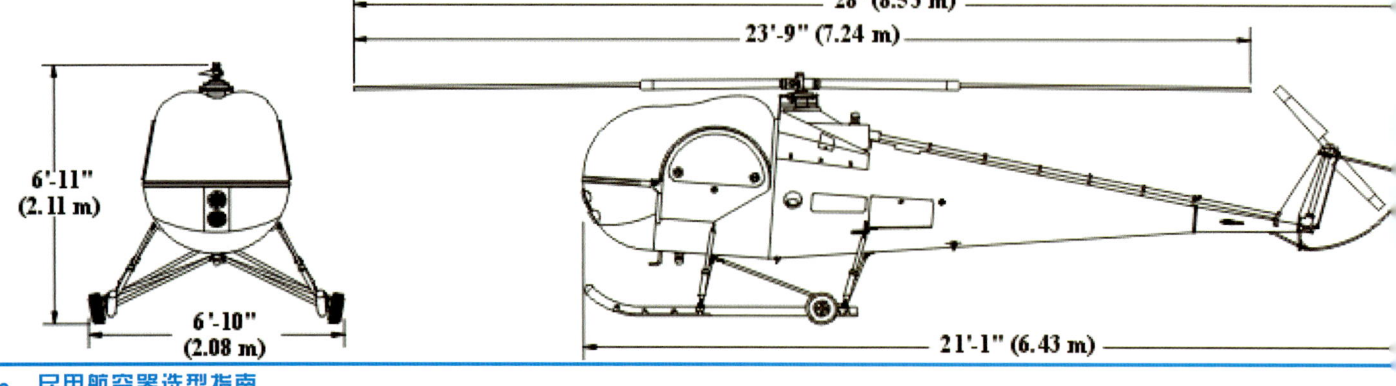

Enstrom Helicopter Enstrom 280FX

主要用途：空中执法、公务运输、电线及石油管线巡检、新闻采集、飞行培训、航空摄影、空中游览、货物运输、农林作业等。

截止到2013年12月31日，该类飞机在我国注册数量共4架。

280FX是美国恩斯特龙直升机公司研制的3座多用途轻型活塞式直升机。

技术参数

概况	型别	280FX
	商用名	Enstrom 280FX （恩斯特龙280FX）
	制造商	The Enstrom Helicopter Corporation （恩斯特龙直升机公司）
	发动机型号	Lycoming HIO-360-F1AD
	发动机数量	1
	螺旋桨型号	-
	螺旋桨桨叶数量	3
	燃油	最小100/130或最小100LL级航空汽油
	最大乘客人数	2
	最小机组人数	1
尺寸	全长（m）	-
	主旋翼直径（m）	9.76 m
	机身长度（m）	8.75 m
	机身宽度（m）	-
	机身高度（m）	2.7 m
性能	空重（lbs/kg）	1670 lbs（719 kg）
	最大起飞重量（lbs/kg）	2600 lbs（1015 kg）
	最大货物吊挂重量（lbs/kg）	-
	最大燃油量（lbs/kg/L/gal）	42 gal
	实用商载（lbs/kg）	422 kg
	最大使用高度（ft/m）	12000 ft
	最大起降高度（ft/m）	-
	有地效悬停（ft/m）	4023 m
	无地效悬停（ft/m）	2652 m
	爬升率（m/s）	7.4 m/s
	最大巡航速度（km/h）	188 km/h
	最大航程（km）	482 km
	噪声（db）	–
数据来源		VTC0031AR1-VTCDS-[2012-05-02] 制造厂提供数据

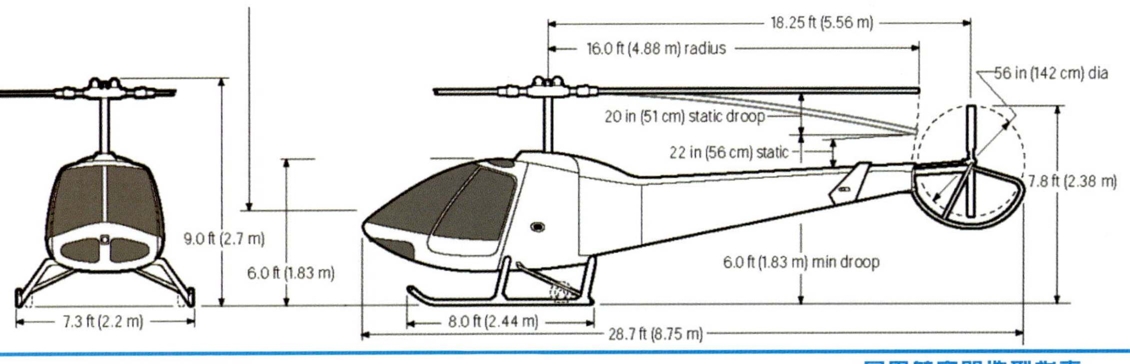

480/480B
Enstrom 480/480B

480

480B

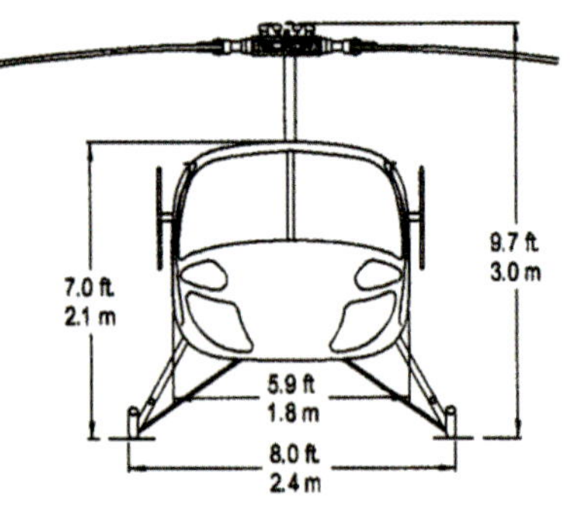

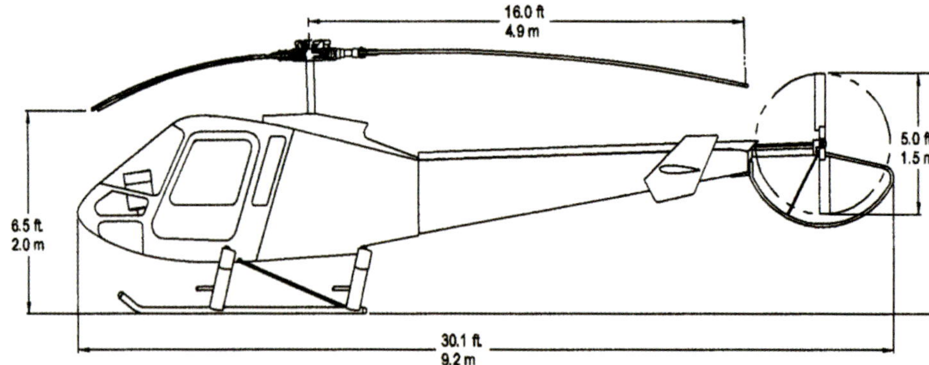

技术参数

		480	480B
概况	型别	480	480B
	商用名	Enstrom 480 （恩斯特龙480）	Enstrom 480B （恩斯特龙480B）
	制造商	The Enstrom Helicopter Corporation （恩斯特龙直升机公司）	The Enstrom Helicopter Corporation （恩斯特龙直升机公司）
	发动机型号	Rolls-Royce Allison 250-C20W	Rolls-Royce Allison 250-C20W
	发动机数量	1	1
	螺旋桨型号	-	-
	螺旋桨桨叶数量	3	3
	燃油	Mil-DTL-5624,Grade JP-4 或 JP-5; Aviation Turbine Fuels ASTM D1655 Jet A 或 A-1（或 Allison Spec.EMS-64） 或 ASTM D6615 Jet B; Mil-DTL-83133, Grade JP8; JP-1或 #1fuel conforming to ASTM D1655, Jet A;. Aritic Disel fuel DF-A（W-F-8008） conforming to ASTM D1655, Jet A 或 Jet A-1.	Mil-DTL-5624,Grade JP-4 或 JP-5; Aviation Turbine Fuels ASTM D1655 Jet A 或 A-1（或 Allison Spec.EMS-64） 或 ASTM D6615 Jet B; Mil-DTL-83133, Grade JP8; JP-1或 #1fuel conforming to ASTM D1655, Jet A .
	最大乘客人数	4	4
	最小机组人数	1	1
尺寸	全长（m）	-	-
	主旋翼直径（m）	9.8 m	9.8 m
	机身长度（m）	9.2 m	9.2 m
	机身宽度（m）	1.8 m	1.8 m
	机身高度（m）	3.0 m	3.0 m
性能	空重（lbs/kg）	1675 lbs （760 kg）	1820 lbs （826 kg）
	最大起飞重量（lbs/kg）	2850 lbs （1293 kg）	3000 lbs （1361 kg）
	最大货物吊挂重量（lbs/kg）	-	-
	最大燃油量（lbs/kg/L/gal）	90 gal	90 gal
	实用商载（lbs/kg）	533 kg	535 kg
	最大使用高度（ft/m）	13000 ft	13000 ft
	最大起降高度（ft/m）	-	-
	有地效悬停（ft/m）	-	13000 ft
	无地效悬停（ft/m）	-	10600 ft
	爬升率（m/s）	7.62 m/s	7.5 m/s
	最大巡航速度（km/h）	232 km/h	209 km/h
	最大航程（km）	685 km	676 km
	噪声（db）	–	–
数据来源			VTC0031AR1-VTCDS-[2012-05-02] 制造厂提供数据

恩斯特龙480是美国恩斯特龙直升机公司研制的3座至5座多用途轻型涡轮轴直升机。该机是由恩斯特龙TH-28直升机装有5座衍生而来。恩斯特龙480B是480增加重量和功率限制衍生而来，是恩斯特龙公司的旗舰机型。该机型在2001年2月8日取得FAA的型号合格证，达到FAR27标准。2011年5月获得中国民航局颁发的型号认可证。

主要用途：空中执法、公务运输、电线及石油管线巡检、新闻采集、飞行培训、航空摄影、空中游览、医疗救护、货物运输、农业作业等。

截止到2013年12月31日，该类飞机在我国注册数量共4架。

恩斯特龙直升机公司 F-28F

Enstrom Helicopter Enstrom F-28F

主要用途：空中执法、公务运输、电线及石油管线巡检、新闻采集、飞行培训、航空摄影、空中游览、货物运输、农林作业等。

截止到2013年12月31日，该类飞机在我国注册数量共0架。

技术参数

概况	型别	F-28F
	商用名	Enstrom F-28F（恩斯特龙F-28F）
	制造商	The Enstrom Helicopter Corporation（恩斯特龙直升机公司）
	发动机型号	Lycoming HIO-360-F1AD
	发动机数量	1
	螺旋桨型号	-
	螺旋桨桨叶数量	3
	燃油	最小100/130或最小100LL级航空汽油
	最大乘客人数	2
	最小机组人数	1
尺寸	全长（m）	-
	主旋翼直径（m）	9.76 m
	机身长度（m）	8.56 m
	机身宽度（m）	-
	机身高度（m）	2.7 m
性能	空重（lbs/kg）	1640 lbs（744 kg）
	最大起飞重量（lbs/kg）	基本型：2350 lbs 农业作业型：2600 lbs 可选装浮筒型：2350 lbs（正常类） 2600 lbs（限制类）
	最大货物吊挂重量（lbs/kg）	-
	最大燃油量（lbs/kg/L/gal）	42 gal
	实用商载（lbs/kg）	435 kg
	最大使用高度（ft/m）	12000 ft
	最大起降高度（ft/m）	-
	有地效悬停（ft/m）	4023 m
	无地效悬停（ft/m）	2652 m
	爬升率（m/s）	7.4 m/s
	最大巡航速度（km/h）	185 km/h
	最大航程（km）	424 km
	噪声（db）	-
数据来源		VTC0031AR1-VTCDS-[2012-05-02]
		制造厂提供数据

F-28F是美国恩斯特龙直升机公司研制的3座多用途轻型活塞式直升机。F-28F装有涡轮增压式动力系统。

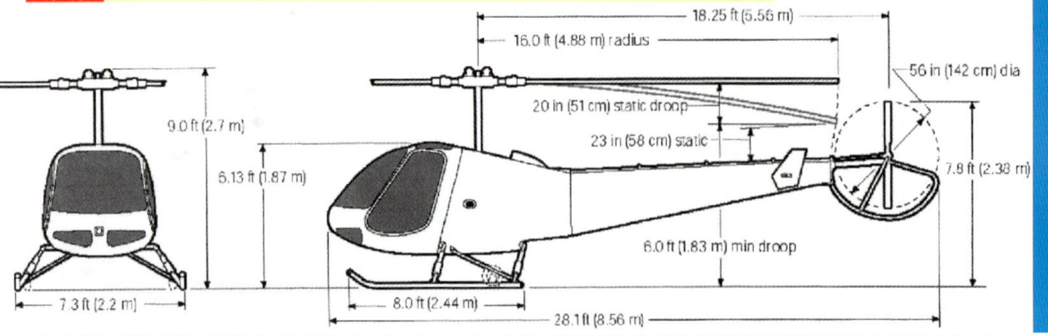

Sikorsky
A United Technologies Company
N763DX
S-76D
THALES
作为西科斯基S-76系列的最新机型，S-76D直升机在动力、航电设备、机身和内饰等诸多方面进行了一系列改进，使其在执行公司专机、搜索救援、海洋石油、航班运营、紧急医疗服务以及执法任务时出类拔萃、不同凡响。

欧洲直升机公司 蜂鸟 EC120B

Eurocopter Hummingbird

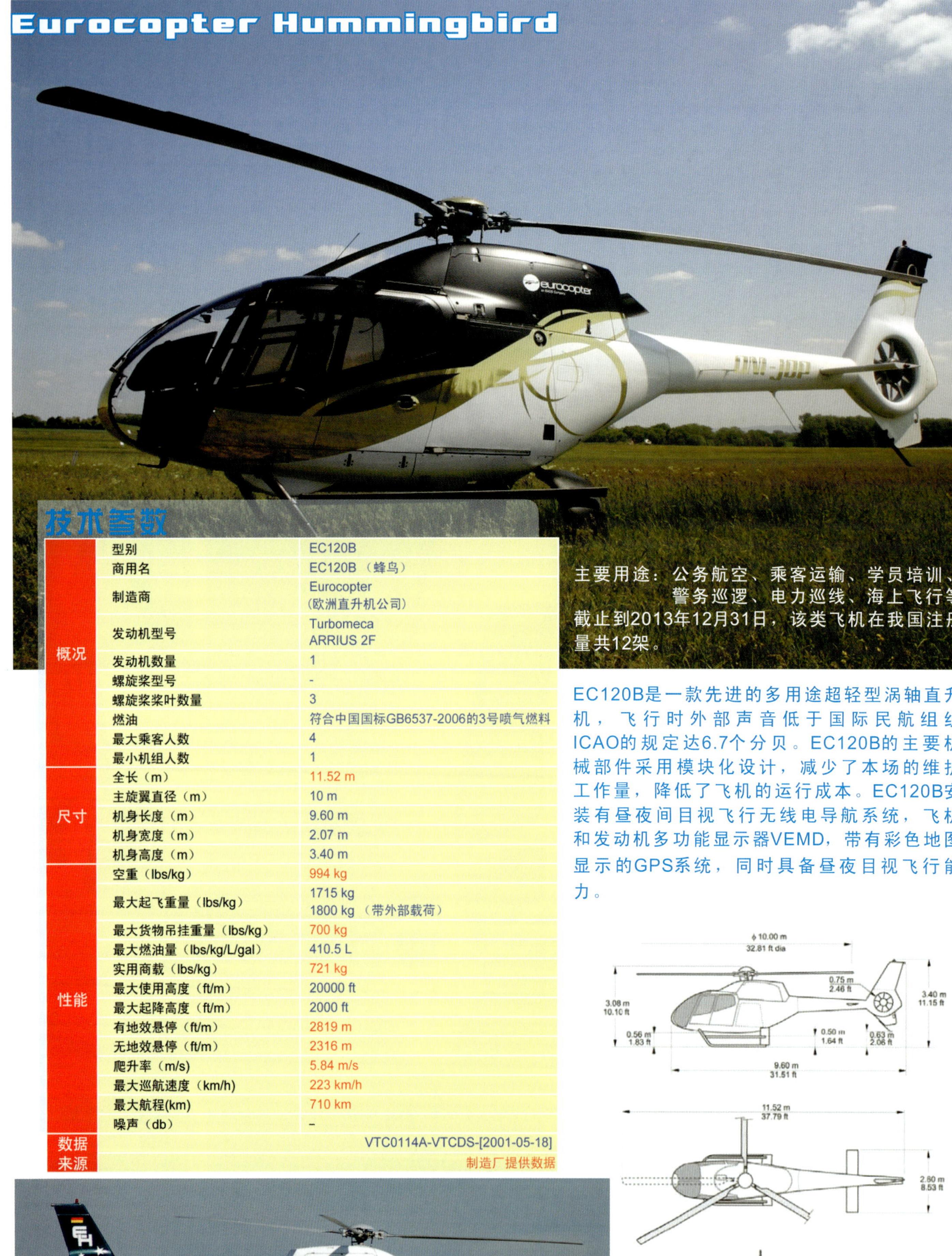

技术参数

概况	型别	EC120B
	商用名	EC120B（蜂鸟）
	制造商	Eurocopter （欧洲直升机公司）
	发动机型号	Turbomeca ARRIUS 2F
	发动机数量	1
	螺旋桨型号	-
	螺旋桨桨叶数量	3
	燃油	符合中国国标GB6537-2006的3号喷气燃料
	最大乘客人数	4
	最小机组人数	1
尺寸	全长（m）	11.52 m
	主旋翼直径（m）	10 m
	机身长度（m）	9.60 m
	机身宽度（m）	2.07 m
	机身高度（m）	3.40 m
性能	空重（lbs/kg）	994 kg
	最大起飞重量（lbs/kg）	1715 kg 1800 kg（带外部载荷）
	最大货物吊挂重量（lbs/kg）	700 kg
	最大燃油量（lbs/kg/L/gal）	410.5 L
	实用商载（lbs/kg）	721 kg
	最大使用高度（ft/m）	20000 ft
	最大起降高度（ft/m）	2000 ft
	有地效悬停（ft/m）	2819 m
	无地效悬停（ft/m）	2316 m
	爬升率（m/s）	5.84 m/s
	最大巡航速度（km/h）	223 km/h
	最大航程(km)	710 km
	噪声（db）	-
数据来源		VTC0114A-VTCDS-[2001-05-18] 制造厂提供数据

主要用途：公务航空、乘客运输、学员培训、警务巡逻、电力巡线、海上飞行等

截止到2013年12月31日，该类飞机在我国注册量共12架。

EC120B是一款先进的多用途超轻型涡轴直升机，飞行时外部声音低于国际民航组织ICAO的规定达6.7个分贝。EC120B的主要机械部件采用模块化设计，减少了本场的维护工作量，降低了飞机的运行成本。EC120B安装有昼夜间目视飞行无线电导航系统，飞机和发动机多功能显示器VEMD，带有彩色地图显示的GPS系统，同时具备昼夜目视飞行能力。

Eurocopter EC130B4

EC130B4是欧直产品系列中一款全新的7~8座单发直升机。该机型采用了低噪音的涵道尾桨（Fenestron）和尾桨转速自动控制，具有非常低的外部噪音水平，比国际民航组织噪音限制值低7分贝。

一个双通道 FADEC（全权数字式发动机控制）设备，加上第3个独立的和自动的通道，用于发动机控制，一个自动的可变旋翼速度控制，用 于降低噪音，一个双套液压系统。主旋翼桨毂、主减速器和发动机（不包括FADEC）是AS350 B3的设备。该直升机装有VFR昼间无线电导航设备（标准的“随时准备起飞”的成套设备），相关的综合仪表板（双色显示屏 VEMD，GPS装有彩色地图显示）具有夜间目视飞行能力，部件与欧洲直升机公司的其他轻型直升机通用。

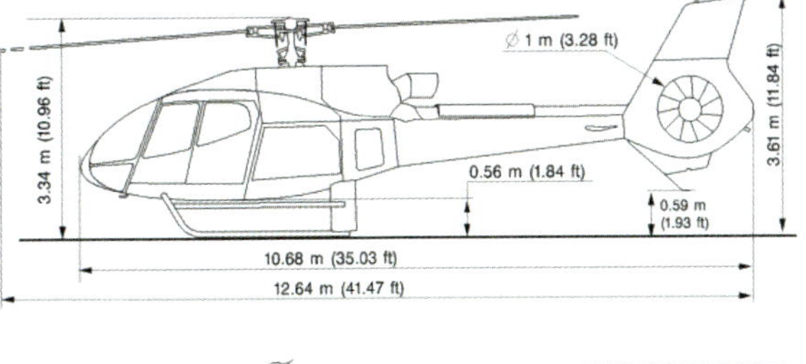

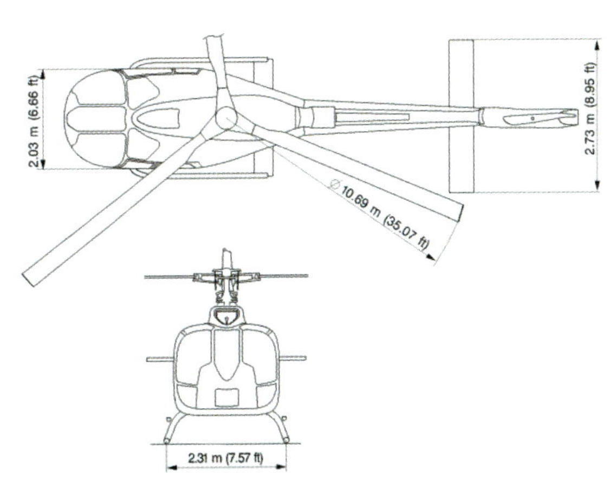

技术参数

概况	型别	EC130B4
	商用名	EC130B4
	制造商	Eurocopter（欧洲直升机公司）
	发动机型号	Turbomeca ARRIEL 2B1
	发动机数量	1
	螺旋桨型号	-
	螺旋桨桨叶数量	3
	燃油	符合中国国标GB6537-2006的3号喷气燃料
	最大乘客人数	7
	最小机组人数	1
尺寸	全长（m）	12.64 m
	主旋翼直径（m）	10.69 m
	机身长度（m）	10.68 m
	机身宽度（m）	2.03 m
	机身高度（m）	3.34 m
性能	空重（lbs/kg）	1370 kg
	最大起飞重量（lbs/kg）	2427 kg 2800 kg（带外部载荷）
	最大货物吊挂重量（lbs/kg）	1160 kg
	最大燃油量（lbs/kg/L/gal）	540 L
	实用商载（lbs/kg）	1048 kg
	最大使用高度（ft/m）	7010 m（23000 ft）
	最大起降高度（ft/m）	-
	有地效悬停（ft/m）	-
	无地效悬停（ft/m）	3265 m
	爬升率（m/s）	9.1 m/s
	最大巡航速度（km/h）	235 km/h
	最大航程(km)	610 km
	噪声（db）	-
数据来源		VTC0221AR3-VTCDS-[2012-03-05] 制造厂提供数据

EC130B4全面装备了符合目视飞行规则昼间飞行的准无线电通讯和导航系统，其中包括与GPS相连的综合仪表板。

主要用途：旅游观光、乘客运输、空中执法、通用任务、电力巡线、紧急医疗服务等。

截止到2013年12月31日，该类飞机在我国注册数量共2架。

欧洲直升机公司 EC 135T2+/P2+

Eurocopter EC135T2e/P2e

EC135T2e/P2e是EC135双发轻型直升机的升级型号。该系列直升机具有选装单驾驶仪表飞行的能力，采用了涵道式尾旋翼、非均匀分布尾桨叶、全复合材料主旋翼系统、高科技航电系统、主桨叶翼尖优化、抗共振隔离系统ARIS等技术。

技术参数

概况	型别	EC135T2+	EC135P2+
	商用名	EC135T2e	EC135P2e
	制造商	Eurocopter（欧洲直升机公司）	Eurocopter（欧洲直升机公司）
	发动机型号	Turbomeca ARRIUS 2B2	Pratt & Whitney Canada PW 206 B2
	发动机数量	2	2
	螺旋桨型号	-	-
	螺旋桨桨叶数量	4	4
	燃油	符合中国国标GB6537-2006的3号喷气燃料	符合中国国标GB6537-2006的3号喷气燃料
	最大乘客人数	7	7
	最小机组人数	1	1
尺寸	全长（m）	12.16 m	12.16 m
	主旋翼直径（m）	10.2 m	10.2 m
	机身长度（m）	5.87 m	5.87 m
	机身宽度（m）	1.56 m	1.56 m
	机身高度（m）	3.35 m	3.35 m
性能	空重（lbs/kg）	1445 kg	1445 kg
	最大起飞重量（lbs/kg）	2950 kg	2950 kg
	最大货物吊挂重量（lbs/kg）	1300 kg	1300 kg
	最大燃油量（lbs/kg/L/gal）	680 L	680 L
	实用商载（lbs/kg）	1495 kg	1495 kg
	最大使用高度（ft/m）	20000 ft（6096 m）	20000 ft（6096 m）
	最大起降高度（ft/m）	-	-
	有地效悬停（ft/m）	1825 m	1825 m
	无地效悬停（ft/m）	1705 m	1705 m
	爬升率（m/s）	7.6 m/s	7.6 m/s
	最大巡航速度（km/h）	254 km/h	254 km/h
	最大航程(km)	620 km	620 km
	噪声（db）	–	–
数据来源			VTC112AR4-VTCDS-[2012-05-02]
			制造厂提供数据

主要用途：医疗救护、警务执法、乘客运输等。
截止到2013年12月31日，该类飞机在我国注册数量共5架。

欧洲直升机公司 EC155B1

Eurocopter EC155B1

主要用途：公务飞行、远程近海作业、公务飞行、紧急医疗服务、搜索救援和警用等。

截止到2013年12月31日，该类飞机在我国注册数量共10架。

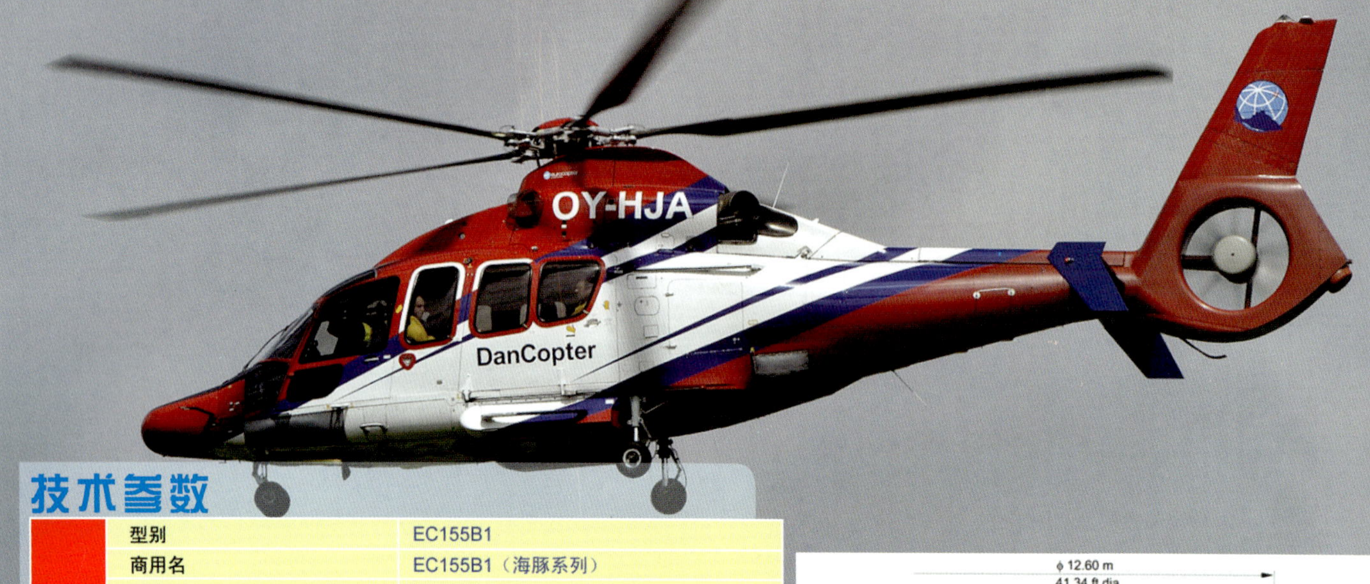

技术参数

概况	型别	EC155B1
	商用名	EC155B1（海豚系列）
	制造商	Eurocopter（欧洲直升机公司）
	发动机型号	Turbomeca ARRIEL 2C2
	发动机数量	2
	螺旋桨型号	-
	螺旋桨桨叶数量	5
	燃油	符合中国国标GB6537-2006的3号喷气燃料
	最大乘客人数	15（含飞行员座位）
	最小机组人数	1
尺寸	全长（m）	14.30 m
	主旋翼直径（m）	12.60 m
	机身长度（m）	12.71 m
	机身宽度（m）	2.07 m
	机身高度（m）	1.90 m
性能	空重（lbs/kg）	2638 kg
	最大起飞重量（lbs/kg）	4850 kg 对于按欧直62C17、67B62、39C30、39C37、22B55、29B62、29B64和11B62号更改进行安装并限制运行在-30℃<OAT<+50℃的直升机：4920 kg
	最大货物吊挂重量（lbs/kg）	1600 kg
	最大燃油量（lbs/kg/L/gal）	1280 L
	实用商载（lbs/kg）	300 kg
	最大使用高度（ft/m）	4572 m
	最大起降高度（ft/m）	3960 m
	有地效悬停（ft/m）	2145 m
	无地效悬停（ft/m）	-
	爬升率（m/s）	5.8 m/s
	最大巡航速度（km/h）	280 km/h
	最大航程(km)	784 km
	噪声（db）	-
数据来源		VTC127A-VTCDS-[2005-08-05] 制造厂提供数据

ϕ 12.60 m
41.34 ft dia
3.64 m
11.96 ft
4.35
14.27
3.91 m
12.83 ft
12.71 m
41.70 ft
14.30 m
46.91 ft
1.90 m
6.23 ft

EC155B1是欧直顶级的5吨级双发直升机。EC155B1不仅增加了40%的座舱空间，还采用了技术先进和功率更高的发动机。经优化的双发发动机可适应高温高原的作业环境，并安装了全权数控装置（FADEC）。

EC155B1采用了新型5片桨叶的无轴承柔性桨毂，具备了与商务喷气客机相当的低噪音水平，加之欧直著名的涵道尾桨，整机的噪音水平比国际民航组织的最新限制值还低4.5分贝。

欧洲直升机公司 EC225LP

Eurocopter EC225LP

EC225直升机是新一代直升机中依照搜救和海岸警卫任务设计的机型。EC225直升机装备有先进的人机交互系统和自动飞行驾驶仪（AFCS）。EC225直升机于2007年起服务中国用户。

主要用途：搜救作业、海岸警卫、近海石油平台支持、乘客运输等。

截止到2013年12月31日，该类飞机在我国注册数量共10架。

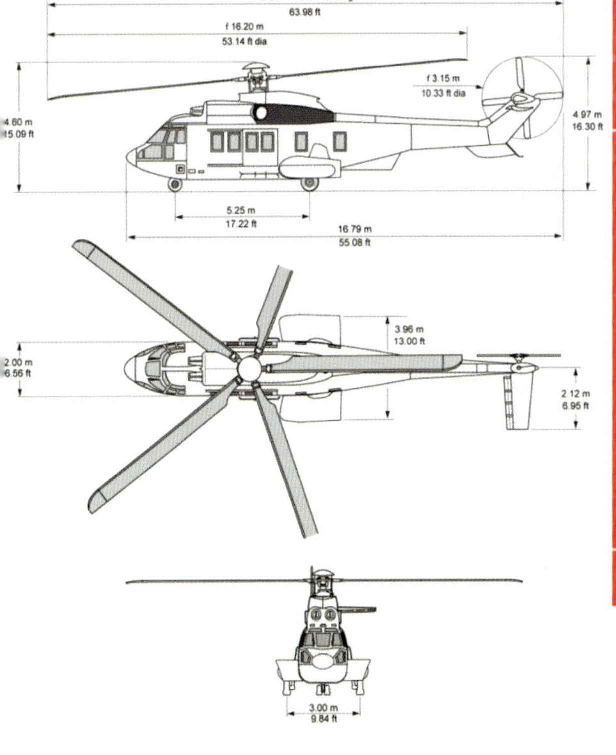

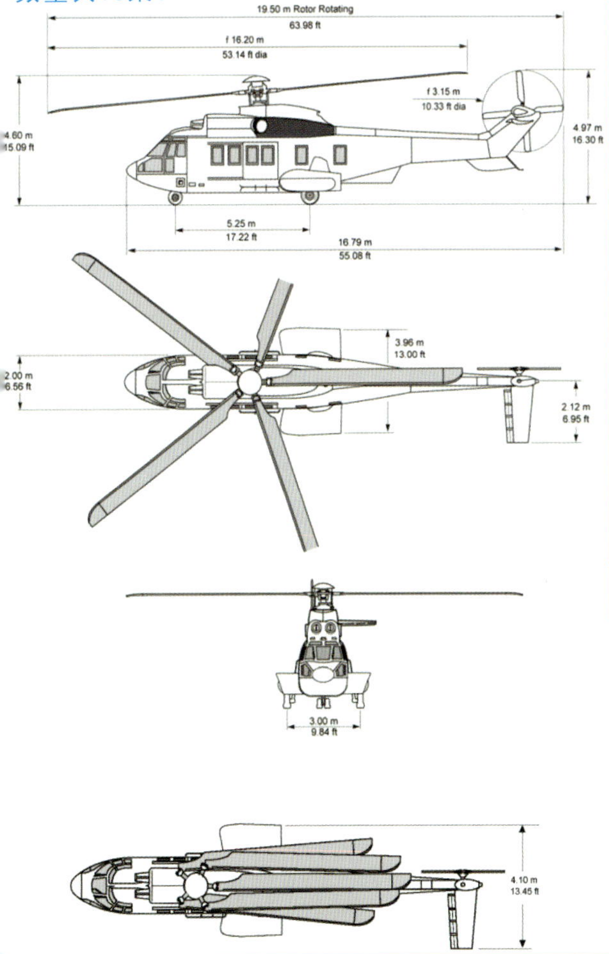

技术参数

概况	型别	EC225LP
	商用名	EC225LP（超美洲豹系列）
	制造商	Eurocopter（欧洲直升机公司）
	发动机型号	Turbomeca MAKILA 2A1
	发动机数量	2
	螺旋桨型号	-
	螺旋桨桨叶数量	5
	燃油	中国3号喷气燃油
	最大乘客人数	25
	最小机组人数	2
尺寸	全长（m）	19.50 m
	主旋翼直径（m）	16.20 m
	机身长度（m）	16.79 m
	机身宽度（m）	3.96 m
	机身高度（m）	4.97 m
性能	空重（lbs/kg）	5271 kg
	最大起飞重量（lbs/kg）	11000 kg 11200 kg（带外部载荷）
	最大货物吊挂重量（lbs/kg）	4750 kg
	最大燃油量（lbs/kg/L/gal）	2588 L
	实用商载（lbs/kg）	5729 kg
	最大使用高度（ft/m）	20000 ft
	最大起降高度（ft/m）	标准构型：7400 ft MPAI构型：11000 ft
	有地效悬停（ft/m）	-
	无地效悬停（ft/m）	-
	爬升率（m/s）	7 m/s
	最大巡航速度（km/h）	276 km/h
	最大航程(km)	838 km
	噪声（db）	
数据来源	VTC0087AR2-VTCDS-[2010-09-16] 制造厂提供数据	

欧洲直升机公司 AS332L1

Eurocopter AS332L1

技术参数

概况	型别	AS332L1
	商用名	AS332L1（超美洲豹系列）
	制造商	Eurocopter（欧洲直升机公司）
	发动机型号	Turbomeca MAKILA 1A1
	发动机数量	2
	螺旋桨型号	-
	螺旋桨桨叶数量	4
	燃油	中国3号喷气燃油
	最大乘客人数	24
	最小机组人数	2
尺寸	全长（m）	18.70 m
	主旋翼直径（m）	15.60 m
	机身长度（m）	16.29 m
	机身宽度（m）	2.00 m
	机身高度（m）	4.60 m
性能	空重（lbs/kg）	4510 kg
	最大起飞重量（lbs/kg）	8600 kg 9350 kg（带外部载荷）
	最大货物吊挂重量（lbs/kg）	4500 kg
	最大燃油量（lbs/kg/L/gal）	2082 L
	实用商载（lbs/kg）	4090 kg
	最大使用高度（ft/m）	7620 m
	最大起降高度（ft/m）	4572 m
	有地效悬停（ft/m）	-
	无地效悬停（ft/m）	2300 m
	爬升率（m/s）	8.2 m/s
	最大巡航速度（km/h）	262 km/h
	最大航程(km)	866 km
	噪声（db）	–
数据来源		VTC0087AR2-VTCDS-[2010-09-16] 制造厂提供数据

AS332L1是欧直超美洲豹系列的一款双发中型民用直升机。AS332L1装备有玻璃驾驶舱和自动驾驶仪。

AS332L1的超大有用载荷和近5吨的外载荷可以满足重型、大型工业设备的运输任务。

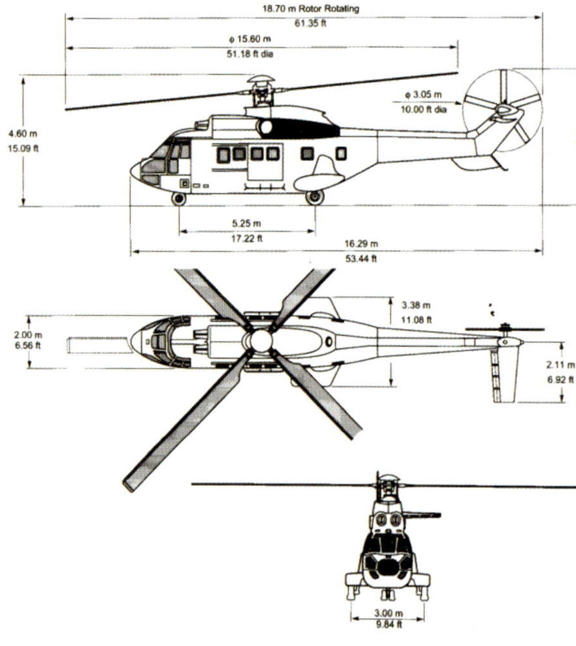

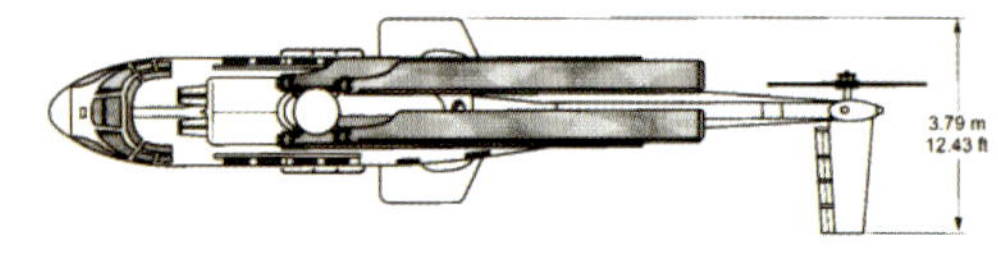

主要用途：乘客运输、公务航空、搜救作业、搬运作业、重物吊挂等。

截止到2013年12月31日，该类飞机在我国注册数量共6架。

欧洲直升机公司 AS355NP

Eurocopter AS355NP

AS355NP是一款轻型多用途双发直升机。该机型采用了著名的机体发动机多功能显示系统（VEMD）。

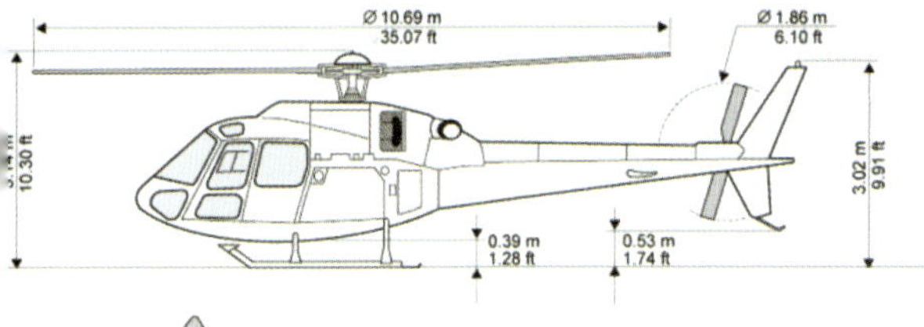

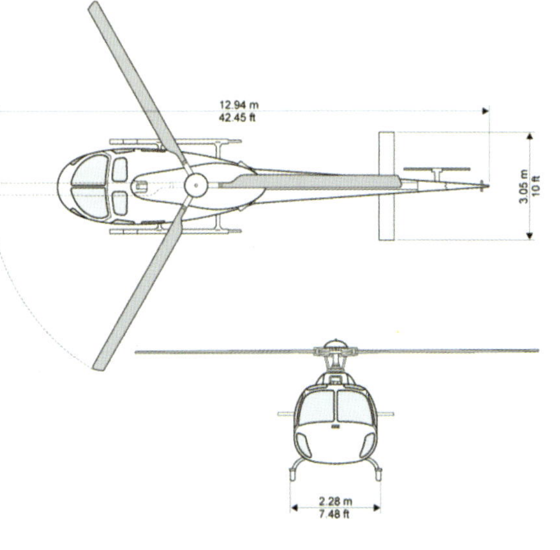

技术参数

概况	型别	AS355NP
	商用名	AS355NP（小松鼠系列）
	制造商	Eurocopter（欧洲直升机公司）
	发动机型号	Turbomeca ARRIEL 1A1
	发动机数量	2
	螺旋桨型号	-
	螺旋桨桨叶数量	3
	燃油	符合中国国标GB6537-2006的3号喷气燃料
	最大乘客人数	6
	最小机组人数	1
尺寸	全长（m）	12.94 m
	主旋翼直径（m）	10.69 m
	机身长度（m）	10.93 m
	机身宽度（m）	1.87 m
	机身高度（m）	3.14 m
性能	空重（lbs/kg）	1490 kg
	最大起飞重量（lbs/kg）	2600 kg 2800 kg（带外部载荷）
	最大货物吊挂重量（lbs/kg）	1134 kg
	最大燃油量（lbs/kg/L/gal）	736.7 L
	实用商载（lbs/kg）	1107 kg
	最大使用高度（ft/m）	20000 ft
	最大起降高度（ft/m）	20000 ft
	有地效悬停（ft/m）	2575 m
	无地效悬停（ft/m）	2145 m
	爬升率（m/s）	6.6 m/s
	最大巡航速度（km/h）	222 km/h
	最大航程（km）	731 km
	噪声（db）	-
数据来源		VTC0259A-VTCDS-[2011-06-24] 制造厂提供数据

主要用途：通航作业、警务执法、电力巡线、乘客运输、航拍、重物吊挂、海上石油平台支持、极限运动等。

截止到2013年12月31日，该类飞机在我国注册数量共0架。

欧洲直升机公司 AS350 B2/B3
Eurocopter AS350 B2/B3e

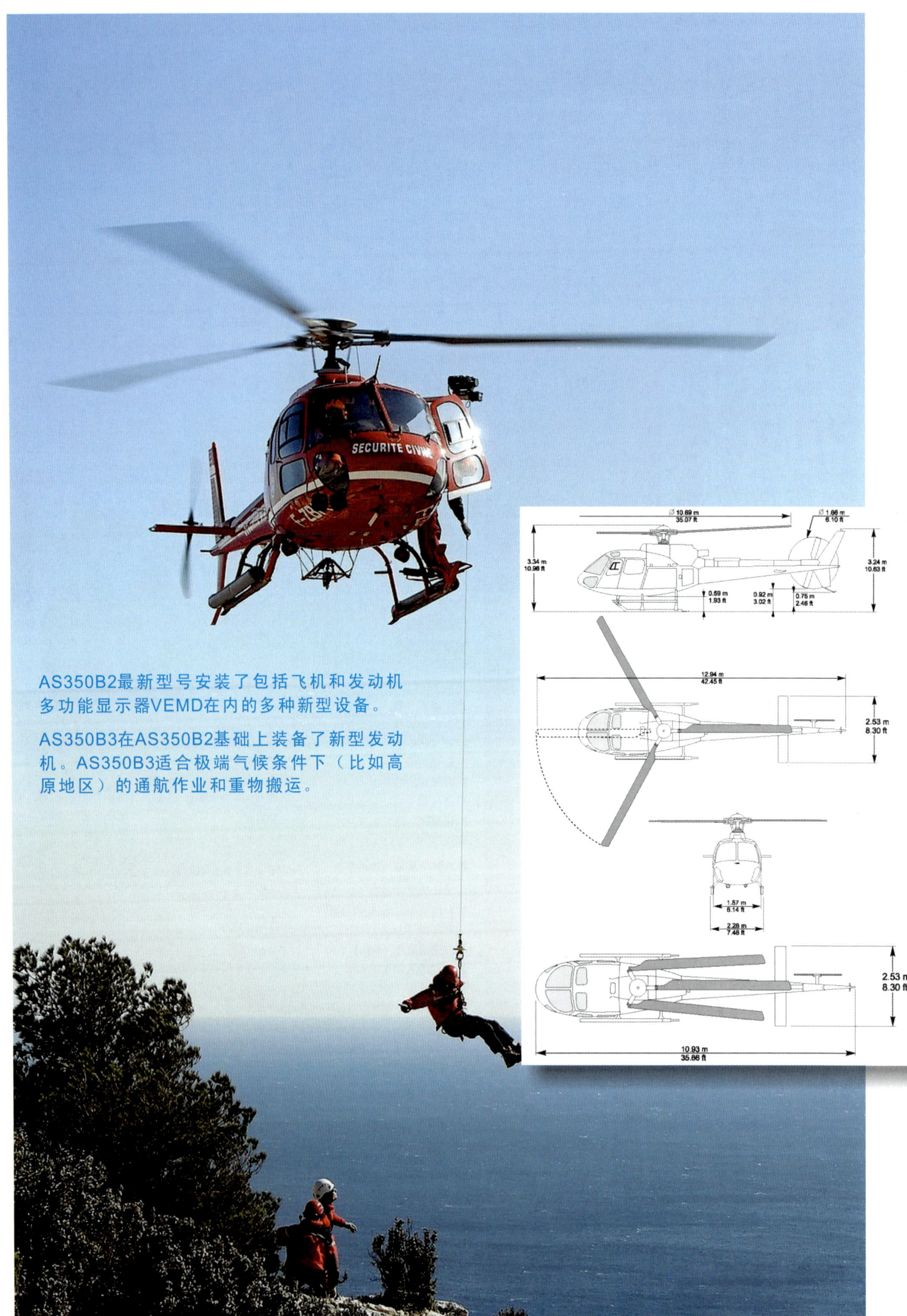

AS350B2最新型号安装了包括飞机和发动机多功能显示器VEMD在内的多种新型设备。

AS350B3在AS350B2基础上装备了新型发动机。AS350B3适合极端气候条件下（比如高原地区）的通航作业和重物搬运。

技术参数

	型别	AS350 B2	AS350 B3
概况	商用名	AS350 B2（小松鼠系列）	AS350 B3e（小松鼠系列）
	制造商	Eurocopter（欧洲直升机公司）	Eurocopter（欧洲直升机公司）
	发动机型号	Turbomeca ARRIEL 1D	Turbomeca ARRIUS 2D
	发动机数量	1	1
	螺旋桨型号	-	-
	螺旋桨桨叶数量	3	3
	燃油	符合中国国标GB6537-2006的3号喷气燃料	符合中国国标GB6537-2006的3号喷气燃料
	最大乘客人数	5	6
	最小机组人数	1	1
尺寸	全长（m）	12.94 m	12.94 m
	主旋翼直径（m/ft）	10.69 m（35.07 ft）	10.69 m（35.07 ft）
	机身长度（m/ft）	10.93 m（35.86 ft）	10.93 m（35.86 ft）
	机身宽度（m/ft）	1.87 m（6.14 ft）	1.87 m（6.14 ft）
	机身高度（m/ft）	3.14 m（10.30 ft）	3.14 m（10.30 ft）
性能	空重（lbs/kg）	1224 kg	1228 kg
	最大起飞重量（lbs/kg）	2250 kg （4960 lbs）	2250 kg（4960 lbs） 对于 a/c 改装OP-3369： 2370 kg （5220 lbs） 带外挂最大起飞重量：2800 kg
	最大货物吊挂重量（lbs/kg）	1160 kg	1400 kg
	最大燃油量（lbs/kg/L/gal）	540 L	540 L
	实用商载（lbs/kg）	1030 kg	1022 kg
	最大使用高度（ft/m）	6100 m（20000 ft）	5070 m
	最大起降高度（ft/m）	-	-
	有地效悬停（ft/m）	-	4023 m
	无地效悬停（ft/m）	-	3383 m
	爬升率（m/s）	8.5 m/s	10 m/s
	最大巡航速度（km/h）	246 km/h	258 km/h
	最大航程（km）	666 km	665 km
	噪声（db）	–	–
数据来源			VTC0221AR3-VTCDS-[2012-03-05]
			制造厂提供数据

主要用途：

AS350B2——乘客运送、航拍、消防、巡逻、救援和吊装、电力巡线、警务执法等。

AS350B3——乘客运送、通航作业、医疗救护、搜索救援、电力巡线、警务执法、重物吊挂等。

截止到2013年12月31日，该类飞机在我国注册数量共29架。

卡莫夫制造公司 Ka-32A11BC

Kamov Ka-32A11BC

技术参数

概况	型别	Ka-32A11BC
	商用名	Ka-32A11BC
	制造商	Kamov Company
	发动机型号	Klimov TB3-117BMA 或 TB3-117BMA 02
	发动机数量	2
	螺旋桨型号	-
	螺旋桨桨叶数量	6
	燃油	按照GOST 10227-86的TS-1和RT，以及它们的混合物和防冰添加剂的GOST 8313-88
	最大乘客人数	13
	最小机组人数	1（目视飞行） 2（仪表飞行）
尺寸	全长（m）	-
	主旋翼直径（m）	15.9 m
	机身长度（m）	12.25 m
	机身宽度（m）	3.8 m
	机身高度（m）	5.4 m
性能	空重（lbs/kg）	5300 kg
	最大起飞重量（lbs/kg）	11000 kg 12700 kg （带外部挂载）
	最大货物吊挂重量（lbs/kg）	-
	最大燃油量（lbs/kg/L/gal）	2450 L
	实用商载（lbs/kg）	3700 kg 5000 kg （带外部挂载）
	最大使用高度（ft/m）	16400 ft
	最大起降高度（ft/m）	-
	有地效悬停（ft/m）	-
	无地效悬停（ft/m）	3500 m
	爬升率（m/s）	15 m/s
	最大巡航速度（km/h）	245 km/h
	最大航程(km)	650 km 1200 km（带选装燃油箱）
	噪声（db）	-
数据来源		VTC0215AR1-VTCDS-[2008-06-23] 制造厂提供数据

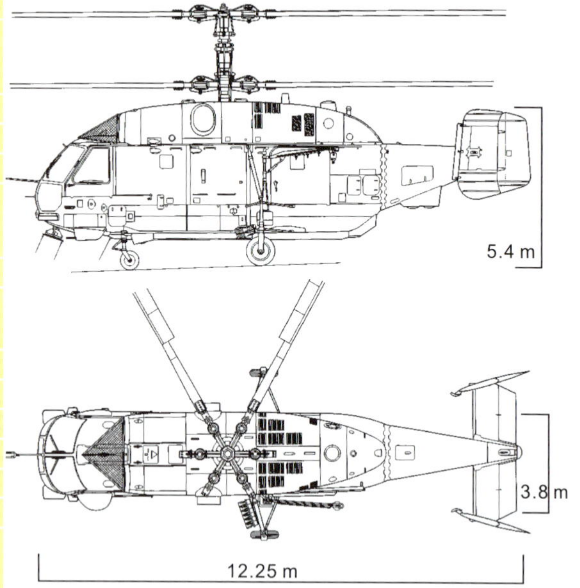

Ka-32A11BC直升机是俄罗斯直升机集团卡莫夫制造公司生产的双发共轴双旋翼中型多用途直升机。该机型取得了FAR-29和EASA.TM.R.133等多个国家适航部门的型号认证。可在白天和夜间、陆地和水面（包括海洋气候和结冰条件下）、正常和恶劣天气条件下运行，还可进行目视和仪表飞行。

主要用途：乘客运输、重物吊挂、货物运输、搜救、医疗和紧急情况撤离、消防作业、近海作业、极地作业等。

截止到2013年12月31日，该类飞机在我国注册数量共2架。

MD Helicopters MD 500E

主要用途：乘客运输、航空物探、巡逻、航空摄影、电力巡线、农林作业、空中救援等。

截止到2013年12月31日，该类飞机在我国注册数量共0架。

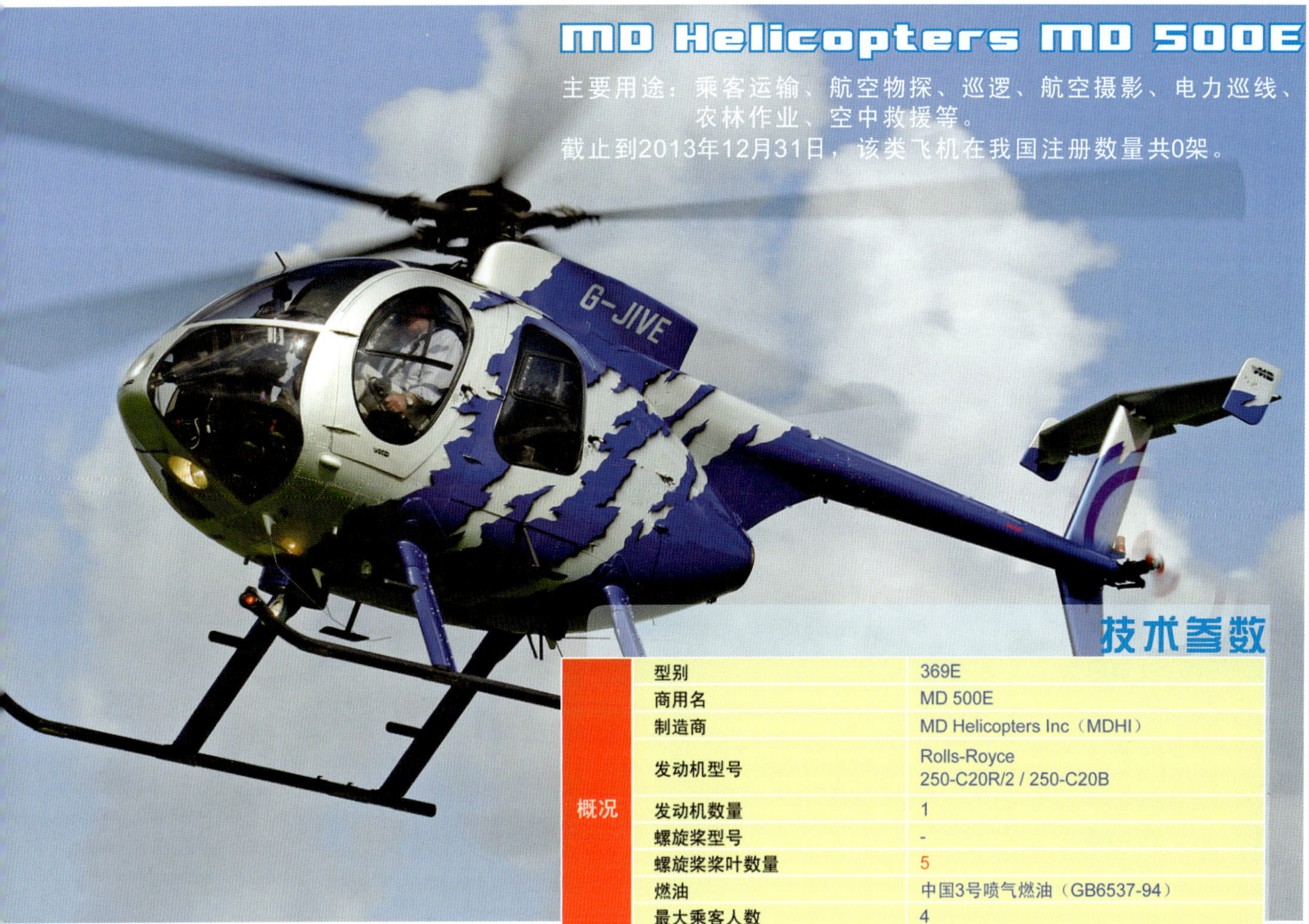

技术参数

概况	型别	369E
	商用名	MD 500E
	制造商	MD Helicopters Inc（MDHI）
	发动机型号	Rolls-Royce 250-C20R/2 / 250-C20B
	发动机数量	1
	螺旋桨型号	-
	螺旋桨桨叶数量	5
	燃油	中国3号喷气燃油（GB6537-94）
	最大乘客人数	4
	最小机组人数	1
尺寸	全长（m）	9.40 m
	主旋翼直径（m）	8.10 m
	机身长度（m）	7.54 m
	机身宽度（m）	1.40 m
	机身高度（m）	2.90 m
性能	空重（lbs/kg）	686 kg
	最大起飞重量（lbs/kg）	3000 lbs （1361 kg）
	最大货物吊挂重量（lbs/kg）	907 kg
	最大燃油量（lbs/kg/L/gal）	416 L
	实用商载（lbs/kg）	673 kg
	最大使用高度（ft/m）	16000 ft
	最大起降高度（ft/m）	-
	有地效悬停（ft/m）	3444 m
	无地效悬停（ft/m）	2652 m
	爬升率（m/s）	-
	最大巡航速度（km/h）	249 km/h
	最大航程（km）	472 km
	噪声（db）	-
数据来源		VTC0108AR2-VTCDS-[2009-07-27] 制造厂提供数据

MD 500E是一款轻型单发涡轮直升机，装配有防静电杆、自动防故障装置和旋翼系统，并具有极高的可视度，在有限空间实现270°范围的视野。

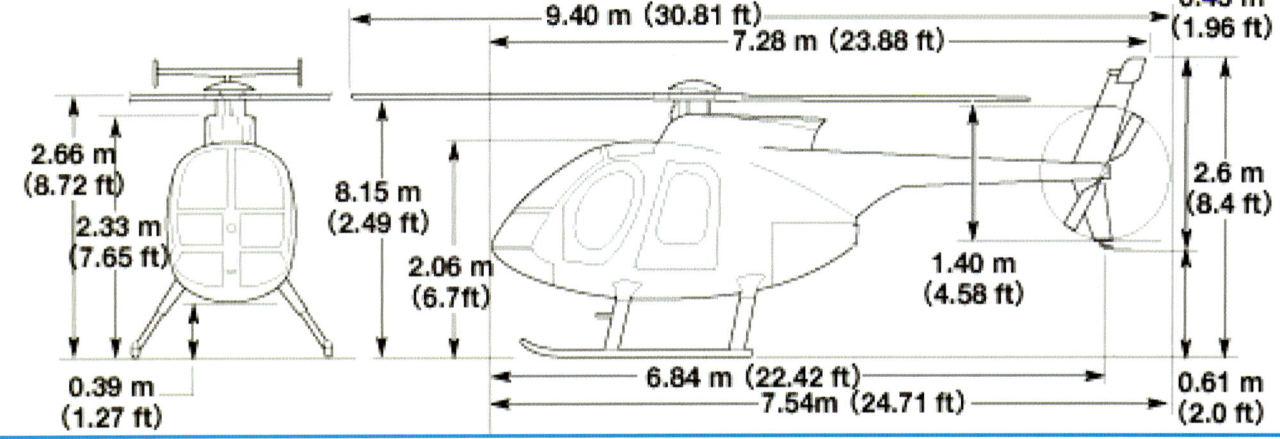

麦道 500N

MD Helicopters MD 520N

技术参数

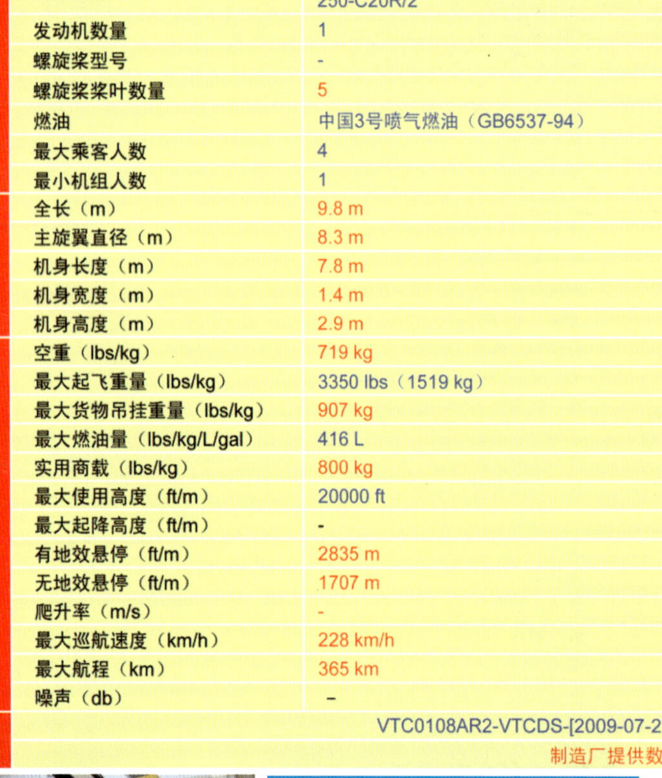

	项目	参数
概况	型别	500N
	商用名	MD 520N
	制造商	MD Helicopters Inc（MDHI）
	发动机型号	Rolls-Royce 250-C20R/2
	发动机数量	1
	螺旋桨型号	-
	螺旋桨桨叶数量	5
	燃油	中国3号喷气燃油（GB6537-94）
	最大乘客人数	4
	最小机组人数	1
尺寸	全长（m）	9.8 m
	主旋翼直径（m）	8.3 m
	机身长度（m）	7.8 m
	机身宽度（m）	1.4 m
	机身高度（m）	2.9 m
性能	空重（lbs/kg）	719 kg
	最大起飞重量（lbs/kg）	3350 lbs（1519 kg）
	最大货物吊挂重量（lbs/kg）	907 kg
	最大燃油量（lbs/kg/L/gal）	416 L
	实用商载（lbs/kg）	800 kg
	最大使用高度（ft/m）	20000 ft
	最大起降高度（ft/m）	-
	有地效悬停（ft/m）	2835 m
	无地效悬停（ft/m）	1707 m
	爬升率（m/s）	-
	最大巡航速度（km/h）	228 km/h
	最大航程（km）	365 km
	噪声（db）	-
数据来源		VTC0108AR2-VTCDS-[2009-07-27]
		制造厂提供数据

主要用途：空中执法、搜救、空中监视、空中勘探、航拍、农林作业、消防等。

截止到2013年12月31日，该类飞机在我国注册量共0架。

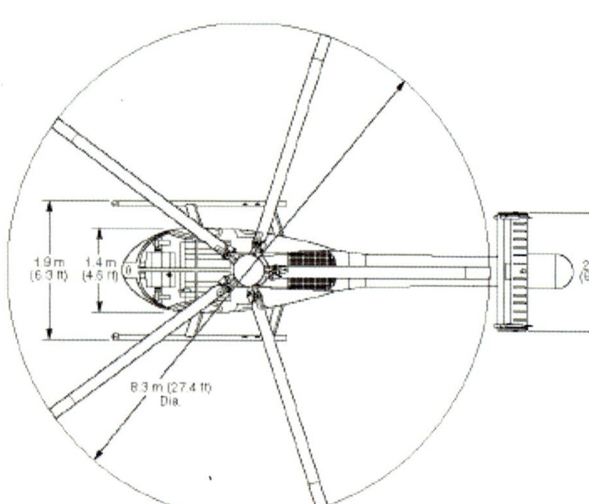

MD 520N配备Rolls-Royce 250 -C20R/S涡轮发动机，5座位。MD 520N主旋翼为全铰接五叶片系统。MD 520N配有NOTAR反扭矩系统，大大降低了空中和舱内噪音。

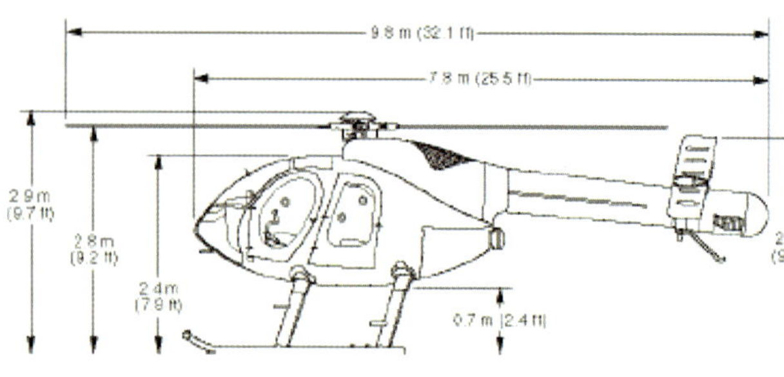

麦道 369FF

MD Helicopters MD 530F

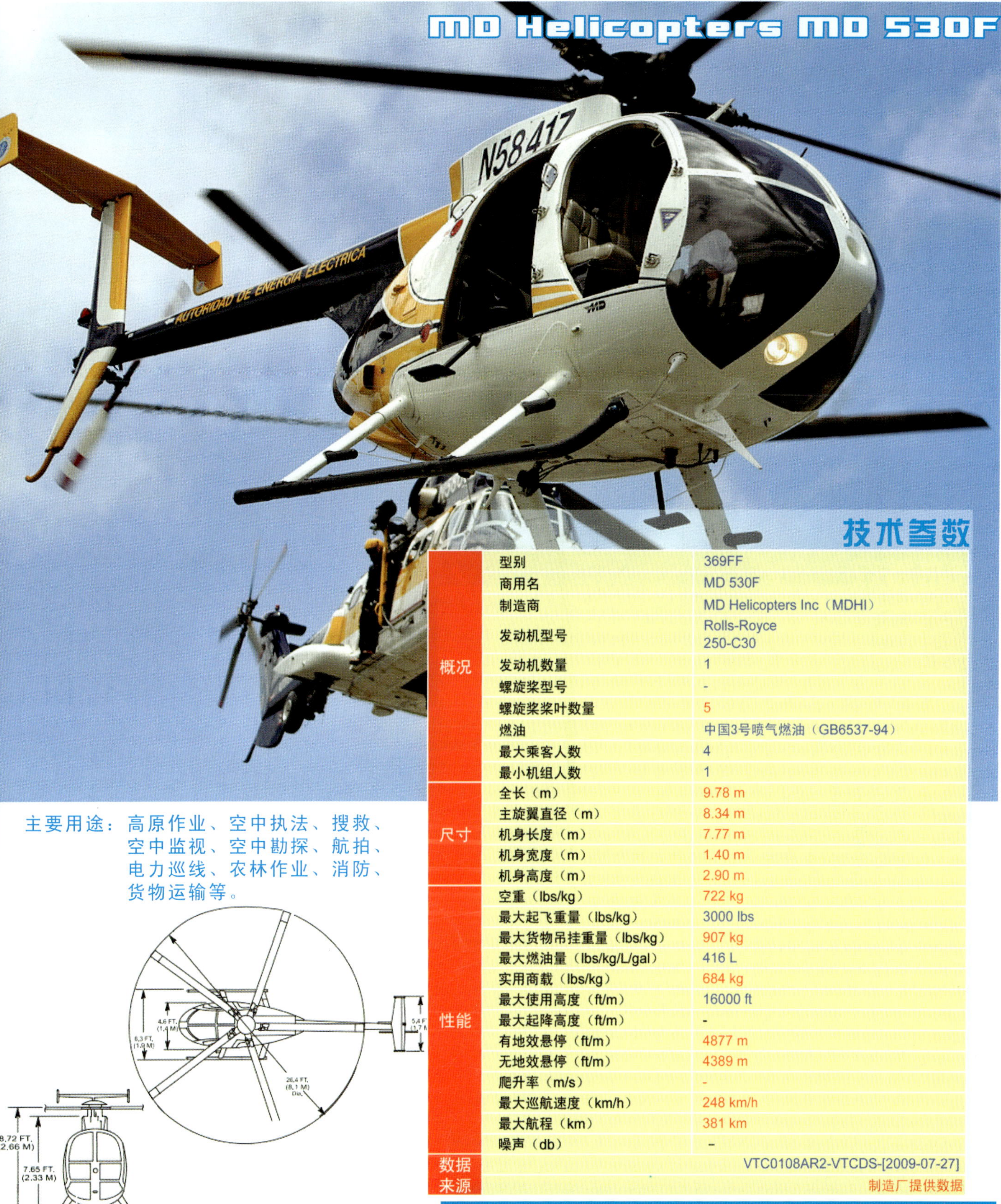

技术参数

	项目	参数
概况	型别	369FF
	商用名	MD 530F
	制造商	MD Helicopters Inc（MDHI）
	发动机型号	Rolls-Royce 250-C30
	发动机数量	1
	螺旋桨型号	-
	螺旋桨桨叶数量	5
	燃油	中国3号喷气燃油（GB6537-94）
	最大乘客人数	4
	最小机组人数	1
尺寸	全长（m）	9.78 m
	主旋翼直径（m）	8.34 m
	机身长度（m）	7.77 m
	机身宽度（m）	1.40 m
	机身高度（m）	2.90 m
性能	空重（lbs/kg）	722 kg
	最大起飞重量（lbs/kg）	3000 lbs
	最大货物吊挂重量（lbs/kg）	907 kg
	最大燃油量（lbs/kg/L/gal）	416 L
	实用商载（lbs/kg）	684 kg
	最大使用高度（ft/m）	16000 ft
	最大起降高度（ft/m）	-
	有地效悬停（ft/m）	4877 m
	无地效悬停（ft/m）	4389 m
	爬升率（m/s）	-
	最大巡航速度（km/h）	248 km/h
	最大航程（km）	381 km
	噪声（db）	-
数据来源	VTC0108AR2-VTCDS-[2009-07-27]	制造厂提供数据

主要用途：高原作业、空中执法、搜救、空中监视、空中勘探、航拍、电力巡线、农林作业、消防、货物运输等。

截止到2013年12月31日，该类飞机在我国注册数量共0架。

MD 530F型直升机专为炎热天气及高海拔作业而设计。安装了650轴马力的Rolls-Royce 250-C30发动机，具有更佳的在炎热天气、高海拔作业的性能。

MD 530F可以很容易地被改装成通用型货机。宽大的后舱有水平的地板，可以容纳两个55加仑的油桶。大件、笨重的货物可以用货物挂钩来吊挂。选装的高脚滑撬使直升机可以在崎岖的地表作业。其他选装设备，如可充气的浮筒、担架和外挂行李舱使MD 530F有了更多的用途。

麦道 600N

MD Helicopters MD 600N

技术参数

	项目	数据
概况	型别	600N
	商用名	MD 600N
	制造商	MD Helicopters Inc（MDHI）
	发动机型号	Rolls-Royce 250-C47M
	发动机数量	1
	螺旋桨型号	-
	螺旋桨桨叶数量	6
	燃油	中国3号喷气燃油（GB6537-94）
	最大乘客人数	7
	最小机组人数	1
尺寸	全长（m）	10.9 m
	主旋翼直径（m）	8.4 m
	机身长度（m）	9.0 m
	机身宽度（m）	1.4 m
	机身高度（m）	2.7 m
性能	空重（lbs/kg）	952 kg
	最大起飞重量（lbs/kg）	4100 lbs （1860 kg）
	最大货物吊挂重量（lbs/kg）	1360 kg
	最大燃油量（lbs/kg/L/gal）	439.9 L
	实用商载（lbs/kg）	907 kg
	最大使用高度（ft/m）	20000 ft
	最大起降高度（ft/m）	-
	有地效悬停（ft/m）	3383 m
	无地效悬停（ft/m）	1829 m
	爬升率（m/s）	-
	最大巡航速度（km/h）	282 km/h
	最大航程（km）	783 km
	噪声（db）	-
数据来源		VTC0108AR2-VTCDS-[2009-07-27] 制造厂提供数据

主要用途：警务执法、通用作业、海关边防巡逻、空中医疗救护、新闻采集、公务飞行等。

截止到2013年12月31日，该类飞机在我国注册数量共1架。

MD 600N型直升机是一款轻型单发涡轮轴直升机，MD 600N可以被改装，以适应各种用途的需要。三维刚性桁架的“A型结构”设计特征，减少了机身凹入驾驶舱和客舱的可能性，故而提高了机组的安全性。获得专利的NOTAR系统无尾桨反扭矩系统去除了尾桨系统，消除了在飞行过程中或地面停放时与尾桨碰撞相关联的危险性，以及传统尾桨所产生的噪音和震动引起的减少部件寿命、增加维护成本和飞行员疲劳。

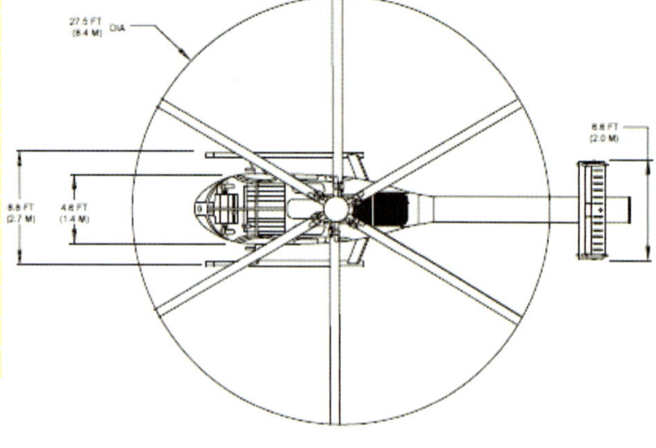

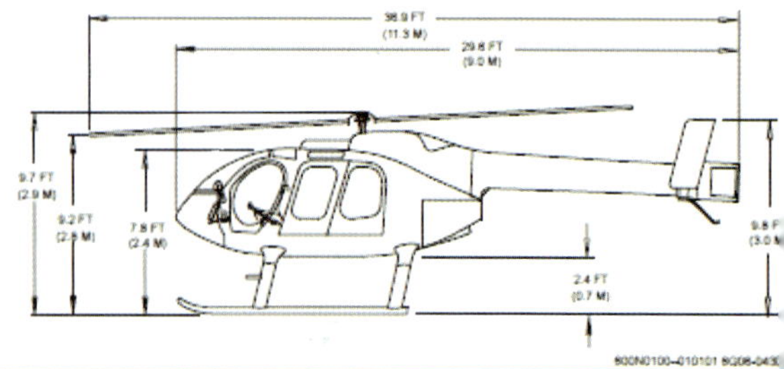

麦道 探索者 MD 902

MD Helicopters EXPLORER

MD 902是一款轻型双发直升机，装备有NOTAR无尾桨系统。MD 902探索者具有45个国家认可的FAA&JAA型号合格证，具备A类作业能力。

主要用途：空中医疗救护、公务飞行、海上作业、空中执法、空中摄影等。

截止到2013年12月31日，该类飞机在我国注册数量共2架。

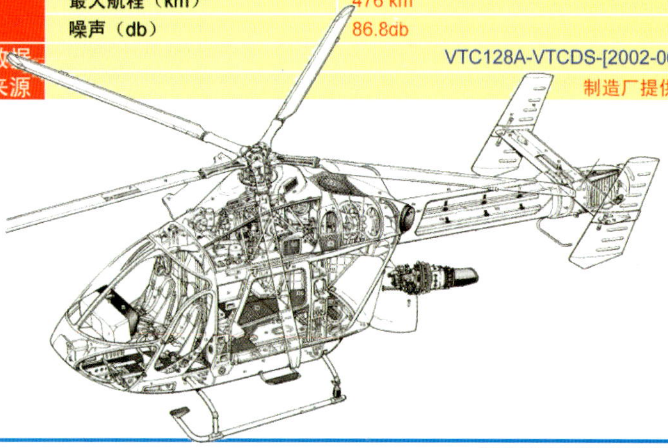

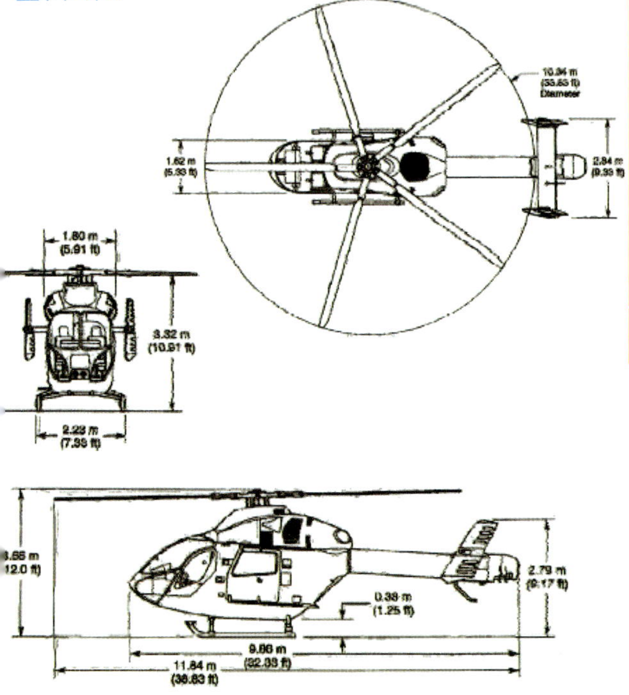

技术参数

	项目	数据
概况	型别	MD900
	商用名	MD 902（MD探索者）
	制造商	MD Helicopters Inc（MDHI）
	发动机型号	PW206E 或 PW207E
	发动机数量	2
	螺旋桨型号	-
	螺旋桨桨叶数量	5
	燃油	中国3号喷气燃油（GB6537-94）
	最大乘客人数	7
	最小机组人数	1
尺寸	全长（m）	11.84 m
	主旋翼直径（m）	10.31 m
	机身长度（m）	9.86 m
	机身宽度（m）	1.62 m
	机身高度（m）	3.66 m
性能	空重（lbs/kg）	1531 kg
	最大起飞重量（lbs/kg）	6500 lbs （2948 kg）
	最大货物吊挂重量（lbs/kg）	1361 kg
	最大燃油量（lbs/kg/L/gal）	593 L
	实用商载（lbs/kg）	1599 kg
	最大使用高度（ft/m）	20000 ft
	最大起降高度（ft/m）	-
	有地效悬停（ft/m）	3353 m
	无地效悬停（ft/m）	2743 m
	爬升率（m/s）	-
	最大巡航速度（km/h）	248 km/h
	最大航程（km）	476 km
	噪声（db）	86.8db
数据来源		VTC128A-VTCDS-[2002-06-27] 制造厂提供数据

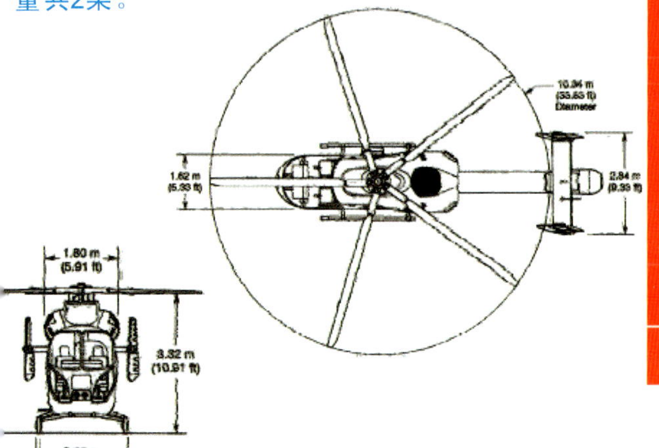

MIL Moscow Mi-26TC

Mi-26TC型直升机是俄罗斯米里设计局研制的多用途重型直升机，是俄罗斯国内起飞重量最大的直升机，也是截至目前世界上起飞重量最大的直升机。Mi-26TC型直升机具有较强的运输能力。

技术参数

概况	型别	Mi-26TC
	商用名	Mi-26TC
	制造商	MIL Moscow Helicopter Plant Joint-Stock Company
	发动机型号	Д-136 （D-136）
	发动机数量	2
	螺旋桨型号	-
	螺旋桨桨叶数量	8
	燃油	中国牌号： No.3 Jet Fuel .按照中国标准（GB 6537-94）生产的产品；注：对广东茂名炼油厂按此标准生产的产品，限制按不超过正常用量的10%使用。 国外牌号： TC-1,PT（TOCT/GOST 10227）； Jet A-1 牌号燃油，按照专项程序完成工作方可使用。
	最大乘客人数	80
	最小机组人数	4（正、副驾驶，空中机械师，领航员）
尺寸	全长（m）	-
	主旋翼直径（m）	32.00 m
	机身长度（m）	40.03 m
	机身宽度（m）	-
	机身高度（m）	8.15 m
性能	空重（lbs/kg）	28600 kg
	最大起飞重量（lbs/kg）	56000 kg
	最大货物吊挂重量（lbs/kg）	20000 kg
	最大燃油量（lbs/kg/L/gal）	10401 kg
	实用商载（lbs/kg）	20000 kg
	最大使用高度（ft/m）	6000 m （19700 ft）
	最大起降高度（ft/m）	-
	有地效悬停（ft/m）	-
	无地效悬停（ft/m）	-
	爬升率（m/s）	-
	最大巡航速度（km/h）	220 km/h
	最大航程（km）	500 km
	噪声（db）	-
数据来源		VTC0192A-VTCDS-[2007-08-01] 制造厂提供数据

8.15 m

40.03 m

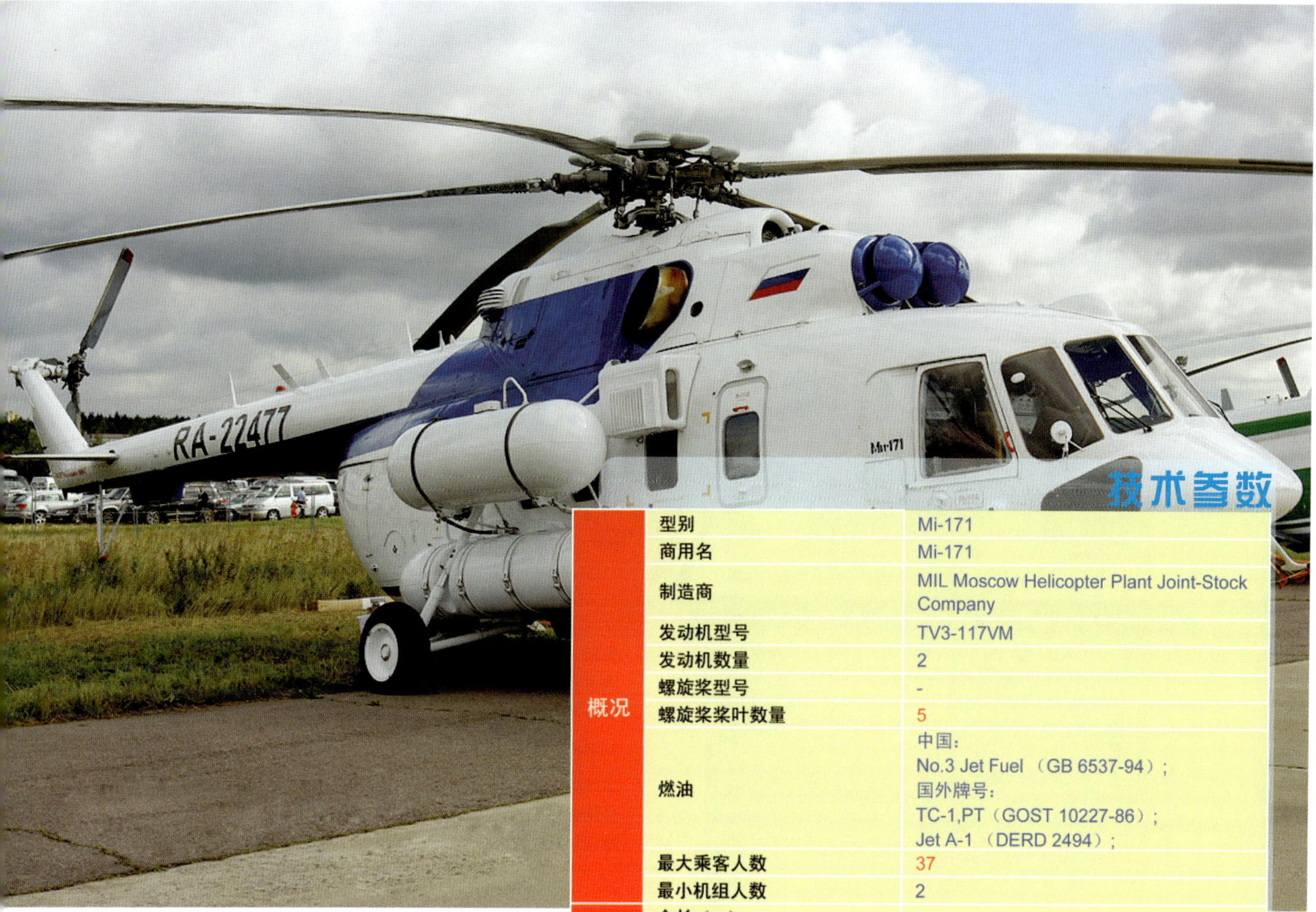

技术参数

概况	型别	Mi-171
	商用名	Mi-171
	制造商	MIL Moscow Helicopter Plant Joint-Stock Company
	发动机型号	TV3-117VM
	发动机数量	2
	螺旋桨型号	-
	螺旋桨桨叶数量	5
	燃油	中国： No.3 Jet Fuel （GB 6537-94）； 国外牌号： TC-1,PT （GOST 10227-86）； Jet A-1 （DERD 2494）；
	最大乘客人数	37
	最小机组人数	2
尺寸	全长（m）	-
	主旋翼直径（m）	21.10 m
	机身长度（m）	25.30 m
	机身宽度（m）	-
	机身高度（m）	5.65 m
性能	空重（lbs/kg）	7100 kg
	最大起飞重量（lbs/kg）	12000 kg （A类） 13000 kg （B类）
	最大货物吊挂重量（lbs/kg）	4000 kg
	最大燃油量（lbs/kg/L/gal）	2165 L 3530 L（带一个辅助油箱）
	实用商载（lbs/kg）	4000 kg
	最大使用高度（ft/m）	5000 m （12000 kg） 4500 m （13000 kg）
	最大起降高度（ft/m）	-
	有地效悬停（ft/m）	-
	无地效悬停（ft/m）	-
	爬升率（m/s）	10.4 m/s
	最大巡航速度（km/h）	250 km/h
	最大航程（km）	610 km 1065 km （带2个辅助油箱）
	噪声（db）	–
数据		VTC081A-VTCDS-[1997-03-18] 制造厂提供数据

主要用途：乘客运输、医疗救护、警务巡逻、反恐防暴、线路检修、消防、航拍、搜救、近海作业、军用等。

截止到2013年12月31日，该类飞机在我国注册数量共5架。

Mi-171直升机是1991年在Mi-8基础上研制而成的，装备TV3-117VM发动机和AI-9型辅助动力装置。在最新改型直升机中，后者将由试验成功的VK-2500新型发动机替代。一台发动机发生故障后，另一台发动机实时进入紧急状态，保障直升机（标准起飞重量）以0.8米/秒的垂直速度爬升，然后水平飞行至少60分钟，安全着陆。另外，直升机内部或外挂上还可装配辅助燃油箱，使最大飞行距离增加到1300公里。

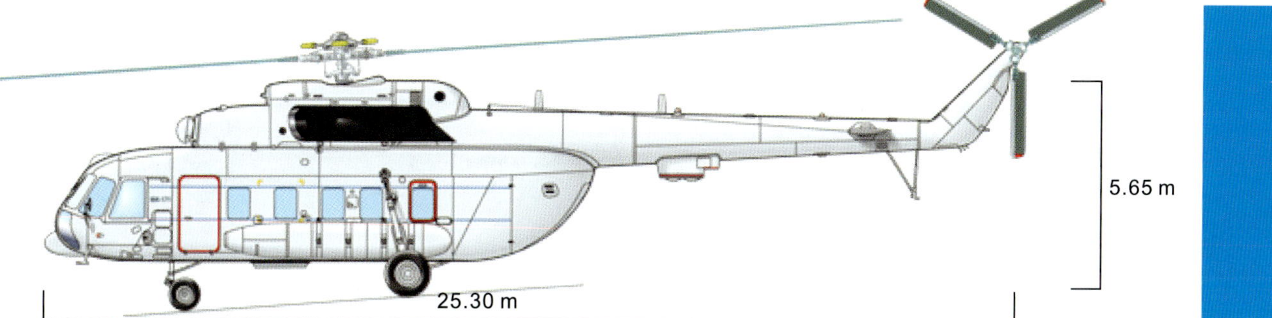

PZL-Swidnik PZL W-3A

PZL W-3A为波兰PZL-Swidnik公司于1993年推向市场的中型六吨级多用途双发直升机，该型机先后取得FAA、EASA及中国CAAC等多个国家的适航认证，能够在任何气象和气候条件下成功地完成各项昼夜间的飞行任务。该型直升机装配有两台发动机，单台起飞功率为900轴马力，并且具有足够的功率余量，以便在一台发动机失效的情况下继续飞行。

主要用途：乘客运输、货物运输、紧急医疗救护、搜救、消防、空中执法等。

截止到2013年12月31日，该类飞机在我国注册数量共0架。

技术参数

概况	型别	PZL W-3A
	商用名	PZL W-3A
	制造商	PZL-Swidnik
	发动机型号	PZL Rzeszow PZL-10W
	发动机数量	2
	螺旋桨型号	-
	螺旋桨桨叶数量	4
	燃油	Jet A-1 符合 ASTM D-1655-83 或 DERD 2494; TS-1,RT 符合 GOST 10227-86; PSM-2 符合 PN-86/C-96026; T-1 和 T-2 符合 GOST 10227-86 及 PMAM 或 TK 添加剂; No.3 Jet Fuel 符合 GB 6537-2006
	最大乘客人数	12
	最小机组人数	VFR:1 IFR:2
尺寸	全长（m）	18.79 m
	主旋翼直径（m）	15.760 m
	机身长度（m）	14.210 m
	机身宽度（m）	1.750 m
	机身高度（m）	3.308 m
性能	空重（lbs/kg）	3850 kg
	最大起飞重量（lbs/kg）	6400 kg （14110 lbs）
	最大货物吊挂重量（lbs/kg）	2100 kg
	最大燃油量（lbs/kg/L/gal）	1720 L
	实用商载（lbs/kg）	-
	最大使用高度（ft/m）	6000 m （19700 ft）
	最大起降高度（ft/m）	5000 m （16400 ft）
	有地效悬停（ft/m）	2550 m
	无地效悬停（ft/m）	660 m
	爬升率（m/s）	8.5 m/s
	最大巡航速度（km/h）	235 km/h
	最大航程（km）	745 km / 1244 km （带附加油箱）
	噪声（db）	-
数据来源		VTC0240A-VTCDS-[2010-06-01] 制造厂提供数据

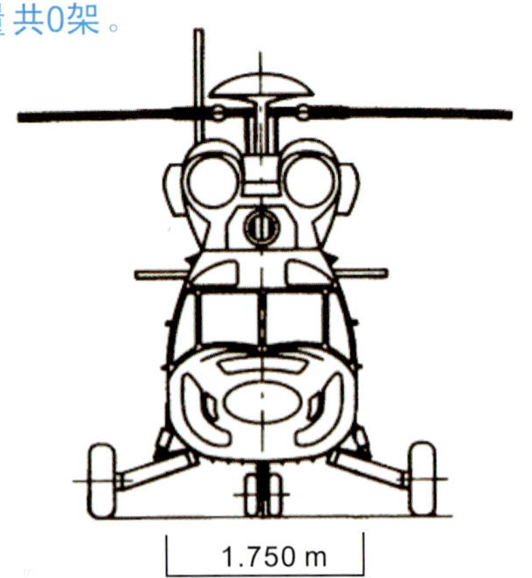

主要用途：乘客运输、货物运输、紧急医疗救护、巡逻与观测、飞行培训、搜救、农林作业等。

截止到2013年12月31日，该类飞机在我国注册数量共2架。

PZL SW-4型直升机是由波兰PZL-Świdnik公司研发制造的单发、多用途轻型直升机，适用于全天候VFR和IFR飞行，可以在从-45℃到50℃的任何外界气候温度条件下作业。

技术参数

	项目	参数
概况	型别	PZL SW-4
	商用名	PZL SW-4
	制造商	PZL-Swidnik
	发动机型号	Rolls-Royce 250-C20R/2
	发动机数量	1
	螺旋桨型号	-
	螺旋桨桨叶数量	3
	燃油	符合 MIL-T-83133 的 JP-8（F-34）； 符合 MIL-T-5624 的 JP-5; 符合 ASTM D-1655 的 Jet A1（F-35）和 Jet A; 符合 ASTM D-1555 （与Jet A一致）的 JP-1; 符合 GOST 10227-86 的 TS-1; 符合 GOST 16564-71 的 RT
	最大乘客人数	4
	最小机组人数	1
尺寸	全长（m）	-
	主旋翼直径（m）	9.0 m
	机身长度（m）	8.238 m
	机身宽度（m）	1.515 m 2.280 m（含起落架）
	机身高度（m）	3.139 m（含主桨毂）
性能	空重（lbs/kg）	1050 kg （2310 lbs）
	最大起飞重量（lbs/kg）	1800 kg （3968 lbs）
	最大货物吊挂重量（lbs/kg）	600 kg
	最大燃油量（lbs/kg/L/gal）	377.0 kg
	实用商载（lbs/kg）	750 kg
	最大使用高度（ft/m）	5000 m （16400 ft）
	最大起降高度（ft/m）	1000 m （3280 ft）
	有地效悬停（ft/m）	-
	无地效悬停（ft/m）	-
	爬升率（m/s）	10.3 m/s
	最大巡航速度（km/h）	260 km/h
	最大航程（km）	790 km
	噪声（db）	-
数据来源		VTC0217AR1-VTCDS-[2011-11-22] 制造厂提供数据

ROBINSON
R22 Beta
7166G
R22
R22
Beta

技术参数

概况	型别	R22 Beta	R22 Mariner
	商用名	R22 Beta	R22 Mariner
	制造商	Robinson Helicopter Company	Robinson Helicopter Company
	发动机型号	Lycoming O-320-B2C 或 O-360-J2A	Lycoming O-320-B2C 或 O-360-J2A
	发动机数量	1	1
	螺旋桨型号	-	-
	螺旋桨桨叶数量	2	2
	燃油	91/96UL最低等级航空汽油 100LL最低等级航空汽油 100/130最低等级航空汽油	91/96UL最低等级航空汽油 100LL最低等级航空汽油 100/130最低等级航空汽油
	最大乘客人数	1	1
	最小机组人数	1	1
尺寸	全长（m）	8.76 m	8.76 m
	主旋翼直径（m）	7.67 m	7.67 m
	机身长度（m）	6.58 m	6.58 m
	机身宽度（m）	1.93 m	1.93 m
	机身高度（m）	2.72 m	2.72 m
性能	空重（lbs/kg）	855 lbs	–
	最大起飞重量（lbs/kg）	1370 lbs	1370 lbs
	最大货物吊挂重量（lbs/kg）	–	–
	最大燃油量（lbs/kg/L/gal）	19.8 gal 30.7 gal （带辅助油箱）	19.8 gal 30.7 gal （带辅助油箱）
	实用商载（lbs/kg）	400 lbs	–
	最大使用高度（ft/m）	14000 ft	14000 ft
	最大起降高度（ft/m）	–	–
	有地效悬停（ft/m）	9400 ft	–
	无地效悬停（ft/m）	–	–
	爬升率（m/s）	–	–
	最大巡航速度（km/h）	178 km/h	–
	最大航程（km）	314 km	–
	噪声（db）	–	–
数据来源			VTC0083A-VTCDS-[1998-09-15] 制造厂提供数据

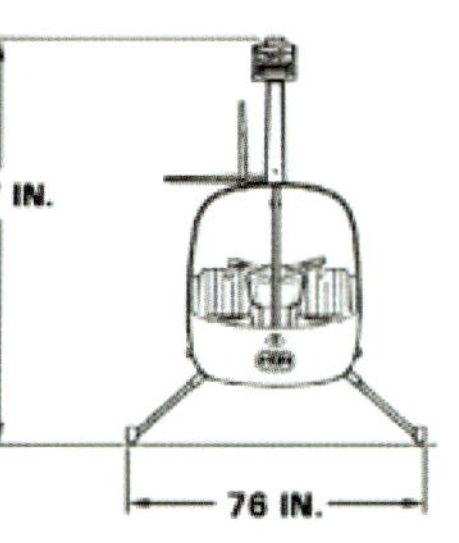

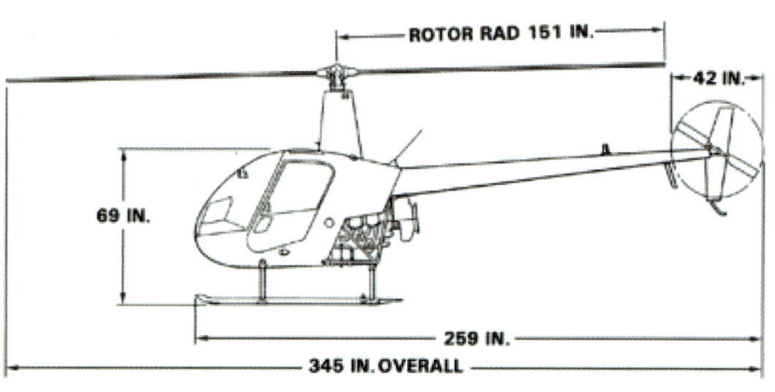

主要用途：私人飞行、空中巡逻、飞行训练等。

截止到2013年12月31日，该类飞机在我国注册数量共35架。

Robinson R22是由罗宾逊直升飞机公司生产的一种2座轻型直升飞机。

罗宾逊 R44/R44 II
Robinson Helicopter R44/R44 II

R44® RAVEN & CLIPPER HELICOPTERS

主要用途：空中警务、私人飞行、航空摄影、飞行训练等。

截止到2013年12月31日，该类飞机在我国注册数量共65架。

技术参数

概况	型别	R44	R44 Ⅱ
	商用名	R44	R44 Raven Ⅱ
	制造商	Robinson Helicopter Company	Robinson Helicopter Company
	发动机型号	Lycoming O-540-F1B5	Lycoming O-540-AE1A5
	发动机数量	1	1
	螺旋桨型号	-	-
	螺旋桨桨叶数量	2	2
	燃油	100LL最低等级航空汽油 100/130最低等级航空汽油	100LL最低等级航空汽油 100/130最低等级航空汽油
	最大乘客人数	3	3
	最小机组人数	1	1
尺寸	全长（m）	11.66 m	11.66 m
	主旋翼直径（m）	10.06 m	10.06 m
	机身长度（m）	8.97 m	8.97 m
	机身宽度（m）	2.18 m	2.18 m
	机身高度（m）	3.28 m	3.28 m
性能	空重（lbs/kg）	1442 lbs	1500 lbs
	最大起飞重量（lbs/kg）	2400 lbs	2500 lbs
	最大货物吊挂重量（lbs/kg）	–	–
	最大燃油量（lbs/kg/L/gal）	31.6 gal 50.11 gal（带辅助油箱）	31.6 gal 50.11 gal（带辅助油箱）
	实用商载（lbs/kg）	774 lbs	816 lbs
	最大使用高度（ft/m）	14000 ft	14000 ft
	最大起降高度（ft/m）	–	–
	有地效悬停（ft/m）	6400 ft	8950 ft
	无地效悬停（ft/m）	4000 ft	7500 ft
	爬升率（m/s）	–	–
	最大巡航速度（km/h）	217 km/h	209 km/h
	最大航程（km）	644 km	644 km
	噪声（db）	–	–
数据来源			VTC0084A-VTCDS-[2004-11-03] 制造厂提供数据

Robinson R44是由罗宾逊直升飞机公司自1992年开始生产的一款4座轻型直升飞机，是基于原有两座型R22的基础上研制生产的。

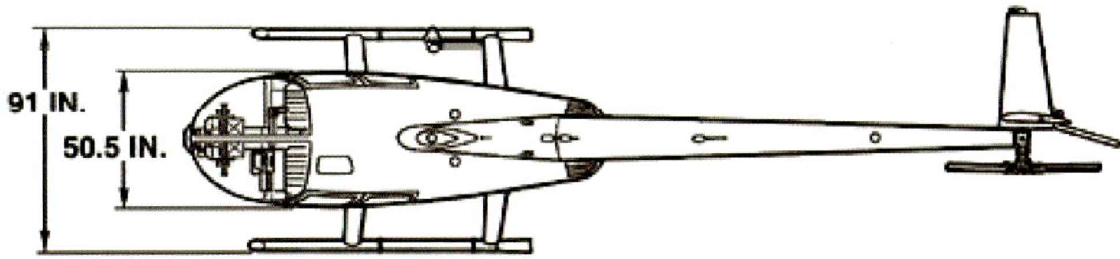

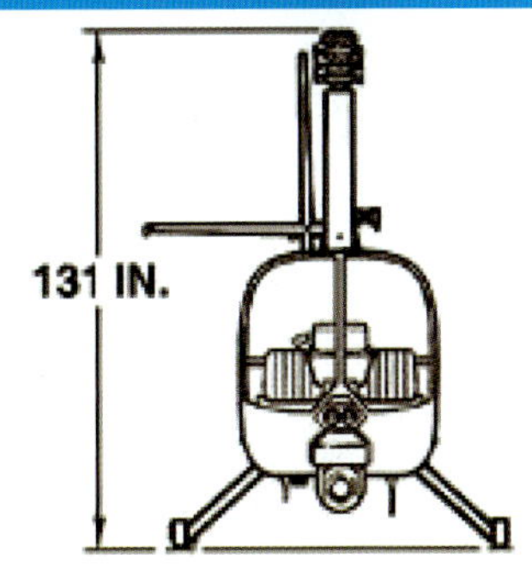

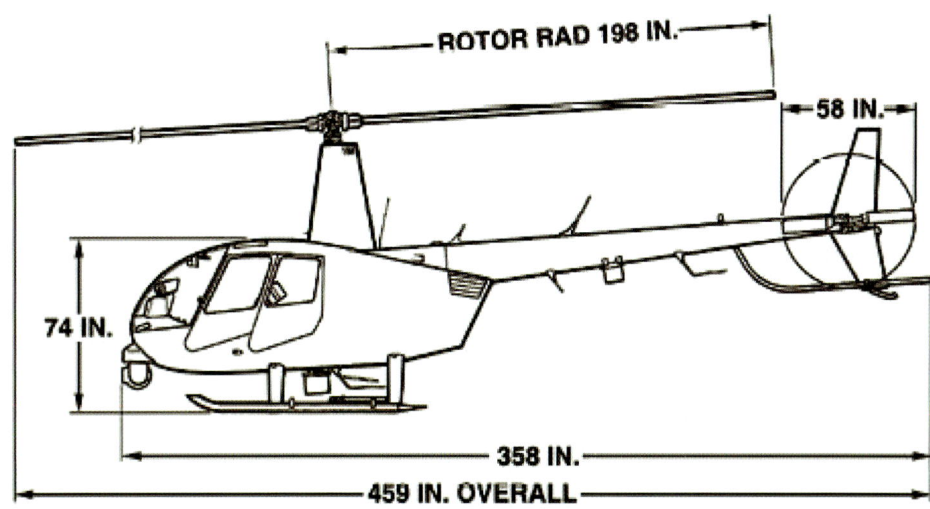

西科斯基 S-92A

Sikorsky S-92A

技术参数

概况	型别	S-92A
	商用名	S-92A
	制造商	Sikorsky Aircraft Corporation（西科斯基飞机公司）
	发动机型号	General Electric GE CT7-8（TC E8EN）或 GE CT7-8A（TC E8EN）
	发动机数量	2
	螺旋桨型号	-
	螺旋桨桨叶数量	4
	燃油	JET A,JET B,JET A-1,JP-4,JP-5,JP-8 对于所有外界大气温度低于-20℃（-4℉）的运营，所有使用的燃油必须包含MIL-D-27686 或等效的防冰添加剂。
	最大乘客人数	19
	最小机组人数	2
尺寸	全长（m）	20.88 m
	主旋翼直径（m）	17.17 m
	机身长度（m）	17.1 m
	机身宽度（m）	3.89 m
	机身高度（m）	4.32 m
性能	空重（lbs/kg）	15824 lbs （7176 kg）
	最大起飞重量（lbs/kg）	26500 lbs 28300 lbs（带外部载荷）
	最大货物吊挂重量（lbs/kg）	8000 lbs
	最大燃油量（lbs/kg/L/gal）	764 gal
	实用商载（lbs/kg）	10676 lbs
	最大使用高度（ft/m）	15000 ft 10000 ft（压力高度，结冰条件下）
	最大起降高度（ft/m）	11500 ft
	有地效悬停（ft/m）	3450 m
	无地效悬停（ft/m）	2172 m
	爬升率（m/s）	-
	最大巡航速度（km/h）	284 km/h
	最大航程（km）	1008 km
	噪声（db）	起飞：94 db； 飞越：96 db； 进场：98db
数据来源		VTC0189AR1-VTCDS-[2007-11-19]
		制造厂提供数据

S-92A是美国西科斯基飞机公司研制的双发中型直升机。S-92A采用了大量先进技术，其机体广泛采用复合材料，包括整流罩、浮筒式燃油箱舱、机头座舱罩、尾斜梁前后缘等，所采用的复合材料占机体重量的40%。复合材料的应用不仅减轻了重量，还提高了耐腐蚀性和抗破裂的能力。

主要用途：公务飞行、货运航空救护、海上石油作业、搜索救援等。

截止到2013年12月31日，该类飞机在我国注册数量共7架

Sikorsky
A United Technologies Company

S-76D™

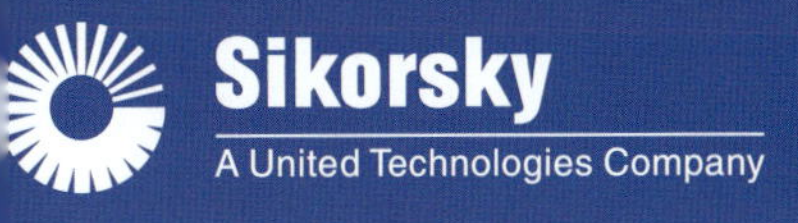

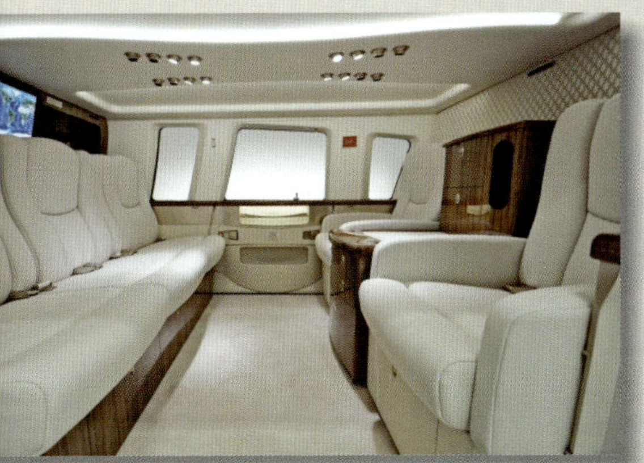

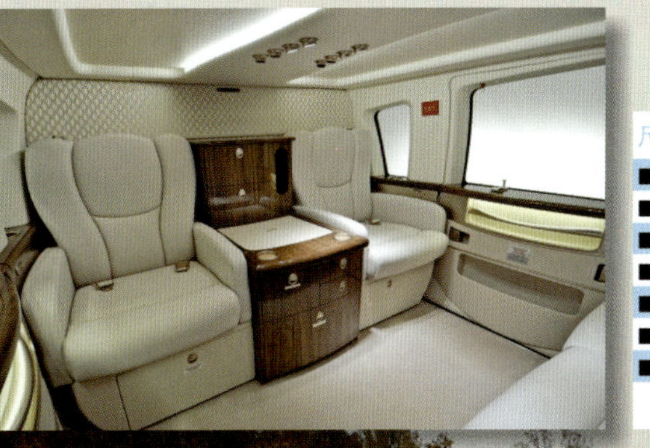

尺寸			性能		
■ 客舱长度	7.92 ft	2.41 m	■ 最大总重量	11,700 lb	5,306 kg
■ 客舱宽度	6.25 ft	1.93 m	■ 最大巡航速度	155 kts	287 kph
■ 客舱高度	4.42 ft	1.35 m	■ 最大航程（无余油）	442 nm	819 km
■ 客舱面积	50 sq ft	4.65 sq m	■ 有地效悬停升限	10,700 ft	3,261 m
■ 客舱体积	204 cu ft	5.78 cu m	■ 无地效悬停升限	6,000 ft	1,829 m
■ 行李舱体积	38 cu ft	1.08 cu m	■ 单发动使用升限	7,900 ft	2,408 m
■ 座位数	13		■ 双发动使用升限	15,000 ft*	4,572 m*

*操作限制

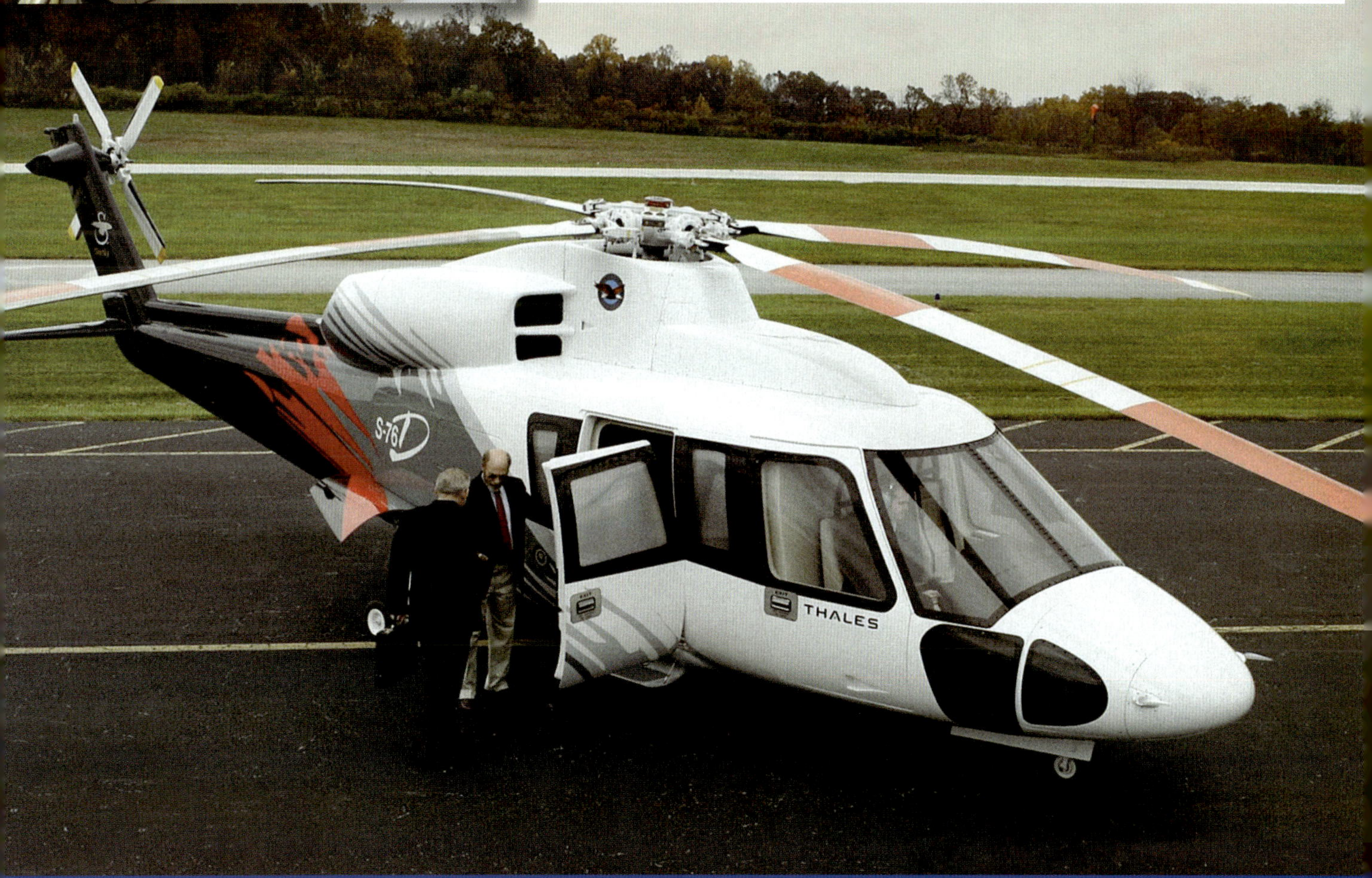

西科斯基飞机公司北京办公室（直升机销售）
联系人：李天林
地址：北京市朝阳区东三环中路1号环球金融中心东塔14层1416室
邮编：100020
电话：010-59291600

上海西科斯基飞机公司（售后支援）
地址：上海市浦东新区高翔环路28号
邮编：200137
电话：021-58485729/30

施瓦泽 269C/269C-1
Schweizer S-300C/300CBi

S-300C是一款著名的多用途直升机，431公斤的有效载荷和190马力的发动机使其在恶劣环境下也能应付自如。S-300C拥有不对称的操纵特点、宽阔的视觉效果、低噪声的设计原则和较远的航程。

S-300CBi驾驶舱宽敞舒适，配有直升机传统的操纵系统，结构坚固，可靠性高，维护成本低，并具有历经考验的安全性和抗坠毁特性。

技术参数

概况	型别	269C	269C-1
	商用名	S-300C	S-300CBi
	制造商	Schweizer Aircraft Corporation（Sikorsky Aircraft Corporation）	Schweizer Aircraft Corporation（Sikorsky Aircraft Corporation）
	发动机型号	Lycoming HIO-360-D1A	Lycoming HIO-360-G1A
	发动机数量	1	1
	螺旋桨型号	-	-
	螺旋桨桨叶数量	3	3
	燃油	-	-
	最大乘客人数	2	2
	最小机组人数	1	1
尺寸	全长（m）	9.40 m	9.40 m
	主旋翼直径（m）	8.18 m	8.18 m
	机身长度（m）	6.76 m	6.76 m
	机身宽度（m）	1.30 m	1.30 m
	机身高度（m）	2.65 m	2.65 m
性能	空重（lbs/kg）	499 kg	493.5 kg
	最大起飞重量（lbs/kg）	2150 lbs	1750 lbs
	最大货物吊挂重量（lbs/kg）	-	-
	最大燃油量（lbs/kg/L/gal）	33 gal 66 gal（带选装燃油箱）	33 gal 66 gal（带选装燃油箱）
	实用商载（lbs/kg）	431 kg	300 kg
	最大使用高度（ft/m）	14600 ft	10000 ft
	最大起降高度（ft/m）	-	8000 ft
	有地效悬停（ft/m）	3292 m	2133 m
	无地效悬停（ft/m）	2621 m	1463 m
	爬升率（m/s）	-	-
	最大巡航速度（km/h）	223 km/h	148 km/h
	最大航程（km）	387 km 763 km （带选装燃油箱）	417 km 815 km （带选装燃油箱）
	噪声（db）	–	–
数据来源			VTC124AR1-VTCDS-[2005-02-04]
			制造厂提供数据

主要用途：
S300C——巡逻、航空摄影、电力巡线、农药喷洒、货物运输、个人飞行等。
S300CBi——飞行训练。
截止到2013年12月31日，该类飞机在我国注册数量共47架。

施瓦泽 269D

Schweizer S-333

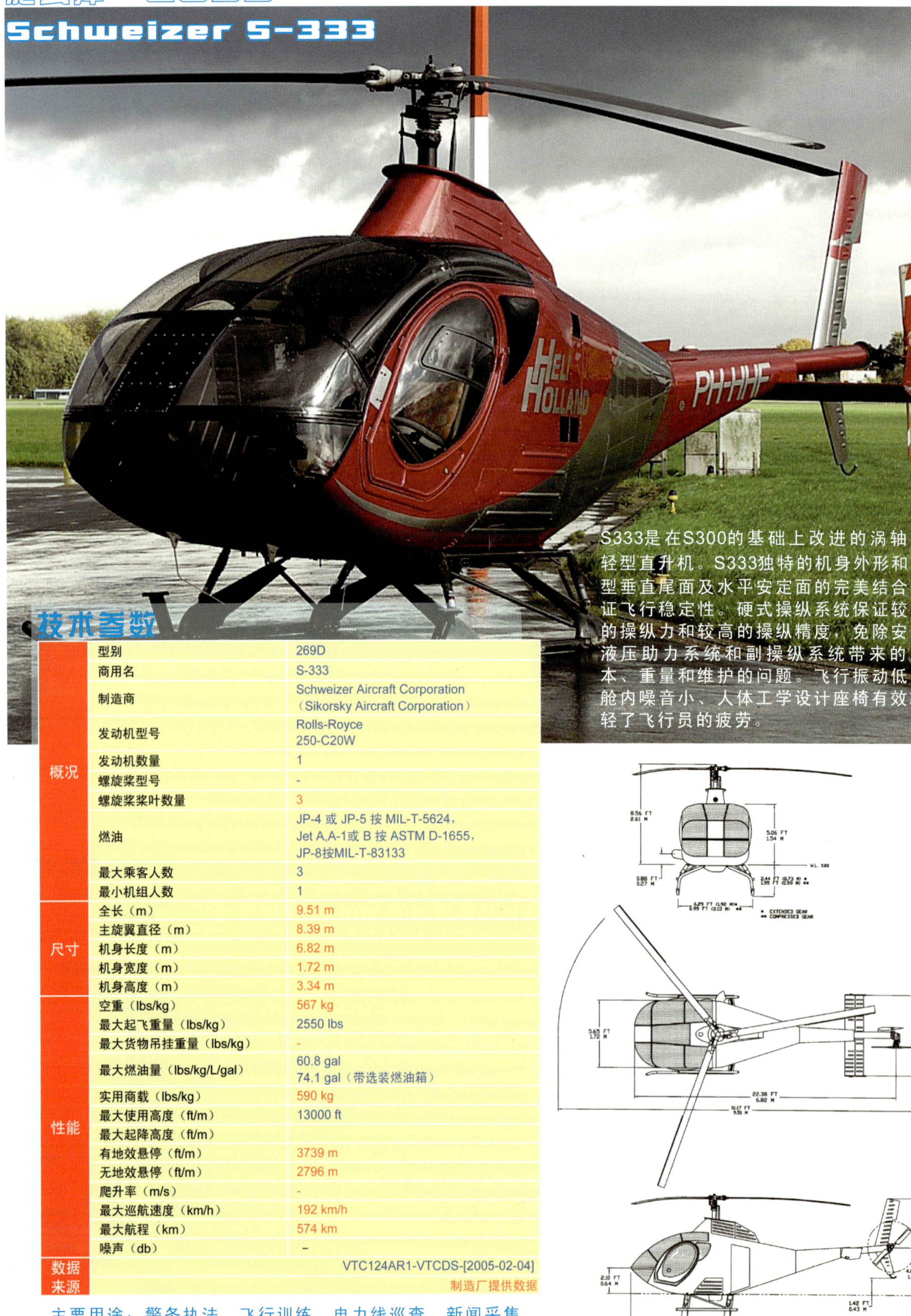

S333是在S300的基础上改进的涡轴式轻型直升机。S333独特的机身外形和大型垂直尾面及水平安定面的完美结合保证飞行稳定性。硬式操纵系统保证较小的操纵力和较高的操纵精度，免除安装液压助力系统和副操纵系统带来的成本、重量和维护的问题。飞行振动低、舱内噪音小、人体工学设计座椅有效减轻了飞行员的疲劳。

技术参数

概况	型别	269D
	商用名	S-333
	制造商	Schweizer Aircraft Corporation（Sikorsky Aircraft Corporation）
	发动机型号	Rolls-Royce 250-C20W
	发动机数量	1
	螺旋桨型号	-
	螺旋桨桨叶数量	3
	燃油	JP-4 或 JP-5 按 MIL-T-5624，Jet A,A-1或 B 按 ASTM D-1655，JP-8按MIL-T-83133
	最大乘客人数	3
	最小机组人数	1
尺寸	全长（m）	9.51 m
	主旋翼直径（m）	8.39 m
	机身长度（m）	6.82 m
	机身宽度（m）	1.72 m
	机身高度（m）	3.34 m
性能	空重（lbs/kg）	567 kg
	最大起飞重量（lbs/kg）	2550 lbs
	最大货物吊挂重量（lbs/kg）	-
	最大燃油量（lbs/kg/L/gal）	60.8 gal 74.1 gal（带选装燃油箱）
	实用商载（lbs/kg）	590 kg
	最大使用高度（ft/m）	13000 ft
	最大起降高度（ft/m）	
	有地效悬停（ft/m）	3739 m
	无地效悬停（ft/m）	2796 m
	爬升率（m/s）	-
	最大巡航速度（km/h）	192 km/h
	最大航程（km）	574 km
	噪声（db）	-
数据来源		VTC124AR1-VTCDS-[2005-02-04] 制造厂提供数据

主要用途：警务执法、飞行训练、电力线巡查、新闻采集、航空运输等。

截止到2013年12月31日，该类飞机在我国注册数量共1架。

American Blimp Corporation

A-1-70

主要用途：旅游观光、广告投放、监控、探测等。截止到2013年12月31日，该类航空器在我国注册数量共1架。

A-1-70飞艇为9座双发软式常规设计的飞艇，主气囊的长度178英尺，直径46英尺，高度55英尺，细度比4.0，体积170,297立方英尺。最大压力2.0水柱，最小压力1.3水柱。气囊内约有26%的体积由一个充空气的副气囊占据，副气囊体积44275立方英尺。

技术参数

概况	型别	A-1-70
	商用名	-
	制造商	American Blimp Corporation
	发动机型号	Lycoming IO-360-BIG6
	发动机数量	2
	螺旋桨型号	MTV-25-D-R（M）/ CFR165-06
	螺旋桨叶数量	5
	燃油	100LL最低等级航空汽油
	升空气体	氦气
	最大乘客人数	9
	最小机组人数	1
尺寸	气囊体积（cu.ft）	170000 cu.ft
	气囊长度（ft）	178 ft
	气囊直径（ft）	46 ft
	气囊高度（ft）	55 ft
	最大压力（in.H2O）	2.0 in.H2O
	最小压力（in.H2O）	1.3 in.H2O
	吊舱长度（ft）	26.5 ft
	吊舱高度（ft）	9.5 ft
	吊舱内部长度（ft）	14 ft
	吊舱内部宽度（ft）	5.0 ft
	吊舱内部高度（ft）	6 ft 4 in
性能	空重（lbs/kg）	-
	最大停机坪重量（lbs/kg）	-
	最大起飞重量（lbs/kg）	10836 lbs
	最大着陆重量（lbs/kg）	10836 lbs
	最大零燃油重量（lbs/kg）	-
	最大燃油量（lbs/kg/L/gal）	150.8 gal
	最大使用高度（ft/m）	10000 ft
	空速限制（m.p.h IAS）	最大水平飞行速度 55 m.p.h IAS 最大运行极限速度 60 m.p.h IAS 设计速度或最大阵风强度 46 m.p.h IAS
	最大航程（km）	-
数据来源		VTC0213A-VTCDS-[2008-5-16] 制造厂提供数据

Worldwide Aeros Corp.
Aeros 40B/Aeros 40D

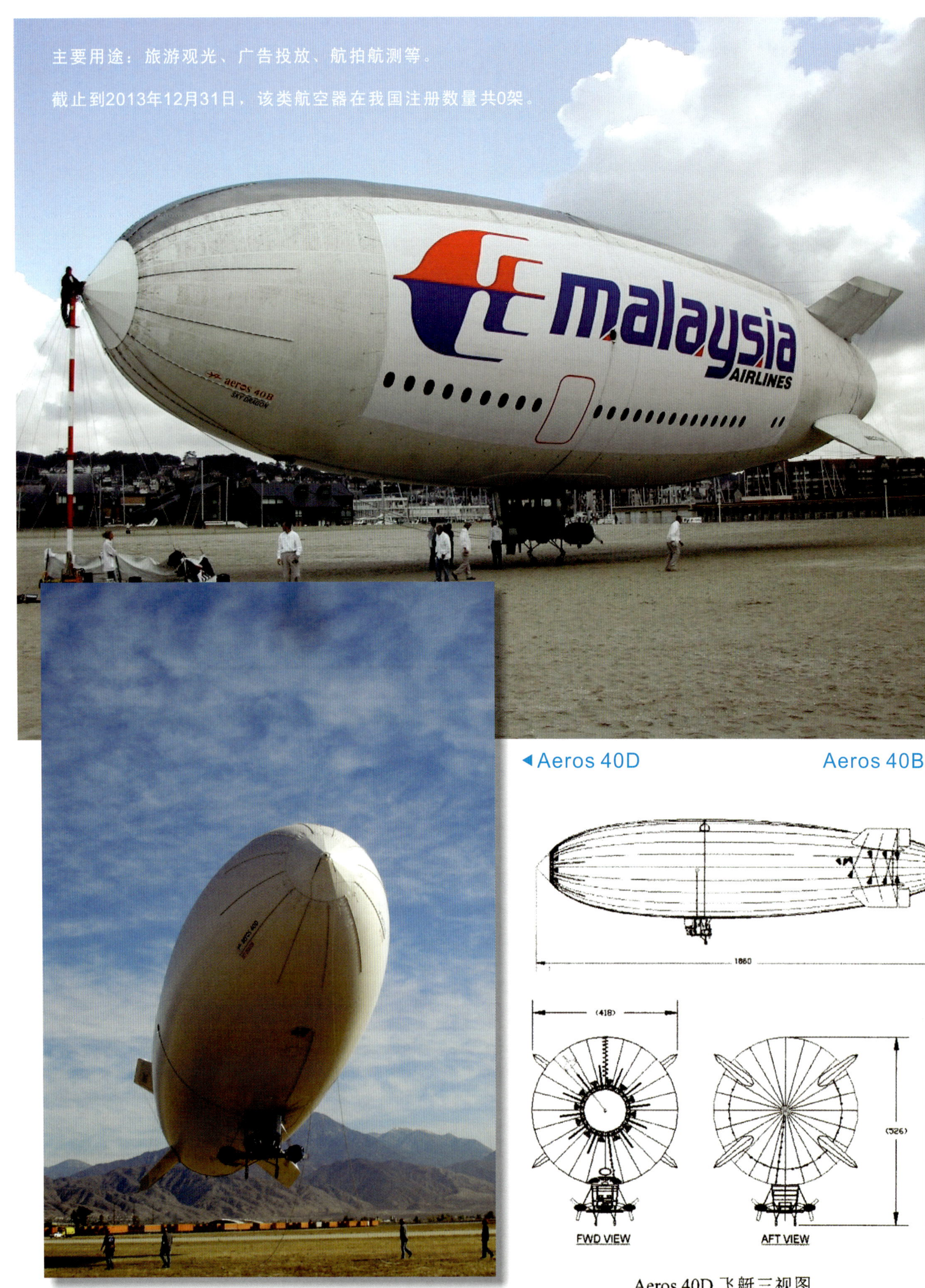

◀Aeros 40D

Aeros 40B

Aeros 40D 飞艇三视图

技术参数

		Aeros 40B	Aeros 40D
概况	型别	Aeros 40B	Aeros 40D
	商用名	-	-
	制造商	Worldwide Aeros Corp.	Worldwide Aeros Corp.
	发动机型号	Continental IO-240-B	Continental IO-240-B
	发动机数量	2	2
	螺旋桨型号	MTV-7-D/LD170-12	MTV-7-D/LD170-12
	螺旋桨叶数量	3	3
	燃油	100LL最低等级航空汽油	100LL最低等级航空汽油
	升空气体	仅使用氦气作为升力气体	仅使用氦气作为升力气体
	最大乘客人数	5	5
	最小机组人数	1	1
尺寸	气囊体积（cu.ft）	88570 cu.ft	100032 cu.ft
	气囊长度（ft）	140 ft	152 ft
	气囊直径（ft）	34.83 ft	34.83 ft
	气囊高度（ft）	-	-
	最大压力（in.H2O）	3.0 in.H2O	3.0 in.H2O
	最小压力（in.H2O）	0.5 in.H2O	0.5 in.H2O
	吊舱长度（ft）	-	-
	吊舱高度（ft）	-	-
	吊舱内部长度（ft）	-	-
	吊舱内部宽度（ft）	-	-
	吊舱内部高度（ft）	-	-
性能	空重（lbs/kg）	-	5163 lb
	最大停机坪重量（lbs/kg）	-	350 lb
	最大起飞重量（lbs/kg）	-	6702 lb
	最大着陆重量（lbs/kg）	-	6702 lb
	最大零燃油重量（lbs/kg）	-	-
	最大燃油量（lbs/kg/L/gal）	75.9 gal	75.9 gal
	最大使用高度（ft/m）	7500 ft	10000 ft
	空速限制（m.p.h IAS）	最大水平飞行速度 51 m.p.h IAS 最大运行极限速度 51 m.p.h IAS 设计速度或最大阵风强度 49 m.p.h IAS	最大水平飞行速度 51 m.p.h IAS 最大运行极限速度 51 m.p.h IAS 设计速度或最大阵风强度 37 m.p.h IAS
	最大航程（km）	-	-
数据来源			VTC0181AR1-VTCDS-[2007-3-12] 制造厂提供数据

Aeros 40D采用了新的气囊材料，能够有效地保持结构的完整性、氦气不渗透性、UV防护不影响性能和操作品质。与Aeros 40B相比，其只在几何中央位置增加了144英寸，而并未改变飞艇的直径、总高度和宽度，对飞艇的操作品质、性能和载重平衡影响极小，但该更改却增加了600磅的浮力。

Lindstrand Technologies Ltd.

HiFlyer 203T

Lindstrand于1996年推出了其第一个HiFlyer从此制造并在18个国家使用近40个HiFlyers。HiFlyer全面通过欧洲航空安全局（EASA）的CS31 TGB标准。

HiFlyer的操作是适合每个人的，孩子和成人可以一样操控它。吊舱可以舒适地容纳多达30名乘客。它允许每位乘客的视野不受阻碍，并确保在上面能非常方便地使用轻量级（标准）轮椅。若以正常行驶15分钟为标准，可以连续工作超过100小时，一天可以载超过1000名乘客飞行。

技术参数

概况	型别	203T
	商用名	HiFlyer
	制造商	Lindstrand Technologies Ltd.
	喷灯型号	-
	燃料型号	-
	升空气体	氦气
	升空气体体积（cu.ft/m³）	211888 cu.ft（6000 m³）
	最大乘客人数	31
	最小乘客人数	1
尺寸	气球体积（m³）	5790 m³
	吊舱外径（m）	5.20 m
	吊舱内径（m）	3.46 m
	吊舱高度（m）	2.10 m
	吊舱内部围栏高度（ft）	1.17 m
性能	空重（lbs/kg）	2109 kg
	最大停机坪重量（lbs/kg）	-
	最大起飞重量（lbs/kg）	8141 lbs（3700 kg）
	最大着陆重量（lbs/kg）	-
	最大使用高度（ft/m）	-
	空速限制（m.p.h IAS）	-
	最大航程（km）	-
数据来源		EASA.BA.005-TCDS-[2005-2-25]
		制造厂提供数据

主要用途：航空摄影、航空旅游、航拍航测等。截止到2013年12月31日，该类航空器在我国注册数量共0架。

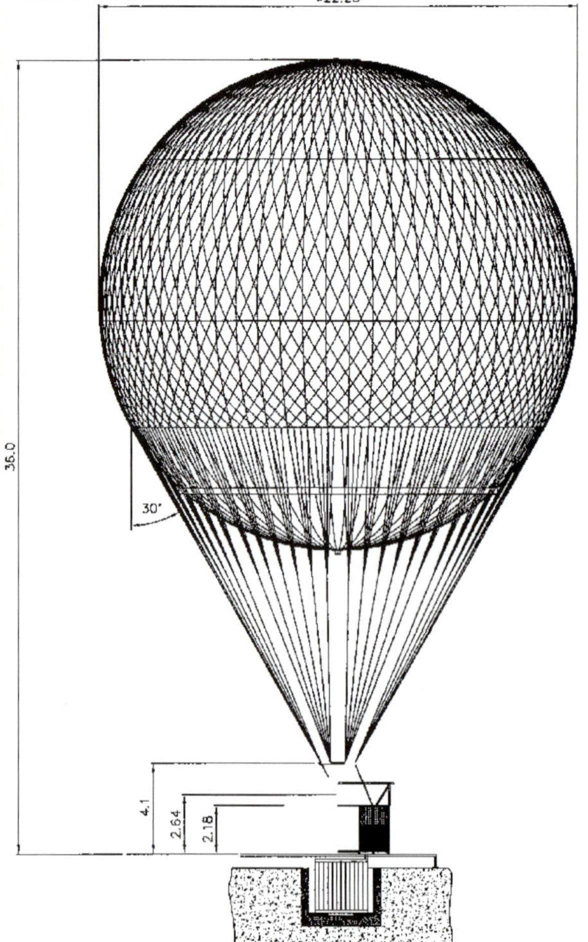

航空器型号设计批准相关管理程序

以下管理程序可为航空器型号设计批准相关证件申请活动提供指导

TC TDA	航空器（轻型运动航空器除外）型号设计批准 （包括型号合格证（TC）和型号设计批准书（TDA））： 《航空器型号合格审定程序》（AP-21-AA-2011-03-R4）
TDA 轻型运动类	轻型运动航空器型号设计批准书（TDA）： 《轻型运动航空器型号设计批准程序》（AP-21-AA-2014-37）
VTC 非美国产	除美国以外的进口民用航空产品型号认可证（VTC）： 《进口民用航空产品和零部件认可审定程序》(AP-21-01R2)
VTC 仅限美国产	美国进口民用航空产品型号认可证（VTC）： 《美国民用航空产品和TSO件认可审定程序》 （AP-21-AA-2009-19）

以上文件可去中国民用航空局官方网站（www.caac.gov.cn）中查询下载

图书在版编目（CIP）数据

民用航空器选型指南. 2014/ 《民用航空器选型指南》编委会编.
—北京: 中国民航出版社，2014.7

ISBN 978-7-5128-0191-2

Ⅰ.①民… Ⅱ. ①民… Ⅲ. ①民用飞机-世界-指南 Ⅳ. ①V271-62

中国版本图书馆CIP 数据核字 (2014) 第 148139 号

民用航空器选型指南 2014

《民用航空器选型指南》编委会 编

责任编辑 王迎霞
出　　版 中国民航出版社
地　　址 北京市朝阳区光熙门北里甲31号楼 (100028)
印　　刷 北京科信印刷有限公司
发　　行 中国民航出版社 (010) 64297307 64290477
开　　本 889×1194 1/16
印　　张 14
字　　数 406 千字
印　　数 3000
版 印 次 2014 年 7 月第 1 版 2014 年 7 月第 1 次印刷

书　　号 ISBN 978-7-5128-0191-2
定　　价 158. 00 元

官方微博：http：//weibo.com/phcaac
淘宝网店：http：//shop106992650.taobao.com
Email：phcaac@sina.com

利顿公司成立于 1999 年，核心业务涉及航材租赁及价拨、航空业信息化建设咨询服务。

伴随公司的发展及民用航空运输业多元化发展的需要，公司近年来又增加了一些新的服务项目，如：自备租赁器材、与合作方的器材共享及航空器材的销售与交换服务。公司现有业务种类可划分为以下四类：

➢ **航材共享**

由利顿提供器材保障签约公司，按小时付费或按月按年支付租赁费或共享费。器材来源：签约航空公司、合作伙伴、利顿自备器材。

➢ **器材租赁**

通过利顿平台为签约客户提供 AOG 器材租赁服务，提高航空公司的航材保障率和航材库存周转率。器材来源：签约公司器材、利顿自备器材。

➢ **器材销售**

为客户解决消耗器材的 AOG 保障和正常订货业务。器材来源：签约航空公司、专业飞机修理厂家、合作伙伴、其他航材供应分销商。

➢ **器材交换**

为客户提供器材交换服务。器材来源：签约航空公司、合作伙伴、其他航材供应分销商和自有器材。

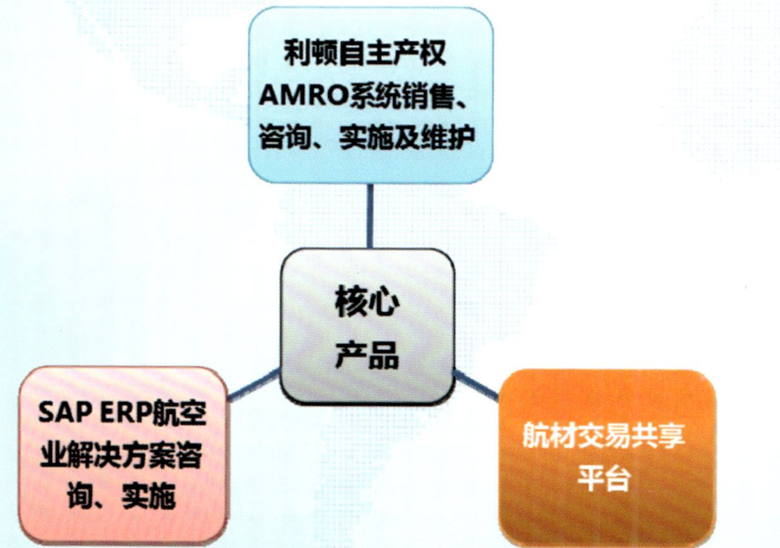

利顿公司专注于帮助客户改善、优化业务流程，提供全面的航空业信息化建设咨询服务，目前已成为业内公认的国内航空行业 MRO（飞机维修领域）首选 IT 解决方案供应商。

一直以来，利顿公司致力于成为国内最大的航空行业信息化建设及咨询服务的公司。**核心客户包括绝大多数国内的大型承运人、通用航空企业及飞机制造企业**，解决方案全面且有深度。主要解决方案和产品包括：

- ➢ 航材及工具管理
- ➢ 维修计划管理
- ➢ 维修工程管理
- ➢ 维修生产管理
- ➢ 大修管理
- ➢ 航线维修管理
- ➢ 质量管理
- ➢ 培训管理
- ➢ 附件管理
- ➢ 可靠性管理
- ➢ 技术文档电子管理
- ➢ 通航运行控制管理
- ➢ 基于 ACARS 的飞机实时监控管理

WWW. BIRETURN. COM

北京顺义空港工业 B 区 MAX 企业园 10-B　101318

TEL：+86 10 8047 0161/2/3

FAX：+86 10 8047 0160

昆明官渡区关上中路 167 号宏兴大厦 C 座九层　650200

TEL：+86 871 7175 777

FAX：+86 871 7176 777

热烈祝贺
中航材威利斯发动机租赁有限公司成立

由中国航空器材进出口公司和美国威利斯融资租赁公司成立的合资公司结合了双方的优势，旨在为中国的航空公司提供国际一流水平发动机租赁服务。

合资公司的业务范围涵盖航空发动机的

| 融资租赁 | 经营租赁 | 售后回租 | 共用库平台 | AOG 支援 |

航空发动机租赁的型号涵盖

CFM56-7B/CFM56-5B/CFM56-5C/V2500

CF34-3B/CF34-10E6/PW2000/PW4000/CF60-80

GE90/GENX/CFM LEAP A/B/C

中国航空器材进出口有限责任公司

China Aviation Supplies Imp.& Exp. Corporation

打造现代航空器材交易服务平台

中国航空器材进出口有限责任公司是隶属于中国航空器材集团公司的全资二级子公司，是中国民航业内从事航空器材综合服务保障的专业公司，注册资金贰拾亿元人民币。

飞机采购及进出口代理业务

- 航空器的选型、商务谈判和代理引进
- 航空器的引进相关证件的办理
- 飞机监造及接收
- 飞机托管谈判

航材综合服务保障业务

- IT服务（航材信息共享平台）
- 消耗件寄售保障业务
- 航线可更换件保障（包修）
- 高价保险件共享/租赁业务
- 飞机重大设备的批量加（改）装业务
- 富余航材处置及航材流动管理
- 全天候的AOG支援/物流运输服务
- 发动机、起落架共享平台

航空咨询业务

- 中国民航法规咨询
- 航空器监修服务
- 航空器内、外部标记和标牌的设计及咨询
- 航空企业筹建许可申请和运营许可申请
- 航空领域的专业翻译服务
- 中国民航行业资讯服务

中国航空器材进出口有限责任公司

地址：北京市顺义区空港工业区A区天纬四街3号　联系电话：010-89455000

邮编：101312　邮箱：casc_doc@casc.com.cn

www.casc.com.cn

我们的愿景：

Corporate Vision

成为航空业界不可替代的、
以航空器材保障为主业的特殊性综合服务提供商

To become an irreplaceable and unique comprehensive service provider for aviation supplies